CÓDIGO DE PROCESSO CIVIL COMENTADO

V. 3

Arts. 119 a 187

LÚCIO DELFINO

Prefácio
Diego Crevelin de Sousa

CÓDIGO DE PROCESSO CIVIL COMENTADO

V. 3

Arts. 119 a 187

Belo Horizonte

FORUM
CONHECIMENTO JURÍDICO

2024

FÓRUM
CONHECIMENTO JURÍDICO

Luís Cláudio Rodrigues Ferreira
Presidente e Editor

Coordenação editorial: Leonardo Eustáquio Siqueira Araújo
Aline Sobreira de Oliveira

Rua Paulo Ribeiro Bastos, 211 – Jardim Atlântico – CEP 31710-430
Belo Horizonte – Minas Gerais – Tel.: (31) 99412.0131
www.editoraforum.com.br – editoraforum@editoraforum.com.br

Técnica. Empenho. Zelo. Esses foram alguns dos cuidados aplicados na edição desta obra. No entanto, podem ocorrer erros de impressão, digitação ou mesmo restar alguma dúvida conceitual. Caso se constate algo assim, solicitamos a gentileza de nos comunicar através do *e-mail* editorial@editoraforum.com.br para que possamos esclarecer, no que couber. A sua contribuição é muito importante para mantermos a excelência editorial. A Editora Fórum agradece a sua contribuição.

Dados Internacionais de Catalogação na Publicação (CIP) de acordo com ISBD

D349c Delfino, Lúcio

Código de Processo Civil comentado / Lúcio Delfino. Belo Horizonte: Fórum, 2024. (v. 3 - Arts. 119 a 187)

475 p. 14,5x21,5cm
(v. 3 - Arts. 119 a 187)

ISBN: 978-65-5518-579-9

1. Direito processual civil. 2. Intervenção de terceiros. 3. Ministério Público. 4. Advocacia pública. 5. Defensoria pública. 6. Juiz e auxiliares da justiça. I. Título.

CDD: 347.05
CDU: 347.9

Ficha catalográfica elaborada por Lissandra Ruas Lima – CRB/6 – 2851

Informação bibliográfica deste livro, conforme a NBR 6023:2018 da Associação Brasileira de Normas Técnicas (ABNT):

DELFINO, Lúcio. *Código de Processo Civil comentado*. Belo Horizonte: Fórum, 2024. 475 p. ISBN 978-65-5518-579-9. (v. 3 - Arts. 119 a 187).

Ao meu amigo e irmão-de-vida,
Fernando F. Rossi.

E quando a última lei for derrubada – e o Diabo se virar contra você – onde você esconderá, Roper, sem nenhuma lei? Este país está repleto de leis, de costa a costa – leis do homem, não de Deus – e se você pudesse derrubá-las (...) você realmente acha que poderia ficar de pé com os ventos que soprariam então?

(St. Thomas More em resposta a seu genro, William Roper, no filme *A Man for All Seasons*, de Robert Bolt)

O constitucionalista vivo é um sujeito feliz, porque (...) a Constituição sempre significa exatamente o que ele pensa que deveria ela significar. Esse é, de fato, grande parte do atrativo da Constituição viva. (...) Como é maravilhoso pensar que tudo com o que você se preocupa apaixonadamente (...) será resolvido pela Constituição exatamente como você acha que deveria ser.

SCALIA, Antonin. *O essencial de Scalia*: sobre a Constituição, os tribunais e o Estado de Direito. Campinas: Editora Educação, Direito e Alta Cultura, 2020. p. 61)

O único bem público com o qual deve [o juiz] se preocupar é o respeito às regras com que o indivíduo pode contar de forma sensata, [devendo aplicá-las] mesmo quando, no caso particular, as consequências lhe pareçam totalmente indesejáveis.

(HAYEK, Friedrich A. *Law, Legislation and Liberty*. Rules and Order. v. I. Chicago: The University of Chicago Press, 1983. p. 87)

LISTA DE ABREVIATURAS E SIGLAS

ABDPro	Associação Brasileira de Direito Processual
AC	Apelação cível
ADC	Ação Declaratória de Constitucionalidade
ADCT	Ato das Disposições Constitucionais Transitórias
ADI	Ação Direta de Inconstitucionalidade
ADPF	Arguição de Descumprimento de Preceito Fundamental
Ag	Agravo
AgIn no REsp	Agravo interno no recurso especial
AgRg no Ag	Agravo regimental no agravo de instrumento
AgRg no AREsp	Agravo regimental no agravo em recurso especial
AgRg nos EREsp	Agravo regimental nos embargos de divergência em recurso especial
AgRg no RE	Agravo regimental em recurso extraordinário
AGU	Advocacia-Geral da União
art.	artigo
arts.	artigos
CADH	Convenção Americana de Direitos Humanos
CC	Conflito de Competência
CF/88	Constituição Federal de 1988
c/c	combinado com
cf.	conforme
CDC	Código de Defesa do Consumidor
CEMN	Código de Ética da Magistratura Nacional
CEDOAB	Código de Ética e Disciplina da Ordem dos Advogados do Brasil
CEPAJ	Centro de Estudos e Promoção ao Acesso à Justiça
CLT	Consolidação das Leis do Trabalho
CNJ	Conselho Nacional de Justiça
CNMP	Conselho Nacional do Ministério Público
CPC/1939	Código de Processo Civil de 1939
CPC/1973	Código de Processo Civil de 1973
CPC/2015	Código de Processo Civil de 2015
CP	Código Penal
CPP	Código de Processo Penal
Des.	Desembargador
DJe	Diário do Judiciário Eletrônico
EAOAB	Estatuto da Advocacia e a Ordem dos Advogados do Brasil
EDcl	Embargos de Declaração
EI	Embargos Infringentes
EId	Estatuto do Idoso
ENFAM	Escola Nacional de Formação e Aperfeiçoamento de Magistrados
FUNAI	Fundação Nacional do Índio
HC	*Habeas Corpus*
HD	*Habeas Data*
IAB	Instituto dos Advogados Brasileiros

IAMG	Instituto dos Advogados de Minas Gerais
IIDP	*Instituto Iberoamericano de Derecho Procesal*
Inf. STF	Informativo STF
Inf. STJ	Informativo STJ
IPDP	*Instituto Panamericano de Derecho Procesal*
IRDR	Incidente de Resolução de Demandas Repetitivas
IUJur	Incidente de Uniformização de Jurisprudência
LAP	Lei de Ação Popular
LACP	Lei de Ação Civil Pública
LC	Lei Complementar
LINDB	Lei de Introdução às Normas do Direito Brasileiro
LOMAN	Lei Orgânica da Magistratura Nacional
Min.	Ministro
MP	Ministério Público
MS	Mandado de Segurança
n.	Número
PIDCP	Pacto Internacional sobre Direitos Civis e Políticos
p.	página
pp.	páginas
p. ex.	por exemplo
RAM	Revista de Arbitragem e Mediação
RBDF	Revista Brasileira de Direito de Família
RBDFS	Revista Brasileira de Direito das Famílias e Sucessões
RBDPro	Revista Brasileira de Direito Processual
Rcl	Reclamação
RDDP	Revista Dialética de Direito Processual
RDP	Revista de Direito Público
RDL	Revista Direito e Liberdade
RE	Recurso extraordinário
REDP	Revista Eletrônica de Direito Processual
rel.	Relator
RDFJ	Revista Direitos Fundamentais & Justiça
RePro	Revista de Processo
REPC	Revista Eletrônica de Processo Coletivo
REsp	Recurso especial
RHC	Recurso Ordinário em *Habeas Corpus*
RISTJ	Regimento Interno do STJ
RISTF	Regimento Interno do STF
RJ	Revista Jurídica (Ed. Notadez)
RLDP	*Revista Latinoamericana de Derecho Procesal*
RMDCPC	Revista Magister de Direito Civil e Processual Civil
RMS	Recurso em Mandado de Segurança
RO	Recurso Ordinário
ROHD	Recurso Ordinário em *Habeas Data*
SEC	Sentença Estrangeira Contestada
segs.	seguintes
STF	Supremo Tribunal Federal
STJ	Superior Tribunal de Justiça
TJDF	Tribunal de Justiça do Distrito Federal
TJMG	Tribunal de Justiça de Minas Gerais
TJPR	Tribunal de Justiça do Paraná

TJRJ	Tribunal de Justiça do Rio de Janeiro
TJSC	Tribunal de Justiça de Santa Catarina
TRF	Tribunal Regional Federal
TST	Tribunal Superior do Trabalho
v.	veja
v.g.	*verbi gratia*
vide	verificar

SUMÁRIO

PREFÁCIO

Honra-me LÚCIO DELFINO com o convite para elaborar o prefácio do volume 3 do seu *Código de Processo Civil Comentado*, dedicado aos seus arts. 119 a 187.

Os dois volumes anteriores foram prefaciados por Eduardo José da Fonseca Costa (arts. 1º a 69) e Glauco Gumerato Ramos (arts. 70 a 118). Registro essa informação para deixar ainda mais explícito o que já é suficientemente evidente: a única justificativa para eu receber tamanha honraria é a amizade entre mim e DELFINO. E é por isso que tomarei a liberdade de fazer deste prefácio mais um agradecimento público do que uma exposição panorâmica do conteúdo da obra.

Conheci a obra de DELFINO em 2014, quando aproveitei uma promoção da Editora Fórum para comprar alguns livros, entre eles o *Direito Processual Civil: artigos e pareceres*, que reúne, como visto, artigos doutrinários e pareceres advocatícios assinados pelo autor. O contato com a pessoa veio em 2015, quando o Código de Processo Civil ora comentado se encontrava no período de *vacatio legis*. Primeiro pela internet, especificamente pelo Facebook, quando puxei papo por mensagem privada a respeito de um debate que ele acabara de ter o com professor Fernando da Fonseca Gajardoni sobre o tema dos precedentes. A generosidade de DELFINO já se mostrou ali: solícito, rendeu assunto rápida e atenciosamente, ouviu sinceramente meus argumentos e concluiu nossa conversa – lembre-se: a primeira! – convidando-me para escrevermos um artigo a respeito. Aquele artigo nunca saiu, mas uma significativa parceria se seguiria depois. Chegarei a ela já, já.

As conversas avançaram e DELFINO me convidou para participar, como expectador, do Congresso Panamericano de Derecho Procesal do Instituto Panamericano de Derecho Procesal, realizado em Belo Horizonte, naquele mesmo ano. Foi quando nos conhecemos pessoalmente, oportunidade em que ele me apresentou a Glauco Gumerato Ramos e outros ilustrados processualistas. Naquela mesma oportunidade, convidei os dois para virem a Aracruz palestrarem, o que aceitaram imediatamente, e ainda se comprometeram a trazer com eles Eduardo José da Fonseca Costa – arcando eles próprios com as despesas do deslocamento. Ainda em 2015 nos encontraríamos no Congresso de Direito Processual de Uberaba – quando conheci Eduardo José da Fonseca Costa pessoalmente –, em Aracruz, no I Seminário de Direito Processual das Faculdades Integradas de Aracruz, em Curitiba, no ensejo do Fórum Permanente de Processualistas Civis. DELFINO retornaria a Aracruz em 2017, para o II Seminário de Direito Processual das Faculdades Integradas de Aracruz, novamente acompanhado de outros colegas.

DELFINO me privilegiou com alguma parceria intelectual também formal. Já em 2015 criticamos a tentativa de veto dos §§1º e 2º do art. 489 do CPC articulada pela Anamatra, pela AMB e pela Ajufe. Depois escreveríamos um ensaio, em trio com o professor Lenio Streck, sustentando a inconstitucionalidade do inciso II do parágrafo único do artigo 9º e do parágrafo único do art. 311, ambos do CPC, que permitem a concessão de tutela de evidência sem contraditório prévio. Novamente em dupla, defenderíamos a necessidade de cancelamento do nº 326 da súmula do STJ a partir do momento em que houvesse a definição de valores-padrão para situações-tipo, quando o autor da demanda passaria a ter de indicar o valor pretendido a título de compensação por danos morais; apontaríamos a incompatibilidade com a garantia da imparcialidade do parágrafo único do art. 971 do CPC e do nº 252 da súmula do STF, que permite que o relator da decisão rescindenda participe do julgamento da ação rescisória; indagaríamos sobre a reformulação do conceito de recurso ou o surgimento de um novo efeito recursal provocado pela (não) estabilização da tutela antecipada antecedente; co-organizaríamos, em conjunto com ainda outros parceiros, a obra *Processo e liberdade: estudos em homenagem a Eduardo José da Fonseca Costa*, pela Editora Thoth. Com GLAUCO GUMERATO RAMOS, DELFINO assinou a apresentação de meu livro *Impartialidade: a divisão funcional de trabalho entre partes e juiz a partir do contraditório*.

Para não cansar ainda mais o leitor, isso é apenas um resumo que faço para mostrar como DELFINO é o ponto de virada que me permitiu ter qualquer inserção acadêmica. O ingresso na ABDPro; publicações em portais e revistas; participação em eventos, inclusive como palestrante; convites para lecionar em cursos de pós-graduação; a repercussão dos meus escritos; a realização do mestrado – o *insight* a partir do qual construí minha dissertação foi tirado do seu texto "Juiz contraditor?", escrito em coautoria com Fernando Rossi, quando dilatei aspecto que ele mesmo não havia detectado, como me confidenciou depois. Devo muito a bastante gente, a algumas até mais do que ao nosso autor, mas, se cheguei a todas essas pessoas e se elas chegaram ou se aproximaram de mim, muito disso é devido à mão a mim sempre estendida por DELFINO. De modo que tenho com ele uma dívida de gratidão que jamais poderei pagar – dívida que este prefácio só faz aumentar!

Passando brevemente ao conteúdo do livro, é necessário recordar o ponto já destacado nos prefácios dos dois primeiros volumes desta obra: temos aqui os primeiros comentários ao CPC escritos tendo como referencial teórico o *garantismo processual*. Evidentemente, isso não quer dizer que *tudo* seja diferença na compreensão de *garantistas processuais* e *publicistas processuais*, mas que alguns aspectos revelarão divergências significativas. E é interessante notar como isso se manifesta nos assuntos explorados neste terceiro volume, dedicado ao tema da intervenção de terceiros (arts. 119 a 138) e do juiz e auxiliares da justiça (arts. 139 a 187).

Destaco alguns aspectos originais deste volume, sempre no contexto da influência recebida pela adesão ao *garantismo processual*:

(i) a objeção pragmático-dogmática à criação ou flexibilização de intervenção de terceiros por meio de negócios jurídicos processuais, haja vista o "altíssimo risco" de "tumulto e complexidade ao litígio", uma "*deformação* perigosa capaz de engendrar manobras protelatórias e detratoras das diretrizes da *segurança jurídica* e *efetividade*" – posicionamento que deverá surpreender aqueles que reduzem o *garantismo processual* à caricatura pejorativa de neoprivatismo legada por BARBOSA MOREIRA, construção paupérrima em relação ao objeto a que se referia, nomeadamente a obra de ADOLFO ALVARADO VELLOSO, JUAN MONTERO AROCA e FRANCO CIPRIANI, e anacrônica em relação ao referencial teórico de DELFINO;

(ii) a observação de que, mais do que revogado, o instituto da nomeação à autoria foi recapeado sob as vestes de uma "engenharia procedimental mais *inteligente, simples, prática* e *efetiva*" no art. 339, CPC – a revelar que o *garantismo processual* não é avesso à simplificação procedimental, mas, sim, à sua realização casuística pelo juiz;

(iii) a possibilidade de haver intervenção de terceiros por determinação do juiz quando assim autorizado pelo direito positivo, a exemplo da determinação de "citação de *interessados* na produção da prova ou no fato a ser provado", na ação de produção antecipada de provas de que tratam os arts. 381 e 382, CPC – indicativo de que o *garantismo processual* não resiste às intervenções de terceiro determinadas pelo juiz *tout court*, mas apenas a que se defira ao magistrado liberdade para ordená-las atipicamente, quando considerar conveniente ou oportuno;

(iv) a crítica aos poderes de *direção material* concedidos ao juiz pelo art. 139, CPC, lamentada como concessão do legislador "a uma perspectiva político-ideológica autoritária – que contrasta com o colorido de prudência e controle característico do devido processo legal", ao que opõe a crítica do garantismo processual, reconhecendo que "o juiz não assume função de simples espectador", todavia não dá "ritmo à jurisdição, exerce poder de polícia, assegura a probidade processual (sempre que provocado) e sanciona práticas ilícitas, organiza e saneia o feito" com liberdade, sim "em estrita obediência às regras do procedimento", donde ser mais do que diretor, é "*garantidor* do processo" – uma crítica tão esperada quanto incompreendida do *garantismo processual*, onde presta sua contribuição no esforço coletivo de demonstrar a falsidade do discurso que pretende associar o caráter científico do processo e o incremento dos poderes do juiz, travestindo de ciência o que é escolha política;

(v) a intransigente refutação das medidas executivas atípicas do art. 139, IV, CPC, um dispositivo "*genérico e tecnicamente mal elaborado*" que bastou para "estimular e convencer juristas e profissionais do direito a relativizarem a *lógica sub-rogatória das execuções pecuniárias*, o *regime de impenhorabilidade*, a *legalidade estrita*, o *devido processo* e as *respostas oferecidas pelo ordenamento jurídico em situações de ocultamento e ausência de bens em nome do executado*", só se podendo identificar no dispositivo base autorizativa para impor diretamente ao devedor de prestação pecuniária "a prática de atos executivos e o cumprimento das condutas elementares exigidas pela boa-fé (exemplos: apresentação do rol de bens penhoráveis; acesso ao bem penhorado; impedimento de esvaziamento patrimonial; permissão para que o bem seja buscado e apreendido depois de arrematado)" – somando-se a um terreno crítico no qual os adeptos do *garantismo processual* falam praticamente sozinhos, mas nem por isso com menos altivez;

(vi) a necessidade de prudência na promoção da Cultura da Paz levada a cabo pelo dever de promover a autocomposição, pois "A autoridade judicial não está autorizada, enfim, a sobrepor práticas autocompositivas à própria atividade de julgar, como se o valor das primeiras superasse a garantia fundamental que todo cidadão possui a uma resposta adequada do Judiciário acerca de lesões ou ameaças à direito" – quase uma heresia nestes tempos de justiça multiportas, mas que não deveria ser recebida apenas como o que é, um alerta contra o risco de fetichização;

(vii) inúmeros apontamentos relevantes acerca da tutela jurídica da imparcialidade judicial fornecida pelos arts. 144 a 147, nomeadamente: (a) a crítica à segregação das quebras de imparcialidade entre impedimento e suspeição, pois "*razões de ordem constitucional* exigem tratamento normativo *severo* e *idêntico* a todas e quaisquer situações de fato capazes de colocar em xeque a *imparcialidade do juiz*" e, de fato, "a lei tutela distintamente situações de fato que, em essência, revelam um único e *indistinguível* mal – a suspeita de *parcialidade do juiz*", razão pela qual propõe "um *regime unificado* cujas conclusões são as seguintes: i) a dúvida em relação à *parcialidade* pode ser arguida em qualquer grau de jurisdição, com a consequente anulação de atos eventualmente praticados pelo juiz *impedido* ou *suspeito*; ii) não há incidência da preclusão; e iii) admite-se o manejo de ação rescisória contra sentença transitada em julgada proferida por juiz *impedido* ou *suspeito*; (b) o caráter exemplificativo dos róis das causas de impedimento e suspeição, pois "é impossível para o legislador, com exaustão e de modo taxativo, antevê-las em abstrato"; (c) o acolhimento, sem ressalva, da hipótese de impedimento do art. 144, VIII, CPC, que "pretendeu sobretudo obstar favorecimentos a pessoas que são próximas do magistrado, mas que se apresentam *invisíveis* na causa porque dela não participam de modo formal"; (d) o reconhecimento da nulidade do acórdão cuja elaboração contou com magistrado parcial, "pouco importando se o voto proferido tenha sido irrelevante para o resultado do julgamento"; (e) a intransigência com o recebimento de quaisquer "mimos de final de ano para magistrados", inclusive em cidades interioranas, cumprindo ao juiz "recusar prontamente esse tipo de agrado, sendo recomendado que devolva o regalo ao remetente"; (f) a interpretação mais ampla possível da hipótese de suspeição do art. 145, IV, CPC, a ser tomado *"em perspectiva genérica"*, podendo ser o beneficiado "a parte, um dos advogados ou mesmo um terceiro, venha ela ou ele proximidade ou não com o juiz", reconhecendo que a "abertura normativa admite sejam consideradas as idiossincrasias que o contexto do caso concreto pode revelar"; (g) o efeito suspensivo *ope legis* e automático da exceção de parcialidade, que "acarreta automática suspensão da causa principal"; (h) o reconhecimento da capacidade postulatória do juiz para praticar atos processuais *stricto sensu* na exceção de parcialidade, *"sem se valer de um advogado"*; (i) a incidência do dever de imparcialidade aos assessores judiciais, pois são auxiliares da justiça "de inquestionável relevância".

Muitos outros pontos poderiam ser realçados, mas já me estendo. Acrescento apenas que o leitor não tem aqui uma obra infantil e teimosa, que, por adotar o *garantismo processual*, nega tudo que foi produzido pelo hegemônico *publicismo processual* brasileiro. Pelo contrário, trata-se de obra que marca divergências e propõe avanços, mas que não se furta a reconhecer a relevância da contribuição daqueles que pensam diferente, como deixam claras as constantes referências a nomes de proa daquela seção da processualística brasileira, não raro concordando com eles. No mais, o leitor ganhará passando à leitura meditada da obra, que, de resto, presta-se a ser fonte de consulta permanente e renovada, dada sua abrangência e profundidade – no que será útil mesmo aos pesquisadores mais exigentes –, bem como seu elevado grau de operabilidade, assaz útil ao jurista prático desejoso de resolver os mais intrincados problemas que na práxis forense se apresentam.

Parabenizo o meu amigo LÚCIO DELFINO pelo bem que tem feito à comunidade jurídica por meio desse empreendimento hercúleo que assumiu para si e do qual todos nos servimos com grande proveito – e, claro, à Editora Fórum, que o abraçou tão generosamente. Também o agradeço por sua inexaurível generosidade para comigo, dando-me a oportunidade de constar, aqui como prefaciador, e no corpo da obra, como autor de trabalhos consultados e citados, situando-me nas linhas deste marco editorial brasileiro. É com alegria que vejo crescer exponencialmente a dívida de gratidão que jamais poderei pagar.

Aracruz (ES), 6 de agosto de 2023.

Diego Crevelin de Sousa
Mestre em Direito Processual pela Universidade Federal do Espírito Santo. Professor do curso de Direito das Faculdades Integradas de Aracruz (FAACZ). Conselheiro da Associação Brasileira de Direito Processual (ABDPro). Diretor de publicações da ABDPro, triênio 2021-2024.

APRESENTAÇÃO

A presente obra dá sequência à série de comentários, que se pretende ir oferecendo ao leitor, dos dispositivos legais que compõem a Lei nº 13.015, de 16 de março de 2015 – o chamado *Código de Processo Civil*.

Tem-se, aqui, análises e considerações, acrescidas de citações doutrinárias e jurisprudenciais (preferencialmente os julgados dos tribunais superiores), dos temas afetos aos arts. 119 a 187, a saber, da *intervenção de terceiros*, do *juiz e dos auxiliares da justiça*, do *Ministério Público*, da *Advocacia Pública* e da *Defensoria Pública*.

A linha teórica de pesquisa é a *garantística processual*.

É meu desejo auxiliar, de algum modo, os profissionais do direito em seu trabalho cotidiano!

Uberaba, 28 de junho de 2023.

Título III
DA INTERVENÇÃO DE TERCEIROS

Capítulo I
DA ASSISTÊNCIA

Seção I
DISPOSIÇÕES COMUNS

Art. 119. Pendendo causa entre 2 (duas) ou mais pessoas, o terceiro juridicamente interessado em que a sentença seja favorável a uma delas poderá intervir no processo para assisti-la.

Parágrafo único. A assistência será admitida em qualquer procedimento e em todos os graus de jurisdição, recebendo o assistente o processo no estado em que se encontre.

Correspondente:
CPC/1973, art. 50.

Referências:
CF/1988, art. 5º, LV; art. 93, IX; art. 108, II; art. 109, I.

CPC/2015, art. 17; art. 43; art. 85, §8º; art. 119; art. 120; art. 121; art. 122; art. 123; art. 124; art. 125; art. 126; art. 127; art. 128; art. 129; art. 130; art. 131; art. 132; art. 133; art. 134; art. 135; art. 136; art. 137; art. 138; art. 178, I, II e III; art. 179; art. 190; art. 238; art. 284; art. 294; art. 312; art. 329; art. 338; art. 339; art. 357; art. 381, I, II e III; art. 382, §1º; art. 489, §1º, I, II, III, IV, V e VI; art. 682; art. 683; art. 684; art. 685; art. 686; art. 876, §5º; art. 880; art. 924; art. 925; art. 996, parágrafo único; art. 1.015, IX.

Lei 13.188/2015, art. 5º, §2º, I, II, III.

Lei 12.016/2009, art. 10, §2º.

EId, art. 12.

CC/2002, art. 1.694; art. 1.696; art. 1.697; art. 1.698.

Lei 9.868/1999, art. 18.

Lei 9.469/1997, art. 5º.

Lei 9.279/1996, art. 57; art. 175.

Lei 9.289/1996, art. 14, §2º.

Lei 9.099/1995, art. 10.

ECA, art. 206, caput.

Lei 4.717/1965, art. 6º, §4º.

Súmula nº 150 (STJ). Compete à Justiça Federal decidir sobre a existência de interesse jurídico que justifique a presença, no processo, da União, suas autarquias ou empresas públicas.

Estruturação: o CPC/2015 regulamenta as modalidades *típicas* de intervenção de terceiros (arts. 119 a 138) em seu Livro III (Dos Sujeitos do Processo), Título III (Da Intervenção de Terceiros), Capítulo I (Da Assistência), Capítulo II (Da Denunciação da Lide), Capítulo III (Do Chamamento ao Processo), Capítulo IV (Do Incidente de Desconsideração da Personalidade Jurídica), e Capítulo V (Do *Amicus Curiae*). Novidades em relação ao CPC revogado: i) a *assistência*, que até então não era regulada em meio às intervenções de terceiros (localizava-se na parte do Código dedicada ao litisconsórcio), hoje está situada entre elas e disciplinada por regras que tratam separadamente de cada qual de suas espécies (= *assistência simples* e *assistência litisconsorcial*) (CPC/2015, arts. 119 a 124); ii) desapareceu a *nomeação à autoria*, embora tenha sido ela, em substância, preservada em instituto mais simples e efetivo, cuja regulamentação foi alocada em parte distinta do Código (CPC/2015, art. 339); iii) criou-se mecanismo procedimental para regular e legitimar a inclusão, no procedimento jurisdicional, de sócios da pessoa jurídica demandada (= desconsideração da personalidade jurídica), ou mesmo a inclusão dela própria no feito quando os demandados originários forem seus sócios (= desconsideração inversa) (CPC/2015, arts. 133 a 137); iv) o *amicus curiae* foi inserido entre as intervenções de terceiros *típicas* (CPC/2015, art. 138); e v) a *oposição* não mais é tratada como intervenção de terceiros, tendo sido acertadamente transportada para o Título III (Dos Procedimentos Especiais) (CPC/2015, arts. 682 a 686).

Ausência de *disposições gerais*: em obra clássica, publicada na década de 1970, Vicente Greco Filho alertava para as profundas divergências que o tema *intervenção de terceiros* suscita, tanto na doutrina quanto em termos de sistematização legislativa. Duas as causas apontadas: i) "complexidade dos institutos englobados sob esse título"; e ii) "dificuldade de se fixarem elementos comuns que pudessem conduzir a uma classificação lógica" (GRECO FILHO, Vicente. *A intervenção de terceiros no processo civil.* São Paulo: Saraiva, 1973. p. 2). De lá para cá, a doutrina intensificou esforços em prol da clarificação das modalidades interventivas (típicas e atípicas), atomizando-as e jogando sobre elas relevantes luzes; conceitos foram refinados e dúvidas sanadas. Avanços inegavelmente ocorreram, porém não o suficiente. Enfim, permanece uma atmosfera de muita aridez e desacordos. Talvez aí esteja, quem sabe, o *fator de insegurança* que intimidou o legislador, fazendo-o optar pela postura cômoda *de não positivar*, no bojo do CPC/2015, *regras gerais* aplicáveis *a toda e qualquer* espécie interventiva. Merece referência, por fim, a elogiável e difícil investigação empreendida por Daniel Colnago Rodrigues, cujo propósito foi esquadrinhar elementos indispensáveis à estruturação de uma "Parte Geral Interventiva", ajustada às diferentes hipóteses de intervenção (típicas e atípicas) positivadas na ordem jurídica. Uma opção legislativa em tal sentido – segundo afirma o jurista – teria o efeito positivo de reduzir as inúmeras perplexidades que gravitam em torno da temática (RODRIGUES, Daniel Colnago. *Intervenção de terceiros.* 2. ed. São Paulo: Revista dos Tribunais, 2021. p. 21).

Parte e terceiro: a noção de *parte* contrapõe-se à de *terceiro*, e vice-versa. A ideia genérica de *parte* – ensina Enrico Redenti – deriva daquilo que a própria palavra sugere: *fazer parte, tomar parte, participar de um acontecimento ou de uma relação qualquer*. É nomenclatura que se ajusta apenas à figura dos contendentes ou litigantes, não à do juiz e tampouco à dos auxiliares da justiça – o juiz, em específico, *não contende* e *nem toma partido*; ele examina e decide *com imparcialidade*, mantendo-se *au dessus de le melée*. É *parte* (= sentido processual), enfim, qualquer um que promova a demanda e mesmo aquele que acabou inserido no âmbito procedimental ou nele decidiu intervir de modo espontâneo, dali em diante integrando-o subjetivamente com a possibilidade de participação (REDENTI, Enrico. *Derecho Procesal Civil*. Tomo I. Ediciones Juridicas Europa-America: Buenos Aires, 1957. p. 149-151). De outro lado, *terceiro* (= sentido processual) é justamente quem não é parte no procedimento jurisdicional. Ou como prefere Lopes da Costa: "terceiros serão os que não se puderem compreender na definição de parte" – é, portanto, um conceito sempre "obtido por exclusão" (LOPES DA COSTA, Alfredo de Araujo. *Da intervenção de terceiros no processo*. São Paulo: Livraria Teixeira Editores, 1930. p. 12). Deve-se, em suma, levar em conta o efetivo ingresso do indivíduo no procedimento jurisdicional: é terceiro "quem não participa da relação processual, ainda que seja titular do direito material discutido" (RODRIGUES, Daniel Colnago. *Intervenção de terceiros*. 2. ed. São Paulo: Revista dos Tribunais, 2021. p. 29). Daí a afirmação de que terceiro *não é* parte, *mas poderá vir a sê-lo*, sendo suficiente, para tanto, que a sua intervenção se materialize no bojo do procedimento jurisdicional – em tal perspectiva, partes são *autor* e *réu* (= partes principais), *assistente* (= parte auxiliar) e *Ministério Público* (ASSIS, Araken. *Processo Civil Brasileiro*. Parte geral: institutos fundamentais. v. II. Tomo I. São Paulo: Revista dos Tribunais, 2015. p. 84-86). Duas observações: i) é assaz divulgada a discordância travada entre Giuseppe Chiovenda (= "parte é aquele que demanda em seu próprio nome a atuação de uma vontade da lei, e aquele em face de quem essa atuação é demandada") e Enrico Tullio Liebman (= "são partes do processo os sujeitos do contraditório instituído em face do juiz"); e ii) é fortíssima no Brasil a corrente doutrinária que inadmite seja atribuída aos terceiros, cuja intervenção materializou-se, a condição de parte (= distinção inflexível entre as categorias *partes* e *terceiros*; *posição chiovendiana*) – entre outros, assim se posicionam: Humberto Theodoro Júnior, Pontes de Miranda, Ovídio A. Baptista da Silva, Luiz Rodrigues Wambier e Luiz Guilherme Marinoni. Para aprofundamento: ASSIS, Araken. *Processo Civil Brasileiro*. Parte geral: institutos fundamentais. v. II. Tomo I. São Paulo: Revista dos Tribunais, 2015; BUENO, Cassio Scarpinella. *Partes e terceiros no processo civil brasileiro*. 2. ed. São Paulo: Saraiva, 2006; CHIOVENDA, Giuseppe. *Instituições de*

Direito Processual Civil. v. II. 3. ed. Campinas: Editora Bookseller, 2002; DINAMARCO, Cândido Rangel. *Litisconsórcio*. 8. ed. São Paulo: Malheiros, Editores, 2009; GRECO FILHO, Vicente. *A intervenção de terceiros no processo civil*. São Paulo: Saraiva, 1973; LIEBMAN, Enrico Tullio. *Manual de Direito Processual Civil*. v. 1. Tocantins: Editora Intelectus, 2003; RODRIGUES, Daniel Colnago. *Intervenção de terceiros*. 2. ed. São Paulo: Revista dos Tribunais, 2021.

Intervenção de terceiros – conceito: intervém *aquele que toma parte ou interpõe a sua autoridade, quem se coloca ou é colocado entre*. Como ensina a doutrina especializada: i) a intervenção de terceiros se caracteriza, numa perspectiva ampla, pelo *ingresso* de um sujeito em procedimento jurisdicional *pendente* para se tornar *parte*, com a consequente *ampliação subjetiva* da relação jurídico-processual, a qual, além dos sujeitos parciais mínimos (= um autor e outro réu), suportará a inclusão de mais um outro; e ii) há de comum, nas muitas modalidades de intervenção de terceiros, exatamente essa aquisição da qualidade de parte (parte processual ou material, conforme o caso) adquirida pelo interveniente (DINAMARCO, Cândido Rangel. *Instituições de Direito Processual Civil*. v. II. 7. ed. Malheiros: São Paulo: 2017. p. 428-432). Pela intervenção, em síntese, o terceiro *torna-se parte* em litígio pendente (CARNEIRO, Athos Gusmão. *Intervenção de terceiros*. 10. ed. São Paulo: Saraiva, 1998. p. 47). Uma advertência: o ato de *intervir*, a despeito do que o verbo possa sugerir, não é algo que se dá sempre de modo intencional (= porque *se quis fazer*; porque *se quis colocar-se no meio*; porque *se quis tomar parte*). Há, afinal, modalidades interventivas *espontâneas* e *coactas*, sendo que as primeiras ocorrem por ato próprio, são voluntárias, enquanto as últimas prescindem da vontade do terceiro, isto é, derivam de convocação, são provocadas. Exemplos de intervenção de terceiros (em sentido *lato sensu*): assistência (simples e litisconsorcial); denunciação da lide; chamamento ao processo; incidente de desconsideração da personalidade jurídica; *amicus curiae*; recurso de terceiro prejudicado; habilitação, como litisconsorte ou assistente do autor, feita por qualquer cidadão em ações populares (Lei 4.717/1965, art. 6º, §5º); novel nomeação à autoria (CPC/2015, arts. 338 e 339); intervenção do Ministério Público como fiscal da ordem jurídica; ingresso de litisconsorte necessário (ativo ou passivo) por ordem judicial; sucessão processual em decorrência da morte de uma das partes. Obras cuja consulta é indicada: WAMBIER, Teresa Arruda Alvim. *Aspectos polêmicos e atuais sobre os terceiros no processo civil e assuntos afins.* São Paulo: Revista dos Tribunais, 2004; AROCA, Juan Montero. *La intervención adhesiva simple:* contribución al estudio de la pluralidade de partes em el proceso civil. Barcelona: Editorial Hispano Europea, 1972; ASSIS, Araken. *Processo Civil Brasileiro.* Parte geral: institutos fundamentais. v. II. Tomo I. São Paulo: Revista dos Tribunais, 2015; BATISTA DA SILVA, Ovídio A. *Comentários ao Código de Processo Civil.* v. 1. São Paulo: Revista dos Tribunais, 2000; BUENO, Cassio Scarpinella. *Partes e terceiros no processo civil brasileiro.* 2. ed. São Paulo: Saraiva, 2006; CARNEIRO, Athos Gusmão. *Intervenção de terceiros.* 10. ed. São Paulo: Saraiva, 1998; DINAMARCO, Cândido Rangel. *Intervenção de terceiros.* 5. ed. São Paulo: Malheiros Editores, 2009; DINAMARCO, Cândido Rangel. *Instituições de Direito Processual Civil.* v. II. 7. ed. Malheiros: São Paulo: 2017; GRECO FILHO, Vicente. *A intervenção de terceiros no processo civil.* São Paulo: Saraiva, 1973; THEODORO JÚNIOR, Humberto. *Curso de Direito Processual Civil.* v. I. 56. ed. Rio de Janeiro: Forense, 2015; DIDIER JR., Fredie. Curso de Direito Processual Civil. v. 1. 18. ed. Salvador: JusPodivm, 2016; LOPES DA COSTA, Alfredo de Araujo. *Da intervenção de terceiros no processo.* São Paulo: Livraria Teixeira Editores, 1930; MERCADER, Amilcar. *El terceiro en el processo.* v. 34. Abeledo-Perrot: Buenos Aires, 1960. (Monografias jurídicas); NEVES, Daniel Amorim Assumpção. *Manual de Direito Processual Civil.* volume único. 13. ed. Salvador: JusPodivm, 2021; RODRIGUES, Daniel Colnago. *Intervenção de Terceiros.* 2. ed. São Paulo: Revista dos Tribunais, 2021; WAMBIER, Luiz Rodrigues; TALAMINI, Eduardo. *Curso Avançado de Processo Civil:* Teoria Geral do Processo. v. 1. 16. ed. São Paulo: Revista dos Tribunais, 2016; VELLOSO, Adolfo Alvarado. *Sistema Processual.* Garantia de la Libertad. Tomo I. Buenos Aires: Rubinzal-Culzoni Editores, 2009.

Intervenção de terceiros – fundamentos: as muitas modalidades interventivas têm por fito franquear o ingresso de terceiro em litígio pendente, transformando-o em *parte* (= sentido *lato sensu*), ou seja, opera-se ali, no âmbito do procedimento, alteração de cariz subjetivo, com um dos polos da relação jurídico-processual tornando-se plural, ou pelo menos mais plural do que já se apresentava originariamente (ASSIS, Araken. *Processo Civil Brasileiro.* Parte geral: institutos fundamentais. v. II. Tomo I. São Paulo: Revista dos Tribunais, 2015. p. 578-579). Para além dessa alteração de cunho subjetivo, há intervenções que ampliam o próprio objeto litigioso – por exemplo: denunciação da lide e incidente de desconsideração da personalidade jurídica. São três, por fim, os *pilares fundamentais* da intervenção de terceiros. Primeiro, assegura-se que os efeitos diretos da decisão atinjam número maior de pessoas (= eficiência da atividade jurisdicional); segundo, que a abertura ao contraditório, a quem até então não era parte, forneça ao julgador elementos de fato e de direito capazes de propiciar uma aquilatada tutela jurisdicional (= atingimento de decisões qualitativamente elevadas). O terceiro pilar, por sua vez, tem inspiração *garantística*: é que determinadas espécies interventivas se traduzem em verdadeiro *direito subjetivo* do terceiro, vale dizer, têm por escopo sobretudo a proteção de sua particular esfera jurídica, a qual poderá, a depender do desfecho da lide em curso, sofrer impactos de ordem negativa (= segurança jurídica; tutela à liberdade *lato sensu*).

***Legitimatio ad interveniendum*:** não é lícito a todo e qualquer um, a seu bel prazer ou livre desenvoltura, intervir em litígio pendente para ali assumir qualidade de parte e atuar em contraditório. À semelhança do que se exige das partes (autor e réu) para que a jurisdição avance e atinja decisão *com resolução de mérito*, o terceiro deve, outrossim, ter *legitimidade para intervir*. Trata-se, em suma, de uma ligação que o terceiro necessita possuir "com a relação controvertida entre as partes originárias", a qual varia "muito em natureza e intensidade", do mesmo modo que "variam as espécies de *legitimatio ad interveniendum* e, consequentemente, as modalidades de intervenções admitidas pela lei" (DINAMARCO, Cândido Rangel. *Instituições de Direito Processual Civil.* v. II. 7. ed. Malheiros: São Paulo: 2017. p. 434).

Interesse do terceiro interveniente: o *interesse de agir* faz-se presente sempre que possível vislumbrar o binômio *necessidade-utilidade* da tutela jurídica que se ambiciona alcançar. De um lado, é *necessária* a tutela jurídica quando a intervenção do Estado-juiz se mostrar *indispensável* à satisfação do interesse ou direito subjetivo postulado; de outro, haverá *utilidade* quando algum proveito ou vantagem *presumivelmente* resultar da prestação jurisdicional (FABRÍCIO, Adroaldo Furtado. O interesse de agir como pressuposto processual. *Revista EMERJ*, Rio de Janeiro, v. 20, n. 1, p. 164-195, jan./abr. 2018). No que tange aos terceiros, há aqueles cujo interesse tem relevância para a ordem jurídica, ou seja, a intervenção deles (espontânea ou provocada) em feito pendente é *expressamente* autorizada (e por vezes até exigida) por lei. Esse interesse varia *em essência*, a depender da modalidade interventiva. Exemplos dessa variedade: i) apenas o terceiro *juridicamente* interessado pode atuar como assistente, não se admitindo que assuma tal condição quem deseja socorrer uma das partes imbuído meramente de razões filantrópicas ou financeiras (CPC/2015, art. 119, *caput*); ii) no que toca à denunciação da lide, tem-se um catálogo legal taxativo que indica aqueles cuja intervenção é permitida (CPC/2015, art. 125), o que também se dá com o chamamento ao processo (CPC/2015, art. 130); iii) em dadas circunstâncias, permite a lei intervenção, na qualidade de *amicus curiae*, de pessoa natural ou jurídica, órgão ou entidade especializada partidário de determinado interesse (político, social) que pretenda fazer prevalecer em causa pendente; iv) na modalidade interventiva de que trata o art. 5º da Lei 9.469/1997, bastará ao terceiro um interesse de cariz *puramente econômico*.

Intervenção de terceiros e deslocamento de competência: fixar a competência é estabelecer o órgão judicial responsável pelo processamento e julgamento de determinada causa. São dois os fatos jurídicos a partir dos quais a identificação do juízo competente ocorre, a saber, o momento do *registro* da petição inicial ou aquele em que ela é *distribuída* (CPC/2015, art. 43). Todas as ações propostas sujeitam-se a registro, devendo ser distribuídas onde houver mais de um juiz (CPC/2015, art. 284). Assim é que, havendo na localidade mais de um juiz (a despeito do número de cartórios, se um, dois ou mais), a distribuição da petição inicial far-se-á indispensável e, *a partir dela*, ocorrerá a fixação da competência. De outro lado, onde haja um único juiz, pouco importando o número de cartórios auxiliares, dispensar-se-á a distribuição, de modo que a fixação da competência terá como marco o próprio registro da petição inicial. Importa o seguinte: pela via do registro ou da distribuição da petição inicial, têm-se a *estabilização* do órgão judicial, pois a competência fixada para processamento e julgamento do feito se tornará, *muito provavelmente*, invariável. É o que se convencionou chamar *perpetuatio iurisdictionis*, conceito atrelado exclusivamente à competência relativa e mediante o qual se busca, de uma banda, tutelar a posição do autor, enquanto demandante, e, de outra, obstar que mudanças no estado de fato e ou de direito afetem a ordem e o rendimento da atividade jurisdicional (ALVIM, Arruda. *Manual de Direito Processual Civil*: teoria geral do processo e processo de conhecimento. 17. ed. São Paulo: Revista dos Tribunais, 2017. p. 347). Há, contudo, exceções à *perpetuatio iurisdictionis*: i) supressão de órgão judiciário (CPC/2015, art. 43); ii) alteração de competência absoluta; iii) intervenção da União, suas empresas públicas, entidades autárquicas e fundações, ou conselho de fiscalização de atividade profissional, quando então haverá *deslocamento de competência* da ação judicial em curso para a Justiça Federal, exceto nas causas para as quais ela é incompetente, a saber, recuperação judicial, falência, insolvência civil, acidente de trabalho e as sujeitas à Justiça Eleitoral e à Justiça do Trabalho (CPC/2015, art. 45). Naquilo que interessa aqui, não tem relevância o *fato novo* que é a intervenção de terceiros para a fixação da competência do órgão jurisdicional, quer dizer, a jurisdição *em regra* seguirá seu curso perante o juízo originário – ou em outros termos: a intervenção de terceiros não desfigura competência já estabelecida (= *perpetuatio iurisdictionis*) (DINAMARCO, Cândido Rangel. *Instituições de Direito Processual Civil*. v. II. 7. ed. Malheiros: São Paulo: 2017. p. 439-440).

Ampliação subjetiva da demanda e ampliação do objeto litigioso: há modalidades interventivas que se limitam a dilatar *subjetivamente* a relação jurídico-processual, em nada modificando o objeto litigioso. É o caso, por exemplo, do assistente (simples ou litisconsorcial), que intervém com o propósito de coadjuvar uma das partes. Ele, que recebe a causa no estado em que ela se encontrar, nada postula e contra ele nada é postulado. Ter-se-á, ali, a partir do deferimento da intervenção assistencial, o despontar de apenas mais uma parte (= parte auxiliar), que atuará, com limitações em sua liberdade de litigância, num dos polos da demanda. Também é o que se verifica no chamamento ao processo. Entretanto, existem espécies interventivas que empurram para o feito *nova pretensão*, isto é, o objeto litigioso suporta acréscimo ou ampliação – exemplos: denunciação da lide e no incidente de desconsideração da personalidade jurídica.

Restrições às intervenções de terceiros: a intervenção de terceiros tem por pilares i) *propiciar decisões com elevado grau de qualidade*, ii) *conferir eficiência à atividade jurisdicional* e iii) *fornecer a terceiros mecanismos que lhes permitam a tutela ou proteção da sua própria esfera jurídica*. Mas disso pode resultar o *efeito deletério* de fazer a jurisdição mais intrincada e demorada – afinal, se terá a *ampliação subjetiva da relação jurídico-processual*, com um terceiro assumindo-se como parte, e até, em dadas espécies interventivas, o *alargamento do próprio objeto litigioso*. O litígio, em suma, ganhará complexidade. Não à toa, aliás, o legislador procurou mitigar os impactos negativos que o ingresso de um novo sujeito provoca no feito, quer *vetando* a utilização do instituto interventivo em determinados procedimentos, quer *limitando* a intervenção a algumas modalidades, quer, ainda, impondo *reservas temporais* ao ingresso do terceiro (RODRIGUES, Daniel Colnago. *Intervenção de terceiros*. São Paulo: Revista dos Tribunais, 2017. p. 50-51). Para ilustrar: i) é *proibida* a intervenção de terceiros nos juizados especiais (Lei 9.099/1995, art. 10); ii) em ações que envolvam relações de consumo é *ilícita* a denunciação da lide (CDC, art. 88); iii) admite-se uma única denunciação sucessiva, promovida pelo denunciado, contra seu antecessor imediato na cadeia dominial ou quem seja responsável por indenizá-lo, *não podendo* o denunciado sucessivo promover nova denunciação (CPC/2015, art. 125, §2º); iv) *não cabe* chamamento ao processo nos procedimentos de execução civil; v) *não é permitida* a intervenção de terceiros em ação declaratória de constitucionalidade (Lei 9.868/1999, art. 18); vi) é *vetada* intervenção de terceiros no rito especial que permite direito de resposta ou retificação do ofendido em matéria divulgada, publicada ou transmitida por veículo de comunicação social (Lei 13.188/2015, art. 5º, §2º, I, II, III).

Pluralidade de partes, intervenção de terceiros e litisconsórcio: na medida em que a intervenção de terceiros amplia subjetivamente a relação jurídico-processual, "que além dos sujeitos parciais mínimos (um autor e um réu) passa a ter outros", é nada mais que lógico o enquadramento de seu estudo "no capítulo doutrinário da pluralidade de partes" (DINAMARCO, Cândido Rangel. *Instituições de Direito Processual Civil.* v. II. 7. ed. Malheiros: São Paulo: 2017. p. 428-429). Que fique claro: *pluralidade de partes* é instituto-gênero, do qual são espécies *intervenção de terceiros* e *litisconsórcio*. Às vezes, o manejo do instituto interventivo faz despontar o litisconsórcio, quer dizer, a formação litisconsorcial surge já com a instauração da demanda (= litisconsórcio ativo) ou a partir da citação dos réus (= litisconsórcio passivo), ou ainda, ulteriormente, pela via de alguma específica modalidade interventiva (= litisconsórcio passivo ulterior); em outras circunstâncias, a despeito da ampliação subjetiva incutida na relação jurídico-processual, não se terá litisconsórcio, mas o ingresso e a atuação no feito de uma parte auxiliar (= assistência).

Modalidades *incidentais* interventivas: *incidente* é uma palavra que designa algum evento ocorrente no curso da causa, porém como fato estranho à sua normalidade, as vezes até ensejando a instauração de procedimento em paralelo (PACHECO, José da Silva. *O atentado no processo civil.* Rio de Janeiro: Editor Borsoi, 1958. p. 31). As muitas modalidades interventivas são *incidentes do procedimento*, o que é diferente dos chamados *procedimentos incidentes*. Ou seja, é *incidente* "uma ramificação do procedimento originário", que a ele se incorpora; de outra banda, *procedimento incidente* é "procedimento novo", cuja instauração se deu em razão de um procedimento já existente, "que dele se desprende, mas nele produz efeitos" (exemplos: embargos de terceiro e oposição) (RODRIGUES, Daniel Colnago. *Intervenção de terceiros*. 2. ed. São Paulo: Revista dos Tribunais, 2021. p. 34-35).

Classificação: a mais difundida classificação é a que distingue as intervenções de terceiro em *espontâneas* (= quando o próprio terceiro, de modo voluntário, postula a intervenção) e *provocadas* (= quando o terceiro, independentemente da sua vontade, é catapultado ou empurrado para o bojo do procedimento jurisdicional). Outro arranjo classificatório conhecido, e que soma conteúdo à primeira, divide as modalidades interventivas em *típicas* (= espécies interventivas reguadas nos arts. 119 a 138 do CPC/2015) e *atípicas* (= espécies interventivas sem denominação própria, reguladas fora dos arts. 119 a 138 do CPC/2015). Para ilustrar: i) assistência simples (CPC/2015, arts. 119 a 123; intervenção típica e espontânea); ii) assistência litisconsorcial (CPC/2015, arts. 119 e 120 c/c art. 124; intervenção típica e espontânea); iii) denunciação da lide (CPC/2015, arts. 125 a 129, intervenção típica e provocada); iv) chamamento ao processo (CPC/2015, arts. 130 a 132; intervenção típica e provocada); v) incidente de desconsideração da personalidade jurídica (CPC/2015, arts. 133 a 137; intervenção típica e provocada); vi) *amicus curiae* (CPC/2015, art. 138; intervenção típica, que pode ser espontânea ou provocada); vi) recurso de terceiro prejudicado (CPC/2015, art. 996; intervenção atípica e espontânea); vii) novel nomeação à autoria (CPC/2015, art. 339; intervenção atípica e provocada).

Intervenções *atípicas – taxatividade*: além das espécies interventivas típicas, positivadas em departamento legal específico (CPC/2015 arts. 119 a 138), não se pode recusar idêntica natureza a outros incidentes procedimentais, regulados esparsamente no próprio CPC/2015 e em leis extravagantes, os quais da mesma maneira legitimam o ingresso de terceiros em causa pendente. São as chamadas intervenções *atípicas* (ou *anômalas*). É o que ocorre, para ilustrar, quando um terceiro interpõe recurso contra decisão que lhe é prejudicial (CPC/2015, art. 996). Mais um exemplo: o réu, ao arguir sua ilegitimidade *ad causam*, indica na sequência o indivíduo que ali deveria estar em seu lugar, dando ensejo à possibilidade de alteração do polo passivo da demanda (CPC/2015, art. 339). Pois sejam típicas ou atípicas, as modalidades de intervenção de terceiro têm previsão *taxativa* na ordem jurídica, não se admitindo às partes, aos terceiros e mesmo ao juiz a criação, por modelagem ou entalhe criativo, de hipóteses interventivas não previstas em lei.

Intervenções de terceiro e negócios jurídicos procedimentais: com a publicação do CPC/2015, dúvidas até então significativas sobre a viabilidade legal de *negócios jurídicos procedimentais* restaram, ao que tudo indica, superadas. É que hoje, diante do que reza seu art. 190, permite-se às partes plenamente capazes, versando o litígio sobre direitos que admitam composição, estipular mudanças no procedimento jurisdicional para ajustá-lo às especificidades da causa e convencionar, antes ou depois da sua instauração, sobre os ônus, os poderes, as faculdades e os deveres processuais. Estudiosos e profissionais, todavia, não se libertaram em definitivo de todas as incertezas ligadas à temática, mesmo que atualmente, em vigor o novel dispositivo, estejam elas concentradas em patamar distinto. É indispensável, naquilo que interessa aqui, perquirir sobre a validade de pactos procedimentais que estabeleçam, *pelo labor criativo das partes*, novas *modalidades* de intervenção de terceiros, ou ainda que imprimam alguma plasticidade às já reguladas em lei. A questão, a partir de uma análise pragmático-dogmática, merece resposta *negativa*. É altíssimo o risco, em primeiro lugar, de se alavancar tumulto e complexidade ao litígio pela permissibilidade de ingresso de terceiros em causas pendentes com fundamento apenas *naquilo que desejam autor e réu* (= em estrapolação às hipóteses previstas em lei). Trata-se de *deformação* perigosa, potencialmente capaz de engendrar manobras protelatórias e detratoras das diretrizes *segurança jurídica* e *efetividade*. Pactos dessa natureza, por último, encontram entrave na própria legalidade. O sistema normativo trabalha com uma linguagem *assertiva*, isto é, define *como as coisas devem se dar* em termos de intervenção de terceiros. A lei, enfim, é categórica e taxativa, limita a vontade de qualquer um, não admitindo nem que as partes insiram na relação jurídico-processual terceiros estranhos ao esquema previamente traçado pelo legislador, tampouco que terceiros tenham seu ingresso autorizado em causa cujo objeto litigioso, sob o ponto de vista legal, em nada lhes interesse ou respeite. Em suma, compete *unicamente* ao legislador avaliar e prever *quando, em que circunstâncias* e *a partir de quais pressupostos* é bem-vinda a complexidade inerente às intervenções de terceiros.

Falsas intervenções de terceiros: são características essenciais de toda e qualquer modalidade interventiva (segundo a perspectiva *liebmaniana*) a transformação de um terceiro em *parte* (parte material ou processual, a depender do caso) e o ingresso dele em causa *pendente*, sem a instauração de procedimento novo (RODRIGUES, Daniel Colnago. *Intervenção de terceiros*. 2. ed. São Paulo: Revista dos Tribunais, 2021. p. 34). Por isso não se consideram intervenções de terceiros, por exemplo, a *ação de embargos de terceiro*, o *mandado de segurança contra ato judicial* e a *oposição*.

Recurso do *terceiro prejudicado*: o recurso pode ser interposto pela parte vencida, pelo *terceiro prejudicado* e pelo Ministério Público. Ao *terceiro* cumpre demonstrar a possibilidade de a decisão sobre a relação submetida à apreciação judicial atingir direito de que se afirme titular ou que possa discutir em juízo como substituto processual (CPC/2015, art. 996). É o *recurso do terceiro prejudicado*, como habitualmente se diz, figura mista ou híbrida, cuja natureza açambarca, a um só tempo, os temas *recurso* e *intervenção de terceiros*. Não é esse terceiro "titular de qualquer das pretensões postas em julgamento na causa, nem das relações controvertidas entre as partes", mas é *juridicamente* prejudicado por existir situação jurídico-material sua que, de algum modo, está sujeita a ficar indiretamente comprometida pela decisão judicial (DINAMARCO, Cândido Rangel. *Instituições de direito processual civil*. v. II. 7. ed. São Paulo, 2017. p. 457). Detalhamentos: i) é procedimento intervencional *atípico*, pois não se encontra regulamentado entre as modalidades típicas previstas em setor próprio do CPC/2015; ii) justifica-se pelos mesmos pilares normativos que inspiram toda e qualquer espécie interventiva – *economia*, *eficiência* e *tutela à esfera jurídica de terceiros*; iii) é modalidade interventiva cabível em qualquer momento do procedimento jurisdicional, desde que haja decisão cuja impugnação se apresente viável legalmente, sendo que o terceiro está autorizado a manejar todas as espécies recursais; iv) não se trata de "assistência em grau recursal", quer dizer, o terceiro recorrente não estará coadjuvando uma das partes, *e sim defendendo direito próprio* (RODRIGUES, Daniel Colnago. *Intervenção de terceiros*. São Paulo: Revista dos Tribunais, 2017. p. 128); v) o terceiro que recorre "torna-se parte no processo exclusivamente para os fins limitados do recurso que interpõe e para eventuais recursos subsequentes a ele" – prosseguindo o feito na pendência desse recurso (a exemplo do que se dá com a interposição do agravo de instrumento, que não dispõe de efeito suspensivo automático), o terceiro-recorrente não detém uma particular condição de parte a lhe autorizar participação fora dos limites do recurso que ofertou (DINAMARCO, Cândido Rangel. *Instituições de direito processual civil*. v. II. 7. ed. São Paulo, 2017. p. 458); e vi) a interposição de recurso pelo terceiro prejudicado não lhe permite inovar ou modificar o objeto litigioso.

Intervenção anômala dos entes públicos: admite-se intervenção da União nas causas em que figurarem, como autoras ou rés, autarquias, fundações públicas, sociedades de economia mista e empresas federais (Lei 9.469/1997, art. 5º, *caput*). De outra banda, as pessoas jurídicas de direito público também estão autorizadas a intervir em demandas cuja decisão possa lhes impingir reflexos, quer para esclarecer questões de fato e de direito, quer para juntar documentos e memoriais reputados úteis, quer ainda para recorrer (Lei 9.469/1997, art. 5º, parágrafo único). É figura interventiva *atípica* e *voluntária*, habitualmente denominada *intervenção anômala dos entes públicos*, cercada de muita polêmica doutrinária e jurisprudencial, sobretudo em razão da patente escassez normativa no seu trato. Detalhamentos: i) a medida é bastante abrangente, de maneira que estão liberadas a intervir em causa pendente *todas* as pessoas jurídicas de direito público (= União, estados, Distrito Federal, municípios, autarquias, fundações públicas e agências reguladoras) (Lei 9.469/1997, art. 5º, parágrafo único); ii) merece destaque o fato de que não se exige, como requisito para a admissão da medida interventiva, demonstração de interesse jurídico, sendo suficiente que a decisão seja capaz de acarretar, *ainda que indiretamente*, reflexos de *natureza econômica* na esfera da Fazenda Pública; iii) a pretensão interventiva dependerá de decisão do órgão judiciário, a ser tomada depois de instaurado o contraditório entre as partes originárias – poderá haver, por exemplo, questionamento acerca da existência do interesse econômico alegado; iv) a intervenção anômala dos entes públicos apresenta idiossincrasias, ou seja, não é adequado enxergá-la a partir dos contornos do *amicus curiae* ou de outra espécie interventiva típica; v) tem-se tolerado, no âmbito jurisprudencial, essa especial modalidade interventiva, desde que limitada ao esclarecimento de questões de fato ou de direito (RODRIGUES, Daniel Colnago. *Intervenção de terceiros*. São Paulo: Revista dos Tribunais, 2017. p. 138); vi) a interposição de recurso pelo ente público interveniente (= intervenção anômala motivada por interesse econômico), malgrado o que se lê na parte final do dispositivo citado, *não acarreta deslocamento de competência para a Justiça Federal*, já que tal ocorrência afrontaria a Constituição (CF/1988, arts. 108, II e 109, I) – nesse sentido: STJ, REsp 1.097.759, 4ª Turma, rel. Min. Luis Felipe Salomão, julgamento: 21.05.2009, disponível em: www.stj.jus.br; vii) o ente público interveniente torna-se parte (em sentido *lato sensu*; processual) e, em tal condição, participará do contraditório, ainda que de forma restrita; e viii) não há formação de litisconsórcio entre *pessoa jurídica de direito público interveniente* e *parte originária*, vale dizer, é incabível "a aplicação da regra que estabelece prazo duplicado para litisconsortes representados por escritórios de advocacia distintos" (RODRIGUES, Daniel Colnago. *Intervenção de terceiros*. São Paulo: Revista dos Tribunais, 2017. p. 140).

Nomeação à autoria recapeada: havia, no CPC revogado, a modalidade interventiva denominada *nomeação à autoria*, de utilização rara porque restrita a duas hipóteses. Mais: foi elaborada para *não* funcionar. A ideia medular por trás desse incidente intervencional era permitir que eventual desacerto, relacionado à legitimidade passiva, fosse corrigido a tempo, de modo que a atividade jurisdicional pudesse seguir seu trajeto sem desaguar numa sentença terminativa. O réu, devidamente citado, apresentava a contestação e nela, além de arguir sua ilegitimidade, já indicava o terceiro que, na sua visão, deveria estar ali, em seu lugar, integrando o polo passivo da demanda. Acontece que a correção do polo passivo só se concretizava a partir do consentimento do nomeado à autoria, quer dizer, *não bastava a concordância do autor*. O nomeado, em suma, recebia uma espécie de *convite* para integrar o polo passivo da demanda, mas como ninguém geralmente deseja se ver na condição de réu, o instituto se mostrou disfuncional. Importa o seguinte: a essência da nomeação à autoria restou preservada pelo Código de 2015, que optou por uma engenharia procedimental mais *inteligente*, *simples*, *prática* e *efetiva* (CPC/2015, art. 339). Hoje, arguida a ilegitimidade passiva, surge para o réu a possibilidade de indicar, já na contestação, *desde que tenha tal conhecimento*, o indivíduo que deve(rá) responder a demanda em seu lugar. Depois de intimado, o autor terá a faculdade de, no prazo de 15 (quinze) dias, alterar a petição inicial e promover a substituição do réu (CPC/2015, art. 339, §1º). Realizada a substituição, o autor reembolsará as despesas e pagará os honorários ao procurador do réu excluído, os quais serão fixados entre 3 (três) e 5 (cinco) por cento do valor da causa, ou, sendo este irrisório, será arbitrado pelo juiz nos termos do art. 85, §8º (CPC/2015, art. 338, parágrafo único).

Portanto, estando o autor de acordo com a extromissão do réu originário e a consequente intromissão do terceiro no polo passivo da demanda, a troca ocorrerá *independentemente da vontade deste último*. Não se trata mais de mero convite endereçado ao terceiro para que manifeste se deseja ou não responder a demanda, pois a sua condução à relação jurídico-processual se dará de maneira imperativa (= intervenção coacta ou provocada). Outra opção do autor: *aditar* a petição inicial e incluir, ao lado do réu originário (= litisconsorte passivo), o terceiro apontado em contestação (CPC/2015, art. 339, §2º). Trata-se, enfim, de mecanismo interventivo *atípico*, já que sem denominação própria e regulado em local distinto daquele reservado às intervenções típicas, devidamente alinhado a uma das diretrizes normativas do CPC/2015, a saber, a *primazia do julgamento de mérito*, cuja intencionalidade é evitar soluções terminativas (= sem resolução de mérito).

Intervenção especial na ação de alimentos: parentes, cônjuges ou companheiros estão legalmente autorizados a pedir uns aos outros os alimentos de que careçam para viver de modo compatível com a sua condição social, e mesmo a fim de atender necessidades atinentes à educação (CC/2002, art. 1.694, *caput*). Os alimentos devem ser fixados na proporção das necessidades do reclamante e dos recursos da pessoa obrigada, sendo que serão apenas os indispensáveis à subsistência quando a situação de necessidade resultar de culpa daquele que os pleiteia (CC/2002, art. 1.694, §§1º e 2º). O direito à prestação de alimentos é recíproco entre pais e filhos, e extensivo a todos os ascendentes, recaindo a obrigação nos mais próximos em grau, uns em falta de outros (CC/2002, art. 1.696). Na falta dos ascendentes, incumbe a obrigação aos descendentes, guardada a ordem de sucessão, e, faltando estes, aos irmãos, assim germanos como unilaterais (CC/2002, art. 1.697). Regra importante: *não há solidariedade* entre pessoas obrigadas a prestar alimentos porque concorrem *na proporção dos respectivos recursos* – o art. 12 do Estatuto do Idoso, no entanto, traz uma exceção e imputa solidária a obrigação alimentícia em favor de pessoas com idade igual ou superior a sessenta anos. Naquilo que interessa aqui: se aquele, devedor de alimentos em primeiro lugar, não estiver em condições de suportar totalmente o encargo, podem ser convocados a integrar a lide os devedores de grau imediato, que concorrerão no pagamento da obrigação – repita-se uma vez mais – *na proporção dos respectivos recursos* (CC/2002, art. 1.698). Detalhamentos (alguns intranquilos em sede doutrinária e jurisprudencial): i) trata-se de modalidade interventiva *atípica*, ou seja, não se confunde com o chamamento ao processo (a obrigação alimentar, afinal de contas, não é solidária; inexiste obrigação divisível entre os vários credores) ou com a denunciação à lide (a obrigação alimentar, ademais de irrepetível, não implica direito de garantia entre os obrigados), tampouco com qualquer outra espécie interventiva típica – o Superior Tribunal de Justiça, contudo, já decidiu distintamente (STJ, REsp 964.866, 4ª Turma, rel. Min. João Otávio de Noronha, julgamento: 01.03.2011, disponível em: www.stj.jus.br); ii) é hipótese de intervenção de terceiros que sempre exige *provocação* (= intervenção *provocada*); iii) tal modalidade interventiva tem por intento axial coadjuvar credores de alimentos, quer dizer, seu manejo está a serviço de todos eles, menores ou maiores de idade (inclusive idosos) – em miúdos: deve ser empregada (= legitimidade interventiva) pelo autor de ações alimentares, até porque o(s) réu(s) devedor(es) responde(m) no(s) limite(s) de suas possibilidades; iv) a legitimidade para provocá-la, como visto, é do autor de demandas alimentares, que, ao fazê-lo, formulará novo pedido em face de um novo réu (= cumulação objetiva e subjetiva ulterior), dispensando-se "a concordância do réu-originário tendo em vista que a inovação objetiva não lhe diz respeito" (DIDIER JR., Fredie. *Curso de Direito Processual Civil*. v. 1. 17. ed. Salvador: Editora JusPodivm, 2015. p. 537); v) assim que autorizada (*requisitos*: "não ter o autor, originariamente, demandado todos os coobrigados" e "não ter o devedor acionado condições de pagar, total ou parcialmente, a pensão alimentícia"), haverá a ampliação do objeto litigioso e a consequente formação de *litisconsórcio passivo facultativo ulterior simples* (o terceiro torna-se parte, em sentido processual e material), de modo que ao ingressante será oportunizada a participação em contraditório, ficando vinculado à coisa julgada (RODRIGUES, Daniel Colnago. *Intervenção de Terceiros*. 2. ed. São Paulo: Revista dos Tribunais, 2021. p. 151-165); vi) não sendo provocada até o saneamento do feito, o autor ficará impossibilitado de requerê-la em momento posterior (DIDIER JR., Fredie. *Curso de Direito Processual Civil*. v. 1. 17. ed.

Salvador: Editora JusPodivm, 2015. p. 539), embora possa, se desejar, promover outra demanda a fim de obter dos demais coobrigados a integralidade da verba alimentar; e vii) somente se permite o uso dessa modalidade intervencional especial em procedimentos de índole cognitiva.

Intervenção do INPI: se a *ação de nulidade de patente* não foi promovida pelo Instituto Nacional da Propriedade Industrial – INPI, a sua intervenção no feito é *obrigatória* (Lei 9.279/1996, art. 57 c/c art. 175). Tem-se aqui exemplo de modalidade interventiva anômala ou atípica. Ainda que apresente similitudes com a assistência simples e o *amicus curie*, deles se distancia por se tratar de intervenção em que a vontade do interveniente é irrelevante, sequer se exigindo demonstração de interesse jurídico ou qualquer outro requisito. O INPI defende posição independente, que pode ou não coincidir com o pedido de uma das partes, quer dizer, está autorizado a opor exceção, produzir provas, recorrer, postular tutela provisória e/ou discordar de eventual acordo (MUNIZ DE SOUZA, Antonio André. O INPI como interveniente especial nas ações de nulidade – Nova interpretação conforme a Lei da Propriedade Industrial. *Revista CEJ*, Brasília, v. 9, n. 28, p. 109-115, jan./mar. 2005).

Intervenção nos procedimentos previstos no Estatuto da Criança e do Adolescente: criança ou adolescente, seus pais ou responsável, e qualquer pessoa que tenha legítimo interesse na solução da lide poderá intervir em causas disciplinadas pelo Estatuto da Criança e do Adolescente (ECA, art. 206, *caput*). Trata-se de modalidade interventiva que não guarda "correspondência com nada do que se conhece em termos de intervenção de terceiros", sem contar que "o laconismo do texto contribui para as inúmeras perplexidades a respeito da sua natureza e, consequentemente, do seu modo de ser" (RODRIGUES, Daniel Colnago. *Intervenção de terceiros*. São Paulo: Revista dos Tribunais, 2017. p. 180-181). Detalhamentos: i) o art. 206 do ECA deve ser interpretado de acordo com as normas que regem a legislação menorista, com destaque para a que prescreve proteção integral (STJ, HC 190651, 5ª Turma, rel. Min. Jorge Mussi, julgamento: 08.11.2011, disponível em: www.stj.jus.br); ii) essa espécie de intervenção de terceiros tem por fito ampliar o espectro de proteção ao menor, ou seja, seu manejo não é admitido para desfavorecê-lo ou prejudicá-lo (STJ, AgRg no Ag 899.653, rel. Min. Maria Thereza de Assis Moura, julgamento: 24.08.2009, disponível em: www.stj.jus.br); e iii) a admissibilidade dessa modalidade interventiva não está condicionada à presença do tradicional interesse jurídico e pode ocorrer em qualquer fase procedimental.

Intervenção do Ministério Público: o Ministério Público deve ser intimado para, em prazo não superior a 30 (trinta) dias, intervir como *fiscal da ordem jurídica* nas hipóteses previstas em lei ou na Constituição e, outrossim, nos processos que envolverem interesse público ou social, interesse de incapaz ou litígios coletivos pela posse de terra rural ou urbana (= intervenção coacta ou provocada) (CPC/2015, art. 178, I, II e III). Em tais circunstâncias, o Ministério Público terá vista dos autos depois das partes, sendo intimado de todos os atos do processo, estando autorizado a produzir provas, requerer medidas processuais pertinentes e recorrer (CPC/2015, art. 179). É, como se vê, figura *peculiar* de intervenção de terceiros, ou seja, não provoca demanda nem é demandado, tampouco presta ajuda em caso de interesses conexos ou dependentes, não amplia o objeto do processo, além do que, sempre que a lei a exigir, faz-se necessária sob pena de invalidade (DINAMARCO, Cândido Rangel. *Instituições de direito processual civil.* v. II. 7. ed. São Paulo, 2017. p. 435).

Intervenção por ordem judicial em ação autônoma de produção antecipada de prova: o CPC/2015, entre os arts. 381 e 383, regula a *ação autônoma de produção antecipada de prova*. É admitida nos casos em que: i) haja fundado receio de que venha a tornar-se impossível ou muito difícil a verificação de certos fatos na pendência da ação; ii) a prova a ser produzida seja suscetível de viabilizar a autocomposição ou outro meio adequado de solução de conflito; ou iii) o prévio conhecimento dos fatos possa justificar ou evitar o ajuizamento de ação (CPC/2015, art. 381, I, II e III). Recebida a petição inicial, o juiz determinará, *de ofício* ou a requerimento da parte, a citação de *interessados* na produção da prova ou no fato a ser provado, salvo se inexistente caráter contencioso (CPC/2015, art. 382, §1º). Em miúdos: a autoridade judicial está autorizada, *ex officio*, a convocar terceiro(s) (CPC/2015, art. 238) para integrar(em) a relação processual sempre que a prova a ser produzida, ou o fato a ser provado, de algum modo lhe(s) concernir ou importar. Por exemplo, em ação na qual se pretende produção antecipada de prova pericial num automóvel envolvido em acidente de trânsito, podem participar do feito: proprietário do veículo, terceiros que sofreram danos e, a depender do contexto fático, fabricante e seguradora. Se porventura algum deles não figurar na petição inicial, está o juiz autorizado a determinar *motu proprio* a respetiva citação (= litisconsórcio passivo ulterior). Por óbvio que as provas produzidas serão eficazes somente em relação aos sujeitos que ali, no âmbito procedimental-jurisdicional, participarem em contraditório.

Intervenção litisconsorcial voluntária (1): a Lei 9.289/1996 prescreve que, tão-só com o pagamento de importância igual à paga até o momento pelo autor, admitir-se-ão o assistente, o *litisconsorte ativo voluntário* e o oponente (Lei 9.289/1996, art. 14, §2º). Mais recentemente, a Lei do Mandado de Segurança trouxe dispositivo apontando que o ingresso de *litisconsorte ativo* não será admitido após o despacho da petição inicial (Lei 12.016/2009, art. 10, §2º). Embora tais regras sejam sutis e pouco esclarecedoras, têm servido para justificar o ingresso formal na ordem jurídica brasileira da chamada *intervenção litisconsorcial voluntária*. O tema, no entanto, é controverso (em doutrina e jurisprudência) e há quem questione, com respeitáveis argumentos, a possibilidade de terceiro intervir espontaneamente em causa alheia para então, aproveitando-a, formular pretensão própria (= ampliação do objeto litigioso) e tornar-se, ele também, demandante (= litisconsórcio ativo facultativo ulterior simples). Dois argumentos destacam-se: i) há escassez legislativa, ou seja, o legislador limitou-se a atribuir um rótulo (= *litisconsórcio ativo voluntário*) sem indicar, contudo, as nuanças, os limites e as especificações da tal modalidade interventiva. Tem-se apenas a *capa*, mas é *oca*, ausente de conteúdo ou legislativamente vazia; ii) o litisconsórcio ativo voluntário atenta contra a *garantia fundamental do juízo natural* (nesse sentido: STJ, REsp 931.535, Primeira Turma, rel. Min. Francisco Falcão, julgamento: 25.10.2007, disponível em: www.stj.jus), isto é, o terceiro assume a causa já com um juiz ali, em pleno exercício, as vezes até se aproveitando de medida provisória liminarmente deferida – a conclusão, no entanto, não se aplica *em sua totalidade* aos mandados de segurança, cujo ingresso do terceiro é admitido, como verificado alhures, só até o despacho da petição inicial. Parcela da doutrina, de outro lado, refuta essas posições e chega a delinear as principais características da intervenção litisconsorcial voluntária. Nesse rumo, Cândido Rangel Dinamarco: i) são hipóteses em que terceiro intervém espontaneamente no feito e formula, em seu próprio nome, pedido de tutela jurisdicional que lhe conceda vantagem análoga à que vinha sendo postulada por quem promoveu a demanda; ii) forma-se, depois de autorizada a intervenção, litisconsórcio *por mera afinidade de questões por ponto comum de fato ou de direito* (CPC/2015, art. 113, III) com o terceiro assumindo "a condição de parte principal", o que dará origem a um litisconsórcio ativo (ulterior) ou ampliará o litisconsórcio já existente; iii) *antes da citação* tem o terceiro liberdade para intervir como autor, dispensada a anuência do réu ou do autor inicial. *Entre a citação e o saneamento* só poderá intervir mediante a anuência das partes. *Depois do saneamento*, sequer com essa anuência a intervenção ocorrerá (= aplicação *por analogia* do art. 329 do CPC/2015 à intervenção litisconsorcial voluntária); iv) a intervenção litisconsorcial voluntária "deve ser instrumentalizada em petição com os requisitos de uma petição inicial (CPC/2015, art. 319), pela simples razão de que, tanto quanto esta, ela é portadora de nova demanda a ser considerada na sentença de mérito". Tanto quanto a petição inicial, deve vir acompanhada dos documentos indispensáveis (CPC/2015, art. 320), sujeitando-se a deferimento ou indeferimento (CPC/2015, art. 330). Se indeferida, "o processo prossegue sem o novo litisconsorte e o recurso adequado contra esse indeferimento é o agravo de instrumento" (CPC/2015, art. 1.015, IX); se deferida, é determinada a citação do demandado (CPC/2015, art. 334), que deverá se manifestar sobre a admissibilidade da intervenção; v) o manejo da modalidade interventiva "amplia o objeto do processo na medida do *petitum* feito pelo que intervém" e os efeitos da sentença "serão objetivamente mais amplos do que seriam sem a intervenção dos novos litisconsortes (vários capítulos, várias pretensões julgadas)" – "a coisa julgada, que incide sobre todos os efeitos substanciais da sentença de mérito, terá limites objetivos também mais amplos"; vi) pelo aspecto subjetivo "ficam ampliados os limites da coisa julgada, dado que os efeitos da complexa sentença sobre a qual incide são endereçados a todos os sujeitos presentes na relação processual e não somente aos que ali figuravam desde o início" – "obviamente, a vinculação de cada um deles restringe-se aos efeitos do capítulo em que a sua pretensão é julgada, sendo-lhes indiferentes os demais"; vii) não se traduz em modalidade de intervenção *ad coadjuvandum*, porquanto "o terceiro ingressa em busca de um provimento para si e não para favorecer a situação de uma das partes originárias". Aliás, no Direito brasileiro "a intervenção *ad coadjuvandum* chama-se assistência e é sempre adesiva, ainda nos casos em que recebe o nome de assistência litisconsorcial" – esta "não passa de uma assistência qualificada pela maior intensidade de poderes e faculdades franqueadas ao interveniente, sem que ele esteja em juízo na busca de uma sentença sobre qualquer relação jurídico-substancial da qual seja parte"; viii) os tribunais têm aceitado *em tese* a intervenção litisconsorcial voluntária, "desde que, em concreto, não traga inconvenientes ponderáveis (litisconsórcio muito numeroso, propositura após saneado o processo, etc.)"; ix) intervenções dessa ordem não devem ser toleradas quando ampliem demasiado o polo ativo da relação jurídica processual (= litisconsórcio multitudinário; CPC/2015, art. 113, §1º), tampouco sendo autorizadas "quando o terceiro intervém ardilosamente com o objetivo de beneficiar-se de medidas urgentes já concedidas no processo ao autor, o que constitui transgressão ao princípio constitucional do juiz natural e, conforme o caso, até mesmo litigância de má-fé" (DINAMARCO, Cândido Rangel. *Intervenção de terceiros*. 5. ed. São Paulo: Malheiros Editores, 2009. p. 32-34; DINAMARCO, Cândido Rangel. *Instituições de direito processual civil*. v. II. 7. ed. São Paulo, 2017. p. 440-443). Exemplos de intervenção litisconsorcial voluntária colhidos da doutrina: servidor intervém em litígio promovido por outro servidor que se encontra numa situação idêntica à sua; contribuinte intervém em causa promovida por outro contribuinte e postula benefício idêntico ao originariamente postulado; estudante menor de idade aprovado em vestibular intervém em mandado de segurança, impetrado por outro indivíduo em situação similar, para postular igual tutela jurisdicional a que ali foi originariamente formulada (= autorização para realizar exame supletivo para posterior matrícula na universidade).

Intervenção litisconsorcial voluntária (2): a intervenção litisconsorcial voluntária, nos moldes sustentados por parcela da doutrina (ver comentários no item anterior), tem potencialidade para ser útil. A dogmática *jurídica*, contudo, *não tem* força normativa, os intelectuais que a desenvolvem *não possuem* competência para criar leis ou regulamentar institutos. Há, é bem verdade, espécie peculiar de doutrina que mescla "o que é" com "o que deveria ser", que vai além da mera *descrição* de um mapa mental sugestivo e avança para um nível, por assim dizer, *operativo* ou *de execução*. Tem-se nisso, ao fim e ao cabo, visões de mundo, crenças, expectativas, impulsos e aversões formando espécie *caldo doutrinário* cuja função é dúplice, a saber, explicar uma determinada ordem vigente (ou que se deseja vigente) e fomentar o exercício de ações políticas. A dogmática *jurídica* não se enquadra em tal perspectiva, e quem pensa diferente confunde *direito* e *ideologia*. São ideólogos ou engenheiros sociais transvestidos de juristas e que, de modo consciente ou não, prestam serviço à instrumentalização ideológica do direito (= *prostituição* ou *ideologização do direito*). É, em suma, um tipo de esforço doutrinário nefasto, que desfigura *até os ossos* o direito a ponto de extinguir a sua própria identidade constitucional, fazendo dele *arma* ou *verniz-retórico* em favor da manutenção, da alteração ou do rompimento de certa estrutura de poder. Retorne-se ao que interessa neste tópico: i) a intervenção litisconsorcial voluntária há de ser admitida e empregada exclusivamente nas situações em que haja *suficiente normatização legal* para nortear jurisdicionados, advogados, terceiros e julgadores. ii) é, justamente por isso, modalidade interventiva de uso bastante limitado; iii) parece ser o caso, por exemplo, de aceitá-la em mandados de segurança, em conformidade com a regra que impede o ingresso do terceiro após o despacho da petição inicial (Lei 12.016/2009, art. 10, §2º). *Admitindo a intervenção litisconsorcial voluntária:* MOREIRA, José Carlos Barbosa. *Direito processual civil (ensaio e pareceres).* Rio de Janeiro: Borsoi, 1971. p. 25-31; BUENO, Cassio Scarpinella. *Partes e terceiros no processo civil brasileiro.* 2. ed. São Paulo: Saraiva, 2006. p. 145-146; DINAMARCO, Cândido Rangel. *Instituições de direito processual civil.* v. II. 7. ed. São Paulo, 2017. p. 440-443; ARAÚJO FILHO, Luiz Paulo da Silva. *Assistência e intervenção da União.* Rio de Janeiro: Forense, 2006. p. 210; DIDIER JR., Fredie. *Curso de Direito Processual Civil.* v. 1. 17. ed. Salvador: JusPodivm,

2015. p. 532-534; LOPES DA COSTA, Alfredo de Araujo. *Da intervenção de terceiros no processo*. São Paulo: Livraria Teixeira Editores, 1930. p. 138; RODRIGUES, Daniel Colnago. *Intervenção de terceiros*. São Paulo: Revista dos Tribunais, 2017. p. 168-180; SICA, Heitor Vitor Mendonça. Notas críticas ao sistema de pluralidade de partes no processo civil brasileiro. *Revista de Processo*. São Paulo, v. 200, p. 41-45, out. 2011. *Negando a existência da intervenção litisconsorcial voluntária:* CÂMARA, Alexandre Freitas. *Lições de Direito Processual Civil*. v. 1. 25 ed. São Paulo: Atlas, 2014. p. 203; CARNEIRO, Athos Gusmão. O litisconsórcio facultativo ativo ulterior e os princípios do juiz natural e do devido processo legal. *Revista de Processo*. São Paulo, v. 96, p. 195-205, out./dez. 1999; GRECO FILHO, Vicente. *Direito Processual Civil brasileiro*. v. 1. 17 ed. São Paulo: Saraiva, 2003. p. 129.

Direito à intervenção, fundamentação e recurso cabível: preenchidos os pressupostos estabelecidos em lei atinentes a tal ou qual modalidade interventiva, surge para o indivíduo um verdadeiro *direito subjetivo à intervenção*. Evidente que, ao fim e ao cabo, à autoridade judicial incumbe verificar a legalidade do pedido intervencional, atenta aos pressupostos específicos ou a eventual entrave normativo (por exemplo: desrespeito ao limite temporal da intervenção; formação de litisconsórcio multitudinário), deferindo ou não, *mediante decisão fundamentada* (CF/1988, art. 93, IX c/c CPC/2015, art. 489, §1º, I, II, III, IV, V e VI), o ingresso do terceiro em causa alheia. Não há lugar aqui, por óbvio, para admissões ou inadmissões com espeque em mera discricionariedade (RODRIGUES, Daniel Colnago. *Intervenção de terceiros*. 2. ed. São Paulo: Revista dos Tribunais, 2021. p. 192). A lei, em suma, é *sempre* (ou, ao menos, *deveria ser*) o farol do magistrado. Finalmente, havendo discordância em relação à decisão de admissão ou inadmissão da modalidade interventiva, pode o inconformado (= parte ou terceiro) manejar recurso de agravo de instrumento (CPC/2015, art. 1.015, IX), salvo quando a ordem jurídica, haja vista as particularidades de determinada modalidade interventiva, impedir expressamente a recorribilidade.

Momento de intervir e ampliação do objeto litigioso: o CPC/2015 regulamenta a chamada *estabilização da demanda*. Para ir ao ponto, o autor pode: i) *até a citação*, aditar ou alterar o pedido e a causa de pedir, independentemente de consentimento do réu; e ii) *até o saneamento do feito*, aditar ou alterar o pedido e a causa de pedir, se houver consentimento do réu (CPC/2015, art. 329). Tais regras, salvo melhor juízo, devem ser levadas em conta na definição dos *limites temporais* da intervenção. Inexistindo regramento expresso em contrário, é permitida modalidade interventiva que amplie o objeto litigioso, mas só até a citação. Até o saneamento do feito, por outro lado, admitem-se modalidades interventivas que ampliem o objeto litigioso, *desde que haja consentimento do réu*. Vale fazer alusão ao regramento especial conferido à desconsideração da personalidade jurídica: é incidente interventivo que, a despeito de ampliar o objeto do processo, foi excepcionado pela lei, de maneira que a sua instauração é admitida *em todas as fases do procedimento de conhecimento, no cumprimento de sentença* e *na execução fundada em título executivo extrajudicial* (CPC/2015, art. 134). Por fim, esclareça-se que a intervenção de terceiros *não ampliativa do objeto litigioso* é permitida em conformidade com as regras regulatórias de cada uma das suas espécies, havendo circunstâncias nas quais o manejo pode se dar em qualquer momento ou fase procedimental.

Assistência – aspectos gerais: o art. 119 do CPC/2015 traz regras comuns às *duas* espécies de assistência, a saber, *simples* (arts. 121 a 123) e *litisconsorcial* (art. 124). A assistência, intervenção *voluntária* que é por excelência, está à disposição de terceiro *juridicamente interessado* em obter tutela jurisdicional que favoreça uma das partes originárias. Isso significa que o ingresso do assistente no feito nunca ocorrerá tendo por base mero altruísmo ou benevolência. Ele o faz, em síntese, para proteger *interesse jurídico próprio*, pois o sucesso do assistido reverberará positivamente em sua esfera individual. É didático, aliás, rememorar dispositivo legal previsto no então Código de Processo Civil do Estado de Minas Gerais: "Quem tiver *interesse jurídico* em que a decisão de uma causa, pendente entre outras pessoas, seja favorável a uma delas, poderá intervir no processo, em seu auxílio, como assistente" (Lei 830/1922, art. 236). Lições complementares: i) o assistente não elabora novel pretensão (= ausência de ampliação do objeto litigioso), isto é, a autorização para que atue ali, no âmbito do procedimento jurisdicional, não tem por implicação a deflagração de outra lide – *o assistente, em suma, nada* *postula para si e contra ele nada é postulado*; ii) quem assiste está junto para *prestar ajuda* (= coadjuvar, socorrer, proteger, auxiliar, assistir) a uma das partes principais; iii) "o trabalho processual do assistente se incorpora ao trabalho processual do assistido", de modo que "o juiz não julga a assistência, mas a ação", ou seja, "não sendo a assistência ação, *mas simples participação em ação alheia*, não pode ser julgada" (LOPES DA COSTA, Alfredo de Araujo. *Da intervenção de terceiros no processo*. São Paulo: Livraria Teixeira Editores, 1930. p. 108); iv) em linguagem *carneluttiana*, assistente é aquele que intervém como *sujeito de reforço*, ele adere à pretensão de uma das partes, quer dizer, é sujeito secundário da ação; v) o assistente, em outras palavras, não é parte principal, e sim *parte auxiliar* (= parte adesiva; parte processual); vi) a assistência é permitida em quaisquer procedimentos – *comum*, *especiais* e até *executivos* – e *em todos os graus de jurisdição*, mesmo em sede de recursos especial e ou extraordinário; vii) a alusão à palavra "assistente", no singular (ou a "terceiro juridicamente interessado, também no singular; CPC/2015, arts. 119, 120, 121, 123 e 124), não afasta a possibilidade de dois ou mais indivíduos, com interesse jurídico em intervir na mesma causa, postularem seu ingresso como assistentes, quer no mesmo polo da relação jurídico-processual, quer em polos opostos (CARREIRA ALVIM, J. E. *Comentários ao Novo Código de Processo Civil*. v. II. Curitiba: Juruá Editora, 2015. p. 235); e viii) o que distingue as duas modalidades de assistência (= simples e litisconsorcial) é a *intensidade* do interesse jurídico do terceiro interveniente. Exemplos de assistência (simples e litisconsorcial): proprietário do imóvel requer intervenção para assistir pessoa jurídica imobiliária que promoveu ação de despejo contra o inquilino mal pagador; fiador postula seu ingresso como assistente em ação de cobrança promovida pelo credor contra o devedor; tabelião solicita intervenção como assistente em ação cuja nulidade da escritura por ele lavrada é pleiteada; devedor requer autorização para assistir o fiador em ação promovida pelo credor; assistência do arrematante ao credor para defender o não-desfazimento da arrematação; herdeiro pleiteia intervenção em ação promovida pelo depositante contra o espólio do depositário que vendeu o bem depositado; agente público supostamente causador de danos pretende intervir para assistir o Estado em ação de indenização; sublocatário ingressa como assistente em ação de despejo movida contra o inquilino.

Trabalhos doutrinários dedicados ao tema: ALBERTON, Genacéia da Silva. *Assistência litisconsorcial.* São Paulo: Revista dos Tribunais, 1994; AMAZONAS, José Antonio de Almeida. *Assistência.* São Paulo: Empreza Graphica da Revista dos Tribunais, 1936; ARAÚJO FILHO, Luiz Paulo da Silva. *Assistência e intervenção da União.* Rio de Janeiro: Forense, 2006; AROCA, Juan Montero. *La intervención adhesiva simple:* contribuición al estúdio de la pluralidade de partes em el proceso civil. Barcelona: Hispano Europea, 1972; BATISTA, Lia Carolina. *Assistência no processo civil brasileiro.* 2012. 25 f. Dissertação (Mestrado em Direito Processual Civil) – Faculdade de Direito, Universidade de São Paulo, São Paulo, 2012; COELHO, Gláucia Mara Coelho. *Sistematização da assistência litisconsorcial no processo civil brasileiro:* conceituação e qualificação jurídica. 2013. 216 f. Tese (Doutorado em Direito Processual) – Faculdade de Direito, Universidade de São Paulo, São Paulo, 2013; COSTA, Moacyr Lobo da. *Assistência.* São Paulo: Saraiva, 1968; VALLE, Christino Almeida do. *Da assistência e o novo Código de Processo Civil.* Rio de Janeiro: Americana, 1974.

Pressupostos da assistência: reza a lei que a assistência tem lugar *pendendo uma causa entre duas ou mais pessoas* (CPC/2015, art. 119, *caput*). Significa o seguinte: não satisfaz o suporte fático da norma a litispendência *unicamente* em relação ao autor, que se dá a partir da inauguração do procedimento jurisdicional (CPC/2015, art. 312, *primeira parte*), sendo indispensável a litispendência também perante o réu, a ocorrer *depois* de validamente citado (CPC/2015, art. 312, *segunda parte*) (ASSIS, Araken. *Processo Civil Brasileiro.* Parte geral: institutos fundamentais. v. II. Tomo I. São Paulo: Revista dos Tribunais, 2015. p. 624). Portanto, o *primeiro pressuposto* para admissão da assistência é a *litispendência perante autor e réu.* Em *segundo lugar,* exige-se requerimento formalizado pelo terceiro com o fito de exteriorizar a sua pretensão de atuar na causa como assistente de uma das partes (= modalidade interventiva *voluntária* ou *espontânea*). *Último pressuposto*: o terceiro interveniente deve exibir *interesse jurídico* (CPC/2015, art. 119, *caput*), o que afasta motivações de cunho meramente social, político, econômico, moral, etc. Atenção: i) há quem defenda (equivocadamente) que a assistência é permitida apenas em procedimentos *cognitivos* – outros, mais radicais, inadmitem-na até em procedimentos cuja cognição é sumária;

ii) na perspectiva dos que assim pensam, a assistência só pode ser autorizada em procedimentos nos quais prepondera a finalidade de *certificação do direito* (= atos de intelecção, de conhecimento) – ou seja, ter-se-ia um *quarto pressuposto*.

Primeiro pressuposto de admissibilidade – *litispendência perante autor e réu*: pendendo a causa entre *duas ou mais pessoas* (CPC/2015, art. 119, *primeira parte*), o terceiro juridicamente interessado em que a sentença seja favorável a uma delas poderá intervir no processo a fim de assisti-la. O primeiro pressuposto de admissibilidade da assistência diz respeito ao *momento* no qual o requerimento interventivo deve ser formulado. Se há lide pendente apenas em relação ao autor, *porque a citação ainda não se efetivou validamente*, faltará pressuposto indispensável para que o terceiro atue na qualidade de assistente. Ou seja, a lei exige *litispendência* a envolver as partes principais, *autor e réu*, o que ocorre a partir da *citação válida*. Não poderia ser de outro modo, pois aos litigantes (= partes principais) se deve franquear direito de manifestação (= ampla defesa, refutação, concordância) acerca do pedido de ingresso do terceiro e da consequente modificação na dinâmica da lide (CF/1988, art. 5º, LV). Importante: há quem admita a assistência antes mesmo da citação – por todos: DINAMARCO, Cândido Rangel. *Instituições de Direito Processual Civil*. v. II. 7. ed. Malheiros: São Paulo: 2017. p. 448.

Segundo pressuposto de admissibilidade – *pedido formulado pelo terceiro*: não há na lei suporte fático que abalize ou legitime intervenção assistencial *provocada* pelas partes originárias ou pelo próprio juiz. É a assistência, em suma, incidente intervencional *voluntário* por excelência (CPC/2015, arts. 119 e 123), ou seja, a sua instauração condiciona-se inexoravelmente *à vontade* formulada em requerimento escrito pelo terceiro interveniente. Há, contudo, quem defenda o manejo, em circunstâncias excepcionais, da figura anômala *assistência provocada*, mesmo em absoluta contrariedade à sistemática legal que regula a tal modalidade interventiva – nesse sentido: STJ, REsp 213.556, 3ª Turma, rel. Min. Nancy Andrighi, julgamento: 20.08.2001, disponível em: www.stj.jus.br.

Terceiro pressuposto de admissibilidade – *interesse jurídico*: só será admitido a atuar na qualidade assistente quem detiver *interesse* *jurídico*. Não bastam, portanto, motivações de ordem *social, econômica, institucional, corporativa, política, sentimental, religiosa* ou *moral* – nesse sentido: STJ, REsp 23358/RO, 2ª Turma, rel. Min. Ari Pargendler, julgamento: 22.04.1996, disponível em: www.stj.jus.br. Casos há em que o interesse jurídico surge *acompanhado* de repercussão econômica (ou de outra natureza), mas se trata de circunstância que não tem pujança suficiente para desnaturá-lo (STJ, REsp 1.128.789, 3ª Turma, rel. Min. Nancy Andrighi, julgamento: 22.10.2010, disponível em: www.stj.jus.br). De resto, impõe-se interesse jurídico sempre *atual, real* e *pessoal, cabalmente demonstrado*, pois a sentença deve ter o condão de atingir reflexamente direito, pretensão, ação ou exceção do interveniente – como mostra Carreira Alvim, não se admite interesse jurídico implícito ou que resulte de presunção decorrente da falta de impugnação do pedido assistencial (CARREIRA ALVIM, J. E. *Comentários ao Novo Código de Processo Civil*. v. II. Curitiba: Juruá Editora, 2015. p. 237-238). Ausente interesse jurídico, faltará ao terceiro legitimidade para intervir na condição de assistente (= ausência de *legitimatio ad interveniendum*). Aferimento do interesse jurídico: deve o julgador, *num exercício intelectual de abstração*, questionar a si próprio sobre se eventual triunfo da contraparte no litígio tem por potencial acarretar *prejuízo jurídico* ao terceiro cuja pretensão é prestar assistência à outra parte – nesse sentido: STJ, REsp 660.833, 3ª Turma, Min. Nancy Andrighi, julgamento: 26.09.2006, disponível em: www.stj.jus.br. Afinal de contas, o relevante é que a vitória ou a derrota de alguém repercuta no patrimônio ou nos direitos da personalidade daquele que postula a intervenção assistencial (PONTES DE MIRANDA, Francisco Cavalcanti. *Comentários ao Código de Processo Civil*. Tomo II. Rio de Janeiro: Forense, 1974. p. 53-63). O filho, por exemplo, não tem interesse jurídico em causa promovida contra seu pai, mas puro ânimo de fato, que é incerto ou mera esperança (= interesse em proteger o patrimônio do pai) (LOPES DA COSTA, Alfredo de Araújo. *Da intervenção de terceiros no processo*. São Paulo: Livraria Teixeira Editores, 1930. p. 109). Carece igualmente de interesse jurídico o Conselho Federal da Ordem dos Advogados do Brasil (CFOAB) ao pretender assistir advogados em feito no qual se discute direito individual disponível a eles pertencentes, sendo insuficiente o mero interesse *lato sensu* de que a jurisprudência do tribunal se modifique (STJ, EDcl nos EREsp 650246, rel. Min. Cesar

Asfor Rocha, julgamento: 27.06.2012, disponível em: www.stj.jus.br). Tampouco pode intervir como assistente o Ministério Público Federal em ação ressarcitória civil promovida por juiz federal contra procurador da República – em sentido contrário: STJ, REsp 1.760.108, 2ª Turma, rel. Min. Herman Benjamin, julgamento: 20.08.2019, disponível em: www.stj.jus.br). O interesse jurídico desponta-se em *duas* circunstâncias: i) quando o terceiro é titular, exclusivo ou não, da relação jurídico-material deduzida em juízo (= interesse jurídico *imediato*); e ii) quando o terceiro tem interesse no resultado do feito por ser titular de outra relação jurídico-material que está atrelada, de alguma forma, à relação jurídico-substancial deduzida em juízo, isto é, o terceiro corre o risco de ser atingido *reflexamente* pelos efeitos da decisão (= interesse jurídico *mediato*). Na primeira delas ter-se-á assistência *litisconsorcial* (= interesse jurídico *robusto*) enquanto na última, assistência *simples* (= interesse jurídico *moderado*) – daí se afirmar, com acerto, que as duas espécies de assistência se distinguem exatamente em razão da *qualificação* ou *intensidade* do interesse jurídico do terceiro.

Assistência – aspectos procedimentais: a assistência depende *sempre* de requerimento por escrito formulado no bojo dos autos pelo terceiro que aspira a intervenção, sem que isso implique, contudo, suspensão do feito. *Intimadas* as partes originárias, poderão *impugnar*, no prazo de 15 (quinze) dias, o pedido de intervenção assistencial. As circunstâncias possíveis são as seguintes: i) nenhuma delas oferta impugnação, ou ambas concordam expressamente com o pedido de assistência, o que ensejará deferimento do pedido interventivo, *salvo em caso de rejeição liminar da pretensão interventiva* (CPC/2015, art. 120); e ii) qualquer das partes (ou ambas) alega(m) faltar ao terceiro interesse jurídico para intervir, incumbindo ao órgão judicial decidir o incidente sem suspender o feito (CPC/2015, art. 120, parágrafo único). Se o feito se encontrar em *primeira instância*, o papel de *controle* do pedido intervencional incumbe naturalmente ao juiz da causa, ao passo que, situando-se em *sede de tribunal* (= apelação ou competência originária), tal pedido haverá de ser apreciado e decidido pelo magistrado-relator. A decisão que resolve o incidente de intervenção de terceiro desafia *agravo de instrumento* (CPC/2015, art. 1.015, IX). Admitido a funcionar na causa, o terceiro se torna assistente, quer dizer, assume qualidade de parte (= parte processual; parte auxiliar), e, com isso, terá assegurada a sua participação em respeito à dinâmica adversarial do contraditório.

Iniciativa da intervenção assistencial, desistência e sucessão processual: é a assistência modalidade interventiva *voluntária* por excelência. Aquele que possui o direito de assistir o faz *porque quer*, ou seja, intervém ou não, em conformidade *unicamente* com a sua vontade. Nenhuma pessoa, parte ou autoridade, tem legitimidade para constranger alguém a prestar assistência. A lei, vezes por outra, impõe seja(m) o(s) terceiro(s) devidamente *cientificado(s)* da demanda promovida, assim o fazendo não para obrigá-lo(s) a intervir(em), e sim com a finalidade de *incitar* ou *estimular* (= animar, incentivar, atiçar) a intervenção dele(s) na qualidade de assistente(s). Não se tem aqui, portanto, regras capazes de desnaturar a essência da intervenção assistencial e tampouco o seu caráter voluntário. É o que se verifica, por exemplo, em regras constantes do CPC/2015 (art. 575: "Qualquer condômino é parte legítima para promover a demarcação do imóvel comum, requerendo a intimação dos demais para, querendo, intervir no processo") e da Lei 8245/1991 (art. 59, §2º: "Qualquer que seja o fundamento da ação dar-se-á ciência do pedido aos sublocatários, que poderão intervir no processo como assistentes"). Não está o assistente, de outro lado, autorizado a se desligar do litígio *por vontade própria*, o que deriva da sua condição de parte (ainda que parte *auxiliar*). Por fim, a morte do interveniente, *antes* ou *depois* da decisão que admitiu seu ingresso no feito, conduz à extinção do incidente intervencional, sendo inexequível a sucessão processual – aos sucessores do assistente (= parte *auxiliar*) cabem, caso transmissível o direito que motivou a assistência, requererem, assim desejando, a sua própria intervenção (ASSIS, Araken. *Processo Civil Brasileiro*. Parte geral: institutos fundamentais. v. II. Tomo I. São Paulo: Revista dos Tribunais, 2015. p. 660).

Sentença favorável a uma das partes: é lícito ao terceiro *juridicamente interessado* em que a sentença seja favorável a um dos litigantes intervir no feito e assisti-lo (CPC/2015, art. 119). Dois pontos merecem atenção. A palavra "sentença" foi tecnicamente mal-empregada no dispositivo. Como explica Cassio Scarpinella Bueno, deve ela ser compreendida "como sinônimo de qualquer decisão judicial que veicule tutela jurisdicional", quer dizer, "sentenças em sentido técnico, acórdãos, decisões monocráticas no âmbito dos tribunais e decisões interlocutórias proferidas em primeira instância". Enfim, é equivocado limitar a produção de efeitos jurídicos que justifiquem a intervenção de terceiros a partir da *sentença* propriamente dita em um Código, como o de 2015, "que generaliza a possibilidade de a tutela jurisdicional ser prestada, ainda que sob o regime de provisoriedade, por decisões interlocutórias" (BUENO, Cassio Scarpinella. *Comentários ao Código de Processo Civil* – v. 1 (arts. 1º a 317). São Paulo: Saraiva, 2017. p. 532). Dogmaticamente falando, apegado a uma perspectiva sistemática da ordem jurídica, é esse o melhor caminho. De outra banda, *"sentença favorável"* (*rectius*: *decisão* favorável) é aquela que repercute *positivamente* na esfera jurídica da parte assistida, seja ela de mérito ou não (= terminativa).

Admissão da assistência em qualquer procedimento: há quem advogue interpretação *fechada* para o manejo da intervenção assistencial, admitindo-a apenas em procedimentos *cognitivos*, com parcela da doutrina restringindo ainda mais a exegese a ponto de rejeitar a assistência também em procedimentos nos quais avulta a *cognição sumária*. Na lição de Araken de Assis, é inadequada tal linha de pensamento: i) o assistente auxilia na obtenção de *sentença favorável* à parte assistida (CPC/2015, art. 119, *caput*), sendo "complemento necessário dessa disposição a possibilidade de o terceiro intervir *em qualquer procedimento*" (CPC/2015, art. 119, parágrafo único) – a conjugação de ambas as regras, em suma, "revela o exato sentido do princípio intrínseco à intervenção assistencial"; ii) a assistência é admitida em procedimentos de conhecimento, comum ou especiais, cuja finalidade seja formular a *regra jurídica concreta* que colocará termo ao conflito de interesses; iii) em procedimento formado com pretensão à segurança (antecedente ou autônoma) (CPC/2015, art. 294, parágrafo único), com *cognição sumária*, nada há que pré-exclua ou impeça a assistência; iv) não constitui óbice à intervenção assistencial o rito célere e expedito do mandado de segurança – nesse sentido: STJ, EDcl no MS 10.597/DF, Primeira Seção, rel. Min. Mauro Campbell Marques, julgamento: 09.04.2010, disponível em: www.stj.jus.br; e v) não se sustentam razões apontadas em doutrina para negar espaço à intervenção assistencial na seara dos procedimentos executivos (ASSIS, Araken. *Processo Civil Brasileiro.* Parte geral: institutos fundamentais. v. II. Tomo I. São Paulo: Revista dos Tribunais, 2015. p. 627-629).

Assistência em execuções obrigacionais: inexiste fundamento *normativo* dogmaticamente plausível capaz de sustentar a posição doutrinária que inadmite a assistência em *execuções obrigacionais*. *Primeiro*: há *sentença* nos procedimentos executivos (CPC/2015, art. 925), que tanto pode favorecer o exequente (= clássica hipótese de satisfação do crédito; art. 924, II) como beneficiar o executado (= extinção da execução sem perda patrimonial mediante juízo de inadmissibilidade). É bem verdade, contudo, que o legislador poderia ter substituído a expressão "sentença favorável" – simplesmente copiada do parágrafo único do art. 50 do CPC/1973 para o art. 119, *caput*, do CPC/2015 – por "entrega de tutela jurisdicional", como já sugerido por Eduardo José da Fonseca Costa. Nas palavras do jurista, "a não-extensão da assistência simples ao âmbito das execuções obrigacionais (= execução de sentença, ação executiva de título extrajudicial) não apenas obstrui o processamento eficiente da defesa de terceiros (problema jurídico-pragmático), como atesta a estagnação dos modelos de interpretação ainda vigorantes na comunidade forense (problema jurídico-hermenêutico)" (COSTA, Eduardo José da Fonseca. Assistência nas execuções obrigacionais. *Revista de Processo*, São Paulo, n. 134, p. 30-51, abr. 2006). Perdeu-se, infelizmente, excelente oportunidade para defenestrar, *em definitivo*, antiga e incômoda divergência doutrinária e jurisprudencial. *Em segundo lugar*: não é improvável que um terceiro apresente *interesse jurídico* em intervir como assistente na execução. Veja-se – na lição de Araken de Assis – o exemplo do fiador, que "possui legitimidade para promover a execução se o credor permanece inerte ou a retarda, sem justo motivo, frente ao afiançado". Se o fiador possui legitimidade para promover execução, ostenta também interesse jurídico para intervir em processo pendente – "objetivo bem menos ambicioso". Igualmente, o terceiro adquirente da coisa penhorada tem interesse em assistir o executado e alienante em defesa da higidez do negócio (ASSIS, Araken. *Processo Civil Brasileiro.* Parte geral: institutos fundamentais. v. II. Tomo I. São Paulo: Revista dos Tribunais, 2015. p. 627-629). Outros exemplos: intervenção do locatário em execução específica incidente sobre bem imóvel locado a fim de evitar prejuízos aos seus direitos decorrentes do contrato de locação; intervenção do devedor do executado quando houver sido penhorado o crédito perante ele; assistência do arrematante ao credor para defender o não-desfazimento da arrematação; assistência do terceiro adquirente de bem penhorado ao executado alienante a fim de defender a higidez do negócio; assistência do debenturista ao agente fiduciário em execução movida contra a companhia; intervenção da esposa em execução contra o marido (COSTA, Eduardo José da Fonseca. Assistência nas execuções obrigacionais. *Revista de Processo*, São Paulo, n. 134, p. 30-51, abr. 2006). *Por último*: a lei faz alusão expressa a "qualquer procedimento" (CPC/2015, art. 119, parágrafo único), o que revela amplitude suficiente para se incluir os procedimentos dedicados à execução patrimonial como aptos a admitir intervenções assistenciais. Vale, contudo, a advertência de que doutrina e jurisprudência nem de longe são tranquilas a respeito do tema, ora *admitindo* a assistência em procedimentos executivos (STJ, REsp 397.588, 4ª Turma, rel. Min. Raul Araújo, julgamento: 18.08.2011, disponível em: www.stj.jus), ora *não* (STJ, AgRg no REsp 911.557, 3ª Turma, rel. Min. Paulo Sanseverino, julgamento: 21.06.2011, disponível em: www.stj.jus). Por todos, em sentido contrário ao defendido aqui: BUENO, Cassio Scarpinella. *Comentários ao Código de Processo Civil* – v. 1 (arts. 1º a 317). São Paulo: Saraiva, 2017. p. 532-533.

Sincretismo processual e limites temporais para deduzir a assistência: em inúmeros casos, a sentença (ou o acórdão) passada em julgado, proferida na fase procedimental cognitiva, não coloca termo à atividade jurisdicional, havendo necessidade de prosseguimento por intermédio de uma segunda fase ou etapa, cujo propósito é a satisfação da obrigação (= cumprimento de sentença). Nessas hipóteses, parece adequado concluir que "os limites temporais para deduzir a assistência" situam-se, de um lado, no "momento da propositura da demanda que deu início à fase cognitiva", e, de outro, na "sentença (ou acórdão) que declara extinta a fase de cumprimento de sentença" (DINAMARCO, Cândido Rangel. *Instituições de Direito Processual Civil*. v. II. 7. ed. Malheiros: São Paulo: 2017. p. 448).

Procedimentos que não admitem assistência: os pilares fundamentais que sustentam as modalidades interventivas são: i) eficiência da atividade jurisdicional (= decisões atingindo número maior de indivíduos); ii) abertura ao contraditório a quem até então não era parte, para que leve aos autos do processo elementos (de fato e de direito) capazes de proporcionar uma aquilatada tutela jurisdicional (= atingimento de decisões qualitativamente elevadas); e, por fim, iii) proteção da esfera jurídica de terceiros (= direito subjetivo do terceiro; segurança jurídica; pilar de motivação garantística). A despeito das vantagens acarretadas pelo instituto intervencional, por vezes é ele "motivo de transtornos", pois a relação processual torna-se "subjetivamente mais complexa", ou seja, "constitui sempre um fato novo que, em alguma medida, desacelera o procedimento", razão por que "o legislador procura mitigar seus impactos negativos", "ora proibindo a sua utilização em determinados procedimentos, ora limitando sua admissão a apenas algumas modalidades, ora impondo limites temporais ao ingresso do terceiro" (RODRIGUES, Daniel Colnago. *Intervenção de Terceiros*. 2. ed. São Paulo: Revista dos Tribunais, 2021. p. 50-51). Por exemplo, não se tolera a assistência (e tampouco qualquer modalidade interventiva): i) em procedimento dos Juizados Especiais Cíveis (Lei 9.099/1995, art. 10); ii) em procedimentos instaurados via ações diretas de inconstitucionalidade e declaratórias de constitucionalidade perante o STF (Lei 9.868/1999, art. 7º); iii) na ação de rito especial regulada pela Lei 13.188/2015 (art. 5º, §2, III).

Em todas as instâncias de jurisdição: a assistência é admitida *em qualquer grau de jurisdição*, sem distinção quanto à natureza da decisão recorrida (STJ, REsp 17.111/SC, Terceira Turma, rel. Min. Barros Monteiro, julgamento: 18.05.2000, DJU 21.08.2000, disponível: www.stj.jus.br), inclusive no âmbito dos tribunais superiores – *nesse sentido:* STJ, ArRg no REsp 196.656/RJ, Terceira Turma, rel. Min. Humberto Gomes de Barros, julgamento: 09.03.1992, julgamento: 13.04.1992, disponível: www.stj.jus.br.

No estado em que se encontrar: admite-se a intervenção assistencial em qualquer procedimento e em todos os graus de jurisdição, *recebendo o assistente o processo no estado em que se encontrar* (CPC/2015, art. 119, parágrafo único). Tem-se nisso, em primeiro lugar, uma exceção à *estabilização subjetiva da demanda*. Ou seja, o terceiro pode requerer seu ingresso no feito e obter autorização judicial para nele atuar na qualidade de assistente até a prolação de decisão final transitada em julgado (ou até a decisão que declarar extinta a fase de cumprimento de sentença). Sem embargo, não lhe será permitido, depois que a intervenção foi devidamente implementada, atuar com o intuito de reverter aquilo que ficou para trás. O que se passou permanece intocável porque a preclusão impede o retorno a fases procedimentais vencidas durante as quais as partes (e o assistente também, se tivesse agido oportunamente) praticaram (ou deveriam ter praticado) atos em prol da defesa de seus direitos (PRATA, Edson. Assistência no processo civil. *Revista Brasileira de Direito Processual*, Rio de Janeiro, v. 37, p. 55-65, 1975). Opera a assistência "efeitos *ex nunc*, a partir da sua admissão e para o futuro, não dispondo o assistente nenhum privilégio relativamente aos atos já praticados, cobertos pela preclusão" (CARREIRA ALVIM, J. E. *Comentários ao Novo Código de Processo Civil*. v. II. Curitiba: Juruá Editora, 2015. p. 234). Por exemplo, definida a *distribuição do ônus da prova* em audiência de saneamento e organização (CPC/2015, art. 357), não surtirá efeito qualquer esforço do assistente (autorizado a atuar em fase posterior) no sentido de alterar o que ali se definiu.

— Θ —

Art. 120. Não havendo impugnação no prazo de 15 (quinze) dias, o pedido do assistente será deferido, salvo se for caso de rejeição liminar.

Parágrafo único. Se qualquer parte alegar que falta ao requerente interesse jurídico para intervir, o juiz decidirá o incidente, sem suspensão do processo.

Correspondente:
CPC/1973, art. 51.

Referências:
CF/1988, art. 5º, LIV e LV.

CPC/2015, art. 4º; art. 10; art. 45; art. 119; art. 121; art. 122; art. 123; art. 124; art. 224; art. 229; art. 231; art. 269; art. 270; art. 319; art. 1.015, IX; CPC/2015, art. 1.019, I; art. 1.021.

Lei 9.099/1995, art. 10.

Súmula nº 150 (STJ). Compete à Justiça Federal decidir sobre a existência de interesse jurídico que justifique a presença, no processo, da União, suas autarquias ou empresas públicas.

Súmula nº 365 (STJ). A intervenção da União como sucessora da Rede Ferroviária Federal S/A (RFFSA) desloca a competência para a Justiça Federal ainda que a sentença tenha sido proferida por Juízo estadual.

Incidente procedimental: incidente é qualquer *episódio extraordinário ou acidental* que desponte ao longo do feito e dê azo à formação de procedimento próprio, quer incorporado naquele, quer surgindo de maneira destacada (GAMA PRAZERES, Manuel Augusto. *Dos incidentes da instância no atual Código de Processo Civil*. Braga: Livraria Cruz, 1963. p. 1-15). Sempre que o terceiro formular requerimento para atuar como assistente, ter-se-á a deflagração de incidente procedimental a ser processado e julgado no bojo do procedimento em curso. Não há mais, como era no CPC/1973, formação de incidente autônomo.

Assistência e procedimentalidade – aspectos gerais: a assistência, a despeito da sua espécie (= simples ou litisconsorcial), depende de *pedido fundamentado* (= cabimento procedimental e indicação do interesse jurídico) a ser formulado *pelo terceiro*. Por ser modalidade interventiva *voluntária*, inadmite-se o *aliciamento* do terceiro para funcionar no feito, quer por provocação oficiosa do magistrado, quer por determinação judicial que atenda a pedido elaborado por uma das partes principais. Fornece assistência, enfim, aquele que deseja fazê-lo *por livre vontade* (= voluntariedade; intencionalidade). Conquanto a lei não imponha tal ou qual formalidade, a doutrina de modo geral defende que a elaboração do requerimento se dê *por escrito*, em atenção aos parâmetros previstos no art. 319 do CPC/2015, somados às informações indispensáveis ao processamento do incidente assistencial (= identificação do juízo a que é dirigida; qualificação do terceiro e das partes principais; natureza do feito; número do seu registro; requerimento de intimação das partes; apresentação de prova pré-constituída; relação de provas a serem produzidas para auxiliarem o assistido). Cumpre ao interveniente, ademais, especificar quem, autor ou réu, quer auxiliar e, em especial, demonstrar o *interesse jurídico* que o habilita a prestar assistência (= fundamentação do pedido assistencial). Em primeira instância, a petição deve ser dirigida ao *juiz da causa*; já no tribunal, seu endereçamento tem por alvo o *relator do recurso* ou *da causa de competência originária*. Com o protocolo do requerimento, surge então o incidente assistencial, *no bojo do próprio procedimento em curso*, diferentemente da orientação normativa de antanho, que exigia a deflagração de incidente autônomo (= autos em apenso). Admite-se *rejeição liminar do pedido de assistência* (= antes da intimação das partes) nas seguintes hipóteses: i) existência de previsão legal que inadmita a assistência no procedimento em que foi pleiteada (por exemplo, o art. 10 da Lei 9.099/1995 proíbe a assistência perante os Juizados Especiais Cíveis); e ii) postulação da assistência em momento equivocado (= previamente à citação, ou seja, antes de formada a litispendência *entre autor e réu* (= desatenção a pressuposto objetivo de admissão). Afora isso, o seguinte quadro pode delinear-se: i) havendo defeito formal no requerimento de intervenção (por exemplo: ausência de qualificação do terceiro), ao julgador incumbirá ordenar a intimação do terceiro para, se assim quiser, promover a sanação; ii) ausente defeito formal no requerimento de intervenção, deve o julgador franquear o contraditório, com a intimação das partes para, no prazo de 15 (quinze) dias, se manifestarem; iii) não está afastada possível dilatação do procedimento intervencional dedicada a oportunizar produção probatória; e iv) o incidente assistencial é resolvido via decisão interlocutória, consentindo a lei impugnação por intermédio de agravo de instrumento (CPC/2015, art. 1.015, IX) – ou de agravo interno, caso o incidente tenha sido instaurado em grau recursal ou em causas de competência originária (CPC/2022, art. 1.021).

Interesse jurídico: só será admitido a atuar na qualidade de assistente quem detiver *interesse jurídico*. Não bastam, portanto, motivações de ordem *social, econômica, institucional, corporativa, política, sentimental, religiosa* ou *moral* – nesse sentido: STJ, REsp 23358/RO, Segunda Turma, rel. Min. Ari Pargendler, julgado: 14.03.1996, julgamento: 22.04.1996, disponível em: www.stj.jus.br. E trata-se de interesse jurídico *atual* e *pessoal*, pois a sentença deve ter o condão de atingir reflexamente direito, pretensão, ação ou exceção do terceiro. Casos há em que o interesse jurídico surge acompanhado de repercussão econômica (ou repercussão de outra natureza), mas se trata de circunstância que não tem pujança suficiente para desnaturá-lo (STJ, REsp 1.128.789, 3ª Turma, rel. Min. Nancy Andrighi, julgamento: 22.10.2010, disponível em: www.stj.jus.br). Ausente interesse jurídico, faltará ao terceiro legitimidade para intervir na condição de assistente (= ausência de *legitimatio ad interveniendum*). O interesse jurídico desponta-se em *duas* circunstâncias: i) quando o terceiro é titular, exclusivo ou não, da relação jurídico-material deduzida em juízo (= interesse jurídico *imediato*); e ii) quando o terceiro tem interesse no resultado do feito por ser titular de outra relação jurídico-material atrelada, de alguma forma, à relação jurídico-material deduzida em juízo, isto é, o terceiro corre o risco de ser atingido *reflexamente* pelos efeitos da decisão (= interesse jurídico *mediato*). Na primeira delas ter-se-á assistência *litisconsorcial* (= interesse jurídico *robusto*) enquanto na última, assistência *simples* (= interesse jurídico *moderado*) – daí se afirmar, com acerto, que as duas espécies de assistência se distinguem exatamente em razão da *qualificação* ou *intensidade* do interesse jurídico do terceiro.

Aferimento do interesse jurídico: deve o julgador, *num exercício intelectual de abstração*, questionar se eventual triunfo da contraparte no litígio tem potencialidade de acarretar *prejuízo jurídico* ao terceiro cuja pretensão é prestar assistência à outra parte – nesse sentido: STJ, REsp 660.833, 3ª Turma, Min. Nancy Andrighi, julgamento: 26.09.2006, disponível em: www.stj.jus.br. Afinal de contas, o relevante é que a vitória ou a derrota de alguém repercuta no patrimônio ou nos direitos da personalidade daquele que postula a intervenção assistencial (PONTES DE MIRANDA, Francisco Cavalcanti. *Comentários ao Código de Processo Civil.* Tomo II. Rio de Janeiro: Forense, 1974. p. 53-63). O filho, por exemplo, não tem interesse jurídico em causa promovida contra seu pai, mas puro ânimo de fato, que é incerto ou mera esperança (= interesse em proteger o patrimônio do pai) (LOPES DA COSTA, Alfredo de Araújo. *Da intervenção de terceiros no processo.* São Paulo: Livraria Teixeira Editores, 1930. p. 109). Carece igualmente de interesse jurídico o Conselho Federal da Ordem dos Advogados do Brasil (CFOAB) ao pretender assistir advogados em feito no qual se discute direito individual disponível a eles pertencentes, sendo insuficiente o mero interesse *lato sensu* de que a jurisprudência do tribunal se modifique (STJ, EDcl nos EREsp 650246, rel. Min. Cesar Asfor Rocha, julgamento: 27.06.2012, disponível em: www.stj.jus.br). Tampouco pode intervir como assistente o Ministério Público Federal em ação ressarcitória civil promovida por juiz federal contra procurador da República – em sentido contrário: STJ, REsp 1.760.108, 2ª Turma, rel. Min. Herman Benjamin, julgamento: 20.08.2019, disponível em: www.stj.jus.br).

Deslocamento da competência: é competência da Justiça Federal decidir sobre a existência ou não de interesse jurídico que justifique a presença, no feito, da União, de suas autarquias ou empresas públicas (STJ, Súmula nº 150). Admitida a intervenção, mesmo após sentença proferida pelo julgador estadual, a competência será deslocada para a Justiça Federal (STJ, Súmula nº 365). Merece atenção o art. 45 do CPC/2015, sobretudo por trazer regramentos que minimizam a incidência dos enunciados sumulares aludidos: i) tramitando o feito perante outro juízo, os autos serão remetidos à Justiça Federal sempre que nele intervier ente federal, na qualidade de parte ou terceiro interveniente; ii) não há, porém, deslocamento de competência para a Justiça Federal em ações de recuperação judicial, falência, insolvência civil e acidente de trabalho, e nem naquelas sujeitas à Justiça Eleitoral e à Justiça do Trabalho; iii) não há deslocamento de competência em caso de existência de pedido cuja apreciação seja da competência do juízo perante o qual foi proposta a ação, hipótese na qual o julgador, *ao inadmitir a cumulação de pedidos em razão da sua incompetência para apreciar qualquer deles*, não examinará o mérito daquele pedido em que haja interesse do ente fiscal; e iv) o juízo federal restituirá os autos ao juízo estadual sem suscitar conflito se o ente federal, cuja presença ensejou a remessa, for excluído do feito.

Controle do pedido assistencial: a rejeição do pedido assistencial antes da intimação das partes só é lícita em circunstâncias excepcionais a envolver *defeitos formais*. Ausente a procuração, carente de assinatura o requerimento formulado ou faltante nele a qualificação do interveniente, incumbe ao órgão judicial, percebido o problema, determinar *de pronto* a corrigenda. Não sanado o vício, tampouco vindo aos autos a devida justificativa, alternativa não há senão rejeitar o pedido de intervenção, decisão contra a qual se admite interposição de, a depender do caso, agravo de instrumento ou agravo interno (pedido de assistência feito em grau recursal ou em juízo de competência originária). No entanto, outra deve ser a postura do julgador no que tange à matéria atrelada ao *interesse jurídico*, pressuposto previsto em lei para a admissão do pedido de assistência. É que a exigência de respeito à garantia do contraditório impede decisão com base em fundamento que não tenha sido submetido ao crivo das partes e do terceiro interveniente, ainda que se trate de matéria sobre a qual deva decidir de ofício (CPC/2015, art. 10). Segue a mesma linha o art. 120 do CPC/2015, cujo teor recomenda *cautela* ao julgador sempre que dedicar esforço intelectual na elaboração de decisão sobre a presença dos pressupostos de admissibilidade da assistência. Aliás, em determinadas situações é impossível para o juiz aquilatar imediatamente o interesse do interveniente, como ocorre, por exemplo, em casos de sublocação contratada *verbalmente*, até porque impraticável instruir o requerimento de assistência com prova documental idônea, de modo que cumprirá ao juiz, antes de decidir a pretensão interventiva, ouvir o locatário (parte principal) acerca da existência dessa relação jurídica subcontratada (ASSIS, Araken. *Processo Civil Brasileiro.* Parte geral: institutos fundamentais. v. II. Tomo I. São Paulo: Revista dos Tribunais, 2015. p. 632). Inclusive, pode surgir a necessidade de audiência para franquear ao terceiro e ou à(s) parte(s) produção de prova oral.

Rejeição liminar do pedido assistencial: pode ocorrer de o interveniente requerer a assistência sem que haja *causa pendendo entre duas ou mais pessoas* (CPC/2015, arts. 119 a 120). Ele o faz, portanto, *previamente* à citação válida, quer dizer, *em momento equivocado,* num cochilo em relação à exigência de *litispendência* perante autor e réu (= pressuposto objetivo de admissão da intervenção assistencial). De outro lado, há procedimentos que inadmitem, por expressa previsão legal, a assistência, como ocorre em casos que tramitam nos Juizados Especiais Cíveis (Lei 9.099/1995). Numa e noutra hipótese, a rejeição liminar do pedido assistencial encontra respaldo legal. Importante: estando o julgador inclinado a indeferir pedido de intervenção com base em motivo não arguido na petição apresentada, incumbe a ele, antes de decidir – até porque o art. 10 do CPC/2015 expressamente o impõe –, oportunizar o contraditório em favor do terceiro interveniente (BUENO, Cassio Scarpinella. *Comentários ao Código de Processo Civil* – v. 1 (arts. 1º a 317). São Paulo: Saraiva, 2017. p. 532-534).

Contraditório: respeitar o contraditório significa permitir que a democracia reflita luzes no ambiente procedimental-jurisdicional. É garantia fundamental de influência e não surpresa. Conquanto de estirpe constitucional (CF/1988, art. 5º, LV), a sua imensa relevância conduziu a regulamentações também no âmbito infraconstitucional, a exemplo do que fez o CPC/2015, especialmente nos arts. 9º e 10. Franqueado o contraditório, ambas as partes podem impugnar o pedido de intervenção assistencial, embora seja mais comum resistência apenas do adversário daquele a quem o terceiro pretende assistir. Importa o seguinte: i) o órgão julgador deferirá o requerimento de assistência, não havendo impugnação, no prazo de 15 (quinze) dias, salvo se for caso de rejeição liminar (CPC/2015, art. 120, parágrafo único) ou existir dúvida em relação a presença de *interesse jurídico*; ii) havendo dúvida quanto ao *interesse jurídico* (por exemplo: requerimento interventivo que sequer menciona a existência de interesse jurídico, ou cujos argumentos são imprecisos ou pouco convincentes a respeito da questão), deve o órgão judicial oportunizar o contraditório e permitir que partes e terceiro argumentem para, só depois, prolatar a decisão; e iii) surgindo necessidade, o incidente assistencial será expandido, sem suspensão do feito (CPC/2015, art. 120, parágrafo único), para possibilitar a produção probatória.

Produção probatória: pode se mostrar indispensável a dilatação do incidente intervencional para permitir a produção probatória, *o que deve ser feito sem a suspensão do feito*. Tal alargamento procedimental é justificado, aliás, pelas garantias do contraditório e da ampla defesa. Ao sublocatário (= terceiro), por exemplo, admite-se produção de prova testemunhal a fim de demonstrar contratação *verbal* de sublocação, algo indispensável para que o julgador defira a sua pretensão de atuar na qualidade de assistente do locatário (= parte principal no feito).

Questão de ordem pública e discordância do assistido: a questão referente ao *interesse jurídico* que se exige na assistência é de *ordem pública*, quer dizer, o julgador deve argui-la *de ofício*, só lhe incumbindo decidi-la, contudo, depois de oportunizado o contraditório entre partes e terceiro. Mais: não tem qualquer relevância a discordância do potencial assistido quanto ao pedido de intervenção assistencial feito por terceiro, já que a lei não impõe tal condição ou pressuposto – nesse sentido: STJ, AgInt no REsp 1.560.772, 1ª Turma, rel. Min. Sérgio Kukina, julgamento: 26.10.2020, disponível em: www.stj.jus.br.

Conteúdo da impugnação: para ser admitido como assistente, o terceiro necessita formular requerimento fundamentado no bojo do procedimento jurisdicional em curso. Por força do contraditório, as partes serão intimadas para manifestarem sobre a pretensão assistencial em prazo não superior a 15 (quinze) dias, salvo hipótese de rejeição liminar. São duas as possibilidades: i) nenhum litigante apresenta impugnação e o juiz defere o pedido intervencional, exceto se ausente a demonstração do interesse jurídico (ver na sequência); e ii) qualquer das partes (ou ambas) argui impugnação e aduz que o interesse jurídico é inexistente, incumbindo ao julgador, sem determinar a suspensão do feito, decidir o pedido intervencional. Entretanto, mesmo que as partes não ofertem impugnação (hipótese "i"), o órgão julgador está autorizado, *ex officio*, a suscitar questão referente à ausência de pressuposto de admissibilidade da assistência (por exemplo: falta de interesse jurídico) – trata-se, afinal, de questão de ordem pública. Em resumo, o juiz suscitará a questão *ex officio* e, na sequência, franqueará o contraditório (CPC/2015, art. 10). Em havendo necessidade, o espectro procedimental será dilatado para permitir eventual produção probatória. Só depois, já com condições de formar convicção, o julgador prolatará decisão admitindo ou não a intervenção assistencial. Tudo isso ocorrerá sem a suspensão do feito.

Intimação para resposta: a lei não faz alusão sobre quem será alvo de intimação para responder o incidente assistencial, se as partes ou os advogados delas. Não havia mesmo razão para fazê-lo, senão por prudência. Afinal de contas, as intimações realizam-se, sempre que possível, por meio eletrônico e na forma da lei (CP/2015, art. 270). Assim, a intimação, em incidente instaurado por terceiro que almeja intervir no feito na qualidade de assistente, deve se dar *não* pessoalmente, *mas na pessoa dos advogados das partes*. É possível, aliás, que o advogado do interveniente, *para conferir agilidade ao procedimento jurisdicional*, promova ele próprio a intimação dos advogados das partes *por correio*, juntando aos autos, logo em seguida, a cópia do ofício de intimação e do aviso de recebimento (CPC/2015, art. 269).

Contagem do prazo para resposta: deflagrado o incidente assistencial, deve o órgão julgador determinar a intimação das partes, *por meio de seus advogados*, para ofertarem, caso queiram, impugnação no prazo de 15 (quinze) dias. A contagem do prazo segue a regra geral: exclui-se o dia do começo (CPC/2015, art. 231) e inclui-se o do vencimento (CPC/2015, art. 224, *caput*, §§1º e 2º). Os dias do começo e vencimento serão protraídos para o primeiro dia útil seguinte, se coincidirem com o dia em que o expediente forense for encerrado antes ou iniciado depois da hora normal ou houver indisponibilidade da comunicação eletrônica (CPC/2015, art. 224, §1º). Em caso de litisconsortes com diferentes procuradores, *de escritórios de advocacia distintos*, os prazos contar-se-ão *em dobro* para todas as suas manifestações, em qualquer juízo ou tribunal, independentemente de requerimento, *salvo na hipótese de autos eletrônicos* (CPC/2015, art. 229, *caput*, e §2º).

Natureza da decisão e recurso cabível: o incidente instaurado por terceiro desejoso de tornar-se assistente é resolvido por decisão interlocutória, a qual, admitindo ou não a intervenção, pode ser desafiada por *agravo de instrumento* (CPC/2015, art. 1.015, IX). Se, contudo, o pedido de intervenção ocorrer em grau recursal, caberá ao relator proferir decisão monocrática deferindo ou não a assistência; em tal circunstância, o recurso a ser manejado é o *agravo interno*. Daniel Amorim Assumpção Neves alerta para duas situações sobre legitimidade e interesse recursal: i) na hipótese de *indeferimento do pedido assistencial* só terá legitimidade e interesse recursal aquele cujo pedido de ingresso foi negado (= terceiro). Afinal de contas, a assistência é sempre *voluntária*, quer dizer, renunciando ao seu direito de recorrer (ou mesmo omitindo-se em recorrer), estará o terceiro, *ainda que tacitamente*, manifestando a sua vontade de não mais ingressar no feito como assistente; e ii) na hipótese de *deferimento do pedido assistencial* terá(ão) legitimidade e interesse recursal a(s) parte(s) que eventualmente estiver(em) em desacordo com a intervenção de terceiro (NEVES, Daniel Amorim Assumpção. *Manual de Direito Processual Civil*. volume único. 13. ed. Salvador: JusPodivm, 2021. p. 356).

Ausência de suspensão: o pedido de assistência não tem força normativa hábil para suspender *automaticamente* o feito. Quis o legislador, enfim, imprimir automatismo e simplificação ao incidente intervencional. Circunstâncias há, entretanto, em que a prudência pode levar o julgador a concentrar-se de modo prioritário no julgamento do incidente assistencial, o que *na prática* significará estancamento dos atos processuais dedicados ao julgamento de mérito. São casos nos quais, por exemplo, verifica-se: i) a impugnação da prova documental envolvendo as matérias previstas no art. 436 do CPC/2015, sendo viável até a arguição de falsidade pela parte impugnante, o que obrigará a apuração da questão de fato; ii) interveniente e impugnante requerendo a produção de outras provas, as vezes mostrando-se indispensável audiência de instrução para a inquirição de testemunhas (ASSIS, Araken. *Processo Civil Brasileiro*. Parte geral: institutos fundamentais. v. II. Tomo I. São Paulo: Revista dos Tribunais, 2015. p. 634).

Recebimento de recurso interposto por terceiro sem efeito suspensivo: o terceiro pode interpor recurso contra decisão de inadmissão do seu ingresso como assistente, porém sem direito a efeito suspensivo (CPC/2015, art. 1.019, I), quando então o feito terá seguimento. O problema surge em caso de provimento recursal: até lá, atos processuais materializar-se-ão e talvez, em dadas situações, já se tenha inclusive sentença. Daí a indagação: nada se invalida, invalida-se tudo a partir do acórdão que reformou a decisão de admissão ou invalida-se só um ou alguns atos específicos? Não parece ser o caso de invalidação, pois a lei nitidamente prescreve que a "assistência será admitida em qualquer procedimento e em todos os graus de jurisdição, *recebendo o assistente o processo no estado em que se encontre*" (CPC/2015, art. 119, parágrafo único). É óbvio que, se pelo estado em que recebeu o feito viu-se impedido de produzir provas suscetíveis de influir no julgamento, estará autorizado, *em processo posterior ao trânsito em julgado da sentença proferida na causa em que interveio*, a discutir a "*justiça da decisão*" (CPC/2015, art. 123, I). Em tal circunstância, enfim, o chamado efeito da assistência (ou efeito da intervenção) não atingirá o assistente.

— Θ —

Seção II
DA ASSISTÊNCIA SIMPLES

Art. 121. O assistente simples atuará como auxiliar da parte principal, exercerá os mesmos poderes e sujeitar-se-á aos mesmos ônus processuais que o assistido.

Parágrafo único. Sendo revel ou, de qualquer outro modo, omisso o assistido, o assistente será considerado seu substituto processual.

Correspondente:
CPC/1973, art. 52.

Referências:
CPC/2015, art. 64; art. 65; art. 72; art. 77; art. 79; art. 81; art. 94; art. 95; art. 119; art. 120; art. 122; art. 123; art. 124; art. 144; art. 145; art. 146; art. 329; art. 341; art. 344; art. 345, I; art. 346; art. 967.

Assistência simples – aspectos gerais: a caracterização da assistência em *simples* e *litisconsorcial* atrela-se à *intensidade* do interesse jurídico nutrido pelo terceiro interveniente. Se esse terceiro for titular da relação jurídico-material deduzida em juízo, algo a vinculá-lo com o adversário do assistido, a lei autoriza-o a atuar no feito na qualidade de assistente *litisconsorcial* (= qualificado ou autônomo). Tem-se assistência *simples* (= adesiva), por outro lado, quando o interesse jurídico alimentado pelo interveniente deriva de distinta relação jurídico-material que mantém com a parte (= autor ou réu) cujo auxílio pretende oferecer – trata-se de relação jurídico-material que não integra o objeto litigioso mas que de algum modo a ele está atrelada, tanto que eventual derrota do assistido repercutirá, de maneira reflexa e prejudicial, na esfera jurídica do próprio assistente simples. São duas as formas de materialização do interesse jurídico do assistente simples: i) o resultado do processo pode implicar "eficácia constitutiva (ou desconstitutiva) favorável ou contrária ao interesse (à posição jurídico material) do assistente"; e ii) o resultado do processo pode "autorizar uma das partes [= assistido] a promover ação regressiva contra o terceiro [= assistente]" – o terceiro, portanto, assiste a parte que, no futuro e a depender do julgamento, terá muito provavelmente condições de demandá-lo em regresso (WAMBIER, Luiz Rodrigues; TALAMINI, Eduardo. *Curso Avançado de Processo Civil:* Teoria Geral do Processo. v. 1. 16. ed. São Paulo: Revista dos Tribunais, 2016. p. 355). Vale notar, por fim, que o deferimento da intervenção assistencial não faz do assistente (simples ou litisconsorcial) litisconsorte, pois nada pede e contra ele nada é pedido (DINAMARCO, Cândido Rangel. *Intervenção de terceiro.* 5. ed. São Paulo: Malheiros Editores, 2009. p. 34), estando ali, no ambiente procedimental-jurisdicional, apenas para desempenhar *papel de auxílio* a uma das partes principais (CPC/2015, art. 121, *caput*). Não é, portanto, parte litisconsorcial (= parte principal), mas parte auxiliar. Exemplos de assistência *simples*: sublocatário juridicamente interessado na solução do litígio no qual proprietário e inquilino demandam em ação de despejo; sublocatário que pleiteia ingresso como assistente em ação revisional de aluguel promovida pelo locador contra o inquilino; sublocatário que postula intervenção assistencial a fim de coadjuvar comodatário de imóvel em ação reivindicatória promovida pelo proprietário; tabelião que intervém para assistir o comprador do imóvel na ação cuja pretensão é a declaração de nulidade da escritura de compra e venda.

Deferimento da assistência simples e efeitos: o assistente *presta ajuda* à parte assistida. O deferimento do *pedido de assistência* denota o êxito do interveniente em seu objetivo inicial de se tornar parte *auxiliar* de uma das partes principais (= efeito 1). De tal circunstância, surgem dois outros efeitos: i) o assistente *sempre* receberá a causa no estado em que se encontrar (CPC/2015, art. 119, parágrafo único) (= efeito 2); e ii) transitada em julgado a sentença proferida no litígio que envolve assistido e seu adversário, o assistente, mesmo não tendo deduzido direito próprio na causa, não mais poderá, em causa autônoma, discutir a "justiça da decisão" (= *efeito da assistência*) (CPC/2015, art. 123, *caput*) (= efeito 3) (ASSIS, Araken. *Processo Civil Brasileiro.* Parte geral: institutos fundamentais. v. II. Tomo I. São Paulo: Revista dos Tribunais, 2015. p. 638).

Assistência – benefícios e prejuízos: a assistência simples tem potencialidade de favorecer tanto o assistente como o assistido. Primeiro, quem pleiteia seu ingresso em feito pendente na intenção de atuar como assistente sempre almeja benefício próprio, quer dizer, sabe que eventual tutela jurisdicional favorável ao assistido lhe será também vantajosa. Em contrapartida, o assistido tem tudo para igualmente obter vantagem, pois agora, no embate contra o seu adversário, contará com auxílio extra. Não obstante, uma eventual derrota do assistido decerto se mostrará danosa ao assistente, pois não poderá, salvo as exceções previstas em lei, discutir a "justiça da decisão" (= efeito da assistência).

Direitos do assistente: admitido a funcionar na qualidade de assistente, o terceiro interveniente, dali em diante, torna-se *parte auxiliar*, exercendo *equiparadamente* os mesmos direitos e sujeitando-se aos mesmos ônus e deveres processuais que o assistido (autor ou réu). Perderá a condição de terceiro, a partir de então será sujeito do processo (= parte em sentido processual ou *lato sensu*) e atrairá para si direitos, deveres e ônus. Ver-se-á surgir, portanto, uma relação na qual assistente ajuda o assistido em prol de uma tutela jurisdicional que favoreça a ambos. E na medida em que o assistente defende interesse jurídico que diretamente não lhe diz respeito, a sua atuação ali submete-se à atividade do próprio assistido, isto é, não está autorizado a praticar atos contrários à vontade daquele a quem presta auxílio. Por exemplo, a renúncia ao direito de recorrer, manifestada pelo assistente, só atinge o direito dele próprio de impugnar provimento desfavorável ao assistido (ASSIS, Araken. *Processo Civil Brasileiro*. Parte geral: institutos fundamentais. v. II. Tomo I. São Paulo: Revista dos Tribunais, 2015. p. 650). Conforme abalizada doutrina, é lícito ao assistente simples: i) arguir qualquer matéria *de ordem pública* a cujo respeito a lei impõe ao julgador conhecimento oficioso; ii) contestar a ação; iii) alegar preclusão e decadência do direito do autor, ainda que não o tenha feito o réu assistido; iv) arguir o impedimento do juiz; v) arguir a suspeição do juiz relativamente a ele próprio; vi) arguir a inconstitucionalidade de lei ou ato normativo [e, em acréscimo, arguir a inconstitucionalidade de provimentos vinculativos]; vii) praticar atos de andamento do feito; viii) a arguir falsidade de documento; ix) requerer e produzir provas em benefício da parte assistida; x) requerer diligências; xi) participar ativamente da audiência de instrução e julgamento; xii) interpor recursos, desde que o assistido não tenha renunciado ao poder de recorrer ou desistido de recurso já interposto; xiii) interpor recurso adesivo (NERY JUNIOR, Nelson; ANDRADE NERY, Rosa Maria de. *Comentários ao Código de Processo Civil.* São Paulo: Revista dos Tribunais, 2018. p. 643).

Ainda sobre os direitos do assistente: a opção legislativa de *equiparar* os poderes do assistente e da parte assistida é acertada por assegurar proveito e utilidade à intervenção assistencial. Mas a generalidade da lei não exaure toda a problemática. A doutrina mais atenta revela preocupação com circunstâncias nas quais assistente e assistido comportem-se de modo contraditório ou antagônico, até porque não é crível supor entre ambos uma permanente e duradoura convergência de atuações estratégicas. Solução que parece adequada é a tomada de empréstimo da distinção, elaborada em matéria de litisconsórcio, entre *comportamentos determinantes* (= a parte os adota ao se deparar com variantes do procedimento que se revelem, por sua eficácia, idôneos a influir em termos decisivos no desfecho da atividade jurisdicional) e *comportamentos alternativos* (= aqueles incapazes de influir, ao menos em tese, no desfecho da atividade jurisdicional). É a posição de Araken de Assis, que pontua três diretrizes hábeis para resolver as situações conflituosas mais expressivas: i) os *comportamentos determinantes comissivos* do assistido impor-se-ão ao assistente sempre que diretamente implicarem *disposição do objeto litigioso* ou *extinção do feito* (exemplo: desistência da demanda), encerrando-se, assim, *a causa* da intervenção; ii) os *comportamentos determinantes omissivos* do assistido podem ser supridos pelo assistente (CPC/2015, art. 121, parágrafo único), não sendo correto supor que o primeiro atue com a pretensão de ser derrotado; e iii) são irrelevantes os *comportamentos alternativos* do assistente que não predeterminem, em qualquer sentido, a resolução de mérito, incumbindo-lhe adotar postura que favoreça o êxito do assistido (ASSIS, Araken. *Processo Civil Brasileiro.* Parte geral: institutos fundamentais. v. II. Tomo I. São Paulo: Revista dos Tribunais, 2015. p. 649-650).

Poderes do assistente: o assistente simples atuará para auxiliar a parte principal, exercendo os mesmos *poderes* que o assistido (CPC/2015, art. 121, *caput*). Assim é que está autorizado a produzir provas, requerer diligências e perícias, participar de audiências, arrolar e inquirir testemunhas, ouvir depoimento pessoal, interpor recursos, sustentar oralmente perante o tribunal. É preciso não esquecer que a participação do assistente é acessória e, como tal, pressupõe a do próprio assistido, que é a principal", isto é, há limitações às quais está sujeito (THEODORO JÚNIOR, Humberto. *Curso de Direito Processual Civil.* v. I. 56. ed. Rio de Janeiro: Forense, 2015. p. 363).

Limitações dos poderes do assistente: o assistente *não é livre* para agir exclusivamente a partir de estratégia por ele próprio desenhada. Tem o direito de prestar assistência, *desde que presentes os pressupostos legais*, mas depois de admitido pelo órgão judicial a atuar, *deve dobrar-se à vontade do assistido*. Quem meramente assiste, limita-se a prestar auxílio ou coadjuvar; não assume posição de protagonista. O assistente *adere* à pretensão do assistido sem formular nova demanda, não é dele o litígio, tampouco é seu o direito que busca defender, quer dizer, "não tem poderes de disposição sobre o processo ou sobre a relação jurídica controvertida, nem está autorizado a contrariar as estratégias de defesa do assistido" (DINAMARCO, Cândido Rangel. *Instituições de Direito Processual Civil.* v. II. 7. ed. Malheiros: São Paulo: 2017. p. 446). Há, de resto, restrições significativas à atuação do assistente (simples ou litisconsorcial) mesmo no que diz respeito aos atos que podem beneficiar a parte assistida, quer em relação ao objeto do litígio, quer no que toca aos meios de defesa e de prova, quer ainda naquilo atinente aos meios de impugnação. Por exemplo, é vedado – na esteira das lições de Araken de Assis – ao assistente: i) interferir ou rebelar-se contra os negócios jurídicos a disposição do assistido (CPC/2015, art. 122); ii) formular pedido, alterar objeto de pedido (valendo-se das alternativas previstas no art. 329) ou invocar fatos supervenientes (art. 493); iii) apresentar contestação que interfira no objeto litigioso, com impugnações a sugerir nova versão ao episódio da vida narrado pelo autor – está ressalvada, por exemplo, a arguição de decadência, haja vista tratar-se de questão sucessível de apreciação *ex officio*;

iv) admitir fato desfavorável ao assistido e favorável ao adversário dele (confissão ficta ou provocada); v) deduzir reconvenção, tornando objetivamente complexo o procedimento jurisdicional, conquanto possa figurar como litisconsorte ativo ou passivo de eventual reconvenção do réu (= reconvenção subjetivamente ampliativa); vi) reclamar a declaração incidente, obtendo emissão de decisão sobre a questão prejudicial; vii) participar da conciliação entre assistido e parte adversária, embora seja legítimo acordar com qualquer deles relativamente ao seu específico direito; viii) pleitear tutela provisória de urgência antecipatória, já que não pode requerer antecipação da fruição de direito que não integra sua esfera jurídica, imiscuindo-se em objeto litigioso que lhe é estranho; ix) atuar na condição de testemunha, pois é parte auxiliar e tem interesse no resultado do litígio; x) recorrer contra sentença que homologou o reconhecimento da procedência do pedido ou a renúncia à pretensão por parte do assistido; xi) recorrer contra sentença que homologou a transação (ASSIS, Araken. *Processo Civil Brasileiro.* Parte geral: institutos fundamentais. v. II. Tomo I. São Paulo: Revista dos Tribunais, 2015. p. 650-656).

Suspeição e impedimento do juiz: o assistente está autorizado, quando o fato for conhecido, a arguir impedimento ou suspeição do juiz (CPC/2015, arts. 144 a 146). Assim deve ser em favor da preservação da *imparcialidade judicial*, diretriz normativa cardeal e pressuposto garantístico inarredável de uma atividade jurisdicional legítima, prudente, submissa ao devido processo legal e respeitosa aos jurisdicionados. Em sentido oposto: DINAMARCO, Cândido Rangel. *Instituições de Direito Processual Civil.* v. II. 7. ed. Malheiros: São Paulo: 2017. p. 446.

Exceção de incompetência: estão autorizados a arguir a *incompetência absoluta* o assistente, o terceiro interveniente, as partes principais, o representante do Ministério Público e, *ex officio*, o próprio órgão judicial – recorde-se a letra da lei: *a incompetência absoluta pode ser alegada em qualquer tempo e grau de jurisdição e deve ser declarada de ofício* (CPC/2015, art. 64, §1º). De outro lado – *e malgrado tratar-se de questão polêmica* –, o assistente não está autorizado a ofertar *exceção de incompetência relativa* por duas razões: i) há norma expressa e categórica que legitima apenas o réu e o representante do Ministério Público, nas causas em que este atuar (como parte principal ou *custos legis*), a argui-la (CPC/2015, art. 65); e ii) não arguida a incompetência relativa, ter-se-á a chamada *modificação de competência*, fazendo-se competente para a causa o juiz originariamente incompetente. Se o réu assistido, por qualquer razão, preferir que o processamento e julgamento do feito ocorra perante o juízo relativamente incompetente, ao assistente não haverá alternativa senão respeitar a vontade dele. É lembrar que o assistente é auxiliar, atua de modo subordinado em relação à parte assistida, ou seja, suas faculdades e poderes processuais são limitados. Importante: sendo o réu revel, o assistente será considerado seu *substituto processual* (CPC/2015, art. 121), qualidade jurídica a lhe atribuir legitimidade para excepcionar o juízo (= exceção de incompetência relativa).

Ônus do assistente: os *ônus processuais* (= *cargas*), categoria de cunho liberal, a despeito de também se distinguirem pelo *vínculo da vontade*, não têm por mira o interesse alheio. É que colocam a cargo das partes as consequências da sua própria inércia, ou melhor, os litigantes são *estimulados* a atuar em respeito aos ônus processuais a fim de alcançarem resultados que lhes sejam úteis (= satisfação do próprio interesse; obtenção ou conservação de direitos; administração de interesses pessoais). Pois a lei é expressa quando afirma que o assistente simples atuará como auxiliar da parte principal, exercerá os mesmos poderes e se sujeitará aos mesmos *ônus processuais* que o assistido (CPC/2015, art. 121, *caput*). Contudo, é preciso ter cuidado com a generalidade da regra, até porque alguns ônus que se impõem ao assistido (= parte em sentido material) não envolvem, por lógica, o assistente. Não tem sentido, por exemplo, aplicar o *ônus da impugnação especificada* (CPC/2015, art. 341, *caput*) ao assistente, pouco importando o momento em que ele interveio no feito. É que tal ônus sujeita unicamente *aquele que apresenta contestação*, ou seja, o réu, jamais atingindo quem ali se encontra, no caso concreto, para coadjuvar ou prestar auxílio.

Deveres do assistente (1): reza o art. 121, CPC/2015, que o assistente simples sujeita-se aos mesmos ônus processuais que o assistido. *Não* *se confundem ônus e deveres*. Veja-se o seguinte: i) para cada *direito* existe um *dever* correspondente, quer dizer, entre direitos e deveres há uma *relação* na qual determinados sujeitos se situam em posição de preponderância, são protagonistas e, por conseguinte, *podem exigir*, ao passo que outros estão em estado de submissão e, assim, *devem cumprir, obedecer, submeter-se*; ii) os *deveres processuais* limitam o *livre querer* das partes, estabelecem fronteiras e privações, *apontam o que se pode ou não fazer e até como fazer*; são, portanto, asfixiantes; e iii) ao revés, os *ônus processuais* (ou *cargas*), categoria de cunho liberal, a despeito de também se distinguirem pelo *vínculo da vontade*, não têm por mira o interesse alheio – afinal, os ônus processuais colocam a cargo das partes eventuais consequências oriundas da sua inércia, isto é, são elas *estimuladas* a operar ativamente em prol do atingimento de resultados que lhes sejam úteis (= satisfação do próprio interesse; obtenção ou conservação de direitos; administração de interesses pessoais).

Deveres do assistente (2): embora o art. 121 do CPC/2015 não faça alusão a deveres, há regras outras que impõem ao assistente específicos deveres, os quais tocam também ao assistido e ao adversário dele. Nem poderia ser diferente: afinal de contas, ele é sujeito processual, vale dizer, atua no feito como parte *auxiliar*. Daí se concluir – a partir de uma análise que leva em conta a lei em sua amplitude – serem deveres do assistente: i) expor os fatos em juízo conforme a verdade; ii) não formular pretensão ou apresentar defesa quando cientes de que são destituídas de fundamento; iii) não produzir provas e tampouco praticar atos inúteis ou desnecessários à declaração ou à defesa do direito; iv) cumprir com exatidão as decisões jurisdicionais, de natureza provisória ou final, e não criar embaraços à sua efetivação; v) declinar, no primeiro momento que lhe couber falar nos autos, o endereço residencial ou profissional onde receberá intimações, atualizando essa informação sempre que ocorrer qualquer modificação temporária ou definitiva; vi) não praticar inovação ilegal no estado de fato de bem ou direito litigioso – confira-se o teor do *caput* do art. 77, CPC/2015: "Além de outros previstos neste Código, são *deveres* das *partes*, de seus procuradores *e de todos aqueles que de qualquer forma participem do processo* (...)".

Despesas e multas: sendo parte, ainda que *auxiliar*, o assistente exercerá os mesmos poderes, além de se sujeitar aos mesmos ônus processuais que o assistido. Também estará obrigado a atender uma série de deveres estabelecidos ao longo do Código de 2015. Seguem algumas observações: i) praticado ato processual vedado pela lei, o assistente sujeita-se a sanções pela prática de ato de improbidade processual (CPC/2015, art. 79 a 81); ii) o assistente responde por perdas e danos se litigar de má-fé (CPC/2015, art. 79); iii) se o terceiro não obtém sucesso em seu pedido intervencional, não logrando êxito em ser assistente, não se terá aí, na decisão de inadmissão, capítulo de condenação sucumbencial – afinal, o terceiro sequer tornou-se sujeito processual, tendo lhe sido vedada a atuação no feito; iv) se foi o assistente quem requereu sozinho a perícia, cabe a ele adiantar a remuneração do perito (CPC/2015, art. 95); v) se vencido o assistido, o assistente será condenado ao pagamento das custas em proporção à atividade que houver exercido no processo (CPC/2015, art. 94); vi) se o assistido vencer a demanda, o adversário comum será condenado no reembolso de ambos, assistido e assistente, na proporção das despesas realizadas por cada um; vii) em caso de revelia, o assistente suportará integralmente as despesas processuais – isso, por óbvio, se tiver atuado sozinho, do início ao fim da causa, contra o adversário do assistido (ASSIS, Araken. *Processo Civil Brasileiro*. Parte geral: institutos fundamentais. v. II. Tomo I. São Paulo: Revista dos Tribunais, 2015. p. 659).

Derrota do assistido e pagamento em custas: o art. 94 do CPC/2015 refere-se unicamente às *custas*, isto é, seu âmbito normativo não inclui outras despesas processuais (por exemplo: indenização de viagem, remuneração do assistente técnico, diária de testemunhas) nem honorários de sucumbência. É certo que o art. 121 sujeita o assistente simples aos mesmos *ônus* processuais que o assistido, mas isso é irrelevante porque a imposição da condenação no custo do processo em sentença decorre de *obrigação* e não de um ônus (CARRILHO LOPES, Bruno Vasconcelos. *Comentários ao Código de Processo Civil* – v. II (arts. 70 a 118). Coordenação de José Roberto Ferreira Gouvêa, Luis Guilherme Aidar Bondioli e João Francisco Neves da Fonseca. São Paulo: Saraiva, 2017. p. 235). Não há, assim, conflito entre os dois dispositivos legais. Vencida a parte principal, ela e seu assistente suportarão condenação em custas a partir de critério diverso da metodologia *per capita*, devendo o órgão judiciário dedicar-se a medir a própria *intensidade* da participação de ambos no feito. Por exemplo, é mais incisiva e presente a atuação do assistente que supre a lacuna deixada pela revelia do réu (CPC/2015, art. 121, parágrafo único), requerendo provas, interpondo recursos e participando de audiências. É preciso reconhecer que, embora igualitário o critério da condenação das custas em atenção à proporção da atividade exercida, carece ele de praticidade, quer dizer, impõe ao juiz pesado esforço cognitivo e dificuldades na elaboração dos fundamentos da decisão. Por fim, insista-se no fato de que o assistente (simples ou litisconsorcial) não deverá ser condenado em outras despesas (apenas em *custas*) e tampouco no pagamento da verba honorária sucumbencial – nesse sentido: STJ, RESP nº 579.739, 1ª Turma, rel. Min. José Delgado, julgamento: 17.02.2005, disponível em: www.stj.jus.br.

Assistência e honorários: haja vista o disposto na regra prevista no art. 94 do CPC/2015, o assistente não pode ser condenado ao pagamento de honorários sucumbenciais – nesse sentido: STJ, REsp 579739/DF, Primeira Turma, rel. Min. José Delgado, julgamento: 17.02.2005, DJ 11.04.2005, disponível em: www.stj.jus.br. Em reforço, o art. 121 refere-se unicamente a *poderes* e aos *ônus processuais*, ou seja, nada prescreve sujeitando o assistente a *condenações* por honorários advocatícios sucumbenciais. A conclusão é válida do mesmo modo para o assistente litisconsorcial, mas é preciso destacar o seguinte: i) é pujante a corrente de entendimento que equipara o assistente litisconsorcial (= assistente autônomo ou qualificado) à condição de *parte principal*, isto é, não se teriam partes auxiliar e principal e sim *litisconsortes* (= partes principais); e ii) se for essa a perspectiva adotada, o assistente litisconsorcial se sujeitará ao regime previsto no art. 87 do CPC/2015 – derrotados dois ou mais litisconsortes, responderão *de modo proporcional* pelo reembolso das despesas adiantadas e pelos honorários advocatícios.

Substituição processual: o CPC/2015 disciplina a *revelia* em atenção à contumácia do réu. *É revel a parte ré que, devendo estar presente, escolhe fazer-se ausente.* Consolidada a revelia, ao revel sem patrono no feito não serão dirigidas intimações, quer dizer, os prazos contra ele correrão da data da publicação do ato decisório no órgão oficial (CPC/2015, art. 346). E mais: ter-se-ão presumidas as alegações de fato formuladas pelo autor em sua petição inicial (= efeito material da revelia; CPC/2015, art. 344). Naquilo que importa: sendo revel ou de qualquer outro modo *omisso* o assistido, o assistente será considerado seu *substituto processual* (CPC/2015, art. 121, parágrafo único) – o CPC/1973 invocava ao assistente a curiosa (e equivocada) função de *gestor de negócios*. Concluindo e esmiuçando: i) a revelia não exclui o réu da demanda, que continuará ali, na condição de parte, quer dizer, é *parte-revel*; ii) o assistente, frente a revelia ou omissão do réu, torna-se um substituto processual *sui generis* – essa particular substituição processual distingue-se justamente pela presença do substituído (= parte assistida revel) na relação jurídica processual (LOPES DA COSTA, Alfredo de Araujo. *Da intervenção de terceiros no processo*. São Paulo: Livraria Teixeira Editores, 1930. p. 107); iii) o art. 121 do CPC/2015 não tem aplicação restrita à hipótese da revelia, ou seja, o assistente pode praticar atos em circunstâncias de omissão ou inércia do assistido sempre que tal prática se mostrar potencialmente benéfica à defesa dos interesses deste. Nas palavras de Cassio Scarpinella, "o CPC/2015 acabou criando verdadeira ficção legislativa (a substituição processual) que permite alguém (o assistente), em nome próprio, tutelar direito alheio (do assistido) nos casos em que, do ponto de vista processual, houver omissão generalizada (porque não limitada à revelia) do assistido" (BUENO, Cassio Scarpinella. *Comentários ao Código de Processo Civil* – v. 1 (arts. 1º a 317). São Paulo: Saraiva, 2017. p. 532-537) – nada impede o assistente, por exemplo, de interpor recurso ou requerer produção de provas quando silente o assistido; iv) se o assistente simples contestar no prazo previsto em lei para a defesa do assistido, não se terá por configurada a revelia deste último (ARRUDA ALVIM. *Manual de Direito Processual Civil*. Teoria Geral do Processo e Processo do Conhecimento. 17. ed. São Paulo: Revista dos Tribunais, 2017. p. 796); v) a atuação do assistente na qualidade de substituto processual não elimina a maioria das restrições que a intervenção assistencial lhe impõe, isto é, trata-se de figura híbrida a envolver *assistência* e *substituição processual* – assistente que substitui processualmente o réu revel não deixa de ser assistente, ou seja, *a um só tempo assiste e substitui;* vi) a qualidade jurídica de substituto processual atribui legitimidade para o terceiro interveniente excepcionar o juízo (= exceção de incompetência relativa); vii) concedido *curador especial* ao revel (CPC/2015, art. 72) – por exemplo: curador ao réu revel citado por edital –, o assistente não atuará em prol do assistido na condição de substituto processual, devendo cada um deles (= assistente e curador especial) exercer aquilo que é próprio da função (ASSIS, Araken. *Processo Civil Brasileiro.* Parte geral: institutos fundamentais. v. II. Tomo I. São Paulo: Revista dos Tribunais, 2015. p. 652).

Atuação recursal do assistente: doutrina e jurisprudência vacilavam sobre se o assistente simples podia recorrer diante da falta de recurso encabeçado pelo assistido. Uns entendiam que o assistente só estava autorizado a interpor recurso se também o fizesse o assistido – nesse sentido: STJ, AgRg no REsp 1.217.004, 4ª Turma, rel. Min. Antonio Ferreira, julgamento: 28.08.2012, disponível em: www.stj.jus.br. Dizia-se que, admitido o recurso, o assistente estaria indo *de encontro* à própria vontade do assistido em dobrar-se ao conteúdo decisional. E como o papel dele é o de *meramente* coadjuvar, decerto avançava para além do que lhe permitia a legalidade. Outros, contudo, advogavam inexistir impedimento para que o assistente recorresse, mesmo quando não o tivesse feito o assistido, pois a lei atribuía ao primeiro papel de "gestor de negócios" – nesse sentido: STJ, REsp 146.482, 5ª Turma, rel. Min. Felix Fisher, julgamento: 20.04.1999, disponível em: www.stj.jus.br. O recurso apenas não seria admitido caso o assistido tivesse *expressamente* manifestado a sua vontade de *não* recorrer. O CPC/2015, em boa hora, colocou uma pá de cal sobre o problema ao prescrever que, *em sendo de qualquer modo omisso o assistido,* será o assistente simples considerado seu *substituto processual.* Disso se conclui: *mesmo diante da omissão em recorrer do assistido,* nada há a impedir o assistente (muito pelo contrário) de interpor seu próprio recurso e de vê-lo devidamente conhecido e julgado. Assim já se posicionaram, entre outros: ASSIS, Araken. *Processo Civil Brasileiro.* Parte geral: institutos fundamentais. v. II. Tomo I. São Paulo: Revista dos Tribunais, 2015; THEODORO JÚNIOR, Humberto. *Curso de Direito Processual Civil.* v. I. 56.

ed. Rio de Janeiro: Forense, 2015; DIDIER JR., Fredie. *Curso de Direito Processual Civil*. v. 1. 17. ed. Salvador: JusPodivm, 2015; CUNHA, Leonardo Carneiro. A assistência no Projeto do novo CPC brasileiro. *In*: AURELLI, Arlete Inês *et al.* (Coord.). *O Direito de estar em juízo e a coisa julgada*: estudos em homenagem à Thereza Alvim. São Paulo: Revista dos Tribunais, 2014. p. 523-534.

Recurso principal interposto pelo assistente e recurso adesivo interposto pelo adversário do assistido: há quem defenda que o adversário do assistido não está autorizado a recorrer adesivamente quando apenas o assistente ofertou recurso. O fundamento da tese: eventual provimento do recurso adesivo implicaria prejuízo ao assistido, cuja situação não pode ser piorada pelo assistente – entre outros: MAURÍCIO, Ubiratan de Couto. *Assistência simples no direito processual civil*. São Paulo: Revista dos Tribunais. p. 1083. O argumento nem de longe convence, além de ferir mortalmente a Constituição Federal. Nada há que legitime uma interpretação que, em síntese, desfalque a parte adversária do assistido do seu sagrado direito à ampla defesa. Nesse sentido: ASSIS, Araken. *Processo Civil Brasileiro*. Parte geral: institutos fundamentais. v. II. Tomo I. São Paulo: Revista dos Tribunais, 2015. p. 656).

Efeitos do provimento do recurso contra decisão que indeferiu o pedido de assistência: no que respeita à assistência, vigora a regra segundo a qual o *assistente recebe o processo no estado em que se encontrar* (CPC/2015, art. 119, parágrafo único). Por ser assim, o provimento de agravo de instrumento interposto contra decisão que inadmitiu a intervenção de terceiro desejoso em atuar como assistente não apresenta efeito *ex tunc*, ou seja, capaz de dissolver os atos praticados sem a participação do assistente. Se, por exemplo, o assistente receber o feito quando já encerrada a instrução, estará impedido de produzir provas.

Legitimidade e ação rescisória: têm legitimidade para propor a ação rescisória quem foi *parte* no processo ou seu sucessor a título universal ou singular, o terceiro juridicamente interessado, o Ministério Público e aquele que não foi ouvido no processo em que lhe era obrigatória a intervenção (CPC/2015, art. 967). Lembre-se: torna-se sujeito processual o terceiro admitido a funcionar como assistente, ou seja, transforma-se em *parte*, conquanto *auxiliar*. E uma vez que os efeitos da sentença podem refletir em sua esfera jurídica (= *efeito da assistência*), tem o assistente legitimidade para pleitear a rescisão da decisão transitada em julgado. Não é diferente, por outro lado, em relação ao *terceiro*, que poderia ter pleiteado a intervenção na qualidade de assistente, porém não o fez (ou o terceiro que teve indeferido seu pedido de intervenção): está ele igualmente legitimado a promover ação rescisória. Afinal, seu interesse jurídico permanece ileso, mesmo se escolheu não postular seu ingresso no feito (ou que postulou seu ingresso, porém teve o pedido de intervenção negado) – nesse sentido: ASSIS, Araken. *Processo Civil Brasileiro*. Parte geral: institutos fundamentais. v. II. Tomo I. São Paulo: Revista dos Tribunais, 2015. p. 658.

Término da assistência: a assistência finda-se com a extinção do feito, quando cessada a litispendência perante autor e réu. Duas ilações: i) não está o assistente autorizado a desligar-se do litígio por vontade própria, o que é consequência da sua condição de parte (ainda que parte *auxiliar*); e ii) a morte do interveniente (*antes* ou *depois* da decisão que admitiu a assistência) conduz à extinção do incidente intervencional, sendo inexequível a sucessão processual – devem os sucessores do assistente, se assim desejarem, requerer a sua própria intervenção (ASSIS, Araken. *Processo Civil Brasileiro*. Parte geral: institutos fundamentais. v. II. Tomo I. São Paulo: Revista dos Tribunais, 2015. p. 660).

— Θ —

Art. 122. A assistência simples não obsta a que a parte principal reconheça a procedência do pedido, desista da ação, renuncie ao direito sobre o que se funda a ação ou transija sobre direitos controvertidos.

Correspondente:
CPC/1973, art. 53.

Referências:
art. 119; art. 120; art. 121; art. 123; art. 124.

Partes principal e auxiliar: a noção de *parte* contrapõe-se a de *terceiro*, e vice-versa. Em doutrina se lê, com frequência, não haver maneira mais segura de definir terceiro senão por exclusão. Terceiro, em suma, é quem, num determinado momento ou fase procedimental, não figura como parte *principal, auxiliar* ou *coadjuvante*. Nada obstante, admitido a intervir no feito, o terceiro assume então condição de parte, ou seja, torna-se sujeito da relação processual (ASSIS, Araken. *Processo Civil Brasileiro*. Parte geral: institutos fundamentais. v. II. Tomo I. São Paulo: Revista dos Tribunais, 2015. p. 578). Naquilo que diz respeito à assistência, o terceiro admitido a intervir torna-se parte *auxiliar*. Importante: i) há forte corrente doutrinária e jurisprudencial abnegando a qualidade de parte a terceiros cuja intervenção assistencial foi autorizada e bem-sucedida; ii) não se olvide, contudo, que o art. 122 do CPC/2015, ao fazer alusão à *parte principal*, reforça a posição aqui assumida, ou seja, se existem partes *principais* é adequado admitir, por conseguinte, a existência também de partes *auxiliares*; e iii) em resumo, são todas elas, partes *principais* e *auxiliares*, sujeitos da relação processual.

Auxiliaridade e restrições de atuação: embora *de maneira equiparada* exerça os mesmos poderes e se sujeite aos ônus processuais do assistido, o papel do assistente está restrito em fornecer auxílio ou coadjuvar (CPC/2015, art. 121, *caput*). É, em síntese, parte *auxiliar*. Disso se extrai importante consequência: está ele obrigado por lei a se dobrar à vontade *explicitada* pelo assistido, tanto no que diz respeito às questões de cunho procedimental, como aquelas – e com mais razão – de natureza material. Insista-se: o assistente não instaura nova demanda, apenas intervém aceitando o feito no estado em que se encontrar (*in statu et terminis*), sem inovar, modificar ou alterar o objeto litigioso (AMAZONAS, José Antonio de Almeida. *Assistência*. São Paulo: Empreza Graphica da Revista dos Tribunais, 1936. p. 19). A assistência, então, não impede a parte assistida de reconhecer a procedência do pedido, desistir da ação, renunciar ao direito sobre o qual se funda a demanda e, ainda, transigir sobre direitos controvertidos. O assistente, enfim, tem força argumentativa e poderes para alegar, requerer, produzir provas e recorrer, mas, *porque a sua atuação é de cunho auxiliar*, está *proibido* de exercer atos prejudiciais àquele a quem presta assistência, sendo-lhe igualmente vedada a prática de atos benéficos que contrariem o desejo do assistido. São *ineficazes* os atos praticados pelo assistente avessos à posição jurídica do assistido, bem como os que, mesmo praticados em benefício dele, extrapolem a sua vontade devidamente anunciada na seara procedimental. Observação relevante: o rol de atos restritivos à atuação do assistente, trazido pelo art. 122 do CPC/2015, deve ser compreendido como meramente exemplificativo (BUENO, Cassio Scarpinella. *Comentários ao Código de Processo Civil* – v. 1 (arts. 1º a 317). São Paulo: Saraiva, 2017. p. 538).

Omissão do assistido: sendo revel ou, de qualquer modo, omisso o assistido, o assistente se transmutará em seu *substituto processual* (CPC/2015, art. 121, parágrafo único). Assim é que, se o assistido não recorrer (ou se omitir de outra maneira), nada impede que o assistente o faça. Tornar-se-á, em tal fase procedimental, parte *principal* (= substituto processual), com poderes para atuar em defesa do interesse da parte assistida que se omitiu. Observações: i) a regra não terá aplicação quando a parte assistida optar *expressamente* pela omissão; ii) ainda que atue como substituto processual, são limitados os poderes do assistente no que diz respeito aos atos de disposição atinentes ao direito material controvertido – não está autorizado, por exemplo, a admitir fato desfavorável ao assistido e favorável ao adversário dele e tampouco a entabular conciliação.

Renúncia ao direito: entre as condutas dispositivas permitidas ao assistido, o CPC/1973 era silente sobre a *renúncia* ao direito sobre o qual se funda a ação. O CPC/2015 corrigiu a deficiência, além do que deixou em relevo a diferença entre *desistência da ação* (que conduz a decisão terminativa) e *renúncia do direito* (cujo resultado é decisão com resolução de mérito). Para uma análise mais aprofundada: DIDIER JR., Fredie. *Curso de Direito Processual Civil.* v. 1. 17. ed. Salvador: JusPodivm, 2015. p. 483-486.

— Θ —

Art. 123. Transitada em julgado a sentença no processo em que interveio o assistente, este não poderá, em processo posterior, discutir a justiça da decisão, salvo se alegar e provar que:

I – pelo estado em que recebeu o processo ou pelas declarações e pelos atos do assistido, foi impedido de produzir provas suscetíveis de influir na sentença;

II – desconhecia a existência de alegações ou de provas das quais o assistido, por dolo ou culpa, não se valeu.

Correspondente:
CPC/1973, art. 55.

Referências:
CF/1988, art. 5º, LIV e LV.

CPC/2015, art. 119; art. 120; art. 121; art. 122; art. 124; art. 503; art. 523.

Súmula nº 214 (STJ): O fiador na locação não responde por obrigações resultantes de aditamento ao qual não anuiu.

Deferimento da assistência e efeitos: o assistente simples é sujeito do processo e, por isso, *parte* (= parte *processual*). É parte *auxiliar*, não parte *principal,* pois ingressa no feito para defender direito do assistido e, indiretamente, o seu próprio. Não formula pretensão e tampouco tem contra si pretensão formulada. Quer trabalhar para impedir a derrota da parte assistida, com quem mantém relação jurídica alheia (mas atrelada ou vinculada) ao objeto litigioso, porque assim evitará repercussão negativa da decisão em sua própria esfera jurídica. Deferido o pedido assistencial, o interveniente terá logrado êxito em seu objetivo inicial, tornando-se parte *auxiliar* de uma das partes *principais,* condição à qual se agregam dois outros efeitos: i) o assistente receberá o feito *no estado em que se encontrar* (= *in statu et terminis*), ou seja, não se reabrirá em seu favor as fases ou oportunidades perdidas ou já consumadas (CPC/2015, art. 119, parágrafo único); e ii) *salvo as hipóteses previstas em lei* (CPC/2015, art. 123, I e II), transitada em julgado a sentença em que interveio o assistente, não poderá ele, em ação autônoma, discutir a "justiça da decisão" – é o que se denomina *efeito da assistência* (ou *efeito da intervenção)* (CPC/2015, art. 123, *caput*) (ASSIS, Araken. *Processo Civil Brasileiro.* Parte geral: institutos fundamentais. v. II. Tomo I. São Paulo: Revista dos Tribunais, 2015. p. 638).

Efeitos *naturais* do julgamento e o terceiro: como qualquer outro ato jurídico, a sentença (e as decisões judiciais em geral) irradia-se sobre todo o tecido social, quer dizer, ainda que o comando decisório se dirija às partes, é quase impossível obstar que seus efeitos atinjam também terceiros, cujas relações estejam de algum modo atreladas ao objeto litigioso (WAMBIER, Luiz Rodrigues; TALAMINI, Eduardo. *Curso Avançado de Processo Civil:* Teoria Geral do Processo. v. 1. 16. ed. São Paulo: Revista dos Tribunais, 2016. p. 352-353). Os efeitos *naturais* (ou efeitos *diretos*) da sentença atingirão a todos, ou seja, difundir-se-ão de maneira indistinta no âmago da sociedade, embora em nada embaracem o terceiro em seu intento de promover demanda própria e, portanto, defender direito seu que se apresente incompatível com aquilo outrora decidido e reconhecido. Enfim, se sequer participou do feito na qualidade de parte *auxiliar*, isto é, *se de fato é terceiro*, a ele é lícito atuar a *posteriori* em defesa de interesses seus maculados pela decisão judicial, pois não terá sido atingido pelo chamado efeito da assistência e muito menos pela coisa julgada.

Ainda sobre os efeitos *naturais* do julgamento: os efeitos *externos* decorrentes do julgamento produzir-se-ão sempre, intervindo ou não o terceiro, mas se o fez é porque confiava possuir condições de robustecer a posição jurídica do assistido. Há consequências oriundas dessa intervenção. Se não intervém, sujeitar-se-á apenas *de modo reflexo* aos efeitos *naturais* (ou *diretos*) do julgamento, nada o impedindo de no futuro discutir, mediante ação própria, a "justiça da decisão" – afinal, não teve qualquer influência e participação na construção da decisão. No entanto, intimado o interveniente acerca do deferimento da assistência, o desfecho da causa o vinculará, quer dizer, se sujeitará *imediatamente* ao julgamento em função daquilo denominado *efeito da assistência*. É que, em tal circunstância, terá atuado no procedimento jurisdicional, ali de algum modo controvertendo e influenciando no teor do que foi decidido. Exemplos colhidos da boa doutrina: i) o sublocatário, a quem não se dera ciência da ação de despejo – embora, a rigor, devesse ficar, como qualquer terceiro, exposto aos efeitos diretos da sentença –, poderá opor-se à execução do julgado, manejando embargos de terceiro; ii) o fiador, terceiro alheio à ação, não estará impedido de discutir a validade do contrato garantido pela fiança a fim de obter uma declaração contrária àquela emitida pela sentença passada em julgado, que o dera como válido; iii) se, porém, algum desses terceiros obtiver autorização para intervir na demanda, a sentença então vai vinculá-lo, isto é, os efeitos do julgamento, que na ausência de convocação do terceiro nele tão-só refletiria, sem atingi-lo de maneira direta, agora produzirão o fenômeno chamado *efeito da assistência* (BATISTA DA SILVA, Ovídio A. *Comentários ao Código de Processo Civil.* v. 1. São Paulo: Revista dos Tribunais, 2000. p. 301).

Efeito da assistência: transitada em julgado decisão judicial em causa que contou com a intervenção do assistente, a ele não será permitido, *em demanda ulterior*, discutir o que a lei designou *grosseiramente* de "justiça da decisão". Tem-se, aí, o chamado *efeito da assistência* (= *efeito da intervenção; resultado da intervenção; eficácia da assistência*), que é secundário à sentença e independe de pedido ou alusão no comando decisório (= *ope legis;* por foça de lei) (CPC/2015, art. 123). A ausência de previsão normativa de tal efeito, a exemplo daquilo outrora já verificado em legislações estaduais, transformaria a assistência em puro desperdício de tempo e energia; a intervenção assistencial, em suma, tornar-se-ia até desnecessária. Afinal de contas, qualquer um pode, *sem intervir no feito*, fornecer à parte cuja vitória tem interesse todos os meios de prova a seu alcance, inclusive custeando-lhe, se assim convier a ambos, o mais hábil e experiente advogado (LOPES DA COSTA, Alfredo de Araujo. *Da intervenção de terceiros no processo.* São Paulo: Livraria Teixeira Editores, 1930. p. 100). Detalhamentos: i) são distintos *efeito da assistência* e *coisa julgada*, pois em causas nas quais a assistência teve lugar não se controverteu sobre a relação jurídica conexa da qual é titular o assistente simples; ii) o *efeito da assistência* abrange resoluções sobre *questões de fato e de direito* tomadas e enfrentadas na sentença, as quais tornar-se-ão indiscutíveis em eventual demanda subsequente – é vedado ao juiz da segunda demanda divergir sobre aquilo (= questões de fato e de direito) já definido na primeira (CPC/2015, art. 503); iii) o *efeito da assistência* atinge só quem teve oportunidade de participar do debate processual, nunca terceiros; iv) toda e qualquer questão *não* examinada e, assim, *não* decidida, estará descoberta do *efeito da assistência* (ASSIS, Araken. *Processo Civil Brasileiro.* Parte geral: institutos fundamentais. v. II. Tomo I. São Paulo: Revista dos Tribunais, 2015. p. 642).

A expressão "justiça da decisão": é muito ruim a expressão "justiça da decisão". Por ser vaga e imprecisa, alavanca dúvidas em tema sabidamente espinhoso. Perdeu o legislador, enfim, excelente oportunidade para expurgá-la em definitivo da legislação e, por conseguinte, jogar luzes numa questão *desde sempre* polêmica. São distintas as figuras *efeito da assistência* e *coisa julgada,* sobretudo em razão da abrangência de cada qual em relação as partes (= principais e auxiliar). Salvo melhor juízo, a tal *impossibilidade de discutir a "justiça da decisão"* (CPC/2015, art. 123, *caput*) implica proibição de o assistente agitar, em causa posterior, perante quem participou da causa pretérita, os *fundamentos de fato e de direito* em que se amparou a decisão transitada em julgado. Em termos mais precisos: i) o assistente simples não é titular da relação jurídico-material discutida em juízo, ali se encontra na qualidade de parte auxiliar com a finalidade de ajudar o assistido (= parte principal) e evitar, com isso, eventuais implicações que o julgamento possa trazer à sua própria esfera jurídica; e ii) interessa ao assistente, por conseguinte, não o dispositivo decisório – que em nada concerne à relação jurídico-material da qual é titular –, mas os *fundamentos (de fato e de direito)* delineados no julgamento, que servirão de premissa para eventual decisão futura a ser prolatada em ulterior demanda na qual figure como parte principal. Confira-se interessante exemplo colhido da doutrina: imagine-se ação promovida para anular escritura pública com duplicidade de fundamentos, a saber, "coação da parte contrária" e "dolo do tabelião"; o tabelião, em particular, "não tem propriamente interesse na decisão", cujo dispositivo anulará ou não o contrato, porém lhe interessa a "fundamentação da decisão", que pode "reconhecer que agira com dolo na lavratura do ato, dando causa a futura demanda indenizatória contra si" (DEL PRÁ, Carlos Gustavo Rodrigues. A imutabilidade da "justiça da decisão" como fixação da causa de pedir em demanda nova: uma releitura do art. 55 do CPC e a caracterização do interesse jurídico do assistente. *Revista de Processo*, São Paulo, v. 32, n. 144, p. 275-285, fev. 2007). Há, contudo, divergência doutrinária. Uns dizem que a "justiça da decisão" abrange apenas os fatos, outros que alcança só os fundamentos de direito (= premissas em que se fundou o dispositivo decisório); há outrossim aqueles que seguem a posição aqui advogada (= fundamentos de fato e de direito) e, por fim, alguns ainda afirmam que o assistente estaria vinculado ao dispositivo da sentença (= posição que alinha conceitualmente *coisa julgada* e *justiça da decisão*).

Coisa julgada *versus* efeito da assistência: o assistente simples não é atingido pela autoridade da coisa julgada porque o objeto litigioso não açambarca a relação jurídico-material da qual é titular. Não é ele parte legítima para intentar ou responder a demanda, a sua posição é de *auxiliariedade*, quer dizer, possui *legitimatio ad interveniendum*, ali funcionando unicamente para o fim de ajudar um dos litigantes em socorro do favorecimento indireto de seu próprio interesse. Veja-se: a decisão que julgar total ou parcialmente o mérito tem força de lei *nos limites da questão principal* expressamente decidida (CPC/2015, art. 523), de sorte que não tem sentido pensar na autoridade da coisa julgada incidindo sobre questão *não submetida* a julgamento, ainda que conexa ao objeto litigioso. Razões de ordem constitucional impedem conclusão em contrário (CF/1988, art. 5º, LIV e LV) – por exemplo: julgada improcedente ação de invalidade promovida pelo devedor contra o credor, está o fiador (que atuou como assistente na causa pretérita) autorizado a arguir em favor de sua defesa, em posterior demanda de cobrança promovida pelo credor, questões que sugerem a extinção da fiança, pois nada em absoluto se discutiu sobre isso no processo findo. *Contudo, o assistente não estará impermeabilizado dos efeitos da decisão*. Na medida em que atuou no feito, controvertendo e influenciando no teor daquilo que restou decidido, a lei o vincula de algum modo, isto é, não lhe será lícito, *de regra*, (re)discutir a "justiça da decisão" (= efeito da assistência). Rememore-se lição clássica: "a eficácia referida no artigo em exame difere da *res judicata* por incidirem sobre coisas diferentes. Os doutrinadores alemães (...) dizem que se trata de *eficácia da intervenção* (...) e não propriamente coisa julgada. Em nosso direito, essa expressão deve ser substituída por *eficácia da assistência*, porque a fórmula alemã vem do fato de naquele país não se usar a expressão *assistência* e sim *intervenção*. Essa eficácia, todavia, tem alguma coisa em comum com o instituto da coisa julgada, porque ambas usam o mesmo meio, ainda que para chegarem a fins diferentes. A coisa julgada visa a garantir ao vencedor da demanda o bem da vida, que lhe foi reconhecido pela sentença. Para isso, usa da técnica da imutabilidade, vale dizer, não admite que, em outro processo se discuta de novo a questão decidida, se, com isto, se desconhecer, ou diminuir, o resultado que o processo anterior trouxe ao vencedor, quanto ao bem de vida nele discutido. Enquanto isto, a eficácia da assistência visa à economia processual, ao aproveitamento da atividade probatória desenvolvida na causa, e da apreciação que o juiz fez desses elementos. Para isto, o legislador usa também a mesma técnica de que lançou mão para a coisa julgada, isto é, da imutabilidade; mas esta não vai alcançar a parte dispositiva, e sim os motivos, a apreciação dos fatos que levaram à sentença na causa em que houve assistência" (BARBI, Celso Agrícola. *Comentários ao Código de Processo Civil*. v. I. Rio de Janeiro: Forense, 1981. p. 302-303). Em conclusão: i) não intervindo (ou indeferida a tentativa de intervenção), o terceiro não será atingido pela autoridade da coisa julgada e nem pelo efeito da assistência – nada o impedirá de, em ocasião futura, promover ação e discutir aquilo já discutido e decidido na causa finda, que tenha conexão com a sua relação jurídico-material, para evitar que os efeitos naturais da decisão prolatada prejudiquem seu próprio direito; e ii) deferida a intervenção, o assistente simples estará, ao fim e ao cabo do procedimento jurisdicional, vinculado aos *fundamentos* (= de fato e de direito) que alicerçaram eventual decisão antagônica à pretensão do assistido, não lhe sendo lícito, salvo exceções previstas em lei, rediscutir a "justiça da decisão" (= efeito da assistência).

Exceções ao *efeito da assistência*: logo se vê, pela leitura do art. 123 do CPC/2015, que a *escala de estabilidade* da decisão passada em julgado, no que tange a posição do assistente simples, é inferior àquela referente à coisa julgada. Tanto assim que, *nas hipóteses previstas em seus incisos I e II*, nada há que estorve o então assistente de renovar, *por intermédio de demanda superveniente*, tudo aquilo já discutido no feito em que o assistido sucumbiu na defesa de seus interesses (= *exceptio male gesti processus*). Ou seja, o *efeito da intervenção* será amainado se o assistente, em causa ulterior, *alegar* e *provar* que: i) pelo estado em que recebeu o feito ou pelas declarações e pelos atos do assistido, foi impedido de produzir provas suscetíveis de influir na sentença; ii) desconhecia a existência de alegações ou provas das quais o assistido, por dolo ou culpa, não se valeu.

Provas suscetíveis de influir na sentença: há margem para subjetividade na regra prevista pelo inciso I do art. 123, CPC/2015, de cujo texto se extrai a autorização para que o assistente, em demanda posterior, rediscuta a "justiça da decisão" proferida no processo em que participou. A crítica é antiga, elaborada por setor autorizado da doutrina (BATISTA DA SILVA, Ovídio A. *Comentários ao Código de Processo Civil*. v. 1. São Paulo: Revista dos Tribunais, 2000. p. 303), mas desconsiderada pelo legislador. Não se pode, enfim, tomar o dispositivo legal sem a devida cautela e concluir que o órgão judicial está autorizado a proferir sentença terminativa, com fundamento na ausência de interesse processual, porque os fatos indicados na petição inicial, cuja prova o antigo assistente foi impedido de produzir, nada influiriam na sentença já passada em julgado. Os incisos I e II do art. 123 dizem respeito ao *mérito* da nova ação e, portanto, exigem tempo necessário para que argumentos e provas sejam devidamente conduzidos aos autos do processo, debatidos pelas partes e examinados com acuidade pelo julgador. Posicionamento em contrário denota amputação das garantias fundamentais ao acesso à justiça, ao contraditório e à ampla defesa.

Desconhecimento de alegações ou provas das quais o assistido não se valeu: não há aqui – assevera Pontes de Miranda – como se pensar em *injustiça* da sentença, pois é dever da autoridade judicial decidir em consonância com os dados que constam nos autos do processo e a partir dos elementos que, por imposição legal, está obrigado a levar em consideração. O que prevê o inciso II do art. 123, CPC/2015, é a possibilidade de o assistente (agora parte principal) livrar-se da incontrovertibilidade da decisão passada em julgado sempre que alegar e provar o desconhecimento de alegações ou provas das quais o assistido, culposa ou dolosamente, não se valeu. A culpa é suficiente – e o próprio ato de esquecimento é culposo – e, *a fortiori*, o dolo. (PONTES DE MIRANDA, Francisco Cavalcanti. *Comentários ao Código de Processo Civil.* Tomo II. Rio de Janeiro: Forense, 1974. p. 83).

Questões de ordem pública: mesmo ingressando tardiamente no feito, o assistente está autorizado a questionar ocorrências ou faltas pretéritas e arguir matérias de ordem pública *ainda não decididas,* até porque não estão sujeitas à preclusão. Exemplos: incompetência absoluta ou impedimento do juiz.

— Θ —

Seção III
DA ASSISTÊNCIA LITISCONSORCIAL

Art. 124. Considera-se litisconsorte da parte principal o assistente sempre que a sentença influir na relação jurídica entre ele e o adversário do assistido.

Correspondente:
CPC/1973, art. 54.

Referências:
CPC/2015, art. 18, parágrafo único; art. 64, §1º; art. 65; art. 109, §2º; art. 119; art. 120; art. 121; art. 122; art. 123; art. 144; art. 145; art. 146.

Assistência litisconsorcial – o *nomen iuris*: há quem critique a denominação assistência *litisconsorcial*, preferindo a ela, a bem da clareza, os adjetivos *qualificada* ou *autônoma*. De fato, a expressão assistência litisconsorcial alimenta confusões, em âmbito doutrinário e jurisprudencial, entre a própria *assistência* e a figura do *litisconsórcio*.

Assistência litisconsorcial: o CPC/2015 não facilita o trabalho interpretativo dedicado a diferenciar as duas modalidades de assistência. E a doutrina, por igual, vacila bastante a respeito do tema. Detalhamentos: i) o assistente litisconsorcial é titular (parcial ou integralmente) da relação jurídico-material deduzida em juízo, ao contrário do que se dá com o assistente simples – recorde-se: o interesse nutrido por este último decorre de uma distinta relação jurídico-material que mantém com a parte (autor ou réu) cujo auxílio pretende ofertar, a qual está de algum modo atrelada ao objeto litigioso; ii) o assistente litisconsorcial mantém relação jurídico-material com o adversário do assistido – não à toa, o art. 124 do CPC/2015 estabelece que *os efeitos da sentença influirão na relação entre assistente e adversário do assistido*; iii) a influência dos efeitos do julgamento entre assistente litisconsorcial e adversário do assistido não implica projetar-se a autoridade da coisa julgada sobre primeiro, ou seja, à semelhança do que se verifica com a assistência simples, "o efeito que atinge o interveniente (= assistente litisconsorcial) é diverso e comum às duas espécies de assistência" (= efeito da assistência) – até porque, fosse de outro modo, não se trataria de assistência, e sim de litisconsórcio (ASSIS, Araken. Processo Civil Brasileiro. Parte geral: institutos fundamentais. v. II. Tomo I. São Paulo: Revista dos Tribunais, 2015. p. 618); iv) situações há em que o assistente litisconsorcial sequer possui legitimidade para figurar como parte principal no feito (= tem *legitimatio ad interveniendum*, não legitimidade *ad causam*) – em sentido similar: ALBERTON, Genacéia da Silva. *Assistência litisconsorcial*. São Paulo: Revista dos Tribunais, 1994; v) o direito do assistente litisconsorcial, embora seja ele titular da relação jurídico-material, permanece alheio ou indiferente à causa, quer dizer, não integra o objeto litigioso – explicando melhor: o assistente litisconsorcial pode ser titular da relação jurídico-material deduzida em juízo porque há, muito provavelmente, direito seu ali envolvido, mas isso não implica que esse mesmo direito faz parte do objeto litigioso; e vi) a assistência litisconsorcial, portanto, não tem por presteza fazer com que aquele, que poderia ser parte (= colegitimidade), venha a se tornar parte principal no feito (= formação tardia ou ulterior de litisconsórcio) – é ela, isto sim, ferramenta capaz de permitir a um terceiro, que *por vezes* até poderia situar-se na posição de parte principal, integrar a relação jurídico-processual para *meramente* auxiliar uma das partes principais. Exemplos de assistência *litisconsorcial*: herdeiro que ingressa em demanda promovida pelo espólio; debenturista que intervém em ação intentada pelo agente fiduciário contra a companhia devedora; adquirente de coisa litigiosa que intervém no feito para assistir o réu alienante, pois o autor não autorizou a alteração do polo passivo para substituir o réu originário por aquele (CPC/2015, art. 109, §2º); intervenção de devedores ou credores solidários em ação de cobrança (CC/2002, arts. 267 e 275); intervenção dos condôminos na defesa da coisa comum (CC/2002, art. 1314); afiançado que intervém para assistir fiador em ação de cobrança movida pelo credor.

Assistência litisconsorcial *versus* litisconsórcio: não se confundem *assistência autônoma* e *litisconsórcio ulterior*. Aliás, seria no mínimo curioso se uma e outra, cada qual regulada em compartimentos diferenciados do CPC/2015, representassem algo único e indistinto. Curioso também que o legislador, ciente de que as figuras detenham a mesmíssima natureza e finalidade, insista sempre em tratá-las como distintas e em compartimentos igualmente distintos, lá no CPC/1973 e agora, aqui, no Código em vigor. Em lição clássica, José Carlos Barbosa Moreira mostra que "o litisconsorte ativo pede para si, o litisconsorte passivo esforça-se por afastar de si o risco de uma decisão desfavorável; o assistente, esse, pede para o autor, reforça o pedido que o autor faz para si, ou então colabora nos esforços para afastar do réu o risco da decisão desfavorável. Ao litisconsorte, ativo ou passivo, cabe provar que tem razão; ao assistente, cabe provar que o assistido tem razão" (MOREIRA, José Carlos Barbosa. Intervenção litisconsorcial voluntária. *In*: MOREIRA, José Carlos Barbosa. *Direito Processual Civil: ensaios e pareceres*. Rio de Janeiro: Editora Borsoi, 1971. p. 27-32). Esclareça-se de maneira pormenorizada: i) o direito do assistente (= simples ou litisconsorcial) nunca está em jogo, muito embora esteja ele autorizado, em dadas ocasiões, a funcionar como litisconsorte, especificamente quando for titular da relação jurídico-material deduzida em juízo; ii) o assistente litisconsorcial intervém para coadjuvar o assistido a obter decisão favorável – por exemplo, a atuação do devedor solidário na qualidade de assistente litisconsorcial de outro devedor solidário (= parte principal passiva) não implica que o primeiro, em caso de procedência da ação de cobrança, será igualmente condenado ao pagamento da obrigação perseguida; iii) seria "muito estranho que um terceiro, intervindo como assistente litisconsorcial do réu, espontaneamente assumisse ele também a condição de réu (porque o litisconsorte do réu também é réu, tanto quanto ele) e, com isso, pudesse ser atingido pelos efeitos diretos da sentença que julgasse procedente a demanda do autor" – fere o senso comum, de um lado, que essa intervenção (= assistência litisconsorcial) pudesse pôr o interveniente sob a mira de uma condenação a pagar cuja postulação foi feita "pelo autor somente em relação ao assistido e, de outro, "que algum terceiro pretendesse intervir como litisconsorte passivo, criando espontaneamente para si essa situação desconfortável" (DINAMARCO, Cândido Rangel. Instituições de Direito Processual Civil. v. II. 7. ed. Malheiros: São Paulo: 2017. p. 453); iv) qualificar o assistente de *litisconsorcial*, como faz a lei, não implica "erigi-lo em litisconsorte pelo simples fato de que nada pede e em face dele nada se pede", "não é autor nem réu e, consequentemente, litisconsorte não é", vale dizer, "na locução assistente litisconsorcial prevalece o substantivo (assistente) sobre o adjetivo que o qualifica (litisconsorcial)" (DINAMARCO, Cândido Rangel. Intervenção de terceiros. 5. ed. São Paulo: Malheiros Editores, 2009. p. 37); v) o assistente litisconsorcial submete-se unicamente ao chamado *efeito da assistência* (CPC/2015, art. 123) – não está sujeito à coisa julgada, portanto –, pois o fato de a sentença esperada ter o condão de influir na relação jurídico-material entre ele e o adversário do assistido (art. 124) "não significa que essa mesma relação venha a ser apreciada *principaliter* no processo, como seria a de um verdadeiro litisconsorte, mas somente de modo incidental (*incidenter tantum*)" (DINAMARCO, Cândido Rangel. Instituições de Direito Processual Civil. v. II. 7. ed. Malheiros: São Paulo: 2017. p. 453); vi) essa influência (CPC/2015, art. 123) não passa, enfim, "da possível fixação, *nos fundamentos da sentença*, de alguns possíveis pontos prejudiciais cuja solução poderá depois impor-se no julgamento de alguma outra causa em que for [o assistente] parte principal (a "justiça da decisão"; CPC, art. 123)" (DINAMARCO, Cândido Rangel. Instituições de Direito Processual Civil. v. II. 7. ed. Malheiros: São Paulo: 2017. p. 453); vii) no litisconsórcio, por sua vez, tem-se partes principais, originárias ou integradas aos autos ulteriormente, que atuam em conjunto num dos polos da relação jurídico-processual, quer advogando pretensões ativas, quer defendendo-se da pretensão contra elas inaugurada; viii) o litisconsorte ulterior, além de ampliar subjetivamente o feito, altera o próprio objeto litigioso, o que significa, em última análise, que estará ele outrossim sujeito à autoridade da coisa julgada – com efeito, a decisão de mérito não mais sujeita a recurso tornar-se-á, também para o litisconsorte ulterior, imutável e indiscutível, cuja rescisão só será permitida nas hipóteses taxativamente previstas em lei (CPC/2015, art. 966); ix) o assistente (= simples ou litisconsorcial), em suma, *é sempre* parte auxiliar, enquanto o litisconsorte (= originário ou ulterior) *é sempre* parte principal. É preciso advertir, contudo, que há forte corrente doutrinária e jurisprudencial afirmando que o assistente litisconsorcial assume a condição de *parte principal* (= litisconsorte ulterior), sujeito à mesma sorte da demanda, tudo se passando como no litisconsórcio. Sem dúvida que, frente às infatigáveis divergências que o (problemático) instituto suscita, perdeu o legislador do CPC/2015 excelente oportunidade para assumir postura firme e sensata, quer para eliminá-lo do ordenamento jurídico, quer para ajustá-lo com rigor às bases da assistência, quer finalmente para equipará-lo à figura do litisconsórcio ulterior. Nivelando *assistente litisconsorcial* e *litisconsórcio facultativo ulterior*: BATISTA DA SILVA, Ovídio A. *Comentários ao Código de Processo Civil.* v. 1. São Paulo: Revista dos Tribunais, 2000. p. 258; COELHO, Gláucia Mara Coelho. *Sistematização da assistência litisconsorcial no processo civil brasileiro:* conceituação e qualificação jurídica. 2013. 216 f. Tese (Doutorado em Direito Processual) – Faculdade de Direito, Universidade de São Paulo, São Paulo, 2013; GONÇALVES, Marcus Vinicius Rios. *Novo Curso de Direito Processual Civil.* 3. ed. v. I. São Paulo: Saraiva, 2006; NEVES, Daniel Amorim Assumpção. *Manual de Direito Processual Civil.* volume único. 13. ed. Salvador: JusPodivm, 2021. p. 352-354; PONTES DE MIRANDA, Francisco Cavalcanti. *Comentários ao Código de Processo Civil.* Tomo II. Rio de Janeiro: Forense, 1974. p. 62; THEODORO JÚNIOR, Humberto. *Curso de Direito Processual Civil.* v. I. 56. ed. Rio de Janeiro: Forense, 2015; WAMBIER, Luiz Rodrigues; TALAMINI, Eduardo. *Curso Avançado de Processo Civil:* Teoria Geral do Processo. v. 1. 16. ed. São Paulo: Revista dos Tribunais, 2016. p. 358-359.

Poderes equivalentes ao do litisconsorte: o *assistente litisconsorcial* não é *litisconsorte*, e vice-versa – há quem, contudo, advogue o contrário. O art. 124 do CPC/2015 prescreve, como maneira de *funcionalizar* a assistência litisconsorcial, que os poderes do assistente litisconsorcial se *equivalem* aos do litisconsorte. Isso, entretanto, não autoriza defender a própria equivalência entre assistência litisconsorcial e litisconsórcio (conferir, acima, o item "Assistência litisconsorcial *versus* litisconsórcio"). Na lição de Lopes da Costa, o "autônomo assistente (...) vale como se fora litisconsorte (...).

Mas não é litisconsorte, pois que não propõe ação alguma, nem é o réu, nenhuma proteção jurídica invocando a seu favor, nem contra ele sendo invocada. Antes, como um qualquer outro assistente, é um auxiliar da parte. (...) Em sua figura mesclam-se elementos de várias espécies: como assistente que é, não pode formular pedidos para si (...), nem dispor do processo; como litisconsorte, os atos do assistido não o prejudicam, (...) por exemplo, a confissão, que, na espécie, não tem força de prova legal para obrigar a decisão, mas entra somente, com os demais elementos probatórios, para o trabalho lógico de convicção do julgador" (LOPES DA COSTA, Alfredo de Araujo. *Da intervenção de terceiros no processo.* São Paulo: Livraria Teixeira Editores, 1930. p. 114).

Regulamentação da assistência litisconsorcial: tudo aquilo afirmado na análise dos arts. 119 e 120 do CPC/2015 – sobre seus pressupostos, procedimento e cabimento – aplica-se outrossim ao assistente litisconsorcial (= autônomo, qualificado ou adesivo reforçado). Têm-se, ali, afinal de contas, disposições *comuns* à assistência. Aplicam-se também à assistência litisconsorcial regras mais minuciosas e abrangentes da assistência simples (controle do pedido assistencial; respeito ao devido processo; recebimento do processo no estado em que se encontrar; direito de impugnar o requerimento de assistência; natureza da decisão que resolve o incidente intervencional e recurso cabível; ausência de suspensão do processo; direitos, poderes, limitações e ônus do assistente; etc.). A despeito da modalidade, a assistência atende interesse jurídico do terceiro que pretende, em proveito próprio, auxiliar uma das partes principais a obter desfecho favorável no julgamento do litígio – coadjuvando a parte principal a obter julgamento favorável, o assistente evita reflexos negativos na esfera da própria relação jurídico-material da qual é titular.

Efeitos naturais do julgamento: são cinco os efeitos que podem decorrer da sentença, a saber, declaratório, constitutivo, condenatório, executivo e mandamental. Operam *erga omnis*, porém como efeitos naturais (ou diretos) do julgamento; por isso, terceiros prejudicados estão autorizados a intentar demanda própria para que esses efeitos naturais oriundos do que foi decidido sejam afastados de suas respectivas esferas jurídicas (BATISTA DA SILVA, Ovídio A. *Comentários ao Código de Processo Civil*. v. 1. São Paulo: Revista dos Tribunais, 2000. p. 260). Trocando em miúdos, os terceiros (= quem não atuou no feito como parte principal ou auxiliar) não são atingidos pela coisa julgada ou pelo efeito da assistência.

Assistente litisconsorcial e coisa julgada: os efeitos naturais oriundos do julgamento produzir-se-ão de todo modo, intervindo ou não o terceiro, mas se ele o fez, tendo sido admitido a atuar como assistente, é porque confiava possuir condições de reforçar a posição jurídica da parte assistida. Há consequências provenientes da intervenção. Se não interveio (ou tentou intervir, mas seu pedido foi indeferido), sujeitar-se-á, só *reflexamente*, aos efeitos *naturais* (ou *diretos*) da decisão, nada que o impeça de discutir, em outra ação, a "justiça da decisão", pois dela, da sua construção, não teve qualquer participação ou influência. Mas na hipótese de deferimento da assistência, o julgamento da causa vinculará o interveniente a ponto de sujeitá-lo imediatamente àquilo denominado *efeito da assistência* – não lhe será lícito depois, em ação própria, colocar em xeque a "justiça da decisão". Adequado que assim seja, na medida em que atuou no feito, ali controvertendo e influenciando de alguma maneira no que foi decidido. Há, no entanto, entendimento doutrinário e decisões afirmando que o assistente litisconsorcial deve submeter-se à coisa julgada material – nesse sentido: STJ, REsp 557.106, 2ª Turma, rel. Min. Castro Meira, julgamento: 06.05.2008, disponível em: www.stj.jus.br. Confira-se, por fim, o particular entendimento de Cassio Scarpinella Bueno (= incidência dupla – *coisa julgada* e *eficácia da assistência*): i) "a coisa julgada, favorável ou desfavorável, atinge o assistente litisconsorcial"; ii) em tais casos "há, por definição, hipótese de legitimação extraordinária a justificar a ocorrência de coisa julgada material"; iii) ainda que "aquele que pudesse intervir como assistente litisconsorcial não o faça, ele estará sujeito à coisa julgada", exatamente em razão dessa regra "de legitimação extraordinária existente na hipótese"; iv) a chamada eficácia da intervenção também atingirá o assistente litisconsorcial pelas mesmas razões presentes no que dispõe o art. 123 do CPC/2015 (BUENO, Cassio Scarpinella. *Comentários ao Código de Processo Civil* – v. 1 (arts. 1º a 317). São Paulo: Saraiva, 2017. p. 543).

Limitações aos poderes do assistente litisconsorcial: o assistente – ensina Pontes de Miranda – não é autor nem réu, quando entra no feito nenhuma nova demanda surge, tampouco se alterando a causa que já estava em curso. Ele adere e também se insere. Nada pede para si, isto é, não há nos autos pedido seu que o juiz precise examinar para deferir ou indeferir. O pleito não é dele, mas da pessoa a quem ele ajuda. Ali participa apenas porque tem interesse próprio na vitória de uma das partes. Em todo caso, esse interesse não constitui pedido, não lhe dá a mesma liberdade de movimento que teria se fosse autor ou réu. A sua presença ali nunca pode ter o efeito de prejudicar a parte assistida. Aceita o pleito no estado em que se acha ao nele ingressar, sem arguir qualquer e eventual nulidade anterior. Não está autorizado a atacar ou defender nos pontos em que não o poderia, ou já não o poderia, a parte coadjuvada. São ineficazes todos os seus atos e declarações em contradição com os atos e declarações da parte assistida (PONTES DE MIRANDA, Francisco Cavalcanti. *Comentários ao Código de Processo Civil.* Tomo II. Rio de Janeiro: Forense, 1974. p. 70-71). Observações: i) vale para o assistente litisconsorcial o regime atinente aos poderes (e limites de poderes) do assistente simples; ii) o assistente litisconsorcial até pode exercer, *em nome próprio,* atos de disposição, desde que autônomos e atinentes à sua própria esfera jurídica, não se atingindo, com isso, o assistido – por exemplo: em litígio no qual alguém reivindica do espólio-réu bens da herança, pode um dos herdeiros, que foi admitido a atuar como assistente litisconsorcial, entabular transação com o autor, mas os efeitos desse negócio jurídico estarão limitados à sua própria pessoa e ao seu próprio direito (ASSIS, Araken. *Processo Civil Brasileiro.* Parte geral: institutos fundamentais. v. II. Tomo I. São Paulo: Revista dos Tribunais, 2015. p. 656-657).

Suspeição e impedimento do juiz: ao assistente (simples ou litisconsorcial), a contar do conhecimento do fato, é lícito arguir impedimento ou suspeição do juiz (CPC/2015, arts. 144 a 146). Afinal de contas, a imparcialidade judicial é norma cardeal de ordem pública e pressuposto garantístico de uma atividade jurisdicional genuína, que observe o devido processo legal e, por conseguinte, prudente, contida e não autoritária. A *parcialidade* do juiz transmuta o serviço jurisdicional em mero arremedo de jurisdição. Em sentido oposto (inadmitindo que o assistente oponha a preliminar de suspeição ou impedimento do juiz): DINAMARCO, Cândido Rangel. *Instituições de Direito Processual Civil*. v. II. 7. ed. Malheiros: São Paulo: 2017. p. 446.

Exceção de incompetência: tratando-se de incompetência *absoluta*, podem argui-la o assistente (simples ou litisconsorcial), o terceiro interveniente, as partes principais, o representante do Ministério Público e, *ex officio*, o próprio órgão judicial. Nas palavras da lei, *a incompetência absoluta pode ser alegada em qualquer tempo e grau de jurisdição e deve ser declarada de ofício* (CPC/2015, art. 64, §1º). É claro que, se o próprio julgador pode declará-la sem provocação, *sempre respeitado o contraditório*, qualquer das partes (= principal ou auxiliar) também está autorizada a provocar a questão. Ao assistente (simples ou litisconsorcial), de outro lado, não é lícito suscitar exceção de incompetência *relativa* por duas razões: i) apenas réu e representante do Ministério Público (como parte principal ou *custos legis*) estão autorizados pela lei a arguirem incompetência relativa (CPC/2015, art. 65); e ii) não arguida a incompetência relativa, ter-se-á a chamada *modificação de competência*, fazendo competente para a causa o juiz originariamente incompetente. Se o réu assistido, por qualquer razão, preferir que o processamento e julgamento do feito ocorra perante o juízo relativamente incompetente, ao assistente não haverá alternativa senão respeitar a sua vontade. É lembrar que o assistente não passa de um coadjutor, atua de modo subordinado em relação à parte assistida – não à toa, tem ele restrições em suas manobras na arena procedimental-jurisdicional. Importante: sendo o réu revel, o assistente será seu *substituto processual* (CPC/2015, art. 121), qualidade jurídica a lhe permitir, aí sim, excepcionar o juízo (= exceção de incompetência relativa).

Substituído que intervém como assistente litisconsorcial – hipótese *expressa* de assistência litisconsorcial prevista no CPC/2015: se ocorrer substituição processual, o substituído pode intervir no feito na qualidade de assistente litisconsorcial (CPC/2015, art. 18, parágrafo único). Em tal hipótese, a sentença influirá "fatal e diretamente na relação entre *substituído* e o *adversário do substituto* no processo, porque daquele e não deste é o interesse material em litígio", de modo que o disposto no parágrafo único do art. 18 é nada mais que confirmação da "regra fundamental de caracterização" da modalidade de assistência (= assistência litisconsorcial) positivada no art. 124 do CPC/2015 (DINAMARCO, Cândido Rangel. *Comentários ao Código de Processo Civil* – v. I (arts. 1º a 69). Coordenação de José Roberto Ferreira Gouvêa, Luis Guilherme Aidar Bondioli, João Francisco Neves da Fonseca São Paulo: Saraiva, 2018. p. 182). Por exemplo: numa ação promovida por associação em defesa de interesses coletivos, é lícito a qualquer indivíduo integrante da categoria cujos interesses estão em jogo, postular seu ingresso no feito na qualidade de assistente litisconsorcial.

Intervenção do adquirente ou cessionário – hipótese expressa de assistência litisconsorcial prevista no CPC/2015: ocorrendo a alienação da coisa ou do direito litigioso (= aquilo que integra o objeto litigioso) por ato entre vivos, a título particular, ter-se-á uma entre três possibilidades. A princípio, nada mudará em relação à legitimidade *ad causam* (= estabilização subjetiva da demanda), quer dizer, o alienante ou cedente permanecerá como parte, mas atuando como *substituto processual* do adquirente ou cessionário (= substituição processual). *Defenderá, enfim, direito alheio em nome próprio* (CPC/2015, art. 18). É lícito ao adquirente ou cessionário, todavia, pleitear seu ingresso no feito para *suceder* o alienante ou cedente (= sucessão processual), o que dependerá do *consentimento* da contraparte (CPC/2015, art. 109, §1º). Admitida a sucessão processual, a parte originária (alienante ou cedente) será excluída da causa e, em seu lugar, passará a atuar o adquirente ou cessionário para defender o bem litigioso que lhe foi alienado ou transferido. Por último – e naquilo que interessa –, ausente o consentimento, sobrará ao adquirente ou cessionário, se quiser, intervir no feito na qualidade de assistente litisconsorcial do alienante ou cedente (CPC/2015, art. 109, §2º). Tem-se, aqui, uma especificação da regra geral segundo a qual, havendo substituição processual, o substituído poderá intervir no feito como assistente litisconsorcial (CPC/2015, art. 18, parágrafo único).

— Θ —

Capítulo II
DA DENUNCIAÇÃO DA LIDE

Art. 125. É admissível a denunciação da lide, promovida por qualquer das partes:

I – ao alienante imediato, no processo relativo à coisa cujo domínio foi transferido ao denunciante, a fim de que possa exercer os direitos que da evicção lhe resultam;

II – àquele que estiver obrigado, por lei ou pelo contrato, a indenizar, em ação regressiva, o prejuízo de quem for vencido no processo.

§1º O direito regressivo será exercido por ação autônoma quando a denunciação da lide for indeferida, deixar de ser promovida ou não for permitida.

§2º Admite-se uma única denunciação sucessiva, promovida pelo denunciado, contra seu antecessor imediato na cadeia dominial ou quem seja responsável por indenizá-lo, não podendo o denunciado sucessivo promover nova denunciação, hipótese em que eventual direito de regresso será exercido por ação autônoma.

Correspondente:
CPC/1973, art. 70.

Referências:
CF/1988, art. 5º, XXXV; art. 93, IX.

CPC/2015, art. 123, I e II; art. 295; art. 485, VI; art. 1.072.

CDC, art. 101, II.

CC/2002, art. 126; art. 127; art. 128; art. 129; art. 456; art. 447; art. 448; art. 449; art. 450; art. 451; art. 452; art. 453; art. 454; art. 455; art. 456; art. 457.

Trato legislativo: a denunciação da lide é tema difícil, a envolver questões igualmente difíceis, e, por isso, alavanca desde sempre inúmeras dúvidas, com especial destaque para a sua *admissibilidade*. A depender dos contornos do caso concreto em análise, a definição sobre ser ou não possível manejar a denunciação da lide pode assumir aspecto de verdadeira *charada*. O CPC/2015 trouxe avanços, mas o trato legislativo ainda merece ajustes e detalhamentos para se minorar a insegurança jurídica que ronda o instituto e dificulta o seu emprego no dia-a-dia do foro. Trabalhar com casuísmos é ruim e contraproducente, além de manter o jurisdicionado em posição de eterno *prisioneiro* da subjetividade de juízes e tribunais – e, porque não dizer, prisioneiro também da subjetividade da própria doutrina especializada. Há, enfim, farta produção jurídico-teórica e rica jurisprudência dedicada à denunciação da lide; isso significa que, *com algum esforço do legislador*, já é possível identificar as hipóteses mais comuns em que a utilização dessa modalidade interventiva implica excessiva dificuldade para o adversário do denunciante, criando-se, em relação a elas, regras específicas de proibição ou impedimento. Mais: é imperativo que o legislador leve em conta igualmente *o próprio interesse do réu-denunciante*, pois é erro crasso, *aberrante em marcos constitucionais*, talhar respostas para problemas de ordem jurídica a partir de um pensamento voltado unicamente em favor do autor – lembre-se: a garantia contrajurisdicional do processo serve *às partes*. Em suma, é preciso trabalhar pontualmente, valendo-se de casuísmos como *matéria-prima* para a elaboração de normas, não simplesmente empurrar para o intérprete o trabalho de identificar, caso por caso, quando e em que medida a denunciação da lide deve ser permitida.

Denunciação da lide – *conceito, escopos* e *fundamentos*: quem denuncia a lide *dá notícia* a um terceiro sobre demanda proposta (= *denuntiatio litis*) – era esse, *e só esse*, o perfil do instituto no *direito romano*: comunicar *de maneira formal* a um terceiro sobre ação em trâmite do seu interesse (FLAKS, Milton. *Denunciação da lide*. Rio de Janeiro: Forense, 1984. p. 3). Com o manejo da denunciação da lide, de outro lado, pretende-se expor o terceiro-denunciado à eficácia do resultado decisório que decorrer da causa entre denunciante e o seu adversário. *Mas esses são só dois dos escopos ostentados pela modalidade interventiva em seu atual perfil*. É que a denunciação da lide (= *chamamento em garantia* ou *denunciação em garantia*) traz em seu âmago quinhão de considerável complexidade por também implicar o surgimento de uma *nova* ação, cujo processamento e julgamento dar-se-ão *em conjunto* com a ação originária (= mesmo procedimento e única decisão), aspecto peculiar embutido ao instituto por influência do *direito germânico*. O que se tem, em síntese, é a *cumulação eventual de ações*: duas lides, *originária* (= principal, primitiva, subordinante ou prejudicial) e *de regresso* (= secundária, subordinada, prejudicada, incidental, de garantia ou ação de denunciação), a *primeira* travada entre as partes principais (autor e réu), ao passo que a *derradeira* entre uma delas (= parte-denunciante) e o terceiro interveniente (= denunciado). Não à toa, aliás, a lei emprega, sem peias e com abundância, as expressões sinônimas *ação regressiva, direito regressivo, direito de regresso* e *ação de denunciação*. Por fim, em data mais recente, *com a publicação do CPC/2015*, a denunciação da lide ganhou, por assim dizer, nova funcionalidade. É que antes, em seus moldes iniciais, a sentença que acolhesse a ação de denunciação em nada repercutia na relação entre parte-denunciante e o seu adversário (= lide principal). Havia chances de serem produzidos, ao final do procedimento e numa mesma decisão, dois títulos independentes, um deles beneficiando a contraparte em face da parte-denunciante (= julgamento da lide principal), e outro em favor do denunciante frente ao denunciado (= julgamento da lide incidental). Diante desse panorama, somente depois que a parte-denunciante satisfizesse a sua obrigação, voluntariamente ou não, honrando aquilo que era devido à contraparte em função da derrota sofrida (= lide principal), é que surgia para ela (= parte denunciante) a possibilidade de efetivar o capítulo decisório que lhe favoreceu (= título executivo judicial) e, assim, acionar o denunciado (= cumprimento de sentença) a fim de obter dele o devido ressarcimento ou recomposição do prejuízo suportado. Hoje, todavia, julgadas ambas as ações, *principal* e *de garantia*, e sendo a parte-denunciante derrotada na primeira e vitoriosa na última, a lei autoriza a contraparte (= adversário do denunciante), que logrou êxito na lide principal, a "requerer o cumprimento da sentença também contra o denunciado" (CPC/2015, art. 128, parágrafo único). Trata-se, portanto, de uma sentença que, em tal formato, transmite *para o denunciado* obrigação cuja responsabilidade até então pertencia com exclusividade à parte-denunciante, a ponto de permitir, *via atalho implementado por lei*, que o adversário da parte-denunciante na lide principal acione os dois na fase executiva (= cumprimento de sentença) em prol da satisfação do seu direito. Observações complementares: i) a denunciação da lide é modalidade *provocada* de intervenção de terceiros (= depende unicamente da vontade da parte-denunciante e, quando autorizada judicialmente, faz com que o terceiro-denunciado torne-se parte no processo), sendo ademais *facultativa* (= inexiste obrigação de promover a denunciação da lide), quer dizer, *nenhum* prejuízo *de ordem material* atingirá a parte que escolheu *não denunciar* (e nem mesmo atingirá àquela que, embora tenha denunciado, teve a sua pretensão *não aperfeiçoada* ou *indeferida* por qualquer razão) (= inexistência de perda do direito material perante o terceiro) – a desvantagem suportada pela parte que optou por não denunciar a lide circunscreve-se em não colher os benefícios inerentes a essa modalidade interventiva; ii) assim que deferida, a denunciação da lide tem aptidão para provocar efeitos, isto é, o terceiro-denunciado receberá a notícia sobre uma causa pendente, além de ser convocado para *forçosamente* integrar a relação jurídico-processual da lide principal, sem contar que fará surgir contra ele uma *ação incidental de regresso* (= lide secundária); iii) a denunciação da lide "amplia o objeto do processo e torna mais complexa a relação jurídica processual porque, em vez de conter um só pedido, um só autor e um só réu, o processo passa a conter ao menos mais um pedido e mais uma parte ao lado desses" – haverá no processo, em suma, "o pedido do autor em face do réu e também um pedido daquele que promove a denunciação" (DINAMARCO, Cândido Rangel. *Instituições de Direito Processual Civil*. v. II. 7. ed. São Paulo: Malheiros Editores, 2017. p. 462); iv) o nome que designa o instituto é ruim porque "o litisdenunciante não se limita a fazer uma denúncia da lide ao terceiro, mas move a ele, desde logo, uma ação de garantia" – ou melhor: "justamente quando o instituto deixou de ser mera denúncia [isto desde a vigência do CPC/1973], passando a incluir a ação de regresso, tratou o legislador de dar-lhe uma denominação, que antes não tinha, indicativa de tratar-se de mera denúncia (denunciação da lide)" (DINAMARCO, Cândido Rangel. *Intervenção de terceiros*. São Paulo: Malheiros Editores, 1997. p. 154); v) a demanda *regressiva* (= ação de denunciação) é sempre *eventual*, ou seja, ensejará julgamento *de mérito* apenas se o denunciante *sucumbir* na ação principal (= *implicação de prejudicialidade; condição*) – noutros termos: a ação de denunciação só terá o seu mérito apreciado *na eventualidade* de a parte-denunciante sofrer derrota na lide principal; vi) em todos os casos de denunciação da lide haverá *diversidade de propósitos* entre *litígio envolvendo as partes principais* e *litígio envolvendo uma delas (denunciante) e o terceiro-denunciado* (daí a razão pela qual tem-se o fenômeno de *ampliação do objeto de cognição judicial*) – exemplos: em ação reivindicatória autor e réu discutem quem possui o melhor título dominial, enquanto o debate travado entre denunciante e denunciado relaciona-se à existência ou não da obrigação de responder pela evicção; numa ação indenizatória envolvendo bens segurados, a disputa principal diz respeito à materialização dos requisitos da responsabilidade civil (ato ilícito, culpa, nexo de causalidade e danos), ao passo que a contenda entre denunciante e denunciado é atinente especificamente à discussão sobre se a apólice cobre ou não o prejuízo noticiado; vii) as pretensões cumuladas (= principal e de regresso) se resolverão, *formalmente* e *no normal das vezes*, num mesmo procedimento e mediante ato decisório único e concentrado (= uma mesma sentença ou acórdão com capítulos decisórios distintos); viii) em sua gênese, animando a denunciação da lide, agrupam-se os seguintes escopos: *segurança*, *economia* e *concretização de resultados com mais qualidade* – ou seja, ter-se-á a solução de duas lides, o que decerto tem tudo para significar julgamentos coerentes entre si, em atenção a um debate em tese superiormente qualificado (afinal, outro personagem será admitido no feito) e proferidos com menos consumo de tempo, dinheiro e energia – em semelhante sentido: STJ, REsp 1.637.108/PR, Terceira Turma, rel. Min. Nancy Andrighi, julgado: 06.06.2017, DJe 12.06.2017, disponível em: www.stj.jus.br; ix) sobre o risco de decisões desconexas pense-se em especial no tema *coisa julgada*: advindo os julgamentos em feitos distintos, o resultado decisório que se atingir na ação originária não vinculará o terceiro demandado posteriormente em ação *autônoma de regresso* (que poderia ter sido denunciado a lide na ação originária) – afinal, não foi ele convocado para participar desse primeiro litígio – e tampouco implicará dever do novo julgador de seguir os moldes do que lá se decidiu. Obras indicadas: ALVIM, Arruda; BIANCHI PRATES, Márcia Maria. *Denunciação da lide* – Repertório de jurisprudência e doutrina. São

Paulo: Revista dos Tribunais, 1988; ARAUJO CINTRA, Antonio Carlos de. *Do chamamento à autoria:* denunciação da lide. São Paulo: Revista dos Tribunais, 1973; ASSIS, Araken. *Processo Civil Brasileiro.* Parte geral: institutos fundamentais. v. II. Tomo I. São Paulo: Revista dos Tribunais, 2015; BARBI, Celso Agrícola. *Comentários ao Código de Processo Civil.* v. I. Rio de Janeiro: Forense, 1981; MOREIRA, José Carlos Barbosa. *Estudos sobre o Novo Código de Processo Civil.* Rio de Janeiro: Liber Juris, 1974, p. 87-88; BATISTA DA SILVA, Ovídio A. *Comentários ao Código de Processo Civil.* v. 1. São Paulo: Revista dos Tribunais, 2000; BUSSADA, Wilson. *Denunciação da lide (jurisprudência).* São Paulo: Jurídica Brasileira, 1994; CARREIRA ALVIM, J. E. *Comentários ao Novo Código de Processo Civil.* v. II. Curitiba: Juruá Editora, 2015; CARNEIRO, Athos Gusmão. *Intervenção de terceiros.* 10. ed. São Paulo: Saraiva, 1998; CHIOVENDA, Giuseppe. *Instituições de Direito Processual Civil.* v. II. 3. ed. Campinas: Editora Bookseller, 2002; DINAMARCO, Cândido Rangel. *Intervenção de terceiros.* São Paulo: Malheiros Editores, 1997; DINAMARCO, Cândido Rangel. *Instituições de Direito Processual Civil.* v. II. 7. ed. São Paulo: Malheiros, 2017; FLAKS, Milton. *Denunciação da lide.* Rio de Janeiro: Forense, 1984; CRUZ, José Raimundo Gomes da. *Pluralidade de partes e intervenção de terceiros.* São Paulo: Revista dos Tribunais, 1991; GONÇALVES, Aroldo Plínio. *Da denunciação da lide.* 2. ed. Rio de Janeiro: Forense, 1987; GRECO, Leonardo. *Instituições de Processo Civil*: Introdução ao Direito Processual Civil. v. I. 2. ed. Rio de Janeiro: Forense, 2010; THEODORO JÚNIOR, Humberto. *Curso de Direito Processual Civil.* v. I. 56. ed. Rio de Janeiro: Forense, 2015; CARRIDE JÚNIOR, Norberto. *Da denunciação da lide:* doutrina e jurisprudência. São Paulo: Julex Livros Ltda., 1980; DIDIER JR., Fredie. *Curso de Direito Processual Civil.* v. 1. 17. ed. Salvador: JusPodivm, 2015; LOPES DA COSTA, Alfredo de Araujo. *Da intervenção de terceiros no processo.* São Paulo: Livraria Teixeira Editores, 1930; KOPPER, Max Guerra. *Da denunciação da lide.* Belo Horizonte: Del Rey, 1996; PONTES DE MIRANDA, Francisco Cavalcanti. *Comentários ao Código de Processo Civil.* Tomo II. Rio de Janeiro: Forense, 1974; RODRIGUES, Daniel Colnago. *Intervenção de terceiros.* 2. ed. São Paulo: Revista dos Tribunais, 2021; SANCHES, Sydney. *Denunciação da lide no direito processual civil brasileiro.* São Paulo: Revista dos Tribunais, 1984;

WAMBIER, Luiz Rodrigues; TALAMINI, Eduardo. *Curso Avançado de Processo Civil:* Teoria Geral do Processo. v. 1. 16. ed. São Paulo: Revista dos Tribunais, 2016.

Natureza jurídica: a denunciação da lide tem natureza *complexa*. Quem dela se utiliza quer, em primeiro lugar, noticiar a alguém (o legislador, na vigência o CPC/1939, fez uso do verbo "notificar") sobre a existência de uma causa em andamento (= lide principal). Pretende outrossim atrelar o denunciado aos efeitos do produto decisório final. Em síntese: a denunciação da lide implica dar notícia a terceiro sobre um litígio pendente (= *litisdenunciação*) e, além disso, inseri-lo em um dos polos da relação jurídico-processual (quer como *litisconsorte* do denunciante, quer em condição de seu *assistente*, a depender do caso – verificar os comentários adiante); pretende-se, com isso, que a tutela jurisdicional de mérito (= lide principal) atinja de algum modo também a esse terceiro. *Há mais, contudo.* José Carlos Barbosa Moreira, em texto clássico, esclarece que a denunciação da lide – filiada ao direito germânico desde o CPC/1973 – se traduz em *"exercício do direito regressivo"*. Noutras palavras, expressa a "propositura de uma *ação de regresso antecipada*", cujo julgamento está condicionado à derrota do denunciante na lide principal. Antes "era preciso esperar o resultado do primeiro processo e, então, se o denunciante tivesse ficado vencido, iria exercer seu direito de regresso contra o denunciado, numa ação autônoma, a que o Código de 1939 chamava, com expressão bastante equívoca, ação direta". O que fez a lei, a partir do CPC/1973, foi permitir que já se possa exercer o direito regressivo "dentro do mesmo processo em que se está discutindo a relação jurídica litigiosa entre as partes primitivas". Pois quando "qualquer uma dessas partes denuncia a lide ao terceiro, o que ela está fazendo, na realidade, é antecipadamente propor a ação de regresso". Mas, frise-se, é uma ação de regresso proposta em caráter condicional ou eventual, já que ainda não se sabe se ao denunciante "vai, efetivamente, nascer o direito regressivo, que só nascerá se ele for vencido na ação primitiva". Ou seja, é como "se o denunciante formulasse este pedido: *Se eu, afinal, acabar vencido, peço desde já que o denunciado seja condenado a pagar-me a indenização a que eu porventura tenha direito*" (MOREIRA, José Carlos Barbosa. *Estudos sobre o Novo Código de Processo Civil*. Rio de Janeiro: Liber

Juris, 1974, p. 87-88). Portanto, por meio da denunciação da lide "exercita-se o direito de ação", vale dizer, é ela "uma demanda incidente, regressiva, eventual e antecipada" (DIDIER JR., Fredie. *Curso de Direito Processual Civil*. v. 1. 17. ed. Salvador: JusPodivm, 2015. p. 491). Sublinhe-se o ajuste dessa perspectiva doutrinária com o CPC/2015 (e igualmente com o CPC/1973), que, ao regular a denunciação da lide, serve-se das expressões *ação regressiva, direito regressivo, direito de regresso* e *ação de denunciação*. Duas regras em especial elucidam *com clareza solar* esse particular aspecto da sua natureza jurídica: i) se o denunciante for vencido na ação principal, *o juiz passará, então, ao julgamento da denunciação da lide* (CPC/2015, art. 129, *caput*); e ii) se o denunciante, porém, for vencedor, *a ação de denunciação não terá o seu pedido examinado* (CPC/2015, art. 129, §1º). Resumindo e complementando: i) a denunciação da lide desdobra-se (= natureza jurídica) em *intervenção de terceiro* e *ação incidental regressiva* (= exercício de direito de ação) – numa fórmula mais elegante, é apropriado falar em "bipolaridade funcional da denunciação da lide" (DINAMARCO, Cândido Rangel. *Intervenção de terceiros*. São Paulo: Malheiros Editores, 1997. p. 162); ii) de uma banda, o denunciado é convocado porque se presume existir por parte dele interesse "em cooperar com o denunciante", porquanto assim poderá agir na tentativa de evitar "ser atingido, via reflexa, pelo mecanismo de regresso" – trata-se, por conseguinte, de "um ônus de defesa" (KOPPER, Max Guerra. *Da denunciação da lide*. Belo Horizonte: Del Rey, 1996. p. 24); iii) de outra banda, a convocação do denunciado implica verdadeira *ação incidental e antecipada de regresso* intentada contra ele, cujo julgamento no mérito só ocorrerá na hipótese de o denunciante restar vencido na ação principal – daí se dizer que a pretensão principal é prejudicial em relação à pretensão de regresso; iv) parcela da doutrina, ao que parece com razão, *nega* natureza de intervenção de terceiro à denunciação da lide *sempre que promovida pelo autor*; v) é que, em tal hipótese (= denunciação da lide feita pelo autor), não se estará atraindo para o feito um terceiro, e sim convocando um litisconsorte (= parte principal) para assumir posição na relação jurídico-processual; vi) o que se terá (itens "ii"e iii"), em síntese, é a configuração do fenômeno que se convencionou chamar de *litisconsórcio eventual* – ou seja, cumulação eventual de pedidos, com o pedido formulado contra o denunciado (= pedido de regresso ou de garantia) sendo examinado no mérito *apenas e tão-somente* em caso de derrota do denunciante na lide principal; vi) não salva a natureza de intervenção de terceiros da "denunciação a lide" *feita pelo autor* o fato de que o "denunciado" *poderá* assumir a posição de assistente do autor – outra questão muito debatida, e que está comentada adiante. Afinal de contas, a assistência é modalidade interventiva *voluntária* por excelência, o que significa na prática que ao "denunciado" é lícito escolher entre atuar ou não como *parte auxiliar* do autor (= assistente). Se preferir, pode manter-se no polo passivo, ao lado do adversário do autor, dedicando sua energia de litigância a combater a pretensão de regresso da qual é alvo.

Ação de denunciação – características: diz-se *antecipada* a ação oriunda da denunciação da lide porque o denunciante *adiantou-se* em promovê-la sem sequer ter ainda sofrido um prejuízo efetivo. Em rigor, não poderia agir assim, *antecipando-se,* mas está autorizado a fazê-lo por existir previsão legal literal que prestigia os ideais *efetividade, segurança* e *economia.* Em complemento, a lei é coerente ao *condicionar* o julgamento da ação incidental (= ação de denunciação; ação secundária; ação regressiva; ação de garantia) à derrota do denunciante na ação principal (CPC/2015, art. 129) – regra, aliás, que resguarda essa ação antecipada de um julgamento sem resolução de mérito (= ausência de interesse de agir; CPC/2015, art. 485, VI). Além disso, é *regressiva* (= ação de regresso ou de garantia) porque o denunciante quer se ressarcir dos prejuízos que *eventualmente* vier a sofrer em função de um julgamento de procedência na ação principal (= garantia contratada ou prevista em lei). Por fim, é ação *incidente,* ou seja, vai ser processada e julgada em procedimento já existente e em curso – em termos mais fáceis, um procedimento e duas ações. Exemplo elucidativo: uma empresa seguradora foi acionada por um médico condenado em ação anterior a indenizar ex-paciente em razão da prática de erro médico; a empresa seguradora, por sua vez, depois de citada, ofertou contestação e, por meio dela, denunciou a lide à empresa resseguradora; tem-se, portanto, *embutidas num mesmo procedimento,* duas causas ou lides – a saber: uma primeira (= lide principal), a envolver em polos opostos médico (autor) e ré-denunciante (empresa seguradora), e a derradeira (= lide incidental, secundária, de garantia ou regressiva), travada entre ré-denunciante (empresa seguradora) e empresa resseguradora (denunciada). Pode-se afirmar, analisando esse quadro exemplificativo, que a *ação de denunciação* (= ação secundária ou de regresso) é: i) *antecipada*, já que proposta antes mesmo de a empresa seguradora (ré na lide principal) ter sido condenada; ii) *condicionada* ou *eventual*, pois só terá o seu mérito julgado se a denunciante (empresa seguradora) for vencida na lide principal; iii) *regressiva*, porquanto a empresa seguradora (ré na lide principal) pretende reembolso ou indenização do prejuízo que eventualmente vier a suportar por uma possível condenação; iv) *incidente* pelo mero fato de não ter para si um procedimento próprio, isto é, ela aproveitará um outro procedimento já existente e em curso.

Facultatividade: afastou-se *em definitivo* anterior regra, muito criticada, que impunha grave sequela a quem não promovesse a denunciação da lide (CPC/1973, art. 70, *caput*). Que fique claro: é ela modalidade de intervenção de terceiro *facultativa* e, por isso, nenhum prejuízo de *cunho material* recairá sobre aquele que escolheu *não denunciar*, ou que denunciando, teve a sua pretensão *não aperfeiçoada* ou mesmo *indeferida* por qualquer razão. Quem denuncia a lide simplesmente o faz porque pretende aferir os benefícios que o instituto pode lhe proporcionar, sem receio de perder seu direito material perante o terceiro. Em outras palavras: o art. 125 do Código atual, nesse exato sentido, regula uma espécie de *ônus*, cujo descumprimento tem por única sequela privar a parte de usufruir as vantagens inerentes a essa espécie de intervenção de terceiros. Tanto assim que nada impede a parte, superado o litígio no qual sucumbiu, de demandar *autonomamente* (= ação autônoma) em socorro ao direito regressivo que lhe acode o art. 125, §1º, do CPC/2015 – nesse sentido: STJ, REsp 1.637.108/PR, Terceira Turma, rel. Min. Nancy Andrighi, julgado: 06.06.2017, DJe 12.06.2017, disponível em: www.stj.jus.br. Em complemento: o CPC/2015 revogou o art. 456 do CC/2002 (CPC/2015, art. 1.072), regra que condicionava o exercício do direito material do adquirente resultante da evicção à denunciação a lide do alienante imediato, ou mesmo de qualquer dos alienantes anteriores. Para uma *visão negativa* da aludida mudança legislativa: BUENO, Cassio Scarpinella. *Comentários ao Código de Processo* – v. 1 (arts. 1º a 317). São Paulo: Saraiva, 2017. p. 546-548.

Facultatividade e prescrição: a parte que escolheu não manejar a denunciação da lide não está sujeita a qualquer risco de incidência da prescrição a atingir futura e eventual ação *autônoma* de regresso (= desobrigação ou facultatividade da denunciação a lide). É que o início do prazo prescricional, nas situações acobertadas pelos incisos I e II do art. 125 do CPC/2015, só se principia a partir do trânsito em julgado da decisão que não reconhecer o direito em favor daquele que poderia denunciar, mas optou por não fazê-lo (ou que o fez, denunciando, porém teve sua pretensão indeferida ou não aperfeiçoada) (BUENO, Cassio Scarpinella. *Comentários ao Código de Processo Civil* – v. 1 (arts. 1º a 317). São Paulo: Saraiva, 2017. p. 549).

Prejudicialidade: quem denuncia a lide atrai o terceiro-denunciado para uma causa em andamento (= lide principal ou subordinante) e, na mesma toada, promove contra ele *nova* ação (= lide secundária, incidental ou subordinada). Serão então duas as causas, uma primeira, a envolver *originariamente* parte-denunciante e seu adversário (e, depois de autorizada judicialmente a denunciação, com a inclusão do denunciado na qualidade de litisconsorte da parte-denunciante nesta mesma causa originária), e a derradeira, travada entre denunciante e denunciado – a análise leva em consideração apenas a *verdadeira* denunciação da lide, que é aquela *promovida pelo réu*. Essas duas causas encontram-se atreladas por uma *relação de prejudicialidade*, ou seja, ter-se-á um julgamento *de mérito* na causa secundária *a depender* do que restar decidido na causa principal. A causa principal é *prejudicial* porque o julgamento dela afetará ou influenciará o rumo a ser trilhado na causa secundária (= *implicação de prejudicialidade*). A causa secundária, assim, "se propõe em caráter eventual", isto é, "para *o evento* de o denunciante sucumbir pelo mérito em relação à causa principal"; "se isso não acontecer, ela não será julgada *de meritis*" (DINAMARCO, Cândido Rangel. *Intervenção de terceiros*. São Paulo: Malheiros Editores, 1997. p. 168). Indo mais a fundo: i) na causa principal o juiz decidirá "a lide subordinante, isto é, as questões de direito material entre denunciante e o seu adversário, questões essas que, uma vez decididas, serão consideradas *prejudiciais de mérito* na lide subordinada (domínio ou posse da coisa disputada, ocorrência ou não de lesões patrimoniais, etc.)"; ii) por isso, aliás, nessa segunda causa (= causa incidental), o juiz só levará em conta (= âmbito de cognição judicial) a "existência ou não da responsabilidade que o denunciante atribui ao denunciado"; iii) como "consectário da prejudicialidade, a vitória do denunciante na lide principal importará em sua automática sucumbência na lide subordinada, visto que, independentemente da alegada responsabilidade, inexistirá prejuízo a ser composto pelo denunciado" (FLAKS, Milton. *Denunciação da lide.* Rio de Janeiro: Forense, 1984. p. 157).

Admissibilidade (1): é indispensável um juízo de admissibilidade em relação ao pedido de denunciação da lide. Tanto que o CPC/2015, em seu artigo 125, aduz que a denunciação da lide é *admissível nas duas hipóteses* ali elencadas e pode ser promovida *por qualquer das partes*. Também no mesmo dispositivo lê-se que *se admite* uma única denunciação sucessiva, promovida pelo denunciado, contra seu antecessor imediato na cadeia dominial ou quem seja responsável por indenizá-lo, não podendo o denunciado sucessivo promover nova denunciação, hipótese em que eventual direito de regresso será exercido por ação autônoma (CPC/2015, art. 125, §2º). Outra regra: a citação do denunciado *será requerida* na petição inicial, se o denunciante for autor, ou na contestação, se o denunciante for réu, *realizada na forma e nos prazos previstos no art. 131* (CPC/2015, art. 126). As normas acima são até intuitivas e impelem o magistrado na verificação de uma série de pressupostos nelas previstos sem os quais a modalidade interventiva não poderá ser autorizada. E, claro, é preciso ter em conta outrossim o disposto em legislações extravagantes. A denunciação da lide, em suma, deve ser rejeitada: i) quando *não* formulada pelo autor ou réu; ii) se requerida em desajuste às hipóteses previstas nos incisos I e II do CPC/2015 ou em leis outras (= rol taxativo) – lembre-se *em complemento*: "a denunciação da lide é fenômeno típico do processo ou fase de conhecimento" (DINAMARCO, Cândido Rangel. *Intervenção de terceiros.* São Paulo: Malheiros Editores, 1997. p. 156); iii) se postulada em momento procedimental distinto do regulado em lei (petição inicial ou contestação, conforme o caso); iv) sempre que promovida pelo denunciado em desdém à regra que lhe autoriza *uma única* denunciação sucessiva contra o seu antecessor imediato na cadeia dominial ou que seja responsável por indenizá-lo; v) quando requerida em procedimentos ou situações em que a lei proíbe o manejo de intervenções de terceiros – por exemplo, é proibida a denunciação da lide: em procedimentos que tramitam perante Juizados Especiais Cíveis (Lei 9.099/1995, art. 10); pelo comerciante-réu em face daquele que lhe forneceu o produto em ação promovida por consumidor (CDC, art. 13 c/c art. 88); pelo réu-segurador ao Instituto de Resseguros do Brasil em ação promovida nos termos do art. 101 do Código de Defesa do Consumidor; vi) se não respeitado o prazo previsto em lei para a realização da citação do denunciado (CPC/2015, art. 131).

Admissibilidade (2): há outro argumento que reforça o ponto trabalhado no item anterior (= indispensabilidade do juízo de admissibilidade). A denunciação da lide *é mais* que uma ação regressiva incidental (= ação de garantia), isto é, o deferimento dela implica igualmente a litisdenunciação de um terceiro e a sua consequente convocação para integrar a relação jurídico-processual da causa principal. Por isso o CPC/2015 prevê que, feita a denunciação pelo réu, se o denunciado contestar o pedido formulado pelo autor, o processo prosseguirá tendo, na ação principal, *em litisconsórcio*, denunciante e denunciado. Logo, não bastasse o exercício do direito de regresso oriundo da denunciação da lide (= nova ação ou pretensão), ter-se-á, como consequência, mais *complexidade* arrastada para o âmbito do procedimento jurisdicional em função da formação de litisconsórcio ou da ampliação de litisconsórcio já existente (= ampliação subjetiva). Em síntese: a denunciação da lide só produzirá os efeitos esperados a partir de prévia decisão autorizativa – aliás, trata-se de decisão que pode ser desafiada mediante recurso competente.

Admissibilidade e a posição do denunciado: a denunciação da lide *deve* ser autorizada (= juízo de admissibilidade) via decisão judicial *fundamentada* (CF/1988, art. 93, IX). Não basta, portanto, a mera formalização do requerimento pela parte interessada para que seja ela deflagrada. Há, enfim, suportes fáticos bem delineados na ordem jurídica (CPC/2015, art. 125, I e II), os quais obviamente não dispensam preenchimento. Em outros termos: ausente alguma das hipóteses fáticas condicionantes, as regras não terão incidência e, por implicação, o efeito pretendido pelo denunciante não se materializará (= admissão do pedido de denunciação a lide). É curioso observar, contudo, que a lei não abarca a opção de o denunciado exercer o seu direito de defesa para questionar decisão que deferiu a denunciação da lide. Pior ainda, o terceiro é *diretamente* convocado (= citação) para o processo, não lhe sendo franqueado o exercício do contraditório e da ampla defesa para impugnar o pedido de denunciação a lide. Ele chega ao feito *não* na qualidade de terceiro, *mas já como denunciado*. Ao que parece, o legislador fez uso aqui da técnica do *contraditório postecipado*: só após a sua citação é que será conferido ao denunciado oportunidade para atacar a decisão que admitiu seu ingresso no feito, o que deverá ser feito mediante *contestação* – e se mantida a decisão, poderá ele, na sequência, intentar o recurso cabível (CPC/2015, art. 1.015, IX). Importante: a constitucionalidade do citado art. 128 só pode ser salva em se admitindo a possibilidade de o juiz revisar, por provocação do denunciado, a decisão que autorizou a denunciação.

Admissibilidade e deslocamento de competência: tramitando a causa perante outro juízo, os autos serão remetidos ao juízo federal competente se nele *intervier* a União, suas empresas públicas, entidades autárquicas e fundações, ou conselho de fiscalização de atividade profissional, na qualidade de parte ou de *terceiro interveniente*, com exceção das ações previstas em lei (CPC/2015, art. 45). A partir da leitura dessa regra, é preciso averiguar se é lícito, em ações cujo trâmite se dá na Justiça Estadual, admitir pedido de denunciação a lide a algum dos entes públicos acima indicados. Salvo melhor juízo, a resposta é negativa. Em primeiro lugar, é flagrante a ausência de racionalidade em se permitir que a ação prejudicada (= lide de regresso) direcione ou guie a competência da ação prejudicial. Ao se aceitar a denunciação da lide estar-se-ia, no fundo, trabalhando com uma *aposta*, até porque não há como antever se a lide incidental será mesmo objeto de julgamento *no mérito*. Outro argumento: a denunciação a lide é meramente *facultativa*, ou seja, optando a parte em não promovê-la, isso em nada afetará o seu direito material de ser indenizada, via *ação autônoma*, em função da evicção ou com fundamento no regresso – em sentido semelhante (defendendo, inclusive, a quebra da regra do juízo natural):

KOPPER, Max Guerra. *Da denunciação da lide*. Belo Horizonte: Del Rey, 1996. p. 79-83. Por fim, não convence o entendimento de que os autos, justamente por força do que prevê o *caput* do art. 45 do CPC/2015, devam ser remetidos ao Juízo Federal para que este profira decisão acerca da admissibilidade ou não da denunciação a lide (WAMBIER, Luiz Rodrigues; TALAMINI, Eduardo. *Curso Avançado de Processo Civil:* Teoria Geral do Processo. v. 1. 16. ed. São Paulo: Revista dos Tribunais, 2016. p. 367). É que a regra comporta exceção: i) os autos *não serão remetidos* em havendo pedido cuja apreciação seja de competência do juízo perante o qual foi proposta a ação (CPC, art. 45, §1º); ii) nesse caso, o juiz, *ao não admitir a cumulação de pedidos em razão da incompetência para apreciar qualquer deles*, deixará de examinar o mérito daquele em que exista interesse da União, de suas entidades autárquicas ou de suas empresas públicas (CPC, art. 45, §1º); iii) no que toca à causa incidental, ter-se-á, portanto, julgamento de extinção *sem resolução de mérito*.

Admissibilidade e grau de complexidade: há quem defenda que a denunciação não deve ser admitida quanto tiver potencial de arrastar para o feito excessiva *complexidade*. É com base nisso que se verifica, aqui e ali no recinto do foro, decisões rejeitando pedidos de denunciação a lide formulados por entes estatais acionados para responderem por danos supostamente causados por seus servidores. Como em tais hipóteses há distinção entre os regimes de responsabilidade civil aplicáveis ao ente estatal e aos seus servidores (responsabilidade civil objetiva e subjetiva, respectivamente), juízes e tribunais de quando em vez se utilizam do fundamento de que, se a denunciação da lide for autorizada, questões novas e difíceis serão incorporadas ao objeto litigioso, em prejuízo sobretudo ao adversário do denunciante e à celeridade da prestação jurisdicional. Acontece, no entanto, que a lei é bastante genérica, não trazendo qualquer ressalva que permita o indeferimento da denunciação por *complexidade excessiva* – aliás, muito pelo contrário, pois é próprio dessa modalidade de intervenção de terceiros a ampliação do objeto litigioso. Mais: trata-se de entendimento preocupado com posição específica do autor (adversário do réu-denunciante, na *verdadeira* denunciação da lide que é aquela promovida pelo réu), em desdém aos objetivos perseguidos pelo réu-denunciante.

Indo ao ponto, "postulada a denunciação, quer se esteja em face de situação de garantia própria, quer se esteja diante de caso de garantia imprópria, (...) não é dado ao juiz (a lei não o faculta, visto tratar-se de propositura de demanda cujo mérito, em princípio, deve ser apreciado), de modo algum, rejeitá-la de forma liminar (...)" (GONÇALVES, Aroldo Plínio. Da denunciação da lide. 2. ed. Rio de Janeiro: Forense, 1987. p. 271). Em reforço, a lição de Cândido Rangel Dinamarco: "A mais profunda das polêmicas suscitadas em torno do inc. III do art. 70 do Código de Processo Civil de 1973 (atual art. 125, II) foi a da admissibilidade ou inadmissibilidade da denunciação da lide quando esta inserir no processo *novas questões* que ampliem o objeto do conhecimento do juiz, às vezes ocasionando demoras na instrução. Impressionados com conhecidíssima posição doutrinária (Vicente Greco Filho), os tribunais brasileiros passaram a rejeitar a litisdenunciação quando isso acontecesse, mas sem razão. A tese da inadmissibilidade apoia-se em conceitos e distinções colhidos no direito italiano, que no Brasil inexistem – especialmente na distinção entre *garantia própria e imprópria*. Na Itália, em caso de garantia própria o *codice di procedura civile* outorga à parte a faculdade de fazer a *chiamata in garanzia* (equivalente da litisdenunciação brasileira), e quando a garantia for imprópria ela dispõe do *intervento coatto*, que produz efeitos antigos ao daquela mas com ela não se confunde. Embora a doutrina e a jurisprudência italianas caminhem hoje por caminhos diferentes, abandonando os rigores desta distinção, a lembrança serve para demonstrar que no Brasil, onde inexiste essa segunda modalidade, a distinção proposta deixaria a parte sem qualquer possibilidade de trazer o terceiro ao processo. O resultado, sumamente injusto e discrepante do sistema brasileiro de direito positivo, consistiria em privar a parte dos benefícios da litisdenunciação, a saber: ela necessitaria de propor depois sua demanda pelo ressarcimento, com o risco de voltar a sucumbir em face do garante. A tese restritiva parte do falso pressuposto de que todo processo seja realizado para satisfazer o autor a todo custo, sem considerar que também o réu pode ser titular do direito a alguma tutela jurisdicional: tal é o vício metodológico do *processo civil do autor*, que precisa ser extirpado da mentalidade dos operadores do processo" (DINAMARCO, Cândido Rangel. *Instituições de Direito Processual Civil.* v. II. 7. ed. São Paulo: Malheiros, 2017. p. 472). Vale aqui, por fim, uma crítica: a doutrina apelidou essa perspectiva de entendimento, *que não diferencia garantias próprias e impróprias*, de "*corrente ampliativa*", o que é de todo equivocado, já que não se trata de *ampliar* a aplicação da lei, e sim de aplicá-la *em seus próprios termos*.

Denunciação a lide e causas consumeristas: há robusta jurisprudência, *formada com base numa interpretação equivocada do art. 88 do CDC*, no sentido de inadmitir denunciações da lide *em todas as hipóteses* de responsabilidade civil a envolver relações de consumo (AgInt no AREsp 1640821, 4ª Turma, rel. Min. Raul Araújo, julgamento em: 19.10.2020, disponível: www.stj.jus.br). É errado o tal rumo jurisprudencial porque a vedação à denunciação da lide, regulada no citado art. 88, é textualmente *restrita* à hipótese de responsabilidade civil do comerciante *por fato do produto*. Tem-se aí, no conjunto de decisões integrante dessa linha jurisprudencial, o emprego (inconsciente e indireto) da fórmula da proporcionalidade como ferramenta "interpretativa", quer dizer, um *modus operandi* cognitivo equivocado que prestigia *princípios* em detrimento de *regras explícitas* na solução de casos concretos. O resultado é conhecido: o afastamento (ou "relativização") de regras (vigentes e constitucionais) para (abrir oportunidade e) fazer valer outra(s) "regra(s)", oriunda(s) não da legislatura, mas do engenho criativo do intérprete. Observações de Daniel Colnago Rodrigues: i) o legislador consumerista parece ter confundido *denunciação da lide* e *chamamento ao processo*; ii) é que, em função da regra proveniente do art. 7º do CDC, há *responsabilidade solidária* de todos que tenham participado da cadeia produtiva, e só por isso a modalidade interventiva apropriada ao caso é o *chamamento ao processo*; iii) o CDC, em outra parte, rotula de *chamamento ao processo* modalidade interventiva que, em essência, tem natureza de denunciação da lide – ou seja, permite-se ao réu que contratou seguro de responsabilidade "chamar ao processo" o segurador (CDC, art. 101, II); iv) a mesma regra (CDC, art. 101, II) autoriza o autor, se vencedor na ação de conhecimento, executar diretamente o segurador, ainda que inexista relação jurídico-material entre ambos – algo, aliás, que o CPC/2015 autorizou de modo expresso (art. 128, parágrafo único) (RODRIGUES, Daniel Colnago. *Intervenção de terceiros*. 2. ed. São Paulo: Revista dos Tribunais, 2021, p. 84). Ao que tudo indica, a despeito do deslize legislativo, o que se terá na prática, com o manejo do que o CDC denomina *chamamento ao processo*, são efeitos idênticos aqueles alcançados com o emprego da denunciação a lide.

Denunciação da lide *versus* solidariedade: vê-se, aqui e ali, alguma confusão entre *denunciação da lide* e *chamamento ao processo*, na qual já incidiu o próprio legislador (ver o item anterior). Anote-se que não há lugar (ou pelo menos *não deveria* haver lugar) para a denunciação da lide, com fundamento no inciso II do art. 125 do CPC/2015, quando o caso em análise envolver *responsabilidade solidária*. Assim é porque essa específica hipótese admite o manejo de outra modalidade interventiva – o *chamamento ao processo*. Ou seja, a lei confere ao réu a possibilidade de *chamar ao processo* os demais devedores *solidários* sempre que o credor estiver a exigir em juízo apenas de um ou de alguns o pagamento da dívida comum (CPC/2015, art. 130, I).

Legitimidade para a propositura da ação de denunciação (1): o *direito de ação*, cuja natureza é de ordem *constitucional*, independe de requisitos prévios e até do fato de o postulante possuir ou não razão no pedido por ele formulado – *é, nesse exato sentido, um direito abstrato justamente por não se subordinar à comprovação do direito material*. Por isso, a lei estabelece que *a ação é considerada proposta quando a petição inicial for protocolada* (CPC/2015, art. 312). Ou seja, a ação se corporifica formalmente pela protocolização do instrumento da demanda (= petição inicial) – ou pela protocolização de *outro tipo de peça*, como se dá na *verdadeira* denunciação da lide (= feita pelo réu), em que a ação é considerada proposta por intermédio da contestação; e pouco importa se, logo depois ou bem adiante, sobrevier decisão extinguindo o feito pela ausência de uma das condições da ação, já que, mesmo em tal hipótese, a ação efetivamente existiu, ensejou a instauração de um procedimento e fez movimentar a máquina judicial. Em síntese: *ter interesse e legitimidade é indispensável para se obter uma sentença com resolução de mérito, jamais para meramente postular em juízo* e obter tutela jurisdicional. A denunciação da lide traduz-se também em *exercício de direito regressivo*, isto é, quem maneja com sucesso essa espécie interventiva promove contra um terceiro *ação incidental de regresso* (= ação de garantia) – recorde-se:

em ambas as hipóteses previstas nos incisos do art. 125, CPC/2015, têm-se situações em que, "por alguma razão de direito material, o terceiro é em tese obrigado a ressarcir a parte por aquilo que ela vier a perder ou deixar de ganhar" (DINAMARCO, Cândido Rangel. *Instituições de Direito Processual Civil*. v. II. 7. ed. São Paulo: Malheiros, 2017. p. 469). Naquilo que interessa: não importa se a ação promovida é ou não processada e julgada em procedimento próprio e específico, ou seja, o relevante é que, *pelo mero fato de se tratar de uma ação*, exige-se do autor legitimidade *ad causam*, sob pena de receber em seu desfavor resposta decisória terminativa (= extinção do feito sem resolução de mérito). Por exemplo: não é a vítima de acidente de trânsito (= autor da causa principal) que detém legitimidade ativa para denunciar a lide, e sim o motorista réu porque é ele, e somente ele, que mantém relação jurídico-material com a empresa seguradora (= seguro de responsabilidade civil); promovida a ação de denunciação pela vítima-autora, deve a pretensão ser rejeitada de plano, pois desajustada às hipóteses legais autorizativas (CPC/2015, art. 125, I e II); e se, contudo, a denunciação da lide se aperfeiçoar (decisão positiva; deferimento), ao julgador não restará alternativa senão julgar extinto o pedido regressivo *sem resolução de mérito* (CPC/2015, art. 485, VI).

Legitimidade para a propositura da ação de denunciação (2): é indispensável ao julgador, em sede de ação incidental regressiva (provocada pela denunciação da lide), atentar-se para a presença ou não da legitimidade *ad causam*. Somente autor e réu, da lide principal, tem legitimidade para intentar a denunciação da lide (CPC/2015, art. 125, *caput*), ninguém mais, isto é, nem terceiro, nem parte auxiliar (cujos poderes são limitados) e nem o representante do Ministério Público quando em defesa da ordem jurídica. Logo, se a denunciação da lide foi (equivocadamente) autorizada a quem não detenha legitimidade, não há para o magistrado alternativa senão proferir julgamento *sem resolução de mérito* (CPC/2015, art. 125, *caput*). A lei, já nisso, impõe contornos bastante limitantes em relação à legitimidade ativa do denunciante; vai além, contudo, para restringir ainda mais o leque quando indica as duas únicas hipóteses (= rol taxativo ou exaustivo) em que se admite o manejo dessa modalidade interventiva. Ou seja, afirma o legislador ser admissível a denunciação da lide por qualquer das partes: i) ao alienante imediato, no processo relativo à coisa cujo domínio foi transferido ao denunciante, a fim de que possa exercer os direitos que da evicção lhe resultam; e ii) àquele que estiver obrigado, por lei ou pelo contrato, a indenizar, em ação regressiva, o prejuízo de quem for vencido no processo. Completando e resumindo: i) o raciocínio a que se obriga o julgador a respeito da legitimidade ativa *ad causam* se confundirá, *na maior parte das vezes*, com a própria análise de admissibilidade dessa modalidade de intervenção de terceiro; ii) ao empreender seu raciocínio, o magistrado levará em conta a versão fática traçada pela parte-denunciante (na petição inicial ou contestação, conforme o caso), tomando-a *provisoriamente* como verdadeira, e, a partir disso, passará a verificar, com base nela, se na realidade a legitimidade *ad causam* está ou não presente (= teoria da asserção); iii) além disso, deverá o magistrado, em complemento à teoria da asserção, atentar-se para o fato de que a lei é assaz restritiva em relação à denunciação da lide, admitindo-a em pouquíssimas hipóteses; e iv) na eventualidade de o juiz autorizar a denunciação sem a devida atenção, deverá ele, no futuro, assim que verificado o equívoco, prolatar decisão terminativa para extinguir a demanda regressiva por ausência de legitimidade ativa *ad causa*.

Legitimidade para responder a ação de denunciação: o que se trabalhou nos tópicos anteriores vale em igual medida para a legitimidade passiva *ad causam*. É preciso frisar, contudo, cinco pontos: i) tem legitimidade para responder a ação de denunciação apenas o terceiro que esteja vinculado (ou já esteve vinculado) com alguma das partes principais (= lide principal) por uma relação jurídico-material, em atenção às hipóteses previstas em lei – lembre-se: a denunciação da lide é admitida pelo art. 125 do CPC/2015 em *duas* hipóteses apenas; ii) a lei, em primeiro lugar, admite responder pela denunciação da lide o *alienante imediato*, em causa relativa à coisa cujo domínio foi transferido ao denunciante, a fim de que possa este exercer os direitos que da evicção lhe resultam, e, por último, *aquele que estiver obrigado*, por lei ou pelo contrato, a indenizar, em ação regressiva, o prejuízo da parte vencida na causa; iii) o CPC/1973 trazia uma terceira possibilidade no inciso II do revogado art. 70, mas a hipótese não mais está presente (ao menos explicitamente) na lei –

"não eram poucas as vozes (...) que, no CPC/1973, defendiam haver alguma repetição de regras nos incisos I a III do art. 70", quer dizer, "o silêncio do CPC/2015 [em não repisar o inciso II do revogado art. 70 do CPC/1973] é (...) indiferente porque, bem entendida, aquela situação está suficientemente prevista nos incisos I e II do art. 125 do CPC/2015, consoante haja, ou não, o risco da ocorrência da evicção" (BUENO, Cassio Scarpinella. *Comentários ao Código de Processo Civil* – v. 1 (arts. 1º a 317). São Paulo: Saraiva, 2017. p. 545); iv) o respeito rigoroso às hipóteses taxativas previstas em lei, *somada* à adequada utilização da *teoria da asserção*, propiciarão ao magistrado um mecanismo racional para verificar se o terceiro-denunciado possui ou não legitimidade para responder a denunciação da lide; e v) se a denunciação foi deferida, mas depois, mais a frente, o magistrado concluir pela ausência de legitimidade passiva *ad causam*, só lhe restará extinguir a ação incidental regressiva (= julgamento sem resolução de mérito).

Posições processuais do denunciante: segundo dita a lei, é admissível a denunciação da lide promovida *por qualquer das partes* (CPC/2015, art. 125, *caput*). Quem denuncia a lide – sem considerar por enquanto a distinção entre *verdadeira* e *falsa* denunciação da lide – é o autor ou réu da demanda principal. Logo, o *denunciante* pode estar situado no polo ativo ou passivo da relação jurídico-processual da *causa principal*, a depender de quem, autor ou réu, for o responsável pelo manejo da denunciação da lide. Admitida a denunciação da lide, o denunciante assume, de outra parte, o posto de autor na *lide regressiva* (= polo ativo); pretende obter, na hipótese de o mérito da lide regressiva ser apreciado (= caráter eventual, subsidiário ou condicional da lide regressiva), decisão que o favoreça (= decisão de procedência). Observações: i) se proveniente da iniciativa do autor, "a denunciação da lide não é uma intervenção de terceiro (e, portanto, não é um incidente do processo)", pois o terceiro foi ali "colocado desde o início como réu", com o autor demandando em face dele e do réu já na demanda principal (DIDIER JR., Fredie. *Curso de Direito Processual Civil.* v. 1. 17. ed. Salvador: JusPodivm, 2015. p. 491); ii) a "denunciação da lide" promovida pelo autor não é nem denunciação da lide e nem intervenção de terceiros, ou seja, o que se tem, nessa situação, são *pedidos cumulados* dirigidos cada qual a réus distintos; iii) trata-se de fenômeno (= "denunciação da lide" promovida pelo autor) que a doutrina convencionou chamar de *litisconsórcio passivo eventual*, quer dizer, o autor formula um pedido em face de determinado réu e, ao mesmo tempo, formula *subsidiariamente* outro pedido em face de réu distinto, este último que só será objeto de julgamento *de meritis* em caso de *não* acolhimento (parcial ou total) da pretensão primária (= derrota do autor-denunciante na lide primária) – sobre o tema: SANTOS, Silas Silva. *Litisconsórcio eventual, alternativo e sucessivo no processo civil brasileiro.* 2012. 413 f. Dissertação (Mestrado em Direito Processual) – Faculdade de Direito, Universidade de São Paulo, São Paulo, 2012.

Posição processual do denunciado na lide regressiva: autorizada judicialmente a denunciação da lide, não importando quem a provocou (autor ou réu – respectivamente, falsa e verdadeira denunciação da lide), o *denunciado* inexoravelmente assume posto no polo passivo da lide incidental. Ali, em suma, ele é sempre réu, responde a uma pretensão cujo julgamento de mérito subordina-se à derrota do denunciante na lide primária.

Posição processual do denunciado na lide principal – denunciação da lide *promovida pelo réu*: se, diante do manejo da denunciação da lide, não há maiores complicações em se situar adequadamente o denunciante, a coisa se complica no que diz respeito às posições processuais que deve assumir o *denunciado* na *lide principal* – conclusão que é válida quer para a *verdadeira* denunciação da lide (= promovida pelo réu), quer para a *falsa* (= promovida pelo autor). Em denunciação da lide *por iniciativa do réu*, o terceiro-denunciado ingressa na *causa principal* como litisconsorte deste, ou seja, é ele também um réu e assim detém assento no polo passivo da relação jurídico-processual. É o que o legislador parece ter dito ao prescrever que, *feita a denunciação pelo réu*, se o denunciado contestar o pedido formulado pelo autor, o processo prosseguirá tendo, *na ação principal, em litisconsórcio, denunciante e denunciado* (CPC/2015, art. 128, I). Aqui, um parênteses merece ser feito. Não fosse uma regra incorporada recentemente à ordem jurídica (CPC/2015, art. 128, parágrafo único), seria tarefa inglória defender o atestado do legislador. Afinal, era mesmo impróprio falar em litisconsórcio passivo (= partes principais demandando em conjunto no polo passivo) porque o denunciado, *por manter relação jurídico-material unicamente com o denunciante*, não podia ser alvo de condenação no litígio principal. Aliás, nem se podia falar em pretensão endereçada ao denunciado – como se sabe, o autor é aquele que postula tutela jurisdicional, ao passo que o réu é quem tem contra si pedido de tutela jurisdicional formulado. Era até absurdo, nessa linha de raciocínio, uma pretensão elaborada pelo autor *diretamente* contra o denunciado. A vítima que sofreu prejuízos, por exemplo, não estava autorizada a promover demanda *diretamente* contra a empresa seguradora, que foi contratada pelo motorista responsável pelo acidente de trânsito. Daí que ganhou forte eco a voz de muitos doutrinadores defendendo que a posição assumida pelo denunciado, na lide principal, não era de litisconsorte passivo, mas de mero *assistente* do denunciante. Era parte *auxiliar*, isto é, buscava coadjuvar o réu-denunciante a fim de evitar a derrota dele e, por tabela, evitar também uma possível derrota sua na lide regressiva. Essa perspectiva doutrinária, contudo, perdeu sentido ante regra citada alhures: "Procedente o pedido da ação principal, *pode o autor, se for o caso, requerer o cumprimento da sentença também contra o denunciado*, nos limites da condenação deste na ação regressiva" (CPC/2015, art. 128, parágrafo único). Não é mais crível afirmar que contra o denunciado, em denunciação da lide promovida pelo réu, não há pedido de tutela jurisdicional formulado. Há sim, ainda que não elaborado de modo expresso na petição inicial. É pretensão *implícita* (= pedido implícito), decorrente não da vontade do autor, *mas de literal previsão em lei*. Portanto, o denunciado é mesmo um litisconsorte passivo exatamente porque, em face dele, se julgados procedentes os pedidos de ambas as causas (principal e regressiva) – e, por conseguinte, derrotados réu-denunciante e denunciado –, pode o autor intentar também contra ele (= denunciado) a execução (= cumprimento de sentença). Conclusão: em denunciação da lide promovida pelo réu, denunciante e denunciado ocupam conjuntamente a posição de litisconsortes passivos na lide principal.

Posição processual do denunciado na lide principal – "denunciação da lide" *promovida pelo autor*: se foi *do autor* a iniciativa de "denunciar a lide", não se tem nisso propriamente uma denunciação da lide. É uma *falsa* denunciação da lide porque a inclusão do terceiro (= "denunciado") na relação jurídico-processual teve origem já a partir do *instrumento da demanda*, por obra do próprio autor que contra ele e outro(s) réu(s) formulou pretensões individualizadas. No *mapeamento da causa*, trazido na origem pela petição inicial, verifica-se com clareza a figura do "denunciado", inclusive com o desenvolvimento de *causa de pedir* e *pedido* a ele endereçados. O que se constata, portanto, são pedidos cumulados e endereçados cada qual e distintamente a um dos réus – é o fenômeno que em doutrina cunhou-se de *litisconsórcio passivo eventual* (= *litisconsórcio passivo eventual* entre réu e "denunciado"). Importante: a pretensão endereçada ao "denunciado" (= pretensão de regresso, subsidiária ou secundária) só terá o seu mérito apreciado na *eventual* hipótese de *não acolhimento* (parcial ou total) da pretensão feita pelo autor ao primeiro réu (= pretensão principal) – sobre o tema: SANTOS, Silas Silva. *Litisconsórcio eventual, alternativo e sucessivo no processo civil brasileiro*. 2012. 413 f. Dissertação (Mestrado em Direito Processual) – Faculdade de Direito, Universidade de São Paulo, São Paulo, 2012. Disso se conclui que, em "denunciação da lide" promovida pelo autor, o "denunciado" é convocado (= ato citatório) para assumir o posto de réu na lide regressiva. Contudo, não faz sentido a lei afirmar que o "denunciado" assumirá posição de litisconsorte do denunciante na lide primária (CPC/2015, art. 127). Racionalidade nenhuma há, por exemplo, em se vislumbrar, em ação reivindicatória intentada pelo comprador contra o possuidor do bem, a figura do alienante "denunciado" assumindo também a função de autor, como se tivesse ele pretensão de direito material em face do réu-possuidor. Ao denunciado é razoável que pretenda nada mais que coadjuvar o autor (= comprador), quer dizer, o que se tem aí, na verdade, é a conhecida figura da *assistência*. Em conclusão: i) a serventia das palavras é a de meramente *nominar* as coisas, não tendo pujança para *transmutar* a natureza das coisas nominadas; ii) a lei equivocou-se e, por intenso que seja o esforço do intérprete, salvá-la em sua inteireza é tarefa inglória; e iii) numa perspectiva pragmática, todavia, o deslize legislativo ao que tudo indica, não prejudicará os escopos que a lei intentou alcançar – a saber: solucionar lides distintas de modo cumulado, mediante julgamentos coerentes entre si, proferidos com menos consumo de tempo, dinheiro e energia.

Interesse para promover a ação de denunciação: configura-se o *interesse de agir* quando se puder antever a *necessidade* e *utilidade* da prestação jurisdicional perseguida pelo autor. É *necessária* a prestação jurisdicional quando a intervenção do Estado-juiz se mostrar indispensável à satisfação do direito subjetivo postulado. Haverá *utilidade*, por sua vez, sempre que o provimento jurisdicional buscado for capaz de situar o autor em posição jurídica mais favorável do que aquela na qual atualmente se encontra (FABRÍCIO, Adroaldo Furtado. O interesse de agir como pressuposto processual. *Revista EMERJ*, Rio de Janeiro, v. 20, n. 1, p. 164-195, jan./abr. 2018). Enfim, presente o binômio *necessidade/utilidade*, estará caracterizado o interesse de agir. A denunciação da lide implica também exercício do *direito de ação*. É, em certa medida, decorrência daquilo que reza o art. 5º, XXXV, da Constituição. Tem-se, a partir da implementação dessa modalidade intervencional, uma *cumulação eventual de ações*, ou seja, ela faz introduzir na esfera procedimental em desenvolvimento uma *outra* lide e, por conseguinte, uma pretensão diversa e com relevante particularidade: o enfrentamento dela condiciona-se à derrota do denunciante na ação originária. Ou seja, logrando êxito o denunciante na demanda original, fenecerá, a vista disso, seu interesse no julgamento da demanda regressiva – nas palavras da lei, "se o denunciante for vencedor, a ação de denunciação não terá o seu pedido examinado (...)" (CPC/2015, art. 129). Diz-se *antecipada* a ação de denunciação, aliás, porque o denunciante *adiantou-se* em promovê-la, isto é, a promoveu sem ainda ter sofrido qualquer prejuízo efetivo. Em rigor, ao denunciante faltaria até interesse de agir, quer dizer, a demanda secundária por ele deflagrada não é necessária e tampouco útil pela simples razão de que *não há ainda prejuízo a ser indenizado*. Só está autorizado a se antecipar por existir previsão legal prestigiando os ideais efetividade, segurança e economia. Mais ainda: a lei é coerente ao *condicionar* o julgamento da ação secundária (= ação de regresso ou de garantia; ação de denunciação) à derrota do denunciante na ação principal (CPC/2015, art. 129), o que imuniza essa ação antecipada (= ação secundária; ação de denunciação; ação regressiva; ação de garantia) de um julgamento *sem resolução de mérito* (= ausência de interesse de agir; CPC/2015, art. 485, VI).

Garantia frente à evicção: além de impor ao alienante que entregue ao adquirente a coisa adquirida, o direito positivo exige dos contratantes atuação conforme a boa-fé, concebendo, demais disso, direitos no que tange à tutela física e jurídica do bem adquirido. Aqui o relevante é o fato de que o adquirente tem a seu favor proteção em função da evicção (= garantia pela evicção). *Evicção* é nada mais que a perda (total ou parcial) de um bem pelo adquirente em razão de decisão *judicial* ou *administrativa* – sobre a caracterização de evicção também por ato de *autoridade administrativa*: STJ, EDcl no AgInt no REsp 1426250, 4ª Turma, rel. Min. Marco Buzzi, julgamento: 22.06.2020, disponível em: www.stj.jus.br. A lei franqueia ao adquirente (= denunciante; evicto) mecanismo adequado para promover, na mesma sede procedimental-jurisdicional em que trava litígio contra o evictor, uma *ação regressiva* em face do alienante imediato (= denunciado). Surge, com isso, uma lide incidental, cujo mérito será objeto de apreciação se, *e somente se*, o adquirente sucumbir diante da pretensão originária, fazendo-se efetivo, *caso procedente o pedido*, o dever de garantia do alienante frente à evicção. O art. 125, I, CPC/2015, ao fazer alusão ao "processo relativo à coisa cujo domínio foi transferido ao denunciante", autoriza a denunciação da lide em qualquer ação judicial relativa ao domínio, como, por exemplo, a reivindicatória, a imissão na posse, a demarcatória e outras da mesma natureza (CARREIRA ALVIM, J. E. *Comentários ao Novo Código de Processo Civil*. v. II. Curitiba: Juruá Editora, 2015. p. 256). Aspectos de direito material: i) os personagens são três, a saber, o *alienante* (= quem transferiu a coisa e aquele que responde pela evicção), o *evicto* (= o adquirente, ou seja, o sujeito da relação contratual que foi privado da coisa adquirida) e, por fim, o *evictor* (= o terceiro cujo direito é preexistente ao direito do evicto); ii) nos contratos *onerosos*, o alienante responde pela evicção, subsistindo essa garantia ainda que a aquisição se tenha realizado *em hasta pública* (CC/2002, art. 447); iii) as partes estão autorizadas, *por cláusula expressa*, a reforçar, diminuir e até mesmo excluir a responsabilidade pela evicção (CC/2002, art. 448); iv) malgrado a existência de cláusula expressa excluindo a garantia pela evicção, se esta ocorrer, tem o adquirente, ainda assim, direito a receber o preço que pagou pela coisa evicta, se não soube do risco da evicção, ou, dele informado, não o assumiu (CC/2002, art. 449); v) salvo estipulação em contrário, tem o evicto direito, além da restituição integral do preço ou das quantias que pagou, à indenização dos frutos que tiver sido obrigado a restituir, à indenização pelas despesas dos contratos e pelos prejuízos que diretamente resultarem da evicção e às custas judiciais e aos honorários do advogado por ele constituído (CC/2002, art. 450, I, II e III); vi) o preço, seja a evicção total ou parcial, será o do valor da coisa, na época em que se evenceu, e proporcional ao desfalque sofrido, no caso de evicção parcial (CC/2002, art. 450, parágrafo único); vii) subsiste para o alienante a obrigação oriunda da evicção ainda que a coisa alienada esteja deteriorada, exceto havendo dolo do adquirente (CC/2002, 451); viii) se o adquirente tiver auferido vantagens das deteriorações, e não tiver sido condenado a indenizá-las, o valor das vantagens será deduzido da quantia que lhe houver de dar o alienante (CC/2002, art. 452); ix) as benfeitorias necessárias ou úteis, não abonadas ao que sofreu a evicção, serão pagas pelo alienante (CC/2002, art. 453); x) se as benfeitorias abonadas ao que sofreu a evicção tiverem sido feitas pelo alienante, o valor delas será levado em conta na restituição devida (CC/2002, art. 454); x) se parcial, mas considerável, for a evicção, poderá o evicto optar entre a rescisão do contrato e a restituição da parte do preço correspondente ao desfalque sofrido, mas em não sendo considerável, caberá somente direito a indenização (CC/2002, art. 455); xii) se sabia que a coisa era alheia ou litigiosa, não pode o adquirente demandar pela perda que lhe causou a evicção (CC/2002, art. 457).

Vedação da denunciação *per saltum* e *limitação* da denunciação sucessiva: previa o art. 456 do CC/2002 que o adquirente, para exercitar o direito que da evicção lhe resulta, *estava obrigado* a notificar acerca do litígio o alienante imediato, *ou qualquer dos anteriores*, quando e como lhe determinasse a lei. Surgiu então a dúvida sobre a possibilidade ou não de o adquirente denunciar a *qualquer um* dos participantes da cadeia de transmissão do bem, ainda que não mantivesse com ele relação jurídico-material. Estava certo Cândido Rangel Dinamarco ao esclarecer que, nesse dispositivo (CC/2002, art. 456), tinha-se, em primeiro plano, uma regra de direito substancial segundo a qual "os alienantes anteriores estavam obrigados perante toda a cadeia de adquirentes e não apenas perante aquele a quem cada um alienou" (DINAMARCO, Cândido Rangel. *Intervenção de terceiros*. São Paulo: Malheiros Editores, 1997. p. 160). É o que a doutrina convencionou chamar de denunciação *per saltum*. Hoje, porém, o cenário alterou-se: o citado art. 456 do CC/2002 foi revogado (CPC/2015, art. 1.072, II), sem contar que o próprio CPC/2015 trouxe regramento específico proibindo a denunciação *per saltum*. Admite-se, em suma, apenas a denunciação da lide ao *alienante imediato* no feito relativo à coisa cujo domínio foi transferido ao denunciante, a fim de que este possa exercer, já ali, naquela sede procedimental, os direitos oriundos da evicção (CPC/2015, art. 125, I). Por fim, a lei permite ao litisdenunciado intentar *uma única* denunciação sucessiva, a qual deve ter por alvo o seu antecessor *imediato* na cadeia dominial, ou mesmo aquele responsável por indenizá-lo; afora isso, o exercício do direito de regresso depende de ação *autônoma* (CPC/2015, art. 125, §2º). Pretendeu o legislador, assim, evitar múltiplas denunciações sucessivas, com excessivos incidentes a recrudescer a complexidade do litígio e desservir a eficiência e efetividade da jurisdição. Para uma perspectiva crítica acerca dessas mudanças legislativas: BUENO, Cassio Scarpinella. *Comentários ao Código de Processo Civil* – v. 1 (arts. 1º a 317). São Paulo: Saraiva, 2017. p. 550-551).

Obrigação de indenizar via ação regressiva: tanto em razão de previsão legal quanto por força de contrato, terceiros estranhos ao evento danoso encontram-se obrigados, *em ação regressiva*, à reparação de prejuízos suportados (ou a serem suportados) por quem foi vencido na causa. Em tais circunstâncias, a denunciação da lide é viável, *e até recomendável*, quer para a contenção de decisões díspares, quer ainda para assegurar eficiência e economicidade ao serviço público jurisdicional. E vale dizer: "qualquer que seja a natureza da garantia ou a natureza da obrigação sobre a qual ela incide, poderá a parte denunciar a lide ao garante" (DINAMARCO, Cândido Rangel. *Intervenção de terceiros*. São Paulo: Malheiros Editores, 1997. p. 162) – não há, neste particular, restrições ou limitações positivadas em lei. Exemplos: denunciação da lide ao cedente pelo cessionário em litígio no qual é discutida a existência do crédito (CC/2002, art. 295);

denunciação da lide à seguradora pelo motorista que se envolveu em acidente de trânsito e responde demanda intentada pela vítima; denunciação da lide ao motorista-preposto por iniciativa da sua empregadora, esta que foi acionada em ação de reparação civil por danos que aquele causou; denunciação da lide ao representante legal feita pelo incapaz, haja vista os supostos danos que o primeiro, por dolo ou culpa, acarretou em nome do último ao autor da ação indenizatória.

Coisa julgada e eficácia da assistência: em se tratando de denunciação a lide *feita pelo réu*, o terceiro-denunciado ingressa na causa *principal* como litisconsorte do réu-denunciante, além de ser também réu na causa *regressiva*. É, enfim, réu *em ambas as ações*, e, só por isso, julgado o mérito de uma delas ou nas duas, será atingido pela coisa julgada material. Diferentemente ocorre na *falsa* denunciação da lide, aquela de iniciativa do autor. Nesse caso, o terceiro "denunciado" não é litisconsorte, a despeito do que diz a lei, quer dizer, assume, isto sim, posto de *assistente* do denunciante na lide *principal*. Por ser mero assistente, a coisa julgada material não lhe atinge, mas estará proibido, na lide secundária, de discutir a "justiça da decisão" (= efeito da assistência) proferida na causa principal, excetuadas as ressalvas legais (CPC/2015, art. 123, I e II). Nada obstante, no que diz respeito à lide secundária, na qual é réu, havendo julgamento de mérito, se sujeitará, obviamente, à coisa julgada material.

— Θ —

Art. 126. A citação do denunciado será requerida na petição inicial, se o denunciante for autor, ou na contestação, se o denunciante for réu, devendo ser realizada na forma e nos prazos previstos no art. 131.

Correspondente:
CPC/1973, art. 71.

Referências:
CPC/2015, art. 125; art. 127; art. 128; art. 131; art. 238.

Ação regressiva: a denunciação da lide faz surgir uma *ação regressiva* que, somada à ação originária, *uma e outra embutidas num único procedimento jurisdicional*, traduz-se naquilo que, em doutrina, se chama *cumulação eventual de pretensões*. Ter-se-á, a partir da citação válida do denunciado, duas lides conjuntas cuja solução encontrará respaldo na mesma sede procedimental e mediante um único ato decisório. É, aliás, o que se verifica pela redação do art. 126 do CPC/2015, quando o legislador se refere à *citação*, ato pelo qual alguém é convocado a *integrar* relação processual (CPC/2015, art. 238). A convocação é *dupla*: o denunciado é solicitado a integrar as relações jurídico-processuais das causas principal e secundária.

Modo de denunciar a lide: quem denuncia a lide promove contra outrem *ação incidental regressiva*. É o que basta para justificar a indicação, na petição inicial ou contestação, de pedido (até porque aquilo que é devido pelo denunciante pode não coincidir com a obrigação do denunciado), da causa de pedir, além da própria qualificação do legitimado passivo (= denunciado), "com todo o rigor que qualquer petição inicial impõe a quem a elabora" (BUENO, Cassio Scarpinella. *Comentários ao Código de Processo Civil* – v. 1 (arts. 1º a 317). São Paulo: Saraiva, 2017. p. 552-553).

Momentos para denunciar a lide: a lei indica claramente os *momentos* nos quais a denunciação da lide *pode ser* requerida (CPC/2015, art. 126). Se o autor é quem pretende "denunciar a lide" (entre aspas, porque é o réu quem verdadeiramente denuncia a lide), a sede apropriada é a *petição inicial*; sendo o réu, a ocasião adequada é a *contestação*. Denunciações da lide promovidas para além desses momentos devem ser consideradas intempestivas (= preclusão) – em sentido diverso (em defesa da denunciação a lide em momento distinto daqueles previstos no art. 126 do CPC/2015): STJ, REsp 1.637.108/PR, Terceira Turma, rel. Min. Nancy Andrighi, julgado: 06.06.2017, DJe 12.06.2017, disponível: www.stj.jus.br; CARREIRA ALVIM, J. E. *Comentários ao Novo Código de Processo Civil*. v. II. Curitiba: Juruá Editora, 2015. p. 265-267. Observações: i) por não ser obrigatória a denunciação da lide, poderá a parte, sempre que derrotada na lide principal, promover *ação autônoma de regresso*; e ii) as regras constantes dos arts. 126 e 131 do CPC/2015, que tornam sem efeito a denunciação da lide quando não intentada nos prazos e formas legais ali anunciados, têm por finalidade sobretudo a tutela dos interesses da parte adversária do denunciante.

Falta de citação e proteção ao adversário do denunciante: diz a lei que a citação daqueles que devam figurar em litisconsórcio passivo será requerida pelo réu, na contestação, e deve ser promovida no prazo legal, sob pena de ficar sem efeito o chamamento ao processo ou a denunciação da lide (CPC/2015, art. 126 c/c art. 131, *caput*). Esse *prazo legal* é de 30 (trinta) dias, isso se o denunciado residir na própria comarca (seção ou subseção judiciárias) em que tramita o feito; se, porém, residir em comarca (seção ou subseção judiciárias) diversa, o prazo será de 2 (dois) meses (CPC/2015, art. 131, parágrafo único). Ficando sem efeito a denunciação da lide (por desídia ou outra razão qualquer), restará à parte-denunciante, *em ocasião futura e se for o caso*, intentar em face do terceiro *ação autônoma* para se ressarcir do prejuízo suportado – afinal, não há consequências de ordem material decorrentes do não aperfeiçoamento da modalidade interventiva. Quatro observações colhidas da doutrina: i) a paralisação *sine die* ofende o dever judicial de velar pela rápida solução do litígio, em prejuízo especialmente ao adversário do denunciante, que acabará constrangido a aguardar indefinidamente o esgotamento das providências tendentes a ultimar o chamamento do terceiro (= denunciado); ii) os prazos previstos no citado art. 131 fluem a partir da intimação do denunciante sobre a decisão que ordenar a citação; iii) o ônus do denunciante consiste *apenas* em promover aquilo que lhe cabe para a realização do ato (exemplo: antecipação das despesas das diligências do oficial de justiça), não possuindo responsabilidade por *ocorrências supervenientes* (exemplo: oficial de justiça certifica que o denunciado mudou de domicilio para outra cidade) ou *deficiências inerentes ao serviço judiciário* – apenas em caso de culpa ou dolo imputável ao denunciante é que a denunciação da lide ficará sem efeito (STJ, REsp 3508/RJ, Quarta Turma, rel. Min. Barros Monteiro, julgamento: 18.09.1990, disponível em: www.stj.jus.br); e iv) embora a lei dê a entender que é suficiente o mero transcurso do prazo legal (CPC/2015, art. 126 c/c art. 131, *caput*), os efeitos da falta de citação do denunciado em tempo hábil *não* se operam automaticamente, quer dizer, dependem de pronunciamento do juiz, a quem cumpre verificar se há ou não justa causa para o retardamento (ASSIS, Araken. *Processo Civil Brasileiro.* Parte geral: institutos fundamentais. v. II. Tomo I. São Paulo: Revista dos Tribunais, 2015. p. 808-811).

— Θ —

Art. 127. Feita a denunciação pelo autor, o denunciado poderá assumir a posição de litisconsorte do denunciante e acrescentar novos argumentos à petição inicial, procedendo-se em seguida à citação do réu.

Correspondente:
CPC/1973, art. 71.

Referências:
CPC/2015, art. 123, I e II; art. 127; art. 131; art. 346; art; art. 485, VI.

"Denunciação da lide" ***pelo autor*****:** é *falsa* a denunciação da lide quando intentada pelo autor (e nem intervenção de terceiro é) porque a inclusão do terceiro (= "denunciado") no feito tem origem a partir do *instrumento da demanda* (= petição inicial) – ou seja, o autor ou "denunciante" promove pretensões individualizadas, devidamente formalizadas em sua petição inicial, contra o "denunciado" e outro(s) réu(s). Em rigor, quem foi "denunciado" por iniciativa do autor *não intervém*, quer dizer, "não é integrado na relação processual depois de já inteiramente formada em sua estrutura tríplice" (DINAMARCO, Cândido Rangel. *Instituições de Direito Processual Civil*. v. II. 7. ed. São Paulo: Malheiros, 2017. p. 474). Tem-se nisso mais que pedidos cumulados e endereçados cada qual, e isoladamente, a um dos réus – é o fenômeno denominado *litisconsórcio passivo eventual* (= *litisconsórcio passivo eventual* entre o réu e "denunciado"). A pretensão formulada em face do segundo réu (= "denunciado"), por conseguinte, só terá o seu mérito apreciado na *eventual* hipótese de *não acolhimento* (parcial ou total) da pretensão que o autor direcionou ao primeiro réu – sobre o tema: SANTOS, Silas Silva. *Litisconsórcio eventual, alternativo e sucessivo no processo civil brasileiro*. 2012. 413 f. Dissertação (Mestrado em Direito Processual) – Faculdade de Direito, Universidade de São Paulo, São Paulo, 2012. Um exemplo ajuda a esclarecer: um comprador promove ação reivindicatória contra o possuidor do bem e, na petição inicial, formula pretensão (= "denunciação da lide") dirigida também ao vendedor para que este, na hipótese de insucesso na pretensão anterior, responda pelos prejuízos oriundos da evicção; a segunda pretensão (= subsidiária ou eventual) está condicionada ao julgamento de *improcedência* da pretensão principal, ou seja, ela só será objeto de julgamento no mérito se o autor sofrer derrota na lide travada contra o possuidor; e se, porém, o autor lograr êxito na lide principal, a pretensão secundária perde o objeto, quer dizer, a lide incidental será extinta sem julgamento de mérito (= ausência de interesse de agir; CPC/2015, art. 485, VI).

Posição de "litisconsorte": embora a lei aponte que, na "denunciação" feita pelo autor, o denunciado "poderá assumir a posição de litisconsorte do denunciante" (= lide primária) "e acrescentar novos argumentos à petição inicial" (CPC/2015, art. 127), a afirmação merece retificação, até porque "seria absurdo ter o denunciado como litisconsorte do denunciante" (DINAMARCO, Cândido Rangel. *Instituições de Direito Processual Civil.* v. II. 7. ed. São Paulo: Malheiros, 2017. p. 462-463). Quem é convocado, mediante "denunciação da lide" feita pelo autor, assume papel duplo no processo. Na *lide regressiva,* cujo julgamento de mérito está subordinado à derrota do autor na lide primária, o "denunciado" é réu, situando-se assim no polo passivo da relação jurídico-processual. No que toca à *lide primária,* entretanto, assumirá ele *não* a posição de litisconsorte do autor, e sim, *caso queira,* a de seu assistente – recorde-se: a assistência é sempre voluntária. Nessa condição, assumindo o papel de parte *auxiliar,* está autorizado, segundo as palavras da lei, "a *acrescentar* novos argumentos à petição inicial" (CPC/2015, art. 127). Registre-se, contudo, linha doutrinária em sentido diverso: i) só faz sentido a condenação direta prevista no parágrafo único do CPC/2015 em sendo a posição do denunciado, "ainda que por ficção legal, de litisconsorte"; ii) em sendo diversas "as relações jurídicas de direito material entre autor e réu e entre denunciante e denunciado", "o litisconsórcio anunciado pelo art. 127 (e também pelos incisos do art. 128) só pode ser compreendido como hipótese de *legitimação extraordinária*"; iii) os dois dispositivos, portanto, "estão a autorizar que o denunciado atue em nome próprio para defender direito alheio" (BUENO, Cassio Scarpinella. *Comentários ao Código de*

Processo Civil – v. 1 (arts. 1º a 317). São Paulo: Saraiva, 2017. p. 555). Depõe contra essa corrente (= "denunciado" como legitimado extraordinário), entretanto, o fato de que o parágrafo único do art. 128 do CPC/2015, em sua literalidade, foi elaborado com base exclusivamente na denunciação da lide promovida pelo réu.

Posturas que o denunciado está autorizado a adotar: na "denunciação da lide" feita pelo autor (*rectius*: litisconsórcio passivo eventual ou cumulação eventual de pedidos), abrem-se para o "denunciado", logo depois de citado, alternativas. São elas: i) assumir *na causa principal* o posto de *assistente,* quer dizer, vai se tornar parte *auxiliar* em defesa do autor, podendo então acrescentar novos argumentos à petição inicial (CPC/2015, art. 127); ii) manter-se inerte e aguardar o julgamento da *causa principal;* e iii) atuar (independentemente das posturas "i" e "ii") em defesa própria na *causa secundária* (= lide entre "denunciado" e autor "denunciante"), apresentando contestação e produzindo provas capazes de acudi-lo na eventual hipótese de um julgamento de improcedência (parcial ou total) da pretensão principal – lembre-se: se "a denunciação houver sido feita pelo autor, a procedência da demanda excluirá o julgamento da denunciação da lide pelo mérito porque o autor-denunciante, saindo-se vencedor em face do réu, não necessitará do regresso à custa do denunciado" (DINAMARCO, Cândido Rangel. *Intervenção de terceiros.* São Paulo: Malheiros Editores, 1997. p. 168).

Acréscimo de novos argumentos à petição inicial e posição assumida pelo denunciado: o "denunciado", na *falsa* denunciação da lide (= denunciação promovida pelo autor), *não* se torna litisconsorte ativo, o papel que desempenha na causa principal é *mais discreto,* ou seja, atuará na condição de *assistente* do autor. Seu *interesse jurídico* reside em *evitar* uma eventual derrota do autor na lide principal – afinal de contas, a derrota do autor na lide principal tem por efeito *destrancar* o julgamento de mérito da lide secundária, na qual o réu é justamente o "denunciado". Noutras palavras, o insucesso do autor em sua pretensão principal implica *de certo modo* prejuízo também para o "denunciado", na exata medida em que o julgador estará obrigado, a partir de então, a enfrentar o mérito da lide secundária. Diz a lei que, citado o "denunciado", poderá acrescentar novos argumentos à petição inicial (CPC/2015, art. 127). *Acrescentar* é nada mais que adicionar ou somar à petição inicial elementos destinados a *reforçar* as alegações de fato e de direito já postas ali pelo autor, não significando, porém, que seja lícito ao "denunciado" distorcer, ampliar ou alterar o objeto litigioso ou mesmo aditar novas pretensões – nesse sentido, entre outros: BATISTA DA SILVA, Ovídio A. *Comentários ao Código de Processo Civil*. v. 1. São Paulo: Revista dos Tribunais, 2000. p. 356).

Acréscimo de argumentos e contraditório: feita a denunciação *pelo autor*, diz a lei que o "denunciado" poderá assumir a posição de "litisconsorte" (*rectius*: assistente) do denunciante e acrescentar, se assim desejar, novos argumentos à petição inicial, procedendo-se em seguida à citação do réu (CPC/2015, art. 127). Assumindo o "denunciado" a posição de assistente, estará ele autorizado a *reforçar* os argumentos registrados na petição inicial. Não se pode descartar, todavia, a possiblidade de o "denunciado" trazer elementos de fato e de direito que, ao contrário de melhorar a posição do autor, acaba por lhe impingir dificuldades. Daí que, *antes de realizada a citação do réu*, deve o juiz ordenar a intimação do autor para se manifestar a respeito dos acréscimos feitos pelo "denunciado" na petição inicial e, se for o caso, apontar os exageros ou descuidos daquele cuja atuação no feito é meramente auxiliar. Tem-se nisso reflexo da *garantia constitucional do contraditório* (CF/1988, art. 5º, LV), que confere aos litigantes liberdade para debater e refutar tudo aquilo que, em sua perspectiva de visão, mostrar-se prejudicial à linha de argumentação utilizada.

Citação do réu: nas palavras da lei, feita "a denunciação pelo autor, o denunciado poderá assumir a posição de litisconsorte do denunciante e acrescentar novos argumentos à petição inicial, procedendo-se em seguida à citação do réu". Prestigiou a lei o ideal de economicidade: serão duas as citações a se efetivar, a do "denunciado" e a do réu, *não simultâneas* e sim sucessivas, *especialidade procedimental* que permite ao último defender-se, *numa só contestação*, contra os argumentos formulados tanto pelo autor como pelo "denunciado" (THEODORO JÚNIOR, Humberto. *Curso de Direito Processual Civil*. v. I. 56. ed. Rio de Janeiro: Forense, 2015. p. 382).

Coisa julgada e eficácia da assistência: na *falsa* denunciação da lide, *que é aquela de iniciativa do autor*, o terceiro "denunciado" não é um litisconsorte ativo como sugere a lei, ou seja, não é convocado para ali tomar assento, ao lado do "denunciante", como autor da lide principal. Diferentemente, poderá funcionar na lide principal, se assim quiser, na qualidade de *assistente* do autor. Naquilo que importa: i) por ser mero assistente, o "denunciado" está imune à coisa julgada material; ii) entretanto, não lhe será autorizado, na lide secundária ou em qualquer outra, discutir a "justiça da decisão" (= efeito da assistência) proferida na lide principal, excetuadas as ressalvas legais (CPC/2015, art. 123, I e II); e iii) já no que diz respeito à lide secundária, na qual o "denunciado" é réu, havendo julgamento de mérito, naturalmente se sujeitará à coisa julgada material.

— Θ —

Art. 128. Feita a denunciação pelo réu:

I – se o denunciado contestar o pedido formulado pelo autor, o processo prosseguirá tendo, na ação principal, em litisconsórcio, denunciante e denunciado;

II – se o denunciado for revel, o denunciante pode deixar de prosseguir com sua defesa, eventualmente oferecida, e abster-se de recorrer, restringindo sua atuação à ação regressiva;

III – se o denunciado confessar os fatos alegados pelo autor na ação principal, o denunciante poderá prosseguir com sua defesa ou, aderindo a tal reconhecimento, pedir apenas a procedência da ação de regresso.

Parágrafo único. Procedente o pedido da ação principal, pode o autor, se for o caso, requerer o cumprimento da sentença também contra o denunciado, nos limites da condenação deste na ação regressiva.

Correspondente:
CPC/1973, arts. 75 e 76.

Referências:
CPC/2015, art. 125; art. 126; art. 127; art. 128; art. 131; art. 346; art. 1.015, IX.

Súmula nº 537 (STJ). Em ação de reparação de danos, a seguradora denunciada, se aceitar a denunciação ou contestar o pedido do autor, pode ser condenada, direta e solidariamente junto com o segurado, ao pagamento da indenização devida à vítima, nos limites contratados na apólice.

Súmula nº 529 (STJ). No seguro de responsabilidade civil facultativo, não cabe o ajuizamento de ação pelo terceiro prejudicado direta e exclusivamente em face da seguradora do apontado causador do dano.

REsp (repetitivo) 925.130. Em ação de reparação de danos movida em face do segurado, a Seguradora denunciada pode ser condenada direta e solidariamente junto com este a pagar a indenização devida à vítima, nos limites contratados na apólice (STJ, REsp 925.130, 2ª Seção, rel. Min. Luis Felipe Salomão, julgamento: 08.02.2012, disponível em: www.stj.jus.br).

Denunciação da lide *pelo réu*: feita a denunciação da lide pelo réu (= *verdadeira* denunciação da lide), o denunciado será instalado no polo passivo de ambas as relações jurídico-processuais (= cumulação eventual de ações). É ele, em suma, réu, tanto na lide principal quanto na lide incidental de garantia. Frise-se que o julgamento de mérito da lide incidental subordina-se à derrota do denunciante na lide principal, quer dizer, se o réu-denunciante lograr êxito na ação principal (= derrota do autor) ter-se-á, como consequência, o julgamento de extinção da ação incidental por ausência de interesse (CPC/2015, art. 485, VI) – afinal de contas, já que o denunciante não sofreu prejuízo, nenhuma obrigação de indenizar pode ser imputada ao denunciado. O art. 128 do CPC/2015, em específico, cuida de regulamentar o procedimento da denunciação da lide *feita pelo réu*, a quem cumpre formalizá-la em sua contestação (CPC/2015, art. 126).

Posturas que o denunciado está autorizado a adotar: promovida a denunciação da lide *pelo réu*, abrem-se para o denunciado, depois de devidamente citado e no prazo de quinze dias, *quatro* alternativas. *Em primeiro lugar*, é direito seu, desde já, atacar, pela via do agravo de instrumento, a decisão que admitiu a denunciação da lide (CPC/2015, art. 1.015, IX). *Segundo* (e independentemente da postura "i", cuja solução exigirá algum tempo): o denunciado é réu na ação principal, ele e o denunciante; nessa condição, está autorizado a ofertar contestação (CPC/2015, art. 128, I), na qual poderá inclusive dedicar esforços para reverter a decisão que deferiu a denunciação da lide – até aquele momento, afinal de contas, não lhe foi franqueado contraditório e ampla defesa. *Terceiro*, tem ele a faculdade de manter-se inerte e, assim, incorrer em revelia (CPC/2015, art. 346, *caput*). Nessa hipótese, é permitido ao denunciante não apresentar defesa própria, e mesmo, se já oferecida, não prosseguir com ela, podendo até se abster de recorrer caso a sentença seja a ele desfavorável, restringindo sua atuação, única e exclusivamente, à ação incidental de regresso (CPC/2015, art. 128, II). Nada impede o denunciado, *em quarto e último lugar*, de *confessar* os fatos alegados pelo autor na demanda principal (*rectius*: reconhecimento do pedido formulado na lide principal): se assim o fizer, o denunciante poderá prosseguir com sua defesa ou, aderindo ao reconhecimento, apenas pedir a procedência na ação regressiva (CPC/2015, art. 128, III).

Posição de litisconsorte assumida pelo denunciado: feita a denunciação pelo réu, diz a lei que, se o denunciado contestar o pedido formulado pelo autor, o processo seguirá curso tendo, na ação principal, *em litisconsórcio*, denunciante e denunciado (CPC/2015, art. 128, I). Em verdade, o denunciado, a despeito de ofertar ou não contestação, será *sempre* integrado ao polo passivo na qualidade de parte principal – é réu, *em litisconsórcio* com o réu primitivo que promoveu a denunciação da lide. É genuinamente um litisconsorte passivo porque, acaso julgados procedentes os pedidos em ambas as causas (principal e regressiva) – e, por conseguinte, alvos de condenação o réu primitivo e o denunciado –, poderá o autor, haja vista o disposto em uma nova regra (CPC/2015, art. 128, parágrafo único), promover também contra ele (= denunciado) a execução civil (= cumprimento de sentença). Importante: as demais hipóteses previstas nos incisos do art. 128 do CPC/2015 não implicam alternativas distintas daquela regulada no inciso I do mesmo dispositivo legal, sendo nada mais que posturas às quais todo e qualquer réu está autorizado a assumir em função da sua liberdade de litigância (= *inércia* e *reconhecimento jurídico do pedido*).

Execução direta contra o denunciado: feita a denunciação a lide pelo réu e julgados procedentes os pedidos em ambas as causas (= principal e incidental), despontarão para o autor alternativas em relação à fase satisfativa que se seguirá. Em suma, ele está autorizado a direcionar a atividade executiva isoladamente ao réu primitivo ou ao réu-denunciado (que responde nos limites da condenação sofrida na lide regressiva), ou ainda, se preferir, contra ambos (CPC/2015, art. 128, parágrafo único) – caiu por terra a Súmula nº 529 do STJ. Essa regra de cunho pragmático entrelaça *dois* títulos executivos judiciais (= *dupla procedência* nas lides principal e incidental), que tiveram origem a partir de uma única decisão decomposta em capítulos particularizados. O primeiro deles, oriundo do julgamento da *ação principal*, tem por credor o autor e por devedor o réu (= denunciante); o segundo, decorre do julgamento da *ação secundária* e tem por credor o denunciante (= réu na ação principal), sendo devedor o denunciado. Em rigor, esses dois títulos executivos deveriam dar acesso a *duas* execuções civis, cada qual processada e julgada em procedimento específico, via rito de cumprimento de sentença, nos mesmos autos em que as lides primária e incidental foram decididas. Uma execução deflagrada pelo autor (= credor) contra o réu primitivo (= denunciante), enquanto a outra intentada pelo réu primitivo (= denunciante) em face do denunciado. O legislador, todavia, criou espécie de *ponte* entre ambos os títulos executivos judiciais, quer dizer, ao autor é lícito direcionar a execução, se for do seu interesse, também e diretamente contra o denunciado. É correta a posição de Cândido Rangel Dinamarco no sentido de que o parágrafo único do art. 128 do CPC/2015, "ao dispor como dispõe (...) acaba gerando uma superposição entre o instituto da denunciação da lide e o do chamamento ao processo, porque, na prática, impõe ao litisdenunciado o tratamento que se dá aos devedores solidários" (DINAMARCO, Cândido Rangel. *Instituições de Direito Processual Civil.* v. II. 7. ed. São Paulo: Malheiros, 2017. p. 466-467). Curiosidade doutrinária: i) Sebastião de Oliveira Castro Filho, Athos Gusmão Carneiro e tantos outros, *na vigência do revogado CPC/1973*, já admitiam a possibilidade de o autor, nos casos de ação regressiva por responsabilidade civil decorrente da denunciação da lide, promover a execução civil conjuntamente contra denunciante e denunciado, sempre em respeito aos limites da condenação atinente à lide regressiva; ii) a tese, que àquela época acabou encontrando eco no próprio Superior Tribunal de Justiça, acabou acolhida pelo legislador do CPC/2015. Bibliografia sobre o assunto: ARMELIN, Donaldo. A ação direta da vítima contra a seguradora de responsabilidade civil: fundamentos e regime das exceções. *In:* III FÓRUM DE DIREITO DO SEGURO "JOSÉ SOLLERO FILHO", 2003, São Paulo. *Anais [...].* São Paulo: IBDS, 2003. p. 168-188; CARNEIRO, Athos Gusmão. *Intervenção de terceiros.* 10. ed. São Paulo: Saraiva, 1998. p. 104; CASTRO FILHO, Sebastião de Oliveira. Do litisconsórcio na denunciação da lide. *In*: FUX, Luiz; NERY JUNIOR, Nelson; WAMBIER, Teresa Arruda (Coord.). *Processo e Constituição.* São Paulo: Revista dos Tribunais, 2006. p. 437-438; FARIA, Juliana Cordeiro de. O Código Civil de 2002 e o novo paradigma do contrato de seguro de responsabilidade civil: a viabilidade do direito de ação da vítima contra a seguradora. *In:* ALVIM, Angélica Arruda; CAMBLER, Everaldo Augusto (Coords.). *Atualidades de Direito Civil.* Curitiba: Juruá Editora, 2006. p. 135-167; MELO, Gustavo de Medeiros. Ação direta da vítima contra a seguradora no seguro de responsabilidade civil. *Revista de Processo.* São Paulo, v. 243, p. 41-58, maio/2015; SANTOS, Ricardo Bechara. *Direito de Seguro no cotidiano.* 3. ed. Rio de Janeiro: Forense, 2000. p. 507; THEODORO JÚNIOR, Humberto. O seguro de responsabilidade civil. Disciplina material e processual. *Revista de Direito Privado.* São Paulo: Revista dos Tribunais, v. 46, p. 299-321, 2011.

Liquidação de sentença e denunciação da lide: está o autor autorizado, se for o caso, a requerer o cumprimento da sentença também e diretamente contra o denunciado, nos limites da condenação sofrida por ele na ação incidental de regresso (CPC/2015, art. 128, parágrafo único). Entretanto, pode faltar liquidez em um (e mesmo em ambos) dos títulos executivos judiciais. Segundo a lei, havendo condenação em quantia *ilíquida,* cuja apuração do valor não depender apenas de cálculo aritmético, proceder-se-á à sua liquidação, a requerimento do credor ou devedor (CPC/2015, art. 509). O ponto aqui é detalhar o *modus operandi* para se chegar a essa(s) liquidação(ões). Utilize-se de um exemplo: a vítima promove ação indenizatória contra o motorista supostamente responsável pelo acidente de trânsito, este que, em contestação, denuncia a lide a seguradora para se garantir na eventualidade de suportar condenação; o pedido da causa principal é julgado procedente e o réu-denunciante acaba condenado a indenizar em valores ainda ilíquidos; por sua vez, a seguradora-denunciada é condenada a indenizar o denunciante na ação de regresso (= lide secundária ou incidental), mas apenas *em parte* do valor da indenização a que tem direito o autor da ação primária, haja vista limitações e cálculos complexos objeto do contrato de seguro – trata-se, portanto, de valor igualmente ilíquido; se o autor, em função da sua vitória na lide principal, tem legitimidade para requerer o cumprimento de sentença contra réu-denunciante e denunciado (CPC/2015, art. 128, parágrafo único), nada há que o impeça de também tomar iniciativa e promover o competente procedimento liquidatório contra ambos a fim de apurar o valor das duas indenizações (= principal e de regresso); o réu-denunciante e o denunciado, ambos alvos de condenações, têm, em igual medida, legitimidade para dar início ao procedimento liquidatório; bastará um único procedimento de liquidação, com a presença obrigatória de todos esses personagens – se foi o autor quem deu início à liquidação, no polo passivo estarão presentes denunciante e denunciado; se, de outra banda, o procedimento liquidatório nasceu por obra de um dos sucumbentes, o outro será intimado (= denunciante ou denunciado, conforme o caso) para integrar o polo ativo ao lado daquele que tomou a iniciativa, ao passo que o autor se posicionará no polo passivo.

Coisa julgada: em se tratando de denunciação a lide *feita pelo réu*, o terceiro-denunciado ingressa na causa *principal* como litisconsorte do réu-denunciante, além de ser do mesmo modo réu na causa *regressiva*. É, em suma, réu *em ambas as ações*, principal e incidental, e só por isso, julgado o mérito de uma delas ou ambas, será atingido pela coisa julgada material.

Denunciação da lide feita pelo autor e execução contra o denunciado: a regra trazida pelo art. 128, parágrafo único, do CPC/2015 refere-se *apenas* a denunciação da lide *promovida pelo réu*. Tem-se nisso a confirmação, talvez por ato inconsciente do legislador, de que a denunciação da lide feita pelo autor não é modalidade de intervenção de terceiros (e tampouco é denunciação da lide) – traduz-se em nada mais que formação de *litisconsórcio passivo eventual*. Importa o seguinte: se foi do autor a iniciativa de "denunciar a lide", ele só poderá incitar o cumprimento de sentença contra o "denunciado" na hipótese de ter sido vencido (= improcedência do pedido) na lide principal e vencedor na lide incidental.

— Θ —

Art. 129. Se o denunciante for vencido na ação principal, o juiz passará ao julgamento da denunciação da lide.

Parágrafo único. Se o denunciante for vencedor, a ação de denunciação não terá o seu pedido examinado, sem prejuízo da condenação do denunciante ao pagamento das verbas de sucumbência em favor do denunciado.

Correspondente:
CPC/1973, art. 76.

Referências:
CPC/2015, art. 85, §10; art. 94; art. 121; art. 129, parágrafo único.

Duplicidade de ações e julgamento: sendo o denunciante vencido na ação principal, o magistrado passará ao julgamento da ação de denunciação (CPC/2015, art. 129, *caput*). É só na hipótese de *derrota* do denunciante na lide principal é que se decidirá o *mérito* da lide incidental. Entretanto, não é porque o denunciante experimentou insucesso na lide primária que a ação de regresso por ele promovida contra o denunciado terá um resultado que lhe favoreça. Ou seja, a ação de denunciação (= ação de regresso ou de garantia) improcederá no mérito se lhe faltar os requisitos para a responsabilidade do terceiro, por exemplo, "se no contrato de compra e venda do imóvel ficou excluída a responsabilidade por evicção", ou "se a apólice securitária excluía a cobertura para o caso ou o prêmio não foi pago em tempo" (DINAMARCO, Cândido Rangel. *Instituições de Direito Processual Civil.* v. II. 7. ed. São Paulo: Malheiros Editores, 2017. p. 478). De outra banda, se na lide principal o denunciante lograr êxito, a lide incidental regressiva estará automática e definitivamente prejudicada. Importante: i) é equivocada a frase "se o denunciante for vencedor, a ação de denunciação *não terá o seu pedido examinado*" (CPC/2015, art. 129, parágrafo único); ii) se há uma ação *promovida,* a Constituição impõe ao Poder Judiciário que profira um julgamento, tenha ele a natureza que tiver; iii) por isso, *esvaziada* a pretensão de regresso porque o denunciado, *diante da vitória do denunciante na lide principal*, nada terá a repor ou indenizar, o que se verá, pura e simplesmente, é um julgamento de extinção do feito *sem resolução de mérito* (= ausência de interesse de agir).

Ato decisório único: as pretensões (originária e incidental) em sua integralidade resolver-se-ão *no mais das vezes* num mesmo procedimento e mediante ato decisório único, complexo e concentrado. É lembrar: animando a denunciação da lide subjazem e operam as diretrizes *segurança, eficiência* e *efetividade*. Observação: existe a possibilidade de os julgamentos (= causas principal e incidental) não ocorrerem em conjunto, "como na hipótese, por exemplo, da ocorrência de *julgamento antecipado parcial do mérito* em relação ao pedido originário" (CPC/2015, art. 356) (BUENO, Cassio Scarpinella. *Comentários ao Código de Processo Civil* – v. 1 (arts. 1º a 317). São Paulo: Saraiva, 2017. p. 561).

Sucumbência e denunciação a lide promovida pelo réu: são *distintas* as ações *principal* e *incidental de regresso*, conquanto processadas e decididas num único feito e mediante única sentença. Por ser assim, cada qual atrai para si os consectários da sucumbência. Haverá, em suma, condenações em despesas processuais e honorários de sucumbência oriundas dos julgamentos das ações principal e regressiva. Possibilidades (denunciação a lide feita pelo réu): i) *exitoso o denunciante na causa principal*, a ação regressiva incidental por ele intentada estará automaticamente prejudicada (= julgamento de extinção *sem resolução* de mérito), ou seja, haverá, de um lado, a condenação do seu adversário no pagamento de despesas processuais e honorários de advogado (= lide principal) e, de outro, a condenação dele próprio em despesas e honorários advocatícios em relação ao denunciado (= lide incidental) (CPC/2015, art. 85, §10 c/c art. 129, parágrafo único c/c art. 485, VI) – ao denunciante não faz mais sentido, com o advento do CPC/2015, argumentar que se viu *no dever* de denunciar a lide para assegurar o seu direito material (= facultatividade da denunciação a lide), como forma de tentar livrar-se da responsabilidade pelas verbas sucumbenciais; ii) *procedentes os julgamentos de ambas as lides*, o denunciante suportará condenação de pagamento dos encargos sucumbenciais na lide principal, ao passo que o denunciado será condenado ao pagamento desses encargos na lide regressiva; e iii) *derrotado o denunciante na ação principal*, o mérito da ação incidental de regresso será apreciado e, *se houver julgamento de improcedência*, suportará ele condenação de pagamento dos encargos sucumbenciais em ambas as causas.

Sucumbência e "denunciação da lide" feita pelo autor: feita a "denunciação da lide" pelo autor (= *falsa* denunciação da lide), o denunciado assumirá, se assim quiser, a posição de *assistente* na causa principal. Reza o art. 94 do CPC/2015 que, sendo vencido o assistido, o assistente será condenado ao pagamento das custas *em proporção à atividade que houver exercido no processo* (CPC/2015, art. 94). A regra, como se vê, limita-se a regular as *custas*, não incluindo outras despesas processuais (por exemplo: indenização de viagem, remuneração do assistente técnico, diária de testemunhas) e tampouco honorários de sucumbência. Possibilidades: i) vencido o autor em sua *pretensão principal*, ele e seu assistente (= "denunciado") suportarão condenação *em custas* segundo critério diverso da metodologia *per capita*, ou seja, o julgador dedicará esforços para medir a *intensidade* da participação de ambos no feito – por exemplo, é mais incisiva e presente a atuação do assistente que supre lacuna deixada pela revelia do réu, requerendo provas, interpondo recursos e participando de audiências; ii) o assistente, que nessa qualidade atuou na *lide principal*, não deverá ser condenado em outras despesas (apenas em *custas*) e nem no pagamento da verba honorária sucumbencial – nesse sentido: STJ, RESP nº 579.739, 1ª Turma, rel. Min. José Delgado, julgamento: 17.02.2005, disponível em: www.stj.jus.br; iii) vencido o autor na lide principal, a pretensão regressiva será objeto de apreciação no mérito e, a depender do resultado, uma das partes na lide incidental (= "denunciante" e "denunciado") será condenada a pagar à outra as despesas processuais e os honorários de sucumbência; iv) se, porém, o autor (= denunciante") for vencedor na pretensão principal, a pretensão regressiva estará automaticamente prejudicada, ou seja, seu adversário será condenado ao pagamento de despesas processuais e honorários (lide principal), enquanto ele (= autor "denunciante) suportará condenação em encargos sucumbenciais (despesas e honorários) na lide secundária.

— Θ —

Capítulo III
DO CHAMAMENTO AO PROCESSO

Art. 130. É admissível o chamamento ao processo, requerido pelo réu:

I – do afiançado, na ação em que o fiador for réu;

II – dos demais fiadores, na ação proposta contra um ou alguns deles;

III – dos demais devedores solidários, quando o credor exigir de um ou de alguns o pagamento da dívida comum.

Correspondente:
CPC/1973, art. 77.

Referências:
CPC/2015, art. 125, II; art. 130; art. 132; art. 319; art. 515, I;

Lei 10.741/2003, art. 12.

CC/2002, art. 264; art. 265; art. 267; art. 268; art. 275; art. 829.

Tema Repetitivo nº 315 (STJ). A parte autora pode eleger apenas um dos devedores solidários para figurar no polo passivo da demanda. (...) A possibilidade de escolha de um dos devedores solidários afasta a figura do litisconsórcio compulsório ou necessário.

Tema Repetitivo nº 686 (STJ). O chamamento ao processo da União com base no art. 77, III, do CPC, nas demandas propostas contra os demais entes federativos responsáveis para o fornecimento de medicamentos ou prestação de serviços de saúde, não é impositivo, mostrando-se inadequado opor obstáculo inútil à garantia fundamental do cidadão à saúde.

Trato legislativo: não há distinções substanciais entre os Códigos de Processo Civil *revogado* e *em vigor* acerca do *chamamento ao processo*. Em primeiro lugar, o legislador colocou em evidência que a legitimidade para chamar ao processo é *exclusiva* do réu (CPC/2015, art. 130, *caput*). Fez-se também ajustes pontuais nas regras que indicam as hipóteses em que a modalidade interventiva tem cabimento, sem acrescentar outras ou eliminar as que já existiam. Foram aperfeiçoados os artigos que apontavam o *momento* em que o chamamento ao processo deve ocorrer e os prazos a serem considerados pelo réu-chamador para a realização da(s) citação(ões) do(s) chamado(s) (CPC/2015, art. 131). Não há mais norma expressa impondo a suspensão do feito quando do manejo dessa intervenção de terceiros. Por fim, a *regra de utilidade* do chamamento ao processo ganhou contornos redacionais mais claros (CPC/2015, art. 132).

Chamamento ao processo – *conceito, escopos* e *fundamentos*: é o chamamento ao processo modalidade *forçada* de intervenção de terceiros. Ao manejá-lo, o réu (= chamador) incita a *ampliação subjetiva da causa*, quer dizer, estimula a inclusão de mais um (ou de tantos outros) réu(s) (= chamado ou chamados) que litigará(ão) ao seu lado no feito (= litisconsórcio passivo ulterior). Mais que isso: eventual sentença de *dupla procedência, a envolver as ações principal e incidental(is) dúplice(s)*, valerá como *título executivo* em favor do autor contra todos os réus, e em favor também de qualquer um dos réus que satisfizer a dívida – cite-se a literalidade da lei: a sentença de procedência (aqui especialmente na *ação incidental dúplice* ou nas *ações incidentais dúplices*) "valerá como título executivo em favor do réu que satisfizer a dívida, a fim de que possa exigi-la, por inteiro, do devedor principal, ou, de cada um dos codevedores, a sua quota, na proporção que lhes tocar" (CPC/2015, art. 132). Logo, o manejo do chamamento também provoca a *ampliação do objeto processual*, pois se espera que a atividade jurisdicional resolva igualmente o conflito de interesses existente entre *todos os réus*, dispensando-se assim nova e futura demanda. De tudo isso já se percebem subentendidos os ideais *economicidade* e *concretização de resultados*. Observações: i) o chamamento ao processo veio a lume a partir do CPC/1973 e tem firme inspiração no direito português; ii) a iniciativa em manejar o chamamento ao processo pertence, *com exclusividade*, ao réu primitivo e, salvo eventual ocorrência de prescrição, nada impedirá aquele que optou *por não* exercer o ônus de, em oportunidade futura, promover a competente *ação autônoma* contra o devedor principal (ou contra os codevedores) para postular o devido ressarcimento (= *caráter facultativo* ou *não impositividade* do chamamento ao processo); iii) não existe, em complemento ao item anterior, chamamento ao processo de iniciativa de terceiro e tampouco do juiz – o terceiro que não foi chamado a demandar, pode, se assim desejar (e se enquadrar nos requisitos legais), intervir no feito na qualidade de *assistente litisconsorcial* do réu; iv) as hipóteses de cabimento do chamamento ao processo são *unicamente* as que estão positivadas em lei – não há, portanto, margem para criação de novas hipóteses por força da atuação do julgador; v) a exemplo do que se dá na denunciação da lide, o chamamento ao processo só tem lugar em ações *de conhecimento*; vi) haja vista que o chamamento ao processo é modalidade interventiva *provocada*, apenas se admite a recursa do chamado em circunstâncias bastantes específicas e atreladas aos requisitos exigidos em lei – por exemplo: requerimento formulado intempestivamente; vii) o litisconsórcio formado entre chamador e chamado é o *comum* (= não unitário), razão por que *em tese* é até possível que a sentença "dê tratamentos diferentes a esses litisconsortes" (DINAMARCO, Cândido Rangel. *Instituições de Direito Processual Civil*. v. II. 7. ed. São Paulo: Malheiros, 2017. p. 480); viii) a estrutura objetiva do processo suporta alteração sempre que o chamamento ao processo for implementado, ou seja, "passam-se a correr ações regressivas dúplices entre o réu originário e cada um dos chamados, assim como entre estes, de tal modo que qualquer um que pagar a dívida poderá usar a sentença para se reembolsar junto aos outros das quotas que lhe cabem" (GRECO, Leonardo. *Instituições de Processo Civil*. v. I. 2. ed. Rio de Janeiro: Forense, 2010. p. 519); ix) quem propôs o chamamento (= chamador) poderá ser alvo de execução (= cumprimento de sentença) intentada pelo chamado que honrar a dívida, "mesmo sem reconvenção ou qualquer pedido expresso" – por isso o chamamento faz surgir *ação(ões) incidental(is) dúplice(s) de regresso*, ou seja, ação(ões) ambivalente(s) que funciona(m) como ação(ões) regressiva(s) entre chamador e chamado(s), reciprocamente, e entre todos os chamados havendo mais de um deles (GRECO, Leonardo. *Instituições de Processo Civil*. v. I. 2. ed. Rio de Janeiro: Forense, 2010. p. 519-520); x) essas ações *primitiva* e *regressiva(s) dúplice(s)* seguirão curso na mesma sede procedimental já em andamento, sendo julgadas mediante ato decisório único e com capítulos em separado; xi) o chamamento ao processo tem lugar em ações destinadas a obter condenação de *pagamento em dinheiro* ou *entrega de coisas determinadas pelo gênero e quantidade* – a jurisprudência, todavia, tende a uma orientação restritiva, recusando tal modalidade interventiva em ações que não objetivam pecúnia; xi) aquilo que o Código Civil dá com uma mão (= solidariedade: direito material que tem o credor de exigir e receber *de um ou de alguns* dos devedores, parcial ou totalmente, a dívida comum; CC/2002, art. 275), o Código de Processo Civil tira com a outra (= direito que tem o réu de chamar ao processo o outro (ou os demais) devedor(es) solidário(s) – CPC/2015, art. 130) – noutras palavras: o emprego do chamamento ao processo *anula* ou *relativiza* o direito de o credor demandar apenas contra quem escolher, o que se justifica em prol dos ideais *economia* e *efetividade* da jurisdição; xii) desde sempre houve laços de afinidade entre *chamamento ao processo* e *denunciação da lide*, e agora mais ainda, como se nota pela regra prevista no art. 128, parágrafo único, do CPC/2015. Doutrina sugerida: ASSIS, Araken. *Processo Civil Brasileiro*. Parte geral: institutos fundamentais. v. II. Tomo I. São Paulo: Revista dos Tribunais, 2015; BARBI, Celso Agrícola. *Comentários ao Código de Processo Civil*. v. I. Rio de Janeiro: Forense, 1981; MOREIRA, José Carlos Barbosa. *Estudos sobre o Novo Código de Processo Civil*. Rio de Janeiro: Liber Juris, 1974, p. 87-88; BATISTA DA SILVA, Ovídio A. *Comentários ao Código de Processo Civil*. v. 1. São Paulo: Revista dos Tribunais, 2000; CARREIRA ALVIM, J. E. *Comentários ao Novo Código de Processo Civil*. v. II. Curitiba: Juruá Editora, 2015; CARNEIRO, Athos Gusmão. *Intervenção de terceiros*. 10. ed. São Paulo: Saraiva, 1988; DINAMARCO, Cândido Rangel. *Intervenção de terceiros*. São Paulo: Malheiros Editores, 1997; DINAMARCO, Cândido Rangel. *Instituições de Direito Processual Civil*. v. II. 7. ed. São Paulo: Malheiros, 2017; CRUZ, José Raimundo Gomes da. *Pluralidade de partes e intervenção de terceiros*. São Paulo: Revista dos Tribunais, 1991; GRECO, Leonardo. *Instituições de Processo Civil*. v. I. 2. ed. Rio de Janeiro: Forense, 2010; THEODORO JÚNIOR, Humberto. *Curso de Direito Processual Civil*. V. I. 56. Ed. Rio de Janeiro: Forense, 2015; DIDIER JR., Fredie. *Curso de Direito Processual Civil*. v. 1. 17. ed. Salvador: JusPodivm, 2015; LOPES DA COSTA, Alfredo de Araujo. *Da intervenção de terceiros no processo*. São Paulo:

Livraria Teixeira Editores, 1930; PONTES DE MIRANDA, Francisco Cavalcanti. *Comentários ao Código de Processo Civil.* Tomo II. Rio de Janeiro: Forense, 1974; RODRIGUES, Daniel Colnago. *Intervenção de terceiros.* 2. ed. São Paulo: Revista dos Tribunais, 2021; WAMBIER, Luiz Rodrigues; TALAMINI, Eduardo. *Curso Avançado de Processo Civil:* Teoria Geral do Processo. v. 1. 16. ed. São Paulo: Revista dos Tribunais, 2016.

Natureza jurídica: o chamamento ao processo tem natureza *complexa. Em primeiro lugar,* a sua utilização faz incluir no polo passivo da relação jurídico-processual terceiro(s) corresponsável(is) pela obrigação perseguida. Havendo julgamento com resolução de mérito, todos, sem exceção – autor, réu-chamador e réu(s)-chamado(s) –, estarão atrelados aos efeitos da coisa julgada material. E especificamente em caso de condenação, abre-se para o credor a possibilidade de direcionar a sua execução (= cumprimento de sentença), a critério seu, também sobre o patrimônio do(s) chamado(s), o que, decerto, tende a ampliar suas chances de êxito. *Para além disso,* o manejo do chamamento ao processo implica *exercício concomitante do direito de ação* por parte *de todos* os réus. É que, promovida e autorizada pelo juiz essa modalidade interventiva, ter-se-á não apenas a dilatação subjetiva da ação principal (= litisconsórcio passivo ulterior), mas igualmente a dilatação da própria estrutura objetiva do processo, com a deflagração de *ação(ões) incidental(is) dúplice(s) de regresso* a envolver chamador e chamado(s) (= réus na lide principal) se revezando nas posições ativa e passiva. Daí por que, em caso de procedência também dessa(s) ação(ões) incidental(is) dúplice(s), *qualquer* um dos devedores que honrar a obrigação cobrada pelo autor na lide principal estará autorizado a se valer da própria sentença (= título executivo judicial) para direcionar a atividade jurisdicional executiva (= cumprimento de sentença) sobre o patrimônio do devedor principal ou do(s) codevedor(es) a fim de se reembolsar do prejuízo ou de parte dele (CPC/2015, art. 132) – nesse exato sentido: GRECO, Leonardo. *Instituições de Processo Civil.* v. I. 2. ed. Rio de Janeiro: Forense, 2010. p. 519).

Litisconsórcio passivo facultativo: intentado e autorizado judicialmente, o chamamento ao processo provoca a formação de um *litisconsórcio passivo* do tipo *comum* na lide principal – ou pelo menos expande litisconsórcio passivo já existente. Trata-se de conclusão óbvia, oriunda da própria regra de solidariedade que subjaz essa espécie interventiva. Afinal de contas, fosse hipótese de litisconsórcio necessário, ao julgador incumbiria, mesmo *ex officio*, determinar a integração do terceiro no polo passivo da relação jurídico-processual em qualquer etapa do procedimento (CPC/2015, art. 115, parágrafo único).

Lide(s) incidental(is) – características: o chamamento ao processo faz surgir *ações regressivas incidentais dúplices de regresso* a envolver chamador e chamado(s), que se revezam nos postos de autor e réu. Leonardo Greco fornece um exemplo elucidativo: "imagine-se a propositura de uma ação de cobrança do credor A em face do devedor solidário B. Com o chamamento ao processo pelo réu originário dos codevedores solidários, serão processadas simultaneamente tantas ações de cobrança quantos forem os chamados, além da ação originária. Afora isso, passam a correr ações regressivas dúplices entre o réu originário e cada um dos chamados, assim como entre estes, de tal modo que qualquer um que pagar a dívida poderá usar a sentença para se reembolsar junto aos outros das quotas que lhes cabem" (GRECO, Leonardo. *Instituições de Processo Civil*. v. I. 2. ed. Rio de Janeiro: Forense, 2010. p. 519). Essa(s) ação(ões) é (são) *antecipada(s)* porque intentada(s) antes de qualquer um dos réus da lide principal sofrer efetivo prejuízo. Em rigor, não poderia agir assim o réu-chamador, *adiantando-se ao prejuízo que até então não suportou*, mas está autorizado a fazê-lo por existir previsão legal que prestigia os ideais *efetividade* e *economia*. De mais a mais, é (são) ação(ões) *regressiva(s)* já que seu julgamento de procedência permitirá ao devedor – chamador ou chamado(s), não importa – que honrar a dívida perseguida na lide principal a se ressarcir do prejuízo (CPC/2015, art. 132). Por fim, é (são) ação(ões) *incidente(s)*, pois seu processamento e julgamento ocorrerá no procedimento em curso – ou seja: um procedimento, duas ou mais ações e uma sentença dividida em capítulos.

Legitimidades ativa e passiva: a lei é clara ao trazer a lume *rol de legitimados* autorizados a deflagrar e responder o incidente *chamamento ao processo* (CPC/2015, art. 130). Primeiramente, *apenas* ao réu é lícito o manejo dessa modalidade interventiva – a ele é permitido convocar ao feito todos aqueles que, ao seu lado, detêm responsabilidade em saldar a obrigação. De outra banda, podem ser alvo do chamamento ao processo: i) o afiançado, na ação em que o fiador for réu (CPC/2015, art. 130, I); ii) os demais fiadores, na ação proposta contra um ou alguns deles (CPC/2015, art. 130, II); e iii) os demais devedores solidários, em ação em que o credor exigir de um ou alguns o pagamento da dívida comum (CPC/2015, art. 130, III). É interessante notar, aliás, que as hipóteses indicadas no art. 130 do Código de Processo Civil contemplam *sem exceção* terceiros que já eram legitimados passivos à causa proposta, embora tenha o autor preferido não os incluir na demanda inicial (= litisconsórcio passivo facultativo) (DINAMARCO, Cândido Rangel. *Instituições de Direito Processual Civil.* v. II. 7. ed. São Paulo: Malheiros, 2017. p. 482).

Chamamentos sucessivos: deve-se admitir, *salvo melhor juízo*, chamamentos sucessivos. Ao ser chamado ao feito, o coobrigado solidário pode chamar outros coobrigados solidários não incluídos na ação inicial e tampouco no chamamento promovido originariamente (DINAMARCO, Cândido Rangel. *Instituições de Direito Processual Civil.* v. II. 7. ed. São Paulo: Malheiros, 2017. p. 485). O ordenamento jurídico, enfim, nada traz em seu bojo que permita recusar essa possibilidade.

Facultatividade: não há prejuízo para quem *não promove* o chamamento ao processo. Trata-se, afinal de contas, de modalidade de intervenção *facultativa* e, por isso, nenhuma sequela de *cunho material* suportará aquele que escolheu *não chamar*, ou que *chamando*, teve a sua pretensão *não aperfeiçoada* ou mesmo *indeferida* por qualquer razão. O réu chama alguém ao processo porque pretende aferir os benefícios desse instituto, sem receio de perder o direito que possui perante o devedor principal ou o(s) codevedor(es). Uma *ação autônoma*, enfim, poderá ser promovida por ele no futuro. Noutros termos, o art. 130 do CPC/2015 regula espécie de *ônus*, cujo descumprimento tem por consequência única privar a parte ré de usufruir as vantagens inerentes a essa espécie de intervenção de terceiros.

Prejudicialidade: o chamamento ao processo atrai terceiro(s) para uma causa em andamento (= lide principal ou subordinante), além de provocar o surgimento de *ações incidentais regressivas dúplices*. Esse(s) terceiro(s) (= chamado ou chamados), de um lado, assumirá(ão) o posto de réu na lide principal em companhia do réu primitivo (= litisconsórcio passivo ulterior); de outro lado, participará(ão) da(s) lide(s) incidental(is) secundária(s), ele e o réu-chamador se revezando nos papéis de autor e réu. Trata-se, em suma, de *especialidade procedimental* cuja lógica é viabilizar título executivo judicial em favor daquele corresponsável que sozinho honrar a obrigação perseguida na lide principal. Tem-se nisso um tipo de *atalho*, pois a esse corresponsável será permitido, *sem a necessidade de promover ação de conhecimento autônoma*, valer-se da via executiva (= cumprimento de sentença) e mirar outrossim o patrimônio dos demais devedores para se reembolsar do prejuízo ou de parcela dele. Importa aqui o seguinte: i) serão duas ou mais causas, uma primeira, a envolver os réus chamador e chamado(s) e o seu adversário (= autor da lide principal), e a(s) última(s), travada(s) entre chamador e chamado(s), que se revezarão ora no posto de autor e ora no de réu; ii) a primeira causa e a(s) outra(s) encontram-se atreladas por uma *relação de prejudicialidade*, ou seja, ter-se-á um julgamento *de mérito* na(s) causa(s) secundária(s) *a depender* do que restar decidido na causa principal – a causa principal é *prejudicial* porque o julgamento dela afetará ou influenciará o rumo a ser trilhado no julgamento da(s) causa(s) secundária(s) (= *implicação de prejudicialidade*); iii) a(s) causa(s) secundária(s) é (são) proposta(s) em caráter *eventual*, quer dizer, comportará(ão) resolução de mérito *somente se* os réus chamador e chamado(s) *sucumbirem* na lide principal; iv) portanto, a derrota do autor na lide principal implicará a *perda de objeto* (= ausência de interesse de agir) da(s) lide(s) secundária(s) ou subordinada(s) – afinal de contas, não haverá prejuízo a ser reembolsado em favor do chamador ou do(s) chamado(s).

Admissibilidade (1): o pedido de chamamento ao processo sujeita-se sempre ao crivo do julgador (= *juízo de admissibilidade*). Por isso o CPC/2015, em seu art. 130, aduz que o chamamento é *admissível* quando *formulado pelo réu*, em sua *contestação*, respeitadas as *hipóteses* lá indicadas. Na medida em que o legislador elenca *hipóteses de cabimento* e destaca *quem tem* legitimidade e o *momento adequado* para se provocar a modalidade interventiva, é óbvio que devem ser rechaçados pedidos desalinhados a essas diretrizes normativas. Outras regras atinentes à admissibilidade: i) a citação daquele(s) que figurará(ão) como litisconsorte(s) passivo(s) (chamado ou chamados) será requerida pelo réu *na contestação* e *precisa ser promovida no prazo de 30 (trinta) dias*, sob pena de ficar sem efeito o chamamento; e ii) residindo o(s) chamado(s) em outra comarca, seção ou subseção judiciárias, ou em lugar incerto, o prazo para se promover a citação *será de 2 (dois) meses* (CPC/2015, art. 131, *caput* e parágrafo único), sob pena de igualmente ficar sem efeito o chamamento; iii) em síntese, não ocorrendo o ato citatório por descuido ou falta de diligência do réu-chamador, em desatenção ao *momento* e aos *prazos* especificados em lei, o chamamento ao processo já autorizado acabará abortado por nova decisão judicial.

Admissibilidade (2): em prol de uma melhor didática, parece adequado indicar, com comentários extras, uma a uma as hipóteses indicadas no tópico anterior. Destarte, o chamamento ao processo será indeferido: i) quando formulado por quem não é réu ou em desalinho às hipóteses previstas nos incisos I, II e III do art. 130 do CPC/2015 – a exemplo da denunciação da lide, o chamamento ao processo é fenômeno típico de ações cognitivas; ii) quando o pedido não for elaborado *na contestação* (= intempestividade) – afinal, se o chamado vai figurar no polo passivo, em litisconsórcio com o réu primitivo, perde o sentido admitir-se a modalidade interventiva em fase já adiantada do procedimento; iii) se não respeitado o prazo previsto em lei para a realização da(s) citação(ões) do(s) chamado(s) (CPC/2015, art. 131); iv) se for requerido em procedimentos ou situações em que a lei expressamente proíbe o manejo de intervenções de terceiros – por exemplo: é proibido o chamamento ao processo em procedimentos que tramitam perante os Juizados Especiais Cíveis (Lei 9.099/1995, art. 10); v) se for requerido em causa onde o pedido inicial não tenha por objeto "dinheiro ou coisa determinada pelo gênero ou quantidade", pois só em relação a essas obrigações "que se pode pensar na possibilidade de reembolso integral ou parcial benefício do chamador" (DINAMARCO, Cândido Rangel. *Instituições de Direito Processual Civil*. v. II. 7. ed. São Paulo: Malheiros, 2017. p. 480).

Controle judicial do pedido, contraditório e recurso: incumbe ao julgador decidir acerca do requerimento de chamamento ao processo (= juízo de admissibilidade). É seu papel verificar, em primeiro lugar, a adequação formal do requerimento (por exemplo: indicação do nome completo do terceiro e sua qualificação) e, outrossim, se foi feito em sítio adequado (= contestação). Não menos importante: deve conferir se a versão fática arguida pelo réu se ajusta a alguma (ou algumas) das *hipóteses de admissibilidade* previstas no art. 130 do CPC/2015. Observações: i) antes de decidir acerca do pedido de chamamento ao processo, ao juiz incumbe franquear ao autor o contraditório, permitindo a ele, se for o caso, apontar alguma questão objetivamente fundada na lei capaz de levar à inadmissão da pretensão interventiva (CPC/2015, art. 10); ii) há defeitos que admitem sanação, razão por que, *antes de rejeitar o pedido de chamamento ao processo*, o órgão judicial deve instaurar o contraditório (CPC/2015, art. 10) e franquear ao chamador a possibilidade de corrigenda; iii) contra decisão interlocutória que versar sobre admissão ou inadmissão de intervenção de terceiros cabe agravo de instrumento (CPC/2015, art. 1.015, IX), recurso que poderá ser interposto por quaisquer dos envolvidos – autor, chamador ou chamado(s).

Ação declaratória: a lei atual prevê que também as sentenças declaratórias podem apresentar eficácia executiva (CPC/2015, art. 515, I). Logo, faz sentido, a depender do caso concreto, admitir-se o chamamento ao processo em ações de cunho declaratório.

Ação civil pública: a Lei 7.374/1985 não impede o manejo do chamamento ao processo e tampouco é com ele incompatível. Assim é que, presentes os demais pressupostos, deve-se admitir a modalidade interventiva também em ações civis públicas.

Ação popular: em ações populares *todos* os corresponsáveis e beneficiários diretos do ato impugnado *devem* ser incluídos no polo passivo (Lei 4.717/1965, art. 6º). Tem-se aí, enfim, hipótese legal de *litisconsórcio passivo necessário*. Se for omitido algum deles, a providência pertinente "será a integração do litisconsorte por determinação do juiz, de ofício ou a requerimento da parte, em qualquer fase do procedimento" (CPC/2015, art. 115, parágrafo único) (DINAMARCO, Cândido Rangel. *Instituições de Direito Processual Civil*. v. II. 7. ed. São Paulo: Malheiros, 2017. p. 482). Em sede de ação popular não há lugar, portanto, para o chamamento ao processo.

Procedimentos executivos: a exemplo do que se dá na denunciação da lide, o chamamento ao processo é modalidade interventiva que encontra lugar com exclusividade em alguns procedimentos *de conhecimento*. Nada justifica admitir-se o chamamento em execuções civis e tampouco em sede de procedimentos destinados à defesa dos executados. Algumas razões: i) não há nos procedimentos executivos uma etapa adequada para discussão e julgamento de eventuais divergências entre os codevedores; ii) os dispositivos que regulam o incidente do chamamento ao processo fazem referência a expressões adequadas unicamente às ações de conhecimento (= contestação, réu, sentença de procedência); iii) a despeito da sua natureza cognitiva, os mecanismos de defesa previstos em lei, e a disposição daqueles cujo patrimônio é alvo de demandas executivas, têm finalidade bastante específica e alcance limitado, ou seja, não há neles espaço para debate entre o executado e os corresponsáveis pela obrigação – em sentido semelhante: BARBI, Celso Agrícola. *Comentários ao Código de Processo Civil*. v. I. Rio de Janeiro: Forense, 1981. p. 358).

Chamamento ao processo em lides consumeristas: o Código Consumerista permite ao réu que houver contratado seguro de responsabilidade *chamar ao processo* o segurador (CDC, art. 101, II). Aqui, ao que parece, o legislador confundiu *alhos com bugalhos*. Afinal de contas, casos envolvendo *seguro de responsabilidade civil* ajustam-se ao disposto na regra do inciso II do art. 125 do CPC/2015 (= denunciação da lide), não às hipóteses em que o chamamento ao processo é admissível (CPC/2015, art. 130, I e II). Veja-se que, diferentemente das 3 (três) hipóteses trazidas pelo art. 130 do CPC/2015, o autor nunca poderia direcionar a sua ação de conhecimento diretamente contra a seguradora. A razão é singela: réu-segurado e seguradora não são responsáveis solidários pela obrigação perseguida pelo autor – nada há, lei ou contrato, que vincule materialmente autor e seguradora. Semelhante confusão se verifica quando o legislador proíbe a denunciação da lide em ações intentadas pelo consumidor em face do comerciante com fundamento na responsabilidade pelo fato do produto (CDC, art. 13 c/c art. 88). Basta perceber que há *solidariedade* entre comerciante e fornecedores de produtos (fabricante, produtor, importador, etc.) (CDC, art. 7º), e só por isso a modalidade interventiva cuja alusão proibitiva deveria ter sido feita pelo legislador é o chamamento ao processo e não a denunciação da lide. Note-se, contudo, o seguinte: i) o CDC autoriza o autor, se vencedor na ação de conhecimento, a executar diretamente o segurador (ou a ambos, comerciante e segurador), ainda que inexista relação jurídico-material entre ambos (CDC, art. 101, II) – *efeito que sempre foi próprio do chamamento ao processo*; ii) hoje a lei permite ao adversário do denunciante, em caso de procedência na ação de denunciação, a direcionar sua execução também contra o patrimônio do denunciado (ou contra ambos, denunciante e denunciado) (CPC/2015, art. 128, parágrafo único); iii) dito isso, *e a despeito do deslize legislativo*, o que se terá na prática, com o manejo daquilo que o CDC denomina "chamamento ao processo", é efeito idêntico aquele alcançado com o emprego da denunciação da lide.

Admissibilidade e grau de complexidade: a lei, a exemplo do que se verifica na denunciação da lide, não traz qualquer ressalva que permita o indeferimento do chamamento ao processo por arrastar ao feito *excessiva complexidade*. Aliás, é próprio dessa modalidade interventiva imprimir ao processo essa *complexidade adicional* (= ampliação subjetiva e objetiva do processo).

Admissibilidade e deslocamento de competência: tramitando a causa perante outro juízo, os autos deverão ser remetidos ao juízo federal competente se nele *intervier* a União, suas empresas públicas, entidades autárquicas e fundações, ou conselho de fiscalização de atividade profissional, na qualidade de parte ou *terceiro interveniente*, salvo determinadas hipóteses previstas em lei (CPC/2015, art. 45). A leitura dessa regra traz uma provocação: em ações cujo trâmite se dá na Justiça Estadual é lícito admitir-se o chamamento ao processo de algum dos entes públicos indicados? *Salvo melhor juízo*, a resposta é negativa. *Em primeiro lugar*, é irracional a possiblidade de a(s) ação(ões) *prejudicada(s)* oriunda(s) do chamamento ao processo direcionar(em) ou guiar(em) a competência para processamento e julgamento da ação *prejudicial* – para facilitar o raciocínio: *ação prejudicial = causa principal; ação(ões) prejudicada(s) = causa(s) incidental(is) dúplice(s) de regresso*. Aceitando-se o chamamento estar-se-ia, no fundo, trabalhando com nada mais que uma *aposta*, até porque não há como, no início do procedimento, antever se a(s) lides incidental(is) serão ou não objeto de julgamento *no mérito*. Outro argumento: o chamamento ao processo é *facultativo*, ou seja, se a parte ré escolher não chamar o terceiro ao feito isso em nada afeta o seu direito material, razão por que poderá, no futuro, promover *ação autônoma* em face do devedor principal ou do(s) codevedor(es) a fim de se reembolsar do prejuízo suportado.

Defesa do chamado em relação ao chamamento: a lei *diz muito pouco* sobre o caminho procedimental que o chamado deve trilhar para impugnar, se assim quiser, a decisão que admitiu o pedido de chamamento ao processo. De acordo com as regras pertinentes, ele simplesmente é convocado (= citação) para integrar o polo passivo da relação jurídico-processual da causa principal, quer dizer, recebe tratamento idêntico àquele conferido ao primitivo réu (= chamador). *Chega ao litígio não na qualidade de terceiro, mas já assumindo o posto de parte principal.* O legislador fez uso aqui da técnica do *contraditório postecipado*: depois de citado é que se franqueia ao chamado a possibilidade de atacar a decisão que forçou a sua inclusão no feito, o que poderá fazer mediante *contestação, recurso* (CPC/2015, art. 1.015, IX) ou *ambos*. Importante: i) em relação à *lide incidental dúplice* instaurada a partir do chamamento, o réu-chamado detém igualmente o ônus de se defender, o que deve ser feito na mesma peça processual por ele elaborada para contestar o pedido da causa principal; ii) se escolher contestar essa ação incidental dúplice iniciada pelo chamador, pode, por exemplo, impugnar a sua condição de corresponsável pela dívida ou refutar a regra de solidariedade que lhe atraiu para o feito.

Suspensão do processo: havia regra que impelia o juiz a suspender o feito sempre que o réu manejasse o chamamento ao processo (CPC/1973, art. 79). No CPC/2015, todavia, *inexiste* previsão legal semelhante. A orientação atual é correta, pois com o chamamento ao processo o procedimento segue curso para que o(s) chamado(s) seja(m) citado(s), integre(m) o polo passivo da relação jurídico-processual e, se quiser(em), apresente(m) contestação e ou mesmo interponha(m) o recurso competente contra a decisão de admissão. O que não tem sentido, *pelo simples fato de o(s) chamado(s) ser(em) réu(s) na causa principal*, é o procedimento prosseguir a ponto de pular a *fase postulatória* (= apresentação da petição inicial, citação do réu e apresentação de defesa) e avançar para a etapa procedimental seguinte. Não há assim suspensão, estando o juiz incumbido de garantir o andamento do feito de modo ordenado e sem atropelos.

Solidariedade: a solidariedade *não se presume*, decorre de lei ou vontade das partes (CC/2002, art. 265) e se verifica quando, na mesma obrigação, concorrer mais de um credor, ou mais de um devedor, cada qual com direito, ou obrigado, à dívida toda (CC/2002, art. 264). Há solidariedade, por exemplo, entre cada um dos correntistas (= credores) a todo o saldo depositado em conta bancária (= solidariedade ativa), ou ainda entre os filhos de prestar alimentos aos pais idosos (= solidariedade passiva) (Lei 10.741/2003, art. 12). Em termos práticos: i) cada um dos credores solidários tem direito a exigir do devedor o cumprimento da prestação por inteiro (CC/2002, art. 267); ii) não havendo demanda contra o devedor comum, poderá ele pagar a qualquer um dos credores solidários (CC/2002, art. 268); e iii) o credor tem direito a exigir e receber de um ou de alguns dos devedores solidários, parcial ou totalmente, a dívida comum (CC/2002, art. 275, primeira parte), não havendo renúncia da solidariedade em sendo a demanda proposta apenas contra um ou alguns deles (CC/2002, art. 275, parágrafo único) – se o pagamento tiver sido parcial, todos os demais devedores continuam obrigados solidariamente pelo restante (CC/2002, art. 275, segunda parte).

Chamamento e solidariedade passiva: no que diz respeito ao art. 130 do CPC/2015 interessa apenas a *solidariedade passiva*, quer dizer, aquela na qual mais de um devedor está obrigado *de modo integral*, como se fosse ele o único, afastada a possibilidade de invocar em seu benefício a responsabilidade parcial a fim de pagar somente aquilo que lhe cabe no total da dívida. Eventual *sentença condenatória* (= dupla condenação) tem aptidão para espraiar efeitos positivos e negativos a todos, chamador e chamado(s), já que valerá como título executivo judicial não apenas em benefício do autor (= lide principal), mas também em favor daquele devedor que porventura honrar a dívida – honrada a dívida, poderá ele, na sequência, intentar cumprimento de sentença contra o(s) corresponsável(is) para se reembolsar do prejuízo. Observações: i) as hipóteses trazidas pelo art. 130 do CPC/2015 são todas de solidariedade, as duas primeiras dedicadas a situações específicas, enquanto a última possui cunho geral – ao legislador, portanto, bastaria a positivação do inciso III do art. 130; ii) aquilo que o Código Civil *dá com uma mão* (= direito a exigir e receber de um ou alguns dos devedores solidários; CC/2002, art. 275), o Código de Processo Civil *tira com a outra* (= direito de o devedor chamar ao processo os demais devedores solidários *e obrigar o credor a demandar contra todos*; CPC/2015, art. 130); iii) numa análise pragmática, em suma, o chamamento ao processo *relativiza* a regra da solidariedade, e o faz em prol dos ideais *economicidade* e *efetividade*.

Facultatividade do chamamento e solidariedade: é o chamamento ao processo modalidade intervencional *forçada*, ou seja, a vontade do terceiro (= chamado) é desimportante, não tendo ele escolha entre integrar ou não a relação jurídico-processual. O réu, no entanto, pode ou não manejar o chamamento (= faculdade), nada o impedindo de futuramente, via ação autônoma, exigir do devedor principal ou de cada qual dos codevedores o reembolso do prejuízo que suportou. Tampouco há para o credor, por circunstâncias atinentes ao direito material (CC/2002, art. 275, parágrafo único), prejuízo em incluir em sua ação apenas um (ou alguns) devedor(es) solidário(s) – não há nisso renúncia à regra de solidariedade. Se, por exemplo, a cobrança judicial de despesas condominiais foi promovida tão-só em desfavor de um dos titulares da unidade, o credor está autorizado, se caso for (= ausência de patrimônio suficiente para saldar a dívida), a promover depois uma outra ação contra os demais titulares para postular a satisfação integral da obrigação. Ainda no mesmo exemplo: optando o réu por não intentar o chamamento ao processo, a ele é lícito, após quitar integralmente o débito, envidar esforços, via ação autônoma, para assegurar seu direito de reembolso.

Chamamento do afiançado: pelo *contrato de fiança*, que exige forma escrita e interpretação restritiva, alguém garante a satisfação de determinada obrigação assumida pelo devedor caso este não a cumpra. Se o credor opta por demandar unicamente contra o fiador, pode o último manejar o chamamento ao processo para que também o afiançado seja convocado a integrar o polo passivo da relação jurídico-processual (CPC/2015, art. 130, I). Tendo-se em vista que o fiador sub-roga-se no crédito ao pagar pelo afiançado (CC/2002, art. 283), a lei permite a ele que se "antecipe à própria sucumbência e procure obter desde logo um título para a execução sobre o patrimônio deste" (DINAMARCO, Cândido Rangel. *Instituições de Direito Processual Civil*. v. II. 7. ed. São Paulo: Malheiros, 2017. p. 482). É o que se verifica, por exemplo, em ação de cobrança de aluguéis promovida pelo locatário apenas em face do fiador, sendo lícito ao réu chamar ao processo o inquilino-afiançado para impeli-lo a figurar ao seu lado no polo passivo e igualmente responder pela demanda. Importante: i) em não ocorrendo o chamamento do afiançado, não será permitido ao réu-fiador, na fase de execução (= cumprimento de sentença), exercer o *benefício de ordem* (CC/2002, art. 828, I); ii) é que, afinal de contas, por não ter participado da etapa procedimental de conhecimento, não suportou o afiançado condenação juntamente com o fiador, razão por que seria absurdo instaurar-se contra ele atividade executiva; iii) ao fiador condenado restará, depois de satisfazer a dívida, voltar-se em ação autônoma em face do afiançado a fim de se reembolsar do prejuízo que suportou.

Chamamento dos fiadores: a fiança conjuntamente prestada a uma só obrigação por dois ou mais indivíduos implica compromisso de solidariedade entre eles, salvo se declaradamente não se reservarem o benefício de divisão (CC/2002, art. 829). Se o credor escolhe demandar apenas contra um dos fiadores, nada impedirá o réu de manejar o chamamento ao processo e convocar o(s) outro(s) responsável(is) solidário(s) pela obrigação (CPC/2015, art. 130, I). Por exemplo, se o credor endereça ação de cobrança, fundada em instrumento particular de cessão de crédito, apenas em face de um dos fiadores, a modalidade interventiva pode ser utilizada para que os demais cofiadores se associem ao litígio.

Chamamento dos devedores solidários: a solidariedade passiva, sempre decorrente da lei ou contrato, caracteriza-se quando, na mesma obrigação, concorrer mais de um devedor, cada qual obrigando-se pelo pagamento da dívida toda. Se eventualmente a opção do credor recair em demandar apenas contra um (ou alguns) dos devedores solidários, o chamamento ao processo é o incidente interventivo a disposição do(s) réu(s) para provocar a integração dos demais codevedores no polo passivo da relação jurídico-processual. Trata-se de hipótese (CPC/2015, art. 130, III) assaz genérica e que, inclusive, é suficientemente capaz de abarcar as outras duas (CPC/2015, art. 130, I e II).

— Θ —

Art. 131. A citação daqueles que devam figurar em litisconsórcio passivo será requerida pelo réu na contestação e deve ser promovida no prazo de 30 (trinta) dias, sob pena de ficar sem efeito o chamamento.

Parágrafo único. Se o chamado residir em outra comarca, seção ou subseção judiciárias, ou em lugar incerto, o prazo será de 2 (dois) meses.

Correspondente:
CPC/1973, arts. 78 e 79.

Referências:
CPC/2015, art. 4º; art. 10; art. 126; art. 131, parágrafo único; art. 1.015, IX.

Momento do chamamento ao processo: é o chamamento ao processo modalidade interventiva a disposição *exclusivamente* do *réu* desejoso de convocar o(s) outro(s) corresponsável(is) pela obrigação a também integrar(em) o polo passivo da relação jurídico-processual. Por outro lado, a medida tem por fito assegurar a formação de título executivo "em favor do réu que satisfizer a dívida, a fim de que possa exigi-la, por inteiro, do devedor principal, ou, de cada um dos codevedores, a sua quota, na proporção que lhes tocar" (CPC/2015, art. 132). Importante: i) o manejo do chamamento ao processo, *como expressamente indica a lei*, deve ser promovido já na *contestação* – caso contrário, a modalidade interventiva será inadmitida (=intempestividade); ii) ao chamador incumbe envidar esforços para fazer cumprir a citação no prazo de 30 (dias) ou 2 (dois) meses, a depender se o(s) chamado(s) reside(m) ou não na mesma comarca, seção ou subseção judiciária.

Controle judicial do pedido, contraditório e recurso: incumbe ao julgador decidir acerca do requerimento de chamamento ao processo (=juízo de admissibilidade). É seu papel verificar, em primeiro lugar, a adequação formal do requerimento (por exemplo: indicação do nome completo do terceiro e sua qualificação) e, outrossim, se foi feito em sítio adequado (= contestação). Não menos importante: deve conferir se a versão fática arguida pelo réu se ajusta a alguma (ou a algumas) das *hipóteses de admissibilidade* previstas no art. 130 do CPC/2015. Observações: i) antes de decidir acerca do pedido de chamamento ao processo, o contraditório há de ser franqueado para que o autor, se for o caso, aponte alguma questão objetivamente fundada em lei capaz de levar à inadmissão da pretensão interventiva (CPC/2015, art. 10); ii) há defeitos que admitem sanação, razão por que, *antes de rejeitar o pedido de chamamento ao processo*, o órgão judicial deve também instaurar o contraditório (CPC/2015, art. 10) e oportunizar ao chamador a possibilidade de corrigenda; iii) contra decisão interlocutória que versar sobre admissão ou inadmissão de intervenção de terceiros cabe agravo de instrumento (CPC/2015, art. 1.015, IX).

Ato citatório e efeitos: é *na contestação, observado o prazo para a sua oferta (CPC/2015, art. 131)*, que o réu pode, se for a sua vontade, requerer o chamamento ao processo – isto é, 30 (trinta) dias ou 2 (dois) meses, a depender se o(s) chamado(s) reside(m) ou não na mesma comarca, seção ou subseção judiciária. Feito o chamamento, o(s) terceiro(s) (= chamado ou chamados) será(ão) citado(s) e integrado(s) à relação jurídico-processual, a partir daí tornando-se litisconsorte(s) passivo(s). Importante: i) a citação deve ser promovida no prazo de 30 (trinta) dias em residindo o chamado na comarca, ou no prazo de 2 (dois) meses, se residir em outra comarca, seção ou subseção judiciárias (CPC/2015, art. 131, parágrafo único); ii) os prazos fluirão da intimação do réu-chamador acerca da decisão que ordenar a citação, e o ônus dele consistirá *unicamente* em promover aquilo que lhe cabe no que toca a realização do ato citatório (exemplo: antecipação das despesas das diligências do oficial de justiça), não sendo sua responsabilidade *ocorrências supervenientes* (exemplo: oficial certifica que o chamado mudou de domicilio para outra cidade) ou *deficiências inerentes ao serviço judiciário* (ASSIS, Araken. *Processo Civil Brasileiro.* Parte geral: institutos fundamentais. v. II. Tomo I. São Paulo: Revista dos Tribunais, 2015. p. 808-809) – nesse sentido: STJ, REsp 3508/RJ, Quarta Turma, rel. Min. Barros Monteiro, julgado: 18.09.1990, DJ 22.10.1990, disponível: www.stj.jus.br; iii) não realizada a citação no prazo legal, *por culpa ou dolo imputável* *ao réu*, o pedido de chamamento ao processo ficará sem efeito (CPC/2015, art. 126 c/c art. 131) – ou seja, uma nova decisão será prolatada para indeferir o pedido intervencional; iv) lembre-se, por fim, que a *facultatividade* do chamamento ao processo assegura ao réu-chamador, mesmo se a citação não se implementar por incúria a ele atribuída, a possibilidade de, em momento futuro, promover *ação autônoma* contra o(s) coobrigado(s) a fim de se reembolsar do prejuízo suportado em decorrência do pagamento da dívida.

— Θ —

Art. 132. A sentença de procedência valerá como título executivo em favor do réu que satisfizer a dívida, a fim de que possa exigi-la, por inteiro, do devedor principal, ou, de cada um dos codevedores, a sua quota, na proporção que lhes tocar.

Correspondente:
CPC/1973, art. 80.

Referências:
CPC/2015, art. 130; art. 132.

Efeitos da sentença: a sentença proferida em feitos nos quais têm lugar o chamamento ao processo deve trazer obrigatoriamente o julgamento das lides principal e incidental(is) dúplice(s). A procedência da lide principal (= sentença condenatória) conduzirá o juiz ao enfrentamento do mérito da(s) lide(s) incidental(is) dúplice(s). Se também procedente(s) a(s) última(s) (= sentença condenatória), ter-se-á a formação de título executivo judicial em favor daquele devedor – réu-chamador ou réu(s) chamado(s), pouco importa – que honrar a dívida, a fim de que possa exigi-la por inteiro do devedor principal, ou exigi-la de cada um dos codevedores, a sua quota, na proporção que lhes tocar (CPC/2015, art. 132). Logo se vê que a sentença de dupla procedência favorecerá *a um só tempo* o autor (= lide principal) e o devedor que satisfizer a totalidade da dívida (= lide incidental dúplice de regresso).

Utilidades e desvantagens do instituto: o chamamento ao processo ao mesmo tempo que desfavorece o autor (= lide principal) também pode lhe ser útil. Lembre-se a crítica registrada em lição clássica: "(...) do ponto de vista do credor, o chamamento é desvantajoso, porque estende o processo a devedores com quem ele não quis demandar, além de retardar o andamento da causa com as discussões que podem surgir entre os codevedores, e que são sem interesse para o credor. Por esses motivos, o instituto enfraquece o direito de crédito, ao complicar e retardar os meios para sua exigência em juízo. Um aspecto que impressiona desfavoravelmente é o de fazer o credor demandar contra devedores com os quais ele pode ter variados motivos para não litigar, quais sejam, outras relações de negócios, de parentesco, de amizade etc. Pode mesmo acontecer que a insolvabilidade de um codevedor, ou a dúvida que o credor tenha quanto à sua assinatura no documento, desaconselhem a ação do credor. No entanto, estará ele coagido a agir contra essa pessoa, sujeitando-se aos riscos de derrota, que traz despesas judiciais e de honorários de advogado do vencedor, além dos reflexos negativos pelo insucesso em uma demanda que o credor não pretendia estender a outras pessoas" (BARBI, Celso Agrícola. *Comentários ao Código de Processo Civil.* v. I. Rio de Janeiro: Forense, 1981. p. 358). É censurável o desprezo, inerente a essa modalidade interventiva, à liberdade que qualquer um deveria ter em escolher contra quem promover uma demanda. Ainda assim algum proveito o instituto poderá trazer ao autor. Veja-se o seguinte: i) o chamamento ao processo amplia subjetivamente o polo passivo da relação jurídico-processual; ii) julgadas procedentes as causas principal e incidental(is) (= dupla procedência), o autor estará autorizado a direcionar sua execução (= cumprimento de sentença) ao patrimônio *de todos* os corresponsáveis pela obrigação – chamador e chamado(s); iii) se isso significar mais bens sujeitos à atividade executiva, decerto que suas chances de êxito em satisfazer a obrigação se maximizarão. Já no que diz respeito especificamente ao réu, o manejo do chamamento ao processo implicará manifesta vantagem – afinal de contas, "se a satisfação do crédito se der à custa do patrimônio do fiador, ou de algum cofiador ou de um corresponsável solidário de qualquer ordem", "a sentença será título executivo para que esse sujeito promova a execução em face daquele que responda total ou parcialmente pela obrigação" (DINAMARCO, Cândido Rangel. *Instituições de Direito Processual Civil.* v. II. 7. ed. São Paulo: Malheiros, 2017. p. 486-487).

Ônus sucumbenciais (1): quem for derrotado na causa principal está sujeito à condenação em despesas processuais e honorários advocatícios de sucumbência. Tudo se dá exatamente como ocorre em toda e qualquer causa: logrando êxito o autor, chamador e chamado(s) (= réus) serão condenados a pagar despesas processuais e honorários advocatícios; sendo estes os vencedores, aquele é quem suportará tal ônus. A coisa, contudo, se complica um pouco no que diz respeito à(s) ação(ões) incidental(is) dúplice(s) oriundas do chamamento ao processo. Veja-se o seguinte: i) concluindo o julgador pela procedência da ação principal, deve passar ao enfrentamento e julgamento de mérito da(s) ação(ões) incidental(is) dúplice(s) – daí por que a ação principal é *prejudicial* em relação à(s) ação(ões) incidental(is); ii) a eventual procedência também no que toca à(s) ação(ões) incidental(is) valerá como título executivo em favor do réu que satisfizer a dívida, a fim de que possa exigi-la, por inteiro, do devedor principal, ou, de cada um dos codevedores, a sua quota, na proporção que lhes tocar (CPC/2015, art. 132); iii) ao fim e ao cabo, ter-se-á uma sentença formalmente única apreciando e decidindo duas ou mais causas, motivo pelo qual haverá de ser dividida em capítulos decisórios distintos; iv) é de se notar que a sentença de *dupla procedência* valerá como título executivo *apenas e exclusivamente* em prol do réu que *satisfizer a dívida* – ou seja, valerá de título executivo ao chamador ou ao(s) chamado(s) que honrar a obrigação perseguida pelo autor na causa principal; v) há nisso (item "iv"), por conseguinte, espécie de *condição*: só o corresponsável *que honrar a dívida* terá em mãos título executivo judicial para, se quiser, direcionar sua execução (= cumprimento de sentença) também contra o patrimônio do(s) outro(s) devedor(es) objetivando o reembolso do seu prejuízo; vi) a sentença reconhece obrigação de pagar quantia ou entregar coisa cujas *certeza* e *exigibilidade* subordinam-se a materialização de um *evento futuro* – a saber: a satisfação da obrigação perseguida na causa principal por um dos codevedores que não seja o devedor principal.

Ônus sucumbenciais (2): haja vista a peculiaridade dessa sentença no capítulo que julga a(s) ação(ões) incidental(is) dúplice(s) (ver tópico anterior), por ser condicional e potencialmente apta a favorecer *qualquer um* dos codevedores solidários, é impossível ao julgador saber, no encerramento da etapa cognitiva, a quem ela beneficiará, *e se afinal beneficiará algum deles* (= fato futuro e incerto), para fins de aplicação das regras atinentes aos ônus sucumbenciais. No momento da prolação da sentença não se terá nem mesmo uma obrigação *certa* e *exigível*: de um lado, não é possível identificar credor e devedor(es); de outro, há uma *condição pendente* a ser superada

(= pagamento a ser realizado por um dos devedores solidários). Em síntese: i) haverá condenação em honorários advocatícios e despesas processuais tão só no julgamento da ação principal (= capítulo sentencial que julga a causa principal); ii) o autor derrotado (= causa principal) não escapará dessa condenação também em relação ao réu(s)-chamado(s), contra quem primitivamente escolheu *não* demandar – fica a sugestão ao legislador de elaborar regra própria que isente o autor, em tal circunstância, do pagamento de despesas processuais e honorários de sucumbência (= ausência de causalidade); e iii) no que tange a(s) ação(ões) incidental(is) dúplice(s) surgida(s) a partir do chamamento ao processo, não haverá condenação em verbas sucumbenciais.

— Θ —

Capítulo IV

DO INCIDENTE DE DESCONSIDERAÇÃO DA PERSONALIDADE JURÍDICA

Art. 133. O incidente de desconsideração da personalidade jurídica será instaurado a pedido da parte ou do Ministério Público, quando lhe couber intervir no processo.

§1º O pedido de desconsideração da personalidade jurídica observará os pressupostos previstos em lei.

§2º Aplica-se o disposto neste Capítulo à hipótese de desconsideração inversa da personalidade jurídica.

Correspondente:

Não há correspondência no CPC/1973.

Referências:

CF/1988, art. 5º, LIV e LV

CPC/2015, art. 15; art. 134; art. 135; art. 136; art. 137; art. 502; art. 506; art. 790, VII; art. 795, §4º; art. 1.062.

Lei 12.846/2013, art. 14.

12.529/2011, art. 34.

CC/2002, art. 50.

Lei 9.605/1998, art. 4º.

CDC, art. 28.

CTN, art. 134, VII; art. 135.

CLT, art. 134; art. 135.

Autonomia patrimonial: justifica-se a existência de *pessoas jurídicas* sobretudo em razão da *separação* entre o patrimônio delas próprias e dos indivíduos que a constituem e administram, *medida de* *segurança* que alimenta o espírito empreendedor e corrobora para o desenvolvimento social e econômico do país. A razão funcional para a criação de toda e qualquer pessoa jurídica reside, enfim, na constituição de patrimônio autônomo (= finalidade imediata), malgrado por trás disso haja sempre uma intenção de desenvolver específica atividade (por exemplo: comercialização de um produto, prestação de um serviço, prática de uma modalidade esportiva etc.) (GANACIN, João Cánovas Bottazzo. *Desconsideração da personalidade jurídica no processo civil.* São Paulo: Revista dos Tribunais, 2020. [Coleção Liebman – Teresa Arruda Alvim e Eduardo Talamini (Coords.)]. *E-book*). O CC/1916 previa, com clareza solar, que as pessoas jurídicas têm existência *distinta* da dos seus membros (CC/1916, art. 20), enquanto o CC/2002, com a mudança trazida pela Lei 13.874/2019, tipifica como *ilícita* a ausência de separação entre os patrimônios (= confusão patrimonial) – nas palavras do legislador: "Entende-se por confusão patrimonial a ausência de separação de fato entre os patrimônios, caracterizada por: I – cumprimento repetitivo pela sociedade de obrigações do sócio ou do administrador ou vice-versa; II – transferência de ativos ou de passivos sem efetivas contraprestações, exceto os de valor proporcionalmente insignificante; e III – outros atos de descumprimento da autonomia patrimonial" (CC/2002, art. 50, §2º, I, II e III). Na mesma linha, a previsão constante no CPC/2015: "Os bens particulares dos sócios não respondem pelas dívidas da sociedade, senão nos casos previstos em lei" (art. 795, *caput*).

Espécies societárias e contenção de riscos: não se confundem os patrimônios da *pessoa jurídica* e dos *seus sócios*. Trata-se de uma obviedade, pois a *autonomia patrimonial* é predicado que justifica ontologicamente a pessoa jurídica – daí a contundente afirmação de que *não há personalidade jurídica sem autonomia patrimonial*. É lembrar que *pessoa jurídica* e *patrimônio autônomo* são instrumentos normativos dedicados à disciplina e distinção de *interesses sociais* (= pessoa jurídica) e *interesses individuais* (= sócios) (ASCARELLI, Tullio. *O contrato plurilateral.* Problemas das sociedades anônimas e direito comparado. São Paulo: Saraiva, 1945. p. 282). Pretendeu o legislador nada mais que mitigar os muitos riscos que decorrem do empreendedorismo, além de alavancar a atividade econômica e, por conseguinte, recrudescer o desenvolvimento do país. A pessoa jurídica, dotada que é de personalidade própria, com patrimônio individualizado e independente, é titular de direitos e obrigações (= capacidade jurídica ou capacidade de direito). Muitas delas, aliás – e aqui está o ponto –, adotam *regime de limitação da responsabilidade*, que é o mais propício à atuação de empreendedores e investidores passivos, pois confere a eles segurança jurídica, quer por facilitar a previsão e contenção de riscos, quer por blindar os sócios de obrigações oriundas da atividade empresária (GANACIN, João Cánovas Bottazzo. *Desconsideração da personalidade jurídica no processo civil*. São Paulo: Revista dos Tribunais, 2020. [Coleção Liebman – Teresa Arruda Alvim e Eduardo Talamini (Coords.)]. *E-book*). Observações: i) há *espécies societárias* que não adotam regime jurídico de limitação da responsabilidade, quer dizer, nelas os bens pessoais dos sócios podem por vezes responder pelas obrigações que a pessoa jurídica vier a assumir; ii) o regime jurídico de limitação da responsabilidade não suprime o risco de empreender, apenas o transfere para os credores; iii) a despeito de os sócios integrarem quadro social de pessoa jurídica cujo tipo limita a responsabilidade, circunstâncias há em que os primeiros (todos ou alguns, a depender da situação) respondem pelas dívidas da última.

Desconsideração da personalidade jurídica: pessoas jurídicas, de quando em vez, têm o uso deturpado, *contrário a seu fim social e econômico*, especificamente quando criadas e ou usadas com o escopo espúrio de ocultar bens e fraudar a ordem jurídica em prejuízo de terceiros. Para coibir esse tipo de abuso desenvolveu-se, nos Estados Unidos da América do Norte, a *teoria da desconsideração da personalidade jurídica* (= *teoria da penetração, disregard doctrine, disregard of legal entity* ou *lifting or piercing the veil*). Bottazzo Ganacin oferece lições interessantes: i) foi o jurista Maurice Wormser quem primeiro publicou um trabalho doutrinário noticiando para o mau uso da pessoa jurídica e como isso levou os tribunais norte-americanos a adotarem soluções "no sentido de ignorar o conceito de pessoa jurídica para evitar a consumação de iniquidades provenientes da utilização abusiva da personalidade jurídica"; ii) trata-se de ensaio "histórico e fundamental por uma série de razões", entre as quais o fato de ter plantado a ideia fundamental, válida até hoje, de que as "medidas de repressão à manipulação fraudulenta da pessoa jurídica devem ser usadas pontual e parcimoniosamente, quer dizer, não se destinam "a pôr abaixo o secular instituto da personalidade jurídica"; iii) Wormser também foi o primeiro a utilizar-se das metafóricas expressões *"disregard of corporate entity"*, *"lift the veil of corporate entity"* e *"pierce the veil of corporate entity"* como maneira de se "reportar às soluções adotadas pelos tribunais para contornar a autonomia patrimonial da pessoa jurídica e frustrar seu uso abusivo"; iv) grande parte da doutrina "não atribui a origem da desconsideração da personalidade jurídica a nenhum dos casos mencionados por *Wormser* em seu ensaio", acreditando que "o instituto teve como ponto de partida um julgamento ocorrido na Inglaterra em 1897: o célebre caso *Salomon v. Salomon & Co. Ltd.*"; v) nos "países de sistema jurídico romano-germânico, o pioneirismo no tratamento doutrinário da desconsideração da personalidade jurídica coube a Rolf Serick, autor da obra *Rechtform und Realität Juristischer Personen* (tradução: *Forma jurídica e realidade das pessoas jurídicas*) – obra fundamental para "a propagação do tema no direito continental europeu", sobretudo após ter sido traduzida para o italiano e o espanhol. Vale destacar que o jurista alemão propôs "uma sistematização do instituto fundada no dualismo regra-exceção", ou seja, "ordinariamente observa-se a autonomia patrimonial da pessoa jurídica; excepcionalmente quebra-se essa autonomia para se responsabilizar os que dela se utilizaram de modo abusivo"; vi) catorze anos depois, "a *disregard doctrine* chegou ao Brasil pelas mãos de Rubens Requião". Numa conferência, realizada na Faculdade de direito da Universidade Federal do Paraná, o comercialista apresentou à comunidade jurídica o instituto que, em suas palavras, tinha por objetivo "impedir a fraude ou abuso através do uso da personalidade jurídica"; vii) o maior mérito de Rubens Requião talvez nem tenha sido introduzir na doutrina brasileira o tema desconsideração da personalidade jurídica – que, cedo ou tarde, acabaria aportando no país –, e sim tê-lo apresentado "com cautela, em meio a uma série de advertências", esclarecendo que a aplicação da *disregard* reserva-se "a casos verdadeiramente excepcionais" (GANACIN, João Cánovas Bottazzo. *Desconsideração da personalidade jurídica no processo civil*. São Paulo: Revista dos Tribunais, 2020. [Coleção Liebman – Teresa Arruda Alvim e Eduardo

Talamini (Coords.)]. *E-book*). Como se viu, entre os brasileiros o instituto inicialmente caiu no gosto da doutrina e dos tribunais para, somente depois, ganhar terreno no âmbito do direito positivo – hoje encontra-se previsto em vários diplomas legais: CC/2002 (art. 50) e CDC (art. 28), Lei 12.529/2011 (art. 34), Lei 9.605/1998 (art. 4º), CTN (art. 134, VII) e, outrossim, no CPC/2015 (arts. 133 a 137). A lei, em suma, autoriza o órgão judicial, havendo pedido expresso e em observância ao devido processo legal, a suspender temporariamente a blindagem protetiva proporcionada pela personalidade jurídica, o que na prática significará a expansão da responsabilidade patrimonial também aos sócios e ou administradores que se aproveitaram da pessoa jurídica para praticar o ilícito (ou a expansão da responsabilidade patrimonial à própria pessoa jurídica, em caso de *desconsideração inversa*) (CPC/2015, art. 790, VII).

A *violência* da medida excepcional e o risco da sua banalização: a *violência* é subestimada uma vez que comumente compreendida de maneira contida. Raciocina-se sem ousar para além da sua feição *subjetiva*, como se circunscrevesse apenas àquilo avesso à ordem natural das coisas, que afronta a serenidade ou atassalha, *sob o domínio da força*, consensos e convenções. Assim é porque, em tal perspectiva, ela se oferece em desnudo, visceralmente, a causar sensações não raro nauseabundas. Os exemplos estão aí, explorados amiúde, pois geram lucros: basta abrir um jornal, ligar uma tevê ou acessar redes sociais para se apreender as mais variegadas impressões atreladas ao abuso, à bestialidade e à selvageria. Mas há também outra mirada que individualiza a violência, de cunho *simbólico-objetiva*, habitualmente não percebida por suas vítimas. Resistir às suas influências é dificílimo, pois *está em toda parte e em lugar nenhum*. Situada no plano ideológico, centra-se no que é corriqueiro, sendo produzida e reproduzida no âmbito das relações sociais como mera trivialidade. Espraia-se e institui movimento ininterrupto voltado à uniformização: sem que percebam, as pessoas são bombardeadas, desde a mais tenra idade, com arquétipos a seguir, adestradas em várias esferas (social, empresarial, política, familiar) a assumir posturas e a frear impulsos, sutilmente constrangidas ao ajuste de condutas, instigadas a reagir ao que se lhes é oferecido como *diferente*. Ainda que não se note, o ser humano é controlado por *cordéis invisíveis*, manipulado via discursos (normatizados ou não) de cúpulas (privadas ou públicas) fundadas em interesses desconhecidos ou pouco transparentes. E são pouquíssimos os indivíduos que adquirem habilidade para perceberem esses cordéis. Essa imagem suscita reflexões sobre as mais distintas questões da vida, mas aqui seu propósito é bastante específico, ou seja, opera como *pano de fundo* para a constatação de uma prática judicial, aqui e acolá com assiduidade, disfarçada sob as vestes da normalidade. Indo ao ponto: o mau vezo (verificado com frequência antes do CPC/2015) de manejar a *desconsideração da personalidade jurídica* como técnica voltada ao *justiçamento*, eclipsando uma intolerância preocupante em relação ao devido processo legal – perspectiva de visão direcionada unicamente a *efetividades quantitativas*. Trecho extraído do nosso: STRECK, Lenio Luiz; DELFINO, Lúcio. Novo CPC e STJ corrigem anomalia de canhões apontados contra sócios. *Revista Consultor Jurídico*, [S.l.], 12 abr. 2015. Disponível em: https://www.conjur.com.br/2015-abr-12/cpc-stj-corrigem-anomalia-canhoes-apontados-socios. Acesso em: 5 out. 2023.

Protagonismo judicial e atentado ao devido processo legal: não é descomedida a ligação entre *disregard doctrine* e *violência*, cuja identificação facilmente se percebia por mera pesquisa nos sítios eletrônicos dos tribunais brasileiros. Circunstâncias havia, no plano pragmático, em que o patrimônio dos sócios (e/ou dos administradores) era atingido *apenas* porque não se encontrou bens passíveis de penhora pertencentes à sociedade devedora. Noutras situações, bastava que se apresentasse *indícios* de abuso da personalidade jurídica para que os bens dos sócios ficassem a descoberto, sujeitos às atividades executivas. E tudo isso em desdém ao contraditório e à ampla defesa, garantias contrajurisdicionais que acabavam catapultadas para o futuro, pouco importando os prejuízos concretos decorrentes da medida judicial. Por detrás dessa prática nefasta, a funcionar como espécie de força simbólica motriz, ganhavam ares de legitimidade *justificativas retóricas* cujo papel era abrir sendas que possibilitassem a *correção moral do direito*, sempre a critério do próprio intérprete. Enquanto a Justiça do Trabalho insistia num discurso *socializante-filantrópico*, formado pela simbiose entre *hipossuficiência do trabalhador* e *natureza alimentar do crédito trabalhista*, a Justiça Estadual apostava em receita *eficientista-predatória*, em facilitação ao uso desmedido da desconsideração da personalidade jurídica, de quando em vez até com requintes doutrinários – a alusão diz respeito à *teoria menor*, *álibi teórico-legislativo* ainda hoje empregado para o esvaziamento da normatividade constitucional. A reboque dessa violência simbólico-pragmática, o protagonismo judicial ganhou espaço e multiplicou-se pelo Brasil em progressão geométrica, cresceu parasitariamente, fez metástases e prosperou em muitos casos concretos. Em um *passe de mágica*, mediante argumentos impermeáveis à filtragem constitucional, o que está legislativamente posto como exceção no dia a dia tornou-se regra, sobrando a amarga impressão de que institutos sérios se perdiam nesse caminho – *racionalidade da autonomia patrimonial entre sócios e sociedade* e *autoridade do devido processo*. Na seara jurídico-procedimental não há postura que se apresente mais selvagem que a quebra do devido processo legal (= barbarismo judicial). Em um ambiente tal, afinal de contas, desaparecem as regras do jogo, a transparência esvaece e surge soberano o arbítrio judicial, notadamente quando são renegados contraditório e ampla defesa, garantias cuja implementação é inexorável ao controle e fabrico de decisões públicas assenhoradas por uma perspectiva republicana e democrática. Repita-se: essa é uma prática – ainda hoje há casos que retratam o que aqui se denuncia – em que violências simbólica e subjetiva seguem de mãos dadas, uma robustecendo e conferindo substrato teórico à prática da outra, ambas despreocupadas com a facticidade. Trecho (com ajustes) extraído do nosso: STRECK, Lenio Luiz; DELFINO, Lúcio. Novo CPC e STJ corrigem anomalia de canhões apontados contra sócios. *Revista Consultor Jurídico*, [S.l.], 12 abr. 2015. Disponível em: https://www.conjur.com.br/2015-abr-12/cpc-stj-corrigem-anomalia-canhoes-apontados-socios. Acesso em: 5 out. 2023.

Exemplos de violência no manejo da *disregard doctrine*: no que tange à *disregard doctrine*, a preocupação em preservar o devido processo realmente deve sempre se fazer presente, evitando que seu manejo ocorra de forma desenfreada, com doses de excesso em prejuízo dos sócios (e/ou dos administradores) da pessoa jurídica devedora. A procedimentalidade atualmente prevista no CPC/2015 pretendeu evitar episódios de abuso e descomedimentos judiciais. Vejam-se os seguintes apontamentos exemplificativos: i) se houve prévia fase de conhecimento, com condenação a envolver apenas a pessoa jurídica, não há base normativa que autorize direcionar os canhões do Estado contra os sócios (e/ou administradores) sem antes lhes permitir possibilidade de defesa para influírem na elaboração de decisão que poderá comprometer seu patrimônio. Quem pensa diferente está, no fundo, defendendo espécie de *condenação civil sumária*. Nem é preciso trazer a lume o próprio CPC/2015, cuja tônica se pauta na transparência e boa-fé, avesso às decisões-surpresas, já que impõe, no âmbito infraconstitucional, o contraditório como garantia de influência e não surpresa. Mais que suficiente é ler a Constituição, a qual prescreve, com clareza, que *ninguém* será privado de seus bens sem o devido processo legal, além de assegurar contraditório e ampla defesa aos litigantes em processo judicial e administrativo (CF/1988, art. 5º, LIV e LV). Por mais que seja adequado dispensar ao trabalhador (e ao consumidor) tratamento diferenciado em razão da sua hipossuficiência, por importante que seja a defesa do meio ambiente e por mais que se anseie pela implantação no Brasil de uma jurisdição augusta e eficiente, é nada menos que ato de *truculência judicial* tomar por devedores, *à fórceps*, àqueles até então estranhos ao caso concreto, sujeitando-os às implicações lesivas de atividade executiva fundada em sentença (ou acórdão) da qual não tiveram qualquer ingerência; ii) o mesmo raciocínio vale para atividades executivas respaldadas em títulos executivos extrajudiciais. Em sendo a devedora pessoa jurídica, instaurado processo executivo contra ela, ao Estado-juiz não é lícito renegar a sua personalidade jurídica a fim de atingir o patrimônio dos sócios sem antes lhes oportunizar contraditório e ampla defesa; iii) sabe-se que a coisa julgada deriva de decisão de mérito não mais sujeita a recurso, a implicar nova situação jurídica caracterizada pela imutabilidade e cuja eficácia atinge tão-só as partes, não prejudicando terceiros (CPC/2015, arts. 502 e 506). Assim é em respeito ao contraditório, pois ninguém pode, em princípio, ter sua situação jurídica definida em processo do qual não participou (MOURÃO, Luiz Eduardo Ribeiro. *Coisa julgada*. Belo Horizonte: Fórum, 2008. p. 235). Em miúdos: se a desconsideração da personalidade jurídica tem pujança para *flexibilizar* a coisa julgada em seus limites subjetivos, deve mesmo ser encarada como *medida excepcional*, aplicada com zelo, prudência e responsabilidade, sempre em observância ao contraditório e à ampla defesa; iv) o art. 50 do CC/2002 não poderia ser mais transparente: indica, com todas as letras, que a *disregard doctrine* é medida de exceção, autorizada apenas na hipótese de *abuso da personalidade jurídica*, caracterizado pelo desvio de finalidade ou pela confusão patrimonial. Não são suficientes *indícios* para que a execução civil tenha por alvo terceiros estranhos ao feito, exigindo a lei demonstração robusta de prática dolosa voltada ao desvio de finalidade ou à confusão patrimonial. Tendo-se em vista que o resultado positivo de sua aplicação alcançará terceiros, com possível adulteração da coisa julgada material em seus limites subjetivos, a envolver muitas vezes complexidade técnico-probatória, não deixa de ser evidente a *indispensabilidade* do contraditório e da ampla defesa com todos os reflexos daí oriundos; v) o *senso comum teórico* acostumou-se a lidar com as teorias *maior* e *menor*, cunhadas para explicar a aplicação da *disregard doctrine* em casos concretos de coloridos fático-jurídicos diversos. Em resumo: a *teoria maior* autoriza a desconsideração da personalidade jurídica somente quando demonstrado o desvio de finalidade ou a confusão patrimonial (CC/2002, art. 50), ao passo que a *teoria menor* a permite em razão do simples inadimplemento, nas hipóteses de insolvência ou falência, ou quando a personalidade jurídica for, de alguma forma, obstáculo ao ressarcimento, *pouco importando se realmente houve abuso da personalidade jurídica*. O utilitarismo imanente à essa *teoria menor* é ululante, uma vez que tem em mira *exclusivamente* a satisfação do crédito exequendo. E ainda que conte com base legal (para ilustrar: CDC, art. 28, §5º), o fato é que os dispositivos que lhe conferem amparo não se mantêm incólumes se submetidos a uma filtragem constitucional, assim porque achincalham o devido processo – é como se o legislador infraconstitucional absurdamente estivesse a dizer (e pudesse dizer!) que contraditório e ampla defesa são desnecessários em determinadas causas (meio ambiente, consumidores, etc.). Trecho (com ajustes) extraído do nosso: STRECK, Lenio Luiz; DELFINO, Lúcio. Novo CPC e STJ corrigem anomalia de canhões apontados contra sócios. *Revista Consultor Jurídico*, [S.l.], 12 abr. 2015. Disponível em: https://www.conjur.com.br/2015-abr-12/cpc-stj-corrigem-anomalia-canhoes-apontados-socios. Acesso em: 5 out. 2023. Por fim, advirta-se: parcela da doutrina até se esforça, mediante espécie de *ginástica hermenêutica*, em tentar resolver o imbróglio no qual se traduz a *teoria menor*. Argumenta-se, assim, ter havido deslize do legislador quando fez alusão à *disregard doctrine* em dispositivos legais destinados unicamente a regular a responsabilidade, ordinária e subsidiária, dos sócios por determinadas dívidas da pessoa jurídica (CDC, art. 28, §5º; Lei 9.605/1998, art. 4º). Quis a lei, segundo tal posicionamento, apenas preservar, do regime de limitação da responsabilidade, as obrigações de cunho consumerista e ambiental – nesse rumo: GANACIN, João Cánovas Bottazzo. *Desconsideração da personalidade jurídica no processo civil*. São Paulo: Revista dos Tribunais, 2020. [Coleção Liebman – Teresa Arruda Alvim e Eduardo Talamini (Coords.)]. *E-book;* WARDE JR., Walfrido Jorge. *Responsabilidade dos sócios* – A crise da limitação e a teoria da desconsideração da personalidade jurídica. Belo Horizonte: Del Rey, 2007. p. 296-297.

Respeito à normatividade constitucional: é preciso festejar iniciativas como a implementada pelo CPC/2015, que instituiu o denominado *incidente de desconsideração da personalidade jurídica*, projetado exatamente para assegurar *contraditório* e *ampla defesa* em favor dos sócios (e ou dos administradores), até então estranhos ao procedimento judicial, ou da própria pessoa jurídica em caso de *desconsideração inversa*. Em última análise, a finalidade do incidente de desconsideração da personalidade jurídica é, enfim, fazer imperar a *normatividade constitucional* – em outras palavras, "importa em casos tais é que a formação do novo título executivo judicial (apontando como devedor ou responsável também o sócio ou o administrador diante das respectivas razões de direito material que justifiquem sua corresponsabilização ao lado da sociedade) derive de prévio devido processo legal" (BUENO, Cassio Scarpinella. *Comentários ao Código de Processo Civil* – v. 1 (arts. 1º a 317). São Paulo: Saraiva, 2017. p. 573). Trouxe uma lufada de otimismo a notícia, divulgada no ano de 2014, de que a 2ª Seção do Superior Tribunal de Justiça havia superado divergência que ali grassava a respeito dos requisitos para a desconsideração da personalidade jurídica, de modo que foi fixado o posicionamento de que a sua aplicação, decorrente do art. 50 do Código Civil, exige a comprovação de desvio de finalidade da empresa ou confusão patrimonial (STJ, EREsp 1306553, Segunda Seção, rel. Min. Maria Isabel Gallotti, julgamento: 10.12.2014, DJe 12.12.2014, disponível: www.stj.jus.br). Concluiu-se, assim, que é insuficiente o simples encerramento irregular das atividades (fechamento da empresa sem baixa na Junta Comercial, por exemplo) para autorizar o redirecionamento da execução civil contra o patrimônio pessoal dos sócios. Exige-se a cabal comprovação do dolo praticado por aqueles que manejaram a personalidade jurídica da sociedade para acobertar ilícitos e prejudicar credores. Trata-se de entendimento que valorizou o devido processo legal, exorcizou a surpresa e, em especial, implementou o contraditório para permitir exercício pleno da ampla defesa e debate entre os antagonistas, de forma tal que a decisão futura adquira legitimidade pela participação. Resumindo: o legislador do CPC/2015, ao conferir tratamento procedimental expresso à desconsideração da personalidade jurídica, frisou uma obviedade de quando em vez esquecida (e agiu bem ao fazê-lo): *o Judiciário não tem alternativa diante da Constituição, devendo curvar-se ao devido processo*. Afinal de contas, garantias constitucionais sujeitas a futuras valorações de juízes sobre a sua utilidade e aplicação, não são *de forma alguma* garantias constitucionais (SCALIA, Antonin. *O essencial de Scalia:* sobre a Constituição, os tribunais e o Estado de Direito. Campinas: Editora Educação, Direito e Alta Cultura, 2020. p. 219).

Características gerais: o *incidente da desconsideração da personalidade jurídica* é uma bem-vinda novidade legislativa, projetada em perfeita sintonia com o devido processo legal. Principais características: i) trata-se de *modalidade intervencional* que provoca (= ação incidental) a inclusão de terceiro(s) (= sócios ou pessoa jurídica, em caso de *desconsideração inversa*) em causa pendente para possibilitar a verificação, *em atenção ao devido processo,* da presença ou não dos pressupostos legais que permitam estender a ele(s) a responsabilidade patrimonial pela obrigação perseguida (CPC/2015, art. 790, VII) – tanto assim que o requerimento deve trazer argumentos que evidenciem o preenchimento desses pressupostos legais específicos (CPC/2015, art. 134, §4º); ii) o objetivo do incidente da desconsideração, portanto, é a criação de *título executivo judicial* também em relação ao sócio (ou, em se tratando da *desconsideração inversa*, a criação de título executivo judicial em relação à pessoa jurídica) para que o seu patrimônio seja igualmente alvo de atos executivos; iii) o §4º do art. 134, CPC/2015, trouxe *impropriedade técnica* ao "sugerir a necessidade de prova antes mesmo da formação da controvérsia sobre as alegações" de quem postula a abertura do incidente. A verdade é que não há necessidade, já no pedido de instauração do incidente, de se trazer elementos de prova, bastando que se *suscite* "o preenchimento dos pressupostos legais específicos para a desconsideração, mediante afirmação da ocorrência de fatos que caracterizam abuso da pessoa jurídica (GANACIN, João Cánovas Bottazzo. *Desconsideração da personalidade jurídica no processo civil*. São Paulo: Revista dos Tribunais, 2020. [Coleção Liebman – Teresa Arruda Alvim e Eduardo Talamini (Coords.)]. *E-book*); iv) é ônus de quem postula, em havendo impugnação de suas alegações (= fatos ou pontos controvertidos; questão), a demonstração da prática de atos considerados abusivos capazes de ensejar a desconsideração da personalidade jurídica (CPC/2015, art. 373, I); v) a *disregard doctrine* é modalidade de intervenção de terceiro que *amplia* ou *dilata* o objeto litigioso; vi) é cabível em *todas* as fases do processo de conhecimento, no cumprimento de sentença e na execução fundada em título executivo extrajudicial (CPC/2015, art. 134); vii) o incidente intervencional deve ser instaurado sempre *mediante pedido* expresso (= modalidade de intervenção que independe da vontade do terceiro; coacta ou obrigatória) – ao órgão judicial, assim sendo, não se admite jamais a instauração *ex officio*; viii) a instauração da modalidade interventiva será imediatamente comunicada ao distribuidor para as anotações devidas (CPC/2015, art. 134, §1º) e, de regra, acarretará *suspensão do feito*, salvo se o pedido de desconsideração já vier formulado na própria petição inicial (CPC/2015, art. 134, §2º); ix) está o credor autorizado a requerer *tutela cautelar provisória* para, por exemplo, impedir que os sócios ou a pessoa jurídica (em caso de *desconsideração inversa*) desfaça ou dissipe patrimônio; x) instaurado o incidente, o sócio (ou a pessoa jurídica, em caso de desconsideração inversa) será citado para manifestar e requerer as provas cabíveis, no prazo de

15 (quinze) dias (CPC/2015, art. 135); xi) em respeito ao contraditório e à ampla defesa (= garantias contrajurisdicionais do processo), admite-se às partes produzirem provas admitidas pelo ordenamento jurídico, sendo que o pedido de desconsideração só será acolhido quando demonstrados os pressupostos exigidos em lei e observado o incidente previsto no Código de 2015 (CPC/2015, art. 795, §4º); xii) concluída a instrução, se necessária, o incidente será resolvido por decisão interlocutória (CPC/2015, art. 136); xii) a decisão interlocutória que resolver o incidente de desconsideração pode ser desafiada por agravo de instrumento (CPC/2015, art. 1015, IV); xiv) se a decisão que resolver o incidente de desconsideração for proferida pelo relator, admite-se a interposição de agravo interno (CPC, art. 136, parágrafo único); xv) acolhido o pedido de desconsideração, a alienação ou oneração de bens, havida em fraude de execução, será ineficaz em relação ao requerente (CPC/2015, art. 137); e xvi) a petição inicial também pode trazer *requerimento de desconsideração*, circunstância em que os sócios (ou a pessoa jurídica, em caso de desconsideração inversa) serão devidamente citados – em tal hipótese não se terá, no entanto, um incidente, e sim a formação de litisconsórcio passivo facultativo (CPC/2015, art. 134, §2º).

Intervenção de terceiros e ampliação do objeto litigioso: o CPC/2015, de modo acertado, categoriza o *incidente* de desconsideração da personalidade jurídica entre as chamadas intervenções de terceiros. É, aliás, modalidade interventiva daquelas que ampliam subjetivamente a relação jurídico-processual e dilatam o próprio objeto litigioso (= ampliação do mérito). Ou em outras palavras: trata-se "de intervenção de terceiro pela qual há a introdução de uma nova demanda (ou ação), embora incidental, no processo" (BUENO, Cassio Scarpinella. *Comentários ao Código de Processo Civil* – v. 1 (arts. 1º a 317). São Paulo: Saraiva, 2017. p. 579).

Obrigatoriedade do incidente: salvo quando há previsão de responsabilidade direta dos sócios pelas obrigações sociais, é obrigatória a procedimentalidade inerente ao incidente da desconsideração da personalidade jurídica (CPC/2015, art. 795, §4º). Trata-se de regra geral, válida para todo e qualquer tipo de causa, incluídas as *execuções fiscais*, a despeito do que vem defendendo de modo equivocado parcela da doutrina. É preocupante, por exemplo, verificar a posição do ENFAM no sentido de que o "redirecionamento da execução fiscal para o sócio-gerente prescinde do incidente de desconsideração da personalidade jurídica previsto no art. 133 do CPC/2015" (Enunciado 53). Aqueles que assim pensam buscam respaldo no arcaico entendimento de que a responsabilidade prevista no art. 135 do CTN admite que seja a demanda redirecionada para os sócios (e/ou administrador) de modo imediato, incluindo-os, de pronto, no polo passivo, momento a partir do qual estarão autorizados a exercer ampla defesa e contraditório. Como leciona Bottazzo Ganacin: i) o "raciocínio não se sustenta", quer dizer, "esbarra na garantia de que ninguém deve ser privado de seus bens sem o devido processo legal (CF/1988, art. 5º, LIV)", sendo imperiosa a observância do contraditório; ii) ressalvadas "excepcionais situações em que o ordenamento justificadamente autoriza a concessão de provimentos *inaudita altera parte*, jamais será legítimo submeter o patrimônio de um sujeito a atos de constrição sem que lhe tenha sido dada oportunidade de discutir sua responsabilidade"; iii) e tal regra "deve impor-se inclusive nos casos de responsabilidade secundária", ou seja, é preciso garantir "ao indigitado responsável a chance de questionar essa sua condição previamente à emissão de medidas sobre seus bens"; iv) a partir da premissa constitucional "infere-se que toda e qualquer pretensão à responsabilização dos sócios por obrigações sociais – esteja ou não fundada na desconsideração da personalidade jurídica – deve submeter-se ao contraditório antes de desencadear efeitos contrários aos interesses do sujeito contra o qual se volta"; vi) não prevendo a legislação infraconstitucional um procedimento próprio "para a integração desses indivíduos em certas hipóteses, a solução não é ignorar a providência, mas buscar alternativas que assegurem sua implantação; vii) daí por que, nos "casos em que inexiste procedimento específico para a responsabilização dos sócios, o incidente de desconsideração da personalidade jurídica surge como a mais óbvia opção para a implementação do contraditório"; viii) autorizar que um indivíduo "discuta sua responsabilização somente após seu patrimônio ter sido afetado equivale, segundo ilustrativa expressão de Dinamarco, a *um convite a assistir ao próprio velório"* (GANACIN, João Cánovas Bottazzo. *Desconsideração da personalidade jurídica no processo civil.* São Paulo: Revista dos Tribunais, 2020. [Coleção Liebman – Teresa Arruda Alvim e Eduardo Talamini (Coords.)]. *E-book*).

Formas de postulação e efeito: o requerimento da desconsideração da personalidade jurídica, feito pela parte ou por membro do Ministério Público (quando lhe couber intervir no feito), pode se dar diretamente na petição inicial ou via incidente procedimental. O pedido formulado de modo incidental é admitido em todas as fases procedimentais e outrossim no âmbito de procedimentos executivos (= cumprimento de sentença e processo de execução) (CPC/2015, art. 134, §1º). Por óbvio que a instauração do incidente está dispensada se o pedido de desconsideração da personalidade jurídica for feito já na petição inicial, quando então será citado o sócio (ou a pessoa jurídica, em caso de desconsideração inversa) (CPC/2015, art. 134, §2º). Na primeira hipótese tem-se *modalidade interventiva* cuja instauração dilata o objeto litigioso (= cumulação *ulterior* de pedidos), ao passo que na última tem-se apenas uma demanda proposta contra dois ou mais réus (= litisconsórcio passivo *originário* facultativo).

Exigência de provocação: não se admite que a desconsideração da personalidade jurídica seja deflagrada *motu proprio* pelo juiz. Como mostra Cândido Rangel Dinamarco, o primeiro e mais amplo limite que encontra o juiz em sua atividade é "o *veto ao exercício espontâneo da jurisdição*". É proibida a iniciativa oficial, ou seja, os juízes têm que respeitar o dever de inércia (CPC/2015, art. 2º). Mais: "como desdobramento dessa regra generalíssima, também se proíbe que, ao decidir sobre o mérito, o juiz exceda os limites da demanda, não tendo ele o poder de julgar *ultra* ou *extra petita* (art. 492) ou com fundamentos de fato diversos dos que a parte invocou ou para partes diferentes (art. 141). Julgar sem observar os limites da demanda proposta significa julgar, em alguma medida, sem a iniciativa de parte. O juiz não tem esse poder" (DINAMARCO, Cândido Rangel. *Instituições de Direito Processual Civil.* v. II. 7. ed. São Paulo: Malheiros Editores, 2017. p. 278). Enfim, o art. 133 do CPC/2015 *exige expressamente* o pedido – a exemplo, aliás, do que *impõe* o art. 50 do CC/2002. Interpretação em sentido contrário encontra óbice intransponível na própria estrutura do devido processo, em especial naquilo relacionado à manutenção da imparcialidade judicial. Importante: o membro do Ministério Público só está autorizado a requerer a desconsideração da personalidade jurídica quando for parte, *nunca quando estiver na causa na condição de fiscal da ordem jurídica* – nesse sentido: GANACIN, João Cánovas Bottazzo. *Desconsideração da personalidade jurídica no processo civil.* São Paulo: Revista dos Tribunais, 2020. [Coleção Liebman – Teresa Arruda Alvim e Eduardo Talamini (Coords.)]. *E-book*; YARSHELL, Flávio Luiz. Comentários aos arts. 133 a 137. *In:* CABRAL, Antonio do Passo; CRAMER, Ronaldo (Coords.). *Comentários ao Novo Código de Processo Civil.* 2. ed. Rio de Janeiro: Forense, 2016. p. 233.

Tutela provisória de urgência: o credor pode requerer, liminarmente ou não, no bojo do incidente de desconsideração, *tutela cautelar provisória* para impedir que o sócio, administrador ou a pessoa jurídica (em caso de *desconsideração inversa*) desfaça ou dissipe patrimônio. Exige a lei, para tanto, a demonstração de elementos evidenciando a probabilidade do direito e o perigo de dano ou o risco ao resultado útil da atividade jurisdicional (CPC/2015, art. 300).

Concepção objetiva: a aplicação da *disregard doctrine* independe da intenção do agente (= culpa ou dolo), pouco importando se ele tinha ou não consciência da utilização ilícita da pessoa jurídica. Na lição de Justen Filho: "Se a vontade e a intenção do agente eram orientadas a obter ou não o resultado concretizado, isso é irrelevante. Há disfunção quando os fins almejados pelo direito não são realizados pelo agente – sem que se altere essa configuração pelo fato de que a intenção do agente era a de realizar os ditos fins. Correlativamente, inexiste disfunção se os fins previstos pelo direito são realizados, ainda que isso decorra do acaso ou se verifique contra a vontade do sujeito. Bem por isso, a desconsideração não depende da vontade de abusar ou da consciência de prejudicar os interesses alheios. Não se indaga o elemento subjetivo do agente, mas tão-somente a situação do desempenho da função" (JUSTEN FILHO, Marçal. *Desconsideração da personalidade societária no direito brasileiro.* São Paulo: Revista dos Tribunais, 1987. p. 141). É suficiente, portanto, a caracterização do emprego abusivo da pessoa jurídica em contrariedade ao que prevê a ordem jurídica.

Observância dos pressupostos legais: não é lícito ao órgão judicial deferir o pedido de desconsideração da personalidade jurídica em razão da mera ocorrência do encerramento das atividades empresariais ou porque a sociedade devedora carece de patrimônio. É manifestamente equivocada decisão que estende *automaticamente* a responsabilidade pela dívida da pessoa jurídica aos sócios em desatenção aos requisitos previstos em lei. Trata-se de ilação oriunda da regra segundo a qual os bens particulares dos sócios não respondem pelas dívidas da pessoa jurídica, excepcionados os casos previstos em lei (CPC/2015, art. 795 c/c CC/2002, art. 50, §2º, I, II e III). Mesmo diante das particularidades que são próprias a certos direitos (trabalhista, consumerista, ambiental etc.), nada em absoluto abona uma "interpretação" libertária, que despreza o devido processo legal em socorro de *efetividades quantitativas*. Fins não podem justificar os meios. É que garantias processuais são o *baldrame fundamental* de toda a ordem jurídica procedimental-jurisdicional, não se admitindo relativizações ou reducionismos que as atinjam em função de tal ou qual direito material. Pensar contrariamente é desdenhar a Constituição que, de maneira genérica, *e sem trazer exceções*, impõe que ninguém será privado da liberdade ou de seus bens sem o devido processo legal (art. 5º, LIV), além de assegurar aos litigantes, em procedimento judicial ou administrativo, contraditório e ampla defesa, com os meios e recursos a ela inerentes (art. 5º, LV). Indo ao ponto: o art. 50 do Código Civil estabelece que, em caso de *abuso da personalidade jurídica*, caracterizado pelo *desvio de finalidade*, ou pela *confusão patrimonial*, admite-se, via decisão judicial, sejam estendidos os efeitos de determinadas obrigações aos bens particulares dos administradores ou sócios da pessoa jurídica devedora (ou estender os efeitos de determinadas obrigações de sócios ou administradores à pessoa jurídica, em caso de *desconsideração inversa*) – nesse sentido: STJ, EREsp 1306553, Segunda Seção, rel. Min. Maria Isabel Gallotti, julgamento: 10.12.2014, disponível em: www.stj.jus.br. A desconsideração da personalidade jurídica, em suma, é uma *medida excepcional*, cuja adoção só se admite quando demonstrados os pressupostos específicos relacionados com a fraude ou o abuso de direito estabelecidos no art. 50 do CC/2002 (STJ, REsp nº 948.117-MS, rel. Min. Nancy Andrighi, julgado em 22.06.2010. Disponível em: www.stj.jus.br). Assim é em respeito a duas regras capitais que servem de orientação ao Direito Societário: i) as pessoas jurídicas têm existência própria e distinta da de seus membros; e ii) são autônomos os patrimônios da pessoa jurídica e dos seus sócios (LIMA, Osmar Brina Corrêa. *Responsabilidade civil dos administradores de sociedade anônima*. Rio de Janeiro: Aide, 1989. p. 140).

Abuso de direito – desvio de finalidade e confusão patrimonial: é claríssima a lei ao prescrever que, *em caso de abuso da personalidade jurídica*, o juiz deve, a requerimento da parte ou do Ministério Público, desconsiderá-la para que a responsabilidade patrimonial por determinada obrigação seja estendida aos bens particulares de administradores ou sócios da pessoa jurídica, que se beneficiaram direta ou indiretamente da abusividade praticada (CC/2002, art. 50, *caput*). Tem-se *abuso da personalidade jurídica* quando caracterizado *desvio de finalidade* ou *confusão patrimonial* (CC/2002, art. 50, *caput*). *Desvio de finalidade* é a utilização da pessoa jurídica com propósito de lesar credores e, outrossim, para a prática de atos ilícitos de qualquer natureza (CC/2002, art. 50, §1º). Não configura, porém, desvio de finalidade a mera expansão ou a alteração da *finalidade original* da atividade econômica específica da pessoa jurídica envolvida no litígio (CC/2002, art. 50, §5º). Isso significa que não se afere o requisito aludido (= desvio de finalidade) em atenção à pessoa jurídica devedora, e sim a partir do uso dela para fins distintos daqueles que justificam a própria existência, no ordenamento jurídico, do instituto *pessoa jurídica* (genericamente considerado) – nesse sentido: OLIVEIRA, José Lamartine Corrêa de. *A dupla crise da pessoa jurídica*. São Paulo: Saraiva, 1979. p. 262; GANACIN, João Cánovas Bottazzo. *Desconsideração da personalidade jurídica no processo civil*. São Paulo: Revista dos Tribunais, 2020. [Coleção Liebman – Teresa Arruda Alvim e Eduardo Talamini (Coords.)]. *E-book*. Por sua vez, *confusão patrimonial* é a ausência de separação de fato entre os patrimônios dos sócios e da pessoa jurídica, que se configura pelo: i) cumprimento repetitivo pela sociedade de obrigações do sócio ou administrador, e vice-versa; ii) transferência de ativos ou passivos sem efetivas contraprestações, exceto os de valor proporcionalmente insignificante; e iii) outros atos de descumprimento da autonomia patrimonial (CC/2002, art. 50, §2º). Observações: i) as regras previstas no *caput* e §§1º e 2º do art. 50 do Código Civil aplicam-se também em caso de desconsideração inversa (CC/2002, art. 50, §3º); ii) a mera existência de grupo econômico sem a presença dos requisitos acima apontados não autoriza a desconsideração da personalidade da pessoa jurídica (CC/2002, art. 50, §4º).

Responsabilidade patrimonial: julgado procedente o pedido de desconsideração da personalidade jurídica, a responsabilidade patrimonial expande-se para atingir também o terceiro (sócio e ou administrador, ou a pessoa jurídica em caso de desconsideração inversa), até então indiferente ao debate travado na arena procedimental-jurisdicional. Trata-se de decisão judicial que implica responsabilidade patrimonial *primária*. Significa que o interveniente não estará, no futuro, autorizado a demandar contra o devedor originário a fim de obter dele ressarcimento pelo prejuízo que eventualmente suportar – se pudesse obter tal ressarcimento, ter-se-ia, na verdade, hipótese de responsabilidade patrimonial secundária (CC/2002, 346, III c/c CPC/2015, art. 778, §1º, IV). Portanto, ambos (devedor originário e interveniente) tornar-se-ão *corresponsáveis primários* pela obrigação – daí o acerto da dicção legal: "São sujeitos à execução os bens: (...) do responsável, nos casos de desconsideração da personalidade jurídica" (CPC/2015, art. 790, VII). Observação: a origem da responsabilidade patrimonial do terceiro situa-se exatamente no ilícito que praticou (= abuso de direito). Sobre o tema, com superior profundidade: GANACIN, João Cánovas Bottazzo. *Desconsideração da personalidade jurídica no processo civil*. São Paulo: Revista dos Tribunais, 2020. [Coleção Liebman – Teresa Arruda Alvim e Eduardo Talamini (Coords.)]. *E-book*.

Desnecessidade da insolvência: a insolvência da pessoa jurídica devedora *não é* requisito para o deferimento do pedido de desconsideração da personalidade jurídica. O que se pretende, enfim, é a inclusão do sócio (ou do administrador, ou ainda da pessoa jurídica em caso de desconsideração inversa) entre os responsáveis patrimoniais pela obrigação perseguida. Com o deferimento da pretensão, o interveniente se tornará corresponsável, de modo que a situação jurídica do titular do direito experimentará uma melhora (= ampliação do acervo patrimonial que responde pela obrigação inadimplida) – daí decorre, aliás, o interesse processual daquele que postula a *disregard of legal entity* (GANACIN, João Cánovas Bottazzo. *Desconsideração da personalidade jurídica no processo civil*. São Paulo: Revista dos Tribunais, 2020. [Coleção Liebman – Teresa Arruda Alvim e Eduardo Talamini (Coords.)]. *E-book*).

Ausência de discricionariedade na aplicação da *disregard doctrine*: é imperioso que o deferimento da pretensão de desconsideração da personalidade jurídica seja precedido de *criteriosa* análise. *Personalidade jurídica* e *limitação da responsabilidade dos sócios* decorrem de regras cuja finalidade é tutelar o empreendedor contra riscos não aceitáveis oriundos do empreendimento societário. Fosse diferente, a maioria das pessoas decerto não se disporia a atuar no mercado, o que implicaria aumento no desemprego, recrudescimento da criminalidade, mitigação no desenvolvimento do país, menor contribuição fiscal, entre outros fatores socialmente maléficos (GONTIJO, Vinícius José Marques. Responsabilização no direito societário de terceiro por obrigação da sociedade. *Revista dos Tribunais*, São Paulo, v. 95, n. 854, p. 38-51, dez., 2006). Se alguém pretende a aplicação da *disregard doctrine*, é seu o ônus de demonstrar a caracterização do uso abusivo da personalidade jurídica, quer mediante *desvio de finalidade*, quer ainda por *confusão patrimonial*. Como alerta a doutrina, *"sem fraude nada se desconsidera; sem prova a fraude não pode ser reconhecida"* (DINAMARCO, Cândido Rangel. Desconsideração da personalidade jurídica, fraude, ônus da prova e contraditório. *In*: DINAMARCO, Cândido Rangel. *Fundamentos do processo civil moderno*. 6. ed. v. 1. São Paulo: Malheiros, 2010, p. 540). Nada mais óbvio, até porque o Judiciário não é órgão estatal a serviço unicamente do autor/credor.

Desconsideração *inversa* da personalidade jurídica: circunstâncias há – corriqueiras em conflitos a envolver, por exemplo, *direito de família* – em que indivíduos mal intencionados integralizam seu patrimônio pessoal na sociedade da qual participam do quadro societário. É, afinal de contas, *estratagema de camuflagem*, colocada em prática por quem está intencionado a se proteger dos credores. Tem lugar em tais hipóteses a chamada *desconsideração inversa* (CPC/2015, art. 133, §2º): presentes os requisitos legais, o órgão judiciário deve estender a responsabilidade dos sócios ao patrimônio que *formalmente* pertence à pessoa jurídica – nesse sentido: STJ, REsp 948117, Terceira Turma, rel. Min. Nancy Andrighi, julgamento: 22.06.2010, disponível em: www.stj.jus.br. De todo modo, o propósito da desconsideração da personalidade jurídica, direta ou inversa, permanece sempre o mesmo, isto é, combater o uso indevido do ente societário por sócios e ou administradores, quer porque patrimônio foi transferido da sociedade para o sócio, quer porque patrimônio foi transferido do sócio para a sociedade (CARREIRA ALVIM, J. E. *Comentários ao Novo Código de Processo Civil*. v. II. Curitiba: Juruá Editora, 2015. p. 296).

Juizados Especiais, Justiça do Trabalho e execuções fiscais: o incidente de desconsideração da personalidade jurídica tem aplicação, haja vista regramento explícito, em causas cuja competência é dos Juizados Especiais (CPC/2015, art. 1.062). Mais: a despeito de inexistir regra expressa, "é correto entender que o incidente (...) aplica-se também no âmbito do *processo do trabalho*, por força do art. 15", e nas "*execuções fiscais* disciplinadas pela Lei 6.830/1980", pois nada que caracteriza os referidos procedimentos, tampouco o ideal de *celeridade*, tem o condão de afastar o devido processo legal, sobretudo as garantias constitucionais da ampla defesa e do contraditório (BUENO, Cassio Scarpinella. *Comentários ao Código de Processo Civil* – v. 1 (arts. 1º a 317). São Paulo: Saraiva, 2017. p. 575).

— Θ —

Art. 134. O incidente de desconsideração é cabível em todas as fases do processo de conhecimento, no cumprimento de sentença e na execução fundada em título executivo extrajudicial.

§1º A instauração do incidente será imediatamente comunicada ao distribuidor para as anotações devidas.

§2º Dispensa-se a instauração do incidente se a desconsideração da personalidade jurídica for requerida na petição inicial, hipótese em que será citado o sócio ou a pessoa jurídica.

§3º A instauração do incidente suspenderá o processo, salvo na hipótese do §2º.

§4º O requerimento deve demonstrar o preenchimento dos pressupostos legais específicos para desconsideração da personalidade jurídica.

Correspondente:

Não há correspondência no CPC/1973.

Referências:

CPC/2015, art. 133; art. 134, §4º; art. 135; art. 136; art. 137; art. 139, IX; art. 314; art. 434; art. 435; art. 932; VI; art. 995; art. 1.021.

CC/2002, art. 50.

Superação de lacuna legislativa: havia um *vazio legislativo* no que toca ao procedimento a ser utilizado para o manejo da *disregard doctrine*. Isso obrigou os tribunais a se adaptarem. Prevaleceu o entendimento de que a instauração do procedimento independia de ação autônoma, quer dizer, verificados os pressupostos da desconsideração, estava o juiz autorizado, incidentalmente e nos próprios autos da causa em curso, a *levantar o véu da personalidade jurídica* para que os atos expropriatórios atingissem também os bens particulares dos sócios ou administradores – nesse sentido: STJ, RMS 16274/SP, Terceira Turma, rel. Min. Nancy Andrighi, julgamento: 19.08.2003, disponível em: www.stj.jus.br. Contudo, a falta de regulamentação abriu brechas para excessos e abusos. É que, amiúde, contraditório e ampla defesa ficavam de escanteio, sendo arrastados para *momento posterior* ao deferimento do pedido de desconsideração. Simplesmente decidia-se em favor da desconsideração da personalidade jurídica, de maneira que sócios (e ou administradores) acabavam catapultados para o polo passivo da demanda, com o seu patrimônio tornando-se *presa fácil* de constrições judiciais. Tudo ocorria de forma abrupta e violenta, pois os terceiros sequer eram convocados a respeito da sua nova condição de *devedores* (= decisões surpresa). No jargão popular, o Judiciário não raro atuava de *bate-pronto*. A certa altura, a prática *escancaradamente inconstitucional* foi tida por legítima pelo próprio Superior Tribunal de Justiça: admitiu-se a superação da personalidade jurídica nos próprios autos do processo, *em dispensa à citação dos sócios*, bastando a defesa apresentada por eles *a posteriori*, mediante embargos, impugnação ao cumprimento de sentença ou exceção de pré-executividade (STJ, REsp 1096604/DF, Quarta Turma, rel. Min. Luis Felipe Salomão, julgamento: 02.08.2012, disponível em: www.stj.jus.br). Suprindo a lacuna, o CPC/2015 *em boa hora* regulou a matéria em seus arts. 133 a 137, ali traçando via procedimental obrigatória, *construída em estrita observância ao devido processo legal*, para postulação e exame da desconsideração da personalidade jurídica.

Cabimento em todas as fases do processo: a instauração do incidente da desconsideração exige pedido expresso. Não se admite, portanto, ao órgão judicial que o faça *sponte propria*, haja vista expressa disposição legal em sentido contrário (CPC/2015, art. 133, *caput*), além de exigências de ordem constitucional. A função da *disregard doctrine* é sobrepujar a autonomia patrimonial entre pessoa jurídica e sócios a fim de satisfazer tal ou qual direito perseguido em juízo, razão por que requerimentos dessa natureza são comumente formulados depois de iniciada a execução civil (= processo de execução ou cumprimento de sentença). Nada impede, contudo, que o pedido de desconsideração seja feito na própria *petição inicial* que ensejar o procedimento de conhecimento. O art. 134 do CPC/2105, aliás, é expresso nesse sentido; e acerta no ponto porque importa mesmo é a deflagração de *atividade cognitiva* destinada a apurar o cabimento ou não da *medida excepcional*, devidamente ajustado à participação de todos os que poderão vir a ser afetados pelo futuro provimento jurisdicional. Acontece que, veiculado o pedido na petição inicial (= procedimento de conhecimento) não se terá incidente intervencional, pois os sócios, cuja responsabilidade se pretende alcançar para a satisfação de eventual crédito (ainda não certificado ou declarado pelo Judiciário), já se encontrarão ali, inseridos como partes *principais* (= litisconsórcio passivo) desde o início na relação processual, ou seja, a ampla defesa lhes terá sido oportunizada, no prazo e modo previstos em lei, em contestação. Resumindo e esmiuçando: i) sendo o pedido de desconsideração formulado na própria petição que inaugura o procedimento executivo (= processo de execução ou cumprimento de sentença), é *obrigatória* a observância do incidente regulado pelos arts. 134 a 136. É que procedimentos executivos, em sua forma pura, não têm decisão para resolver sobre a possível *nova* responsabilidade obrigacional (dos sócios, administradores ou da própria pessoa jurídica, na hipótese de desconsideração inversa), quer dizer, sem a instauração do tal incidente faltará ao exequente título executivo hábil para sustentar o redirecionamento dos atos executivos. Daí que, nesse particular, o incidente de desconsideração assume o papel de, se for o caso, constituir o título legitimador da execução contra quem se imputa responsabilidade patrimonial adicional por obrigação contraída em nome de outra pessoa (THEODORO JÚNIOR, Humberto. *Curso de Direito Processual Civil*. v. I. 56. ed. Rio de Janeiro: Forense, 2015. p. 400); e ii) se, entretanto, se a desconsideração for requerida na petição inicial ensejadora do procedimento de conhecimento, os sócios e ou administradores (ou pessoa jurídica, em caso de desconsideração inversa) já estarão devidamente integrados, desde a origem, na relação jurídico-processual. Havendo procedência total e demonstrados os pressupostos que autorizam a desconsideração da personalidade jurídica, a decisão constituirá título contra todos aqueles situados no polo passivo, sem necessidade posterior de complementação.

Dispensa de instauração do incidente: nos ditames da lei, dispensa-se a instauração do incidente quando o requerimento de desconsideração da personalidade jurídica ocorrer já na própria petição inicial, hipótese em que será citado o sócio ou a pessoa jurídica (CPC/2015, art. 134, §2º). Em tal circunstância, não se terá propriamente "dispensa da instauração do incidente". Afinal de contas, "a petição inicial já trará, coerentemente com a postulação nela manifestada, não só o pedido mas também a causa de pedir que, na visão do autor, justificam a corresponsabilização do sócio (ou da pessoa jurídica em se tratando da desconsideração inversa) desde logo (= cumulação de pedidos e causas de pedir), independentemente de qualquer insucesso na fase de cumprimento de sentença" (BUENO, Cassio Scarpinella. *Comentários ao Código de Processo Civil* – v. 1 (arts. 1º a 317). São Paulo: Saraiva, 2017. p. 576). De resto, os sócios ou administradores (ou a pessoa jurídica, no caso de desconsideração inversa) já estarão integrados, desde a origem, à relação jurídico-processual (= litisconsórcio passivo facultativo originário). Em caso de eventual condenação, estando presentes os pressupostos que autorizam a desconsideração da personalidade jurídica, a decisão constituirá *de pronto* título executivo judicial hábil a autorizar medidas executivas contra todos os réus. Por fim, não havendo um incidente, não se terá, por óbvio, a incidência do §3º do art. 134 (= suspensão do feito).

Momento de requerer a desconsideração: o pedido de desconsideração pode ser formulado a *qualquer momento*, sempre que se mostrar patente sua necessidade. Não há previsão de prazo decadencial, ou seja, o direito não se extingue pelo *não uso* (STJ, REsp 1180191/RJ, 4ª Turma, rel. Min. Luis Felipe Salomão, julgamento: 05.04.2011, disponível em: www.stj.jus.br).

Comunicação ao distribuidor: instaurado o incidente de desconsideração, que depende sempre de pedido formulado em procedimento jurisdicional já em trânsito (= processo de execução ou cumprimento de sentença), ocorrerá a devida anotação pelo distribuidor (CPC/2015, art. 286, parágrafo único). É adequado que assim seja, pois o tal incidente intervencional implica *nova* pretensão contra *novos* réus, ou seja, pretende-se, ao fim e ao cabo, *estender* a condenação originária também aos últimos. Procedente o pedido, em suma, ter-se-á uma *ampliação subjetiva* da relação jurídico-processual-executiva.

Suspensão do processo: a instauração do incidente da desconsideração acarreta o efeito automático de *suspender* o processo (CPC/2015, art. 134, §3º), medida de prevenção cujo escopo é evitar atropelos e confusões no âmbito procedimental. Na prática, ter-se-á a interdição apenas da execução civil (= interdição de atos executivos), e não obviamente do próprio incidente da desconsideração. Com isso, os atores processuais dedicarão tempo e energia à pretensão incidental, admitindo-se – como não poderia ser diferente – a produção de provas. Observações importante colhidas da doutrina de Cassio Scarpinella Bueno: i) não há como, sem agredir a Constituição, "recusar a prática de algum ato executivo, ainda que travestido de tutela provisória de urgência, para a asseguração do direito", quer dizer, para viabilizar a realização de atos executivos "tendentes à satisfação do exequente, bem ao estilo do art. 301" – esse posicionamento, de resto, encontra respaldo no art. 314, CPC/2015; ii) a suspensão do processo (CPC/2015, art. 134, §3º) "cessa com o julgamento do incidente". Por se tratar de decisão interlocutória, que não coloca fim à fase cognitiva, nem à fase de cumprimento de sentença ou ao próprio processo de execução, o feito "volta a ter seu regular trâmite imediatamente", até porque inexiste efeito suspensivo *ope legis* oriundo do agravo de instrumento cuja interposição é admitida pela lei contra aquela decisão (CPC/2015, arts. 995, *caput*, e 1.019, I); iii) o mesmo raciocínio "deve ser empregado quando o incidente for instaurado originariamente perante o tribunal" (CPC/2015, art. 932, VI), considerando que, também o agravo interno", que se pode interpor contra a decisão do relator (CPC/2015, art. 1.021), "não tem efeito suspensivo legal" (CPC/2015, art. 995, *caput*); iv) eventual "concessão *ope iudicis* de efeito suspensivo àqueles recursos" (CPC/2015, art. 995, parágrafo único) não significa que o processo recupere invariavelmente seu estado de suspensão determinado pelo §4º do art. 134", sendo mais correto "entender que estará suspensa a prática de atos determinados a serem indicados (e justificados devidamente) na decisão respectiva" (BUENO, Cassio Scarpinella. *Comentários ao Código de Processo Civil* – v. 1 (arts. 1º a 317). São Paulo: Saraiva, 2017. p. 578).

Pressupostos legais e supressão de defeitos: o requerimento para deflagrar o incidente de desconsideração da personalidade jurídica deve respeitar os pressupostos antevistos em lei. É insuficiente apenas pedir, tampouco pedir sem atenção para o que exige o direito material. Merece especial cautela, nesse particular, o que dispõe o art. 50 do Código Civil: cumpre ao requerente-exequente apresentar narrativa que aponte o *abuso da personalidade jurídica*, quer por *desvio de finalidade*, quer por *confusão patrimonial*. Se possível, a petição deve ser instruída com os documentos destinados a provar suas alegações (CPC/2015, art. 434), sendo lícito às partes juntar aos autos, em qualquer tempo, documentos novos, quando destinados a fazer prova de fatos ocorridos depois dos articulados ou para contrapô-los aos que foram produzidos nos autos (CPC/2015, art. 435). Importante: i) a inexistência ou deficiência documental não é empecilho para a admissão do pedido de desconsideração da personalidade jurídica, até porque as partes estão autorizadas a requerer e *produzir* as provas que entenderem pertinentes (CPC/2015, art. 135). Basta, em suma, requerimento formalizado de forma abstrata, que corrobore em narrativa o preenchimento dos pressupostos legais específicos, na exata medida do que dispõe a lei (CPC/2015, art. 134, §4º); ii) na eventualidade de requerimento elaborado em desatenção a essa demonstração abstrata dos pressupostos legais específicos, deve o juiz intimar o exequente para, em prazo assinado, suprir o defeito (CPC/2015, art. 139, IX).

— Θ —

Art. 135. Instaurado o incidente, o sócio ou a pessoa jurídica será citado para manifestar-se e requerer as provas cabíveis no prazo de 15 (quinze) dias.

Correspondente:
Não há correspondência no CPC/1973.

Referências:
CF/1988, art. 5º, LIV e LV.

CPC/2015, art. 133; art. 134; art. 136; art. 137; art. 224; art. 229; art. 231; art. 321; art. 335; art. 344; art. 345; art; 346; art. 373, I; art. 506; art. 795, §4º; art. 1015, IV.

Procedimento: a partir da instauração do incidente da desconsideração, tem-se o surgimento, em paralelo e nos mesmos autos do feito principal, de uma via incidental instaurada por quem deseja estender aos sócios ou administradores (ou mesmo à própria pessoa jurídica, em caso de desconsideração inversa) a responsabilidade patrimonial pela obrigação perseguida. Características desse procedimento *especial*: i) o incidente da desconsideração é modalidade de intervenção de terceiros cabível em todas as fases do processo de conhecimento, no cumprimento de sentença e na execução fundada em título executivo extrajudicial (CPC/2015, art. 134), cuja instauração depende de *pedido* expresso (CPC/2015, art. 133, *caput*) – ao órgão judicial, portanto, não se admite instauração *ex officio* do incidente interventivo; ii) o requerimento do incidente da desconsideração segue os parâmetros legais para a elaboração de uma petição inicial, salvo aquilo que se mostrar impertinente, além do que deve trazer argumentos que evidenciem o preenchimento dos pressupostos exigidos pelo direito material, e, se for possível, já apresentar os elementos de prova (CPC/2015, art. 134, §4º); iii) o §4º do art. 134, CPC/2015, trouxe impropriedade técnica ao "sugerir a necessidade de prova antes mesmo da formação da controvérsia sobre as alegações" de quem postula a abertura do incidente. Nem sempre, afinal, essa demonstração se mostrará possível, de modo que é suficiente que o postulante apenas *suscite* o preenchimento dos pressupostos legais exigidos para a desconsideração "mediante afirmação da ocorrência de fatos que caracterizam abuso da pessoa jurídica" (GANACIN, João Cánovas Bottazzo. *Desconsideração da personalidade jurídica no processo civil*. São Paulo: Revista dos Tribunais, 2020. [Coleção Liebman – Teresa Arruda Alvim e Eduardo Talamini (Coords.)]. *E-book*); iv) a instauração do incidente será comunicada imediatamente ao distribuidor para as anotações devidas, e tem por efeito imediato a suspensão do processo (= *rectius*: suspensão dos atos executivos), salvo se o requerimento for formulado já na petição inicial (= processo de conhecimento) (CPC/2015, art. 134, §§1º, 2º e 3º); vi) o incidente de desconsideração, ademais de incluir terceiro(s) na relação jurídico-processual, dilata o objeto litigioso, porquanto leva para o feito nova pretensão; vi) está o postulante autorizado a requerer *tutela cautelar provisória* para, por exemplo, impedir que o(s) sócio(s), o(s)administradores ou a pessoa jurídica (em caso de *desconsideração inversa*) desfaça(m) ou dissipe(m) patrimônio; vii) na eventualidade de faltar, na petição de requerimento, algum pressuposto exigido em lei, incumbe ao órgão julgador ordenar a emenda (CPC/2015, art. 321) antes de proferir juízo negativo de admissibilidade; viii) não há espaço para a audiência prevista no art. 334, CPC/2015, até porque o art. 135 expressamente impõe que o(s) sócio(s), o(s) administrador(es) ou a pessoa jurídica (em caso de desconsideração inversa) será(ão) citado(s) para, no prazo de 15 (quinze) dias, manifestar-se e requerer as provas cabíveis; ix) aplicam-se, ao incidente procedimental de desconsideração, as regras atinentes à revelia (CPC/2015, arts. 344 a 346); x) é ônus de quem postula a desconsideração, em havendo impugnação de suas alegações (= fatos ou pontos controvertidos; questão), demonstrar a prática de atos considerados abusivos (CPC/2015, art. 373, I); xi) em respeito ao contraditório e à ampla defesa (= garantias contrajurisdicionais do processo), admite-se às partes produzirem os meios probatórios consentidos pelo ordenamento jurídico, sendo que o pedido só será acolhido quando demonstrados os pressupostos legais e observadas as regras de procedimentalidade previstas no Código de 2015 (CPC/2015, art. 795, §4º); xii) concluída a instrução, se necessária, o incidente será resolvido por decisão interlocutória

(CPC/2015, art. 136); xiii) a decisão interlocutória que resolver o incidente de desconsideração da personalidade jurídica pode ser desafiada por agravo de instrumento (CPC/2015, art. 1015, IV); xiv) se a decisão que resolver o incidente de desconsideração for proferida pelo relator, cabe agravo interno (CPC, art. 136, parágrafo único); e xv) acolhido o pedido de desconsideração, a alienação ou oneração de bens, havida em fraude de execução, será ineficaz em relação ao requerente (CPC/2015, art. 137).

Instauração do incidente, citação e prazos: considera-se *incidente* toda a ocorrência extraordinária ou acidental surgida no desenvolvimento regular da relação jurídico-processual e que dê azo à formação de um procedimento próprio ou autônomo, as vezes destacado do procedimento principal, as vezes nele incorporado (GAMA PRAZERES, Manuel Augusto. *Dos incidentes da instância no atual Código de Processo Civil*. Braga: Livraria Cruz, 1963. p. 1-15). O pedido de desconsideração da personalidade jurídica deflagra exatamente um *incidente procedimental*, cujo processamento e julgamento dar-se-ão nos autos em que foi formulada a pretensão originária. A instauração desse incidente será imediatamente comunicada ao distribuidor para as anotações devidas e o curso do feito suspenso, até a pronta resolução da lide incidental via decisão interlocutória. Os sócios ou administradores (ou mesmo a pessoa jurídica, em caso de desconsideração inversa) serão *citados* para tomarem ciência da pretensão formulada, sendo a eles concedido o prazo de quinze dias para defesa e requerimento de provas. A citação "justifica-se porque, até aquele instante, o sócio ou a pessoa jurídica (no caso de desconsideração inversa) é terceiro em relação ao processo" (BUENO, Cassio Scarpinella. *Comentários ao Código de Processo Civil – v. 1 (arts. 1º a 317)*. São Paulo: Saraiva, 2017. p. 579). A contagem do prazo para contestar segue a regra geral: exclui-se o dia do começo (CPC/2015, art. 231) e inclui-se o do vencimento (CPC/2015, art. 224, *caput*, §§1º e 2º). Os dias do começo e do vencimento serão protraídos para o primeiro dia útil seguinte, se coincidirem com dia em que o expediente forense for encerrado antes ou iniciado depois da hora normal ou houver indisponibilidade da comunicação eletrônica (CPC/2015, art. 224, §1º). E só serão considerados na contagem os dias úteis (CPC/2015, art. 219, parágrafo único). Em caso de litisconsortes com diferentes procuradores, *de escritórios de advocacia distintos*, os prazos contar-se-ão em dobro para todas as suas manifestações, em qualquer juízo ou tribunal, independentemente de requerimento, *salvo se os autos processuais forem eletrônicos* (CPC/2015, art. 229, *caput*, e §2º).

Defesa: a defesa, a ser apresentada por quem é alvo do pedido de desconsideração (sócio, administrador ou pessoa jurídica, em caso de desconsideração inversa), deve se concentrar em especial no argumento e demonstração da ausência dos pressupostos legais que autorizam a expansão da obrigação para o atingimento da sua própria esfera jurídica (abuso da personalidade jurídica por desvio de finalidade ou confusão patrimonial). Não só isso, pois é lícito ao citado arguir preliminares (por exemplo: ausência de legitimidade ativa, prescrição) e atacar a própria existência da obrigação perseguida. Tudo isso é válido, quer quando o pedido de desconsideração for formulado na petição inicial, quer quando mediante a via incidental. Há, no entanto, diferença em relação ao momento no qual a defesa deve ser apresentada: i) se requerida a desconsideração na petição inicial que instaurar procedimento cognitivo, as defesas de todos os réus envolvidos hão de ser ofertadas em peça(s) de contestação (CPC/2015, art. 335); e ii) se requerida a desconsideração em procedimento executivo (= cumprimento de sentença ou processo de execução), o feito será suspenso e o sócio (ou a pessoa jurídica, em caso de *desconsideração inversa*) devidamente citado para manifestar e requerer as provas cabíveis (CPC/2015, art. 135).

— Θ —

Art. 136. Concluída a instrução, se necessária, o incidente será resolvido por decisão interlocutória.

Parágrafo único. Se a decisão for proferida pelo relator, cabe agravo interno.

Correspondente:
Não há correspondência no CPC/1973.

Referências:
CF/1988, art. 5º, XXXV e LV.

CPC/2015, art. 85, caput, e §§1º, 8º e 11; art. 87; art. 129, parágrafo único; art. 134, §2º; art. 136; art. 338; art. 369; art. 523, §1º; art. 827, §1º; art. 1.009; art. 1015, IV.

Instrução probatória: quem maneja a desconsideração da personalidade jurídica, incidentalmente ou por intermédio da petição inicial (= processo de conhecimento), pretende atingir terceiro(s) que, a princípio, não responde(m) pela obrigação, quer estendendo a ele(s) responsabilidade patrimonial mediante alteração do próprio título executivo, quer incluindo-o(s) em condenação judicial ao lado do devedor principal. Amplia-se, com a estratégia, as possibilidades de êxito na desejada satisfação do crédito. A decisão que julga procedente a desconsideração, portanto, detém eficácia preponderantemente condenatória. Frente a essa potência estatal-jurisdicional, *hábil para alterar até os limites subjetivos da coisa julgada material*, é de se atentar com seriedade para a regra de que *ninguém será privado de seus bens sem o devido processo legal* (CF/18, art. 5º, LV). Inclui-se nesse âmbito, por óbvio, o *direito fundamental à produção probatória*, espectro das garantias constitucionais *acesso à justiça*, *contraditório* e *ampla defesa*. É irrestrito o direito de produzir provas na via procedimental na qual se debate a possibilidade ou não de se suspender provisoriamente o véu protetor da personalidade jurídica para atingir os sócios, seus administradores e ou a pessoa jurídica (em caso de desconsideração inversa). Por isso as partes podem empregar todos os meios legais, bem como os moralmente legítimos, ainda que não especificados em lei, para provar os fatos em que se fundam suas pretensões e defesas (CPC/2015, art. 369).

Defesa e coisa julgada: a sentença *faz coisa julgada às partes entre as quais* é dada, *não prejudicando terceiros* (CPC/2015, art. 506). É por isso também que o sócio (ou a pessoa jurídica, em caso de *desconsideração inversa*), tornando-se alvo de pedido de desconsideração *em sede de cumprimento de sentença*, está autorizado a se valer *em sua defesa* de toda e qualquer matéria que, de algum modo, possa lhe beneficiar. Pode até discutir aquilo que já foi discutido pelas partes originárias em sede de procedimento cognitivo, pois a decisão produzida, que fez coisa julgada e tornou-se título executivo, não contou com participação e influência dele – nesse sentido: "Quem, na condição de sócio, é citado para responder pelo débito da sociedade, assume a condição de parte passiva na relação processual; a respectiva defesa é ampla, seja negando a qualidade de responsável, seja atacando a própria existência do débito" (STJ, REsp 159.659, 3ª Turma, rel. Min. Ari Pargendler, julgamento: 24.09.2002, disponível em: www.stj.jus.br). Raciocínio diverso é indefensável por restringir substancialmente o espectro de proteção que a própria Constituição oferece aos jurisdicionados – é lembrar: "ninguém será privado de seus bens sem o devido processo legal" (CF/1988, art. 5º, LIV e LV).

Desconsideração e coisa julgada: a depender do momento ou da fase procedimental em que o *incidente* da desconsideração for instaurado, ter-se-á, *muito provavelmente*, decisão que resolverá *questão de mérito* ou mesmo *o próprio mérito*. Em se tratando, por exemplo, de decisão que apenas rejeitou o sequenciamento do incidente, haja vista algum defeito na petição de instauração não sanado pelo requerente, não se terá aí, por certo, a formação de coisa julgada. Por outro lado, é de mérito (e, por conseguinte, faz coisa julgada) a decisão que colocar termo ao incidente da desconsideração, julgando o pedido ali deduzido, quer para estender a condenação ao sócio (ou à pessoa jurídica, em caso de desconsideração inversa), quer para não o fazer (= rejeição do pedido de desconsideração) – contra tal decisão admite-se, inclusive, o manejo de ação rescisória.

Decisões e recursos: cabe agravo de instrumento contra decisões interlocutórias que versem sobre incidente de desconsideração (CPC/2015, art. 1015, IV). Às vezes, contudo, a desconsideração é requerida na petição inicial (= processo de conhecimento), quando não haverá instauração de incidente procedimental (CPC/2015, art. 134, §2º); nesses casos, a procedência ou não do pedido de desconsideração ocorrerá na própria sentença, ato decisório que desafia recurso de apelação (CPC/2015, art. 1.009). Se, contudo, a desconsideração da personalidade jurídica for resolvida por decisão monocrática, deferindo-a ou não o relator, é lícito interpor contra ela agravo interno (CPC/2015, art. 136). Em se tratando de decisão colegiada proferida no âmbito do tribunal, "inclusive em virtude do julgamento do agravo interno, os recursos cabíveis são o especial e o extraordinário, consoante se façam presentes seus respectivos pressupostos constitucionais de admissibilidade (BUENO, Cassio Scarpinella. *Comentários ao Código de Processo Civil* – v. 1 (arts. 1º a 317). São Paulo: Saraiva, 2017. p. 581). Por fim, tem cabimento a oposição dos embargos de declaração, presentes os requisitos autorizadores (CPC/2015, art. 1.022), pouco importando a natureza da decisão que resolver o requerimento de desconsideração da personalidade jurídica.

Legitimidade recursal: possuem legitimidade para atacar, via recurso competente, a decisão que lhes for prejudicial, quem requereu e aquele contra quem foi requerida a desconsideração da personalidade jurídica. De outro lado, possui legitimidade recursal a pessoa jurídica alvo da desconsideração, mas apenas se, em suas razões, arguir *direito próprio*, distinto dos interesses dos sócios; de igual forma, os sócios, em face de quem foi requerida a desconsideração inversa, detêm legitimidade recursal, desde que se apoiem em direito próprio, distinto dos interesses da pessoa jurídica em que recaiu a responsabilidade patrimonial – nesse sentido: BUENO, Cassio Scarpinella. *Comentários ao Código de Processo Civil* – v. 1 (arts. 1º a 317). São Paulo: Saraiva, 2017. p. 578.

Honorários advocatícios e desconsideração da personalidade jurídica: se o pedido da desconsideração é feito já na petição inicial, *em dispensa à formação de incidente*, dúvida não há de que se aplicará, na construção do ato decisório que colocar termo ao conflito de interesses, o regime legal de fixação dos honorários advocatícios sucumbenciais (CPC/2015, art. 85). Entretanto, tem prevalecido o entendimento de que não é cabível, *por ausência de previsão legal expressa*, condenação em verba honorária sucumbencial nos *incidentes* de desconsideração da personalidade jurídica – conferir: STJ, AgInt no AREsp nº 1.642.321, 4ª Turma, rel. Min. Maria Isabel Gallotti, julgamento: 07.12.2020, disponível em: www.stj.jus.br. Entre outros argumentos, afirma-se que o vocábulo "sentença", insculpido no *caput* do art. 85, CPC/2015, é suficiente para se concluir pela negativa de condenação em honorários – afinal, os incidentes de desconsideração são resolvidos mediante *decisão interlocutória*. Há, todavia, quem pense diferentemente, com argumentos nada descartáveis. Salvo melhor juízo, o legislador pretendeu adotar uma regra geral (= condenação em honorários por *sentença*), tomando o cuidado de, vezes por outras, positivar exceções (= condenação em honorários via decisões interlocutórias e acórdãos). Seguem algumas dessas exceções: i) realizada a substituição prevista no art. 338 do CPC/2015 (= troca de um réu por terceiro com o consentimento do autor), o autor reembolsará as despesas e pagará honorários ao procurador do réu excluído, que serão fixados entre 3 (três) a 5 (cinco) por cento do valor da causa ou, sendo este irrisório, será arbitrado pelo juiz nos termos do art. 85, §8º (= hipótese de condenação de honorários por intermédio de *decisão interlocutória*); ii) em sede de cumprimento de sentença (provisória ou definitiva), que reconhece a exigibilidade de obrigação de pagamento de quantia, não ocorrendo o adimplemento voluntário no prazo previsto em lei, o débito será acrescido de multa de 10% (dez por cento) e honorários advocatícios também em 10% (dez por cento) (CPC/2015, art. 523, §1º) (= hipótese de condenação de honorários por intermédio de *decisão interlocutória*); iii) em execuções por quantia certa fundadas em obrigações assentadas em títulos executivos extrajudiciais, o juiz fixará, já no início do procedimento, em 10% (dez por cento) os honorários advocatícios a serem pagos pelo executado, valor que será reduzido pela metade em caso de pagamento integral no prazo de 3 (três) dias (CPC/2015, art. 827, §1º) (= hipótese de condenação de honorários por intermédio de *decisão interlocutória*); iv) o tribunal, ao julgar recursos, majorará os honorários fixados anteriormente, sempre atento aos critérios e limites legais (CPC/2015, art. 85, §11) (= hipótese de condenação de honorários por intermédio de *acórdão*). A opção legislativa pela exaustividade, que abarca uma *regra geral* e *exceções*, não é, ao que tudo indica, a mais adequada. Tanto assim que, na falta de previsão legal expressa, não se poderia admitir condenação em honorários sucumbenciais nas ações rescisórias – algo que soa muitíssimo estranho. Em prol da clareza, e até como maneira de afastar a corriqueira libertinagem judicial que impera sempre que em foco o tema *honorários sucumbenciais*, sugere-se aqui um ajuste legislativo pontual no art. 85, *caput*, a ser realizado em atenção aos ideais que permeiam o modelo vigente, a saber, *remuneração digna a advogados* e *estímulo à litigância responsável*. De todo modo, a posição assumida nesses *Comentários* é a seguinte: i) não é crível aferrar-se inflexivelmente ao vocábulo "sentença" (CPC/2015, art. 85, *caput*), pois o legislador utiliza-o não raro, em variados pontos do Código e de leis extravagantes, como sinônimo de decisão *lato sensu* – enfim, deve-se encarar o ordenamento jurídico sistematicamente e evitar interpretações *por tiras*; ii) a lei prescreve que os honorários advocatícios são devidos nos cumprimentos de sentença, provisórios ou definitivos, e nas execuções, resistidas ou não (CPC/2015, art. 85, §1º) – só por isso não há como se afastar a condenação à verba honorária sucumbencial quando os incidentes de desconsideração forem instaurados no âmbito de execuções civis; iii) nada justifica, por fim, a utilização de *dois pesos e duas medidas* para resolver problemas que merecem idêntica resposta. Veja-se, para ilustrar, que o Superior Tribunal de Justiça, conquanto recuse condenação em verba honorária sucumbencial nos incidentes de desconsideração, admite-a nos casos de acolhimento parcial de exceção de pré-executividade (STJ, AgInt no REsp nº 1.551.618, 4ª Turma, rel. Min. Marco Buzzi, julgamento: 22.08.2018, disponível em: www.stj.jus.br). Em suma: instaurado um incidente em execução civil (processo de execução ou cumprimento de sentença), *exceção de pré-executividade* ou *pedido de desconsideração*, o §1º do art. 85 impõe a condenação em honorários sucumbenciais.

— Θ —

Art. 137. Acolhido o pedido de desconsideração, a alienação ou a oneração de bens, havida em fraude de execução, será ineficaz em relação ao requerente.

Correspondente:
Não há correspondência no CPC/1973.

Referências:
CPC/2015, art. 239, §1º; art. 792, §3º.

Efeito condenatório: apesar do que sugere o *nomen iuris*, a decisão que autoriza a desconsideração não implica a *suspensão episódica ou pontual* da personalidade jurídica. A rigor, esta permanece inalterada. O que se postula (e o que se obtém, em caso de deferimento) é a *condenação* também do sócio (ou da pessoa jurídica, em caso de desconsideração inversa), com fundamento no abuso da personalidade jurídica. A pretensão condenatória é uma constante, quer formulada já na petição inicial, quer em fase de conhecimento, quer ainda no âmbito do procedimento executivo (cumprimento de sentença ou processo de execução) – nesse sentido (e com mais profundidade): GANACIN, João Cánovas Bottazzo. *Desconsideração da personalidade jurídica no processo civil*. São Paulo: Revista dos Tribunais, 2020. [Coleção Liebman – Teresa Arruda Alvim e Eduardo Talamini (Coords.)]. *E-book*.

Fraude à execução: a fraude à execução se verificará, consoante regra expressa, a partir da citação da parte cuja personalidade jurídica se pretende desconsiderar (CPC/2015, art. 792, §3º). É evidente, porém, que o comparecimento espontâneo do réu (ou do executado) supre a necessidade de citação (CPC/2015, art. 239, §1º), sendo esse o momento a partir do qual a fraude à execução pode se caracterizar. Observações (de Cassio Scarpinella Bueno, com amparo na doutrina de Flávio Luiz Yarshell): i) diante "do amplo espaço de tempo que pode decorrer entre a citação, a desconsideração e os questionamentos relativos à existência de eventual fraude", o reconhecimento de fraude à execução, mesmo considerando o disposto no art. 137, não se caracteriza como "efeito anexo" da decisão que reconhecer a desconsideração da personalidade jurídica. Ou seja, a fraude à execução "precisa ser identificada, caso a caso", com a pesquisa, inclusive, de possíveis adquirentes de boa-fé"; ii) para esse fim, "importa fazer adequada aplicação do disposto no §2º do art. 792, e, mais amplamente, para fins de presunção da fraude, eventual averbação nos moldes autorizados pelos arts. 792, I e III, e 828"; e iii) para o reconhecimento da fraude à execução deve-se também levar em conta "que tenham sido realizadas as anotações devidas", determinadas pelo §1º do art. 134, bem assim o instante no qual as providências foram tomadas (BUENO, Cassio Scarpinella. *Comentários ao Código de Processo Civil* – v. 1 (arts. 1º a 317). *Arts. 1º a 317 – Parte Geral.* Coordenação: Cassio Scarpinella Bueno. São Paulo: Saraiva, 2017. p. 586).

Decisão de procedência: quando acolhido pedido de desconsideração da personalidade jurídica, eventual alienação ou oneração de bens, havida em fraude de execução, tornar-se-á ineficaz em relação ao requerente (CPC/2015, art. 137).

— Θ —

Capítulo V
DO *AMICUS CURIAE*

Art. 138. O juiz ou o relator, considerando a relevância da matéria, a especificidade do tema objeto da demanda ou a repercussão social da controvérsia, poderá, por decisão irrecorrível, de ofício ou a requerimento das partes ou de quem pretenda manifestar-se, solicitar ou admitir a participação de pessoa natural ou jurídica, órgão ou entidade especializada, com representatividade adequada, no prazo de 15 (quinze) dias de sua intimação.

§1º A intervenção de que trata o *caput* não implica alteração de competência nem autoriza a interposição de recursos, ressalvadas a oposição de embargos de declaração e a hipótese do §3º.

§2º Caberá ao juiz ou ao relator, na decisão que solicitar ou admitir a intervenção, definir os poderes do *amicus curiae*.

§3º O *amicus curiae* pode recorrer da decisão que julgar o incidente de resolução de demandas repetitivas.

Correspondente:

Não há correspondência no CPC/1973.

Referências:

CF/1988, art. 97; art. 103.

CPC/2015, art. 10; art. 43; art. 77; art. 138; art. 144; art. 145; art. 148; art. 948; art. 949, II; art. 950, §§1º, 2º e 3º.

Lei 12.529/2011, art. 118.

Lei 12.016/2009, art. 10, §2º.

Lei 10.259/2001, art. 14.

Lei 9.968/1999, art. 4º, §2º.

Lei 9.279/1996, art. 57; art. 118; art. 175.

Lei 9.469/1997, art. 5º, parágrafo único.

Lei 8.906/1994, art. 49.

Lei 6.616/1978, art. 31.

Lei 6.385/1976, art. 31.

Conceito e fundamentos: o art. 138 do CPC/2015 regula o *amicus curie* (= *"amigo da corte"*), cuja origem remonta ao direito romano e que foi aprimorado sobretudo pelo direito norte-americano. A ideia não é novidade no direito brasileiro: algumas leis esparsas, e o próprio CPC/1973, já previam timidamente a figura e a participação dela em hipóteses específicas (THEODORO JÚNIOR, Humberto. *Curso de Direito Processual Civil.* v. I. 56. ed. Rio de Janeiro: Forense, 2015. p. 404). O *amicus curiae* nada pede para si e nada contra ele é pedido, tampouco pede a favor de uma das partes e em proveito do seu interesse, ainda que, após a intervenção, assuma a qualidade de parte processual (ASSIS, Araken. *Processo Civil Brasileiro.* Parte geral: institutos fundamentais. v. II. Tomo I. São Paulo: Revista dos Tribunais, 2015. p. 705). Trata-se de um terceiro que intervém em litígio pendente para prestar informações cujo conhecimento não é corriqueiro, motivado por *específico interesse* transcendente ao alimentado pelos litigantes (BUENO, Cassio Scarpinella. *Amicus Curiae no Processo Civil brasileiro.* Um terceiro enigmático. São Paulo: Saraiva, 2006. p. 661-669). Mais: por ser o *amicus curie* parte (em sentido processual), o juiz não pode simplesmente ignorá-lo, "assim como não pode ignorar a manifestação das partes principais", quer dizer, "a decisão deve enfrentar as alegações por ele apresentadas, nos termos do inciso IV do §1º do art. 489", até porque, se assim não fosse, além de inócua a intervenção, ter-se-ia "grave violação ao contraditório" (DIDIER JR., Fredie. *Curso de Direito Processual Civil.* v. 1. 18. ed. Salvador: JusPodivm, 2016. p. 526). Encontra lugar em causas que enfrentam *matérias relevantes, temas dotados de especificidade*, e ainda *controvérsias de repercussão social*, como ocorre, por exemplo, em ações cuja tutela perseguida tem potencial para afetar a ordem social e a vida de milhares de indivíduos. Por fim, são *fundamentos* dessa modalidade interventiva os ideais de legitimação da atividade jurisdicional e do seu resultado pela participação democrática e a própria contribuição da parte coadjuvante para o acerto e aperfeiçoamento da decisão. Doutrina sugerida: ASSIS, Araken. *Processo Civil Brasileiro.* Parte geral: institutos fundamentais. v. II. Tomo I. São Paulo: Revista dos Tribunais, 2015; BUENO, Cassio Scarpinella. *Amicus Curiae no Processo Civil brasileiro. Um terceiro enigmático.* São Paulo: Saraiva, 2006; CÂMARA, Alexandre Freitas. *O novo processo civil brasileiro.* 3. ed. São Paulo: Atlas, 2017; CARNEIRO, Athos Gusmão. Mandado de segurança. Assistência e amicus curiae. *Revista de Processo – RePro,* São Paulo, n. 28, n. 112, p. 213-219, out./dez., 2003; HILL, Flávia Pereira. Muito prazer, amicus curiae: desvendando o enigma desse terceiro interveniente. *Revista Brasileira de Direito Processual – RBDPro,* Belo Horizonte, ano 28, n. 111, p. 109-124, jul./set., 2020; DIDIER JR., Fredie. *Curso de Direito Processual Civil.* v. 1. 18. ed. Salvador: JusPodivm, 2016; THEODORO JÚNIOR, Humberto. *Curso de Direito Processual Civil.* v. I. 56. ed. Rio de Janeiro: Forense, 2015; TUPINAMBÁ, Carolina. Novas tendências de participação processual – o *amicus curiae* no anteprojeto do novo CPC. *In*: FUX, Luiz (Coord.). *O novo processo civil brasileiro.* Direito em expectativa: reflexões acerca do projeto do novo Código de Processo Civil. Rio de Janeiro: Forense, 2011. p. 105-141.

Interesse partidário: não é o *amicus curiae* interveniente neutro ou desinteressado. Seu ingresso no feito é sempre *partidário,* isto é, ele atua em prol de determinado interesse alinhado aos seus propósitos institucionais, políticos ou ideológicos. Seu *partidarismo* está no fato de que labuta em socorro de provimento jurisdicional que favoreça um determinado objetivo, o que é diferente de pretender favorecer um dos litigantes. Conquanto mantenha independência em relação às partes principais, até de modo a não prejudicar a objetividade do debate, a sua participação está direcionada para um sentido bastante claro.

Visão crítica: o *amicus curie* é espécie de *convidado judicial* que, antes de ser "amigo da corte", *é amigo de si mesmo* (e as vezes, por motivos escusos, é também *amigo de uma das partes*), sem contar que a participação dele na causa, *a depender da sua natureza e dos interesses envolvidos,* pode assumir razões pouco técnicas e sobretudo ideológicas – *não é,* por conseguinte, um *auxiliar especial do juiz.* Ocasionalmente a pretensão por ele nutrida não é assegurar a prevalência daquilo que, *à vista da ordem jurídica*, apresenta-se tecnicamente correto, mas constranger o órgão judicial a proferir tutela jurisdicional cujos coloridos atendam a sua particular visão de mundo. Ao se encarar o personagem por esse *ângulo realista – e decerto não tão lisonjeiro como faz a doutrina corrente* –, o papel ao qual está destinado pode se desnaturar na tentativa de legitimar efeitos antirrepublicanos e antidemocráticos oriundos de uma atuação judicial descomedida, que interfere diretamente em competências funcionais exclusivas do Executivo e Legislativo (= quebra da separação de poderes), com implicações sociais para lá de questionáveis. Aquele magistrado pouco cônscio da nobreza e importância do seu dever, que enxerga a garantia da imparcialidade judicial como obstáculo ao seu apetite de *transformar a sociedade*, acaba encontrando no desempenho de alguns *amici curiae* fonte fecunda para "beber água" (infelizmente, nem sempre água limpa) e fazer prosperar, *pela força da sua caneta*, os anseios político-ideológicos e subjetivismos que crê "justos" e adequados para reger a sociedade. E assim de maneira cômoda, na segurança do seu gabinete, sem a necessidade de prestar contas a quem quer que seja – afinal, a manutenção do seu cargo não depende de votos do povo, e em seu benefício vige a blindagem da vitaliciedade. Nessa perspectiva, o *amicus curiae* é uma figura que, se mal utilizada, tem potencial para *camuflar* uma atuação judicial dissimulada e inconstitucional.

Particularidades: sempre foi controvertida a natureza do *amicus curiae*. Trata-se de *terceiro* que, chamado ou autorizado a ingressar no feito, torna-se *parte processual*, nele atuando em contraditório e tomando partido de um específico interesse que ele próprio pretende ver albergado pelo provimento jurisdicional. Não é de hoje que a doutrina propugna pela ampliação do conceito de intérprete, sobretudo a partir da percepção de que se vive num contexto social marcado pelo pluralismo de ideias e posições, razão que legitimaria a participação de terceiros, com adequada representatividade, em determinados litígios submetidos ao Judiciário, em especial os que envolvam matéria de repercussão social e inegável especificidade. Minudências que caracterizam o *amicus curiae*: i) não é *assistente*, pois não é titular da relação jurídico-material deduzida e tampouco seu interesse a ela está atrelado; ii) não é *denunciado*, uma vez que a sua intervenção não acarreta surgimento de nova demanda, nada se relacionando aos fundamentos da denunciação da lide; iii) não é *chamado*, porquanto a intervenção do *amicus curiae* não tem implicações com fundamentos que justificam o chamamento ao processo; iv) não é *perito*, já que intervém de forma partidária em favor de interesse alimentado por uma das partes (e por ele próprio), sem compromisso ou vínculo com o órgão judiciário; v) a sua participação é *colaborativa*, quer dizer, não tem a finalidade de provar fatos, e sim de elaborar opiniões e interpretações, levando para os autos elementos que talvez auxiliem o órgão judicial a decidir (TUPINAMBÁ, Carolina. Novas tendências de participação processual – o *amicus curiae* no anteprojeto do novo CPC. *In*: FUX, Luiz (Coord.). *O novo processo civil brasileiro*. Direito em expectativa: reflexões acerca do projeto do novo Código de Processo Civil. Rio de Janeiro: Forense, 2011. p. 105-141.

Espécies: a doutrina divide os *amici curiae* em *públicos* e *privados*, a depender do regime jurídico que regulamenta essa figura intervencional. Consideram-se *amici* públicos: i) União Federal e demais pessoas de direito público federal, estadual, municipal e distrital (Lei 9.469/1997, art. 5º, parágrafo único); ii) CVM (Lei 6.385/1976, art. 31); iii) INPI (Lei 9.279/1996, arts. 57, 118 e 175); e iv) OAB (Lei 8.906/1994, art. 49). De outro lado, os *amici* privados são aqueles que não se enquadram como pessoa de direito público – por exemplo, associações privadas ou pessoas físicas dotadas de conhecimento específico. Por todos: BUENO, Cassio Scarpinella. *Amicus Curiae no processo civil brasileiro. Um terceiro enigmático*. São Paulo: Saraiva, 2006. p. 521-525.

Intervenção provocada e espontânea: o juiz ou relator poderá, *de ofício* ou *a requerimento das partes*, ou ainda *a requerimento de quem pretenda manifestar-se*, solicitar ou admitir a participação no feito de pessoa natural ou jurídica, órgão ou entidade especializada (CPC/2015, art. 138). Daí se concluir que a intervenção do *amicus curiae* pode ocorrer tanto de maneira *espontânea*, quando a própria pessoa ou ente postula a admissão no feito, como de maneira *provocada*, isto é, na hipótese de determinação judicial formalizada de ofício ou a pedido das partes. Por todos: BUENO, Cassio Scarpinella.

Amicus Curiae no processo civil brasileiro. Um terceiro enigmático. São Paulo: Saraiva, 2006. p. 516-521.

Hipóteses típicas: casos há em que a lei confere habilitação para que determinadas pessoas, entidades ou órgãos intervenham no feito na qualidade de *amicus curiae*. As chamadas hipóteses *típicas* são as seguintes: i) em casos envolvendo matéria incluída na competência da Comissão de Valores Mobiliários (CVM), a intimação desta é *obrigatória* para que, se quiser, ofereça *parecer* ou *preste esclarecimentos*, no prazo de 15 dias (Lei 6.616/1978, art. 31); ii) as pessoas jurídicas de direito público (= União, estados-membros, Distrito Federal, municípios, autarquias e agências reguladoras) estão autorizadas a intervir nas causas pendentes cuja decisão possa ter reflexos, ainda que indiretos, de natureza econômica, independentemente da demonstração de interesse jurídico, para esclarecer questões de fato e de direito, podendo juntar documentos e memoriais reputados úteis ao exame da matéria, e até mesmo recorrer (Lei 9.469/1997, art. 5º); iii) o Instituto Nacional da Propriedade Industrial (INPI) deverá ser intimado a intervir em ações de nulidade de registro e de nulidade de patente, processadas na Justiça Federal (Lei 9.279/1996, arts. 57 e 175); iv) nos feitos em que se discuta a aplicação da Lei 12.529/2011, o Conselho Administrativo de Defesa Econômica (CADE) deverá ser intimado para, se desejar, intervir no feito (Lei 12.529/2011, art. 118); v) os Conselhos Federal e Seccionais da Ordem dos Advogados do Brasil estão autorizados a intervir em inquéritos e ações judiciais nos quais sejam indiciados, acusados ou ofendidos os inscritos em seus quadros (Lei 8.906/1994, art. 49, parágrafo único). Por todos: BUENO, Cassio Scarpinella. *Amicus Curiae no processo civil brasileiro.* Um terceiro enigmático. São Paulo: Saraiva, 2006.

Pressupostos: há pressupostos *objetivos* e *subjetivos* cuja observância a lei exige para que o terceiro seja admitido a atuar na qualidade de *amicus curiae*. *Objetivamente*, a admissão do *amicus curiae* só será autorizada *se a matéria discutida for relevante* (= que se sobressai para além da individualidade das partes; que interessa a um grupo ou a estratos ou seguimentos da coletividade), *em havendo especificidade do tema objeto da demanda* (= assuntos difíceis, complexos, que fogem ao domínio do ser humano médio; tecnicamente peculiares a ponto de exigir conhecimentos especialíssimos), ou *se a controvérsia implicar repercussão social* (= que suscita o debate público; interessa à coletividade de modo geral ou, pelo menos, a uma parte dela) (CPC/2015, art. 138, *caput*). Esses pressupostos não são cumulativos, sendo suficiente a presença de apenas um deles – nesse sentido: THEODORO JÚNIOR, Humberto. *Curso de Direito Processual Civil.* v. I. 56. ed. Rio de Janeiro: Forense, 2015. p. 407. Exemplos de controvérsias com aptidão para permitir a intervenção do *amicus curiae*: igualdade de gênero, aborto, *home scholar*, casamento entre pessoas do mesmo sexo, liberdade de expressão, cotas raciais, honorários advocatícios sucumbências, atribuição de *capacidade postulatória* para quem não é advogado, *juiz das garantias*. De outro lado, o *pressuposto subjetivo* diz respeito à qualificação (= qualificação técnica ou científica; conhecimento específico; expertise; perícia acerca da matéria em discussão; etc.) das pessoas, *naturais* ou *jurídicas*, para intervir como *amicus curiae*. Enfim, exige-se *representatividade adequada* (= liame causal entre aquilo que se discute no litígio e os propósitos institucionais ou o próprio objeto de estudo e pesquisa do terceiro interveniente). Observações: i) há quem inclua, *na condição de pressuposto subjetivo*, também a "idoneidade do pretendente" (= ausência de interesse próprio no litígio; independência em relação às partes a fim de não comprometer a objetividade do debate), com isso decerto pretendendo evitar abusos que podem advir da intervenção do *amicus curiae*; ii) esse posicionamento vai além para sugerir, inclusive, a aplicação ao *amicus curiae* dos motivos de *impedimento* e de *suspeição* prescritos entre os arts. 144 e 145 do CPC/2015, mas sempre com prudência por se tratar de interveniente cuja atuação é marcada pelo partidarismo – essa é a opinião de: ASSIS, Araken. *Processo Civil Brasileiro.* Parte geral: institutos fundamentais. v. II. Tomo I. São Paulo: Revista dos Tribunais, 2015. p. 669-671); e iii) trata-se, todavia, de visão que peca pela ausência de previsão legal, até porque o *amicus curiae* não apresenta as características de isenção e neutralidade exigidas daqueles que auxiliam o juízo (CPC/2015, art. 149), razão suficiente para afastar a aplicação em relação a ele das regras sobre impedimento e suspeição (CPC/2015, art. 148).

Formas da intervenção: a intervenção do *amicus curiae* dá-se mediante *petição escrita* dirigida ao órgão judiciário (juiz ou tribunal) a quem caberá julgar e processar o litígio. É manifestação que, segundo a prática corrente, toma forma de memorial ou parecer, já se devendo, na mesma oportunidade, ser apresentada a prova documental que porventura queira produzir. Exige-se representação por advogado habilitado, salvo se o próprio interveniente possuir capacidade postulatória.

Momento da intervenção: não há momento próprio previsto no Código de 2015 para que o *amicus curie* seja convocado ou mesmo postule a sua intervenção. Caiu por terra, aliás, o entendimento de que essa modalidade interventiva não mais teria lugar depois de iniciado o feito. Dito isso, é possível concluir – *em estrita atenção ao devido processo legal* – o seguinte: a intervenção do *amicus curiae* dar-se-á a qualquer momento (em primeira instância ou grau recursal), desde que o contraditório seja assegurado para as partes com ele dialogarem (THEODORO JÚNIOR, Humberto. *Curso de Direito Processual Civil.* v. I. 56. ed. Rio de Janeiro: Forense, 2015. p. 408). Contudo, legislações extravagantes, que regulam casos típicos de intervenção do *amicus curiae,* às vezes trazem previsões especificando quando ou até qual o instante se admite a intervenção – exemplo: a CVM deve ser intimada logo após a contestação (Lei 6.385/1976, art. 31, §1º). Observação: o art. 138, *caput*, CPC/2015, usa as palavras *juiz* ou *relator*, com isso deixando evidente que a intervenção do *amicus curiae* tem lugar, *pouco importando o momento*, em toda e qualquer instância de jurisdição.

Procedimentos em que se admite o *amicus curiae*: não há regra genérica que limite a intervenção pelo *amicus curiae* em tal ou qual procedimento. E, de fato, não há razão para tanto. Claro que, no mais das vezes, o *amicus curie* terá lugar em procedimentos de natureza cognitiva, não importando a natureza do rito (comum ou especial). Mas decerto podem surgir discussões relevantes ou com repercussão social, por exemplo, no bojo de procedimentos executivos, às vezes até com potencial de *vinculatividade* a outros casos similares – para ilustrar: debate sobre a (im)penhorabilidade de determinado valor depositado em conta-poupança (ou em outro mecanismo de investimento). Em tais circunstâncias, deve-se admitir o ingresso do *amicus curiae*.

Controle da intervenção: a intervenção do *amicus curiae* pode ocorrer *por provocação das partes, pela iniciativa do próprio interveniente* ou *por decisão tomada de ofício pelo julgador*. Importa o seguinte: provocado ou convocado o ingresso do "amigo da corte", tomará forma um incidente procedimental para, se caso for, discutir e deliberar a respeito da presença dos pressupostos que a lei exige para a admissão do *amicus curiae*. Não importa, em suma, quem seja o responsável por incitar a intervenção (= uma das partes, julgador ou interveniente): antes de se prolatar a decisão sobre a questão é imperioso que, *em atenção ao art. 10 do CPC/2015*, o contraditório seja franqueado aos interessados. Afinal de contas, talvez inexista pressuposto a permitir o ingresso do *amicus curiae* no feito, sem contar que, por ser a decisão de admissão irrecorrível, é indispensável que seja tomada com a máxima prudência e em consideração aos elementos fáticos e jurídicos surgidos a partir do debate (CPC/2015, art. 138, *caput*).

Decisão de (in)admissibilidade: o órgão judicial, considerando a relevância da matéria, a especificidade do tema ou a repercussão social da controvérsia, *poderá, por decisão irrecorrível* (tomada de ofício, a requerimento das partes ou por quem pretenda intervir), convocar ou admitir no feito a participação de pessoa natural ou jurídica, órgão ou entidade especializada, com representatividade adequada. A despeito do emprego do verbo *poderá* (CPC/2015, art. 138, *caput*), inexiste aqui espaço para discricionariedade judicial, de modo que o magistrado não é livre para decidir acerca da conveniência ou não da intervenção do *amicus curiae* – em sentido contrário: THEODORO JÚNIOR, Humberto. *Curso de Direito Processual Civil*. v. I. 56. ed. Rio de Janeiro: Forense, 2015. p. 406. Sem dúvida, teria sido mais apropriado a utilização pelo legislador do verbo *deverá* (= ter de; necessitar; incumbência). Evitar-se-iam dúvidas que já pululam em doutrina e jurisprudência. De toda maneira, seria bastante curioso a lei, numa ponta, prever os pressupostos indispensáveis para a admissão do *amicus curiae*, e, na outra, simplesmente deixar a critério do julgador a deliberação sobre admitir ou não a intervenção. Pior ainda é constatar o caráter *irrecorrível* da decisão que determina o ingresso do *amicus curie* no feito. Em suma, a *tese da discricionaridade judicial* é, em boa medida, contraditória com a própria letra da lei, ou seja, não é capaz de justificar porque o legislador, a um só tempo, exigiu pressupostos obrigatórios para a intervenção do *amicus curie* para, ao final, deixar a decisão a critério único e exclusivo do magistrado. Importante: a decisão deve estar devidamente fundamentada, trazendo as razões fáticas e jurídicas que levaram o órgão judicial a acolher ou não o pedido de intervenção do "amigo da corte".

Viabilidade recursal: merecem leitura conjunta os arts. 138, 1.015, IX, e 1.021, todos do CPC/2015, o que implica concluir que a lei permite a interposição recursal contra a decisão que *inadmitir* a intervenção do *amicus curiae*. Em miúdos: o art. 138 prevê que o órgão judicial poderá, por decisão irrecorrível, *admitir* a participação do interveniente, levando a crer que, sendo uma decisão de *inadmissão*, há sem dúvida abertura para o manejo recursal (agravo de instrumento ou interno, conforme o caso) – nesse sentido: HILL, Flávia Pereira. Muito prazer, amicus curiae: desvendando o enigma desse terceiro interveniente. *Revista Brasileira de Direito Processual – RBDPro*, Belo Horizonte, ano 28, n. 111, p. 109-124, jul./set., 2020. Defendendo a irrecorribilidade da decisão em quaisquer circunstâncias: DIDIER JR., Fredie. *Curso de Direito Processual Civil*. v. 1. 18. ed. Salvador: JusPodivm, 2016. p. 524.

Prazo para manifestação: convocado ou admitido a intervir, o *amicus curiae* tem 15 (quinze) dias, contados da sua intimação, para manifestar. Por óbvio, nada impede legislações extravagantes de prescreverem prazos distintos para circunstâncias específicas. Observações: i) embora em casos excepcionais a intimação do terceiro seja obrigatória, é inegável que ele detém autonomia para avaliar e decidir se a causa exibe dignidade e estatura suficientes para exortar a sua participação; ii) o prazo de 15 (quinze) dias não é preclusivo, de modo que manifestações tardias devem ser, e tem sido, toleradas; iii) não há vício a ser reconhecido na hipótese de inércia do terceiro devidamente intimado para intervir como *amicus curiae*, tampouco há invalidade de atos processuais se ele não for intimado quando a lei exigir que o seja *sem a cabal demonstração de prejuízo* (ASSIS, Araken. *Processo Civil Brasileiro*. Parte geral: institutos fundamentais. v. II. Tomo I. São Paulo: Revista dos Tribunais, 2015. p. 704-705).

Deveres processuais: o *amicus curie* é parte *processual* e, assim, está sujeito, com os devidos ajustes, aos deveres de probidade previstos no CPC/2015, os quais devem ser observados por *todos aqueles* que, de qualquer forma, participem do processo. Deveres cujo respeito se exige no ambiente processual: i) expor os fatos em juízo conforme a verdade; ii) não formular pretensão ou apresentar defesa quando cientes de que são destituídas de fundamentos; iii) não produzir provas e não praticar atos inúteis ou desnecessários à declaração ou à defesa do direito; iv) cumprir com exatidão as decisões jurisdicionais, de natureza provisória ou final, e não criar embaraços à sua efetivação; v) declinar, no primeiro momento que lhes couber falar nos autos, o endereço residencial ou profissional onde receberão intimações, atualizando essa informação sempre que ocorrer qualquer modificação temporária ou definitiva; e vi) não praticar inovação ilegal no estado de fato de bem ou direito litigioso (CPC/2015, art. 77).

Poderes do *amicus curiae* (1): o terceiro admitido a atuar na qualidade de *amicus curiae* torna-se parte processual e, como tal, participa do debate travado no ambiente processual (= garantia fundamental do contraditório). Não obstante, divergem em boa medida as possibilidades de atuação das partes principais e do *amicus curiae,* tanto que a lei dispõe que caberá ao órgão judiciário, na decisão que solicitar ou admitir a intervenção, definir os poderes do último (CPC/2015, art. 138, §2º). Há, contudo, poderes e direitos que o ordenamento jurídico assegura sempre ao *amicus curiae*: i) sujeito da relação processual que é, deve ser intimado de todos os atos processuais subsequentes à intervenção; ii) está autorizado a postular meios de prova, a exemplo de perícia, para obter esclarecimento a respeito dos fatos controvertidos; iii) tem legitimidade para invocar o sucedâneo recursal da suspensão da execução de liminar ou de sentença por expressa disposição legal (Lei 12.016/2009, art. 15, *caput*) (ASSIS, Araken. *Processo Civil Brasileiro.* Parte geral: institutos fundamentais. v. II. Tomo I. São Paulo: Revista dos Tribunais, 2015. p. 706-708).

Poderes do *amicus curiae* (2): não é lícito ao *amicus curiae* modificar o objeto litigioso e nem se valer de meios de impugnação não autorizados em lei ou por decisão judicial. Acrescente-se o seguinte: i) o CPC/2015 autoriza o *amicus curiae, no que diz respeito aos recursos,* a opor apenas *embargos de declaração* e atacar decisões que julgarem *incidente de demandas repetitivas* (CPC/2015, art. 138, §§1º e 2º); ii) tem o *amicus curiae* direito à oferta de recurso contra decisão que *inadmitir* sua intervenção – essa posição, entretanto, não encontra unanimidade na doutrina; iii) não pode o órgão judicial ampliar as espécies de recurso que a lei coloca à disposição do *amicus curiae,* haja vista proibição expressa nesse sentido; iv) há, porém, quem defenda ter o *amicus curiae* permissão para interpor recursos contra decisões que julgarem *recursos especiais ou extraordinários repetitivos* (fundamento: "existência de um microssistema de julgamento de casos repetitivos"; CPC/2015, art. 138, §3º c/c art. 976 e segs.) e, inclusive, promover *ação rescisória* caso não tenha sido intimado em feito no qual a sua participação se mostrava obrigatória (fundamento: CPC/2015, art. 967, IV) (DIDIER JR., Fredie. *Curso de Direito Processual Civil.* v. 1. 18. ed. Salvador: JusPodivm, 2016. p. 525-526).

Sustentação oral: caberá ao juiz ou relator, na decisão que solicitar ou admitir a intervenção, definir os poderes do *amicus curiae* (CPC/2015, art. 138, §2º). Há, nesse rumo, decisão vedando a esse terceiro interveniente a realização de sustentação oral em recursos repetitivos. Fundamento: na medida em que o Judiciário tem a faculdade de convocar ou não o *amicus curiae,* pode também decidir se vai ouvi-lo ou não, e em havendo muitos *amicis,* decidir até quantos deles serão convocados para sustentar oralmente (STJ, QO no REsp 1.205.946/SP, Corte Especial, rel. Min. Benedito Gonçalves, julgamento: 17.08.2011, disponível em: www.stj.jus.br). No entanto, a justificativa nem de longe é convincente: i) se o *amicus curiae* foi admitido ou chamado a intervir já se tem decisão judicial *confirmando* a sua participação em contraditório (respeitados os limites legais e decisórios) inclusive pela via da sustentação oral; ii) decidir-se em favor da participação do *amicus curiae* para posteriormente vedar-lhe a possibilidade de realizar sustentação oral é prática judicial disparatada e ilógica, que atenta contra o ideal propugnado pela boa-fé objetiva (CPC/2015, art. 5º); iii) fere a igualdade processual decisão que admite alguns *amicis* de sustentar oralmente e pretere discricionariamente tantos outros de fazê-lo.

Não vinculação ao provimento que resolve o mérito: o *amicus curiae*, estranho que é ao objeto litigioso, não sofre qualquer vinculação decorrente da decisão judicial que resolver a controvérsia. Nem mesmo é possível se pensar aqui no *efeito da intervenção*, verificada na hipótese de assistência, pois não há relação jurídica secundária da qual seja ele titular e que acabe reflexamente atingida pelo provimento de mérito (ASSIS, Araken. *Processo Civil Brasileiro*. Parte geral: institutos fundamentais. v. II. Tomo I. São Paulo: Revista dos Tribunais, 2015. p. 708).

Deslocamento de competência: a intervenção do *amicus curiae* não tem pujança para quebrar a regra da *perpetuação da competência originária* (CPC/2015, art. 43 c/c art. 138, §1º). É parte processual e atua com poderes limitados. Nada pede e contra ele nada é pedido, tampouco pede a favor de uma das partes. Em específico: mesmo que o interveniente seja entidade federal, não haverá deslocamento do feito para a Justiça Federal, salvo eventual disposição em contrário prevista em lei extravagante que regule e minudencie intervenções típicas perpetradas pelo *amicus curiae*.

Honorários, custas e sanção pela litigância de má-fé: embora possua interesse partidário, o *amicus curie* carreia aos autos opiniões e interpretações que podem qualificar tecnicamente a decisão. E sobretudo por ser independente em relação às partes principais, encontra-se dispensado do pagamento de custas, despesas e honorários advocatícios, mas poderá vir a ser condenado por litigar de má-fé caso incida em uma das hipóteses previstas em lei (THEODORO JÚNIOR, Humberto. *Curso de Direito Processual Civil*. v. I. 56. ed. Rio de Janeiro: Forense, 2015. p. 409).

***Amicus curiae* em "processos objetivos":** admite-se a intervenção do *amicus curiae* em "processo objetivo" de controle de constitucionalidade. Pode o relator, então, considerando a *relevância da matéria* e a *representatividade do(s) terceiros(s)*, admitir, *por decisão irrecorrível*, a manifestação de órgãos ou entidades (Leis 9.868/1999 e 9.882/1999). O art. 7º da Lei 9.968/1999 inadmite intervenções de terceiro em ações diretas de inconstitucionalidade, mas a vedação não se aplica ao *amicus curiae* já que a possibilidade de sua participação encontra previsão *explícita* (Lei 9.968/1999, art. 4º, §2º). Duas ideias nucleares que subjazem as regras viabilizadoras da intervenção do *amicus curiae* em ações de fiscalização normativa abstrata: i) pluralizar o debate constitucional e permitir que o Supremo Tribunal Federal disponha de todos os elementos informativos possíveis e necessários à resolução da controvérsia; e ii) tentativa de superação da grave questão pertinente à legitimidade democrática das decisões emanadas pelo Supremo Tribunal Federal quando no desempenho do seu poder de efetuar, em abstrato, o controle concentrado de constitucionalidade de normas elaboradas por representantes eleitos pelo povo (STF, Pleno, ADI 2.321/MC-DF, rel. Min. Celso de Mello, julgamento: 25.10.2000, disponível em: www.stf.jus.br).

***Amicus curiae* no controle difuso de constitucionalidade:** arguida a inconstitucionalidade de dispositivo legal (ou ato normativo) em instâncias recursais ou causas de competência originária dos tribunais, e acolhida a alegação pelo órgão fracionário (turma ou câmara), a questão *deve* ser submetida ao plenário do tribunal ou, onde houver, ao seu órgão especial (CPC/2015, arts. 948 e 949, II). É o que a Constituição batiza de *reserva de plenário* (CF/1988, art. 97). Poderão manifestar-se no incidente de inconstitucionalidade, se assim o requererem (= intervenção espontânea), as pessoas jurídicas de direito público responsáveis pela edição do ato questionado, bem como os legitimados a suscitar o controle concentrado de constitucionalidade (CF/1988, art. 103), inclusive o Ministério Público (CPC/2015, art. 950, §§1º e 2º). Por fim, há regra prevendo a possibilidade de o relator admitir a manifestação de outros órgãos ou entidades (= intervenção espontânea ou provocada), a depender da representatividade do(s) postulante(s) ou da relevância da matéria (CPC/2015, art. 950, §3º).

***Amicus curiae* em incidente de uniformização de jurisprudência nos Juizados Especiais:** a Lei 10.259/2001 criou o *incidente de uniformização de interpretação de lei federal* para manejo sempre que houver divergência entre decisões sobre questões de direito material proferidas em turmas recursais (art. 14). E naquilo que importa aqui: há nela regra autorizando o relator a admitir interessados a se manifestarem, no prazo de 30 (trinta) dias, na tentativa de coadjuvar de algum modo na construção da decisão que será tomada pelo

Superior Tribunal de Justiça (art. 14, §7º). Trata-se, como se vê, de mais uma hipótese específica de intervenção do *amicus curiae*.

Amicus curiae **em mandado de segurança:** há entendimento jurisprudencial no sentido de que não se deve admitir intervenção de terceiro, em quaisquer de suas modalidades, em sede de mandado de segurança. Segundo se argumenta, a Lei 12.016/09 apenas teria tolerado o litisconsórcio em mandado de segurança (art. 10, §2º), não fazendo alusão às intervenções de terceiro (STF, MS 28281, Rel. Min. Ricardo Lewandowski, julgamento: 10.11.2010, DJe 18.11.2010, disponível em: www.stf.jus.br). Trata-se, contudo, de linha interpretativa cômoda e equivocada. Nada há na Lei 12.016/2009 que permita concluir em prol da *proscrição* das intervenções de terceiro em procedimento do mandado de segurança. Muito pelo contrário: o que se lê ali, no §2º do art. 10, é *apenas* a autorização para o ingresso no feito de litisconsorte(s) ativo(s) (= litisconsórcio ativo voluntário), limitado até o despacho da petição inicial. *Só isso e mais coisa nenhuma.* Quisesse o legislador abolir intervenções de terceiro no tal procedimento especial, haveria de fazê-lo de maneira precisa, sendo absurdo extrair da *mudez legislativa* uma regra proibitiva oculta. Por inexistir vedação legal que justifique a não aplicação das regras genéricas sobre intervenção de terceiro previstas no CPC/2015 em procedimento de mandado de segurança, há uma única ilação óbvia: o legislador, em vez de vetar, autorizou que terceiros postulem a sua intervenção no feito especial ou sejam convocados a tanto. Abalizada doutrina, aliás, coloca em xeque essa posição jurisprudencial, hoje prevalecente, e advoga que razões jurídicas e pragmáticas indicam, no atual momento de valorização do contraditório, a necessidade de abandono dessa orientação restritiva para que terceiros interessados tenham a possibilidade de intervir em procedimentos de mandado de segurança, quer como assistentes litisconsorciais, quer em assistência simples, quer ainda na qualidade de *amicus curiae* (CARNEIRO, Athos Gusmão. Mandado de segurança. Assistência e amicus curiae. *Revista de Processo – RePro*, São Paulo, n. 28, n. 112, p. 213-219, out./dez., 2003).

— Θ —

Título IV
DO JUIZ E DOS AUXILIARES DA JUSTIÇA

Capítulo I
DOS PODERES, DOS DEVERES E DA RESPONSABILIDADE DO JUIZ

Art. 139. O juiz dirigirá o processo conforme as disposições deste Código, incumbindo-lhe:

I – assegurar às partes igualdade de tratamento;

II – velar pela duração razoável do processo;

III – prevenir ou reprimir qualquer ato contrário à dignidade da justiça e indeferir postulações meramente protelatórias;

IV – determinar todas as medidas indutivas, coercitivas, mandamentais ou sub-rogatórias necessárias para assegurar o cumprimento de ordem judicial, inclusive nas ações que tenham por objeto prestação pecuniária;

V – promover, a qualquer tempo, a autocomposição, preferencialmente com auxílio de conciliadores e mediadores judiciais;

VI – dilatar os prazos processuais e alterar a ordem de produção dos meios de prova, adequando-os às necessidades do conflito de modo a conferir maior efetividade à tutela do direito;

VII – exercer o poder de polícia, requisitando, quando necessário, força policial, além da segurança interna dos fóruns e tribunais;

VIII – determinar, a qualquer tempo, o comparecimento pessoal das partes, para inquiri-las sobre os fatos da causa, hipótese em que não incidirá a pena de confesso;

IX – determinar o suprimento de pressupostos processuais e o saneamento de outros vícios processuais;

X – quando se deparar com diversas demandas individuais repetitivas, oficiar o Ministério Público, a Defensoria Pública e, na medida do possível, outros legitimados a que se referem o art. 5º da Lei nº 7.347, de 24 de julho de 1985 , e o art. 82 da Lei nº 8.078, de 11 de setembro de 1990 , para, se for o caso, promover a propositura da ação coletiva respectiva.

Parágrafo único. A dilação de prazos prevista no inciso VI somente pode ser determinada antes de encerrado o prazo regular.

Correspondente:
CPC/1973, art. 125.

Referências:
CF/1988, art. 5º, I, XXXV e LXXVIII.

CADH, art. 24.

DUDH, art. 7º; art. 10.

CPC/2015, art. 2º; art. 3º; art. 4º; art. 5º; art. 7º; art. 10; art. 50; art. 76; art. 77; art. 80, VII; art. 81; art. 85, §8º; art. 98; art. 133; art. 140; art. 141; art. 142; art. 143; art. 154; art. 165; art. 175; art. 178, II e III; art. 190; art. 218, §4º; art. 277; art. 282, §2º; art. 285; art. 297; art. 311, I; art. 313; art. 317; art. 331, I; art. 333; art. 338, parágrafo único; art. 339; art. 352; art. 357, III; art. 360; art. 370; art. 373, I e II, §1º; art. 385 e segs.; art. 400; art. 403; art. 485; art. 488; art. 536; art. 554, §1º; art. 752, §1º; art. 773; art. 918, III; art. 933; art. 938, §1º; art. 976; art. 1.003, §6º; art. 1.007, §§2º e 7º; art. 1.032; art. 1.033.

LIA, art. 17, §18.

Lei nº 13.140/2015, art. 3º; art. 27.

Lei nº 10.741/2003, art. 71; art. 74.

Lei nº 7.347/1985, art. 5º; art. 6º.

CDC, art. 6º, VIII.

Juiz e auxiliares da justiça: em seu Título IV do Livro III ("Dos sujeitos do processo") o CPC/2015 regula temas afetos ao *juiz* e aos *auxiliares da justiça*. São *três* capítulos dedicados respectivamente aos *poderes*, aos *deveres* e à *responsabilidade do juiz*, aos fatos jurídicos que caracterizam *impedimento e suspeição* e, por fim, às questões afetas aos muitos *auxiliares da justiça* (escrivão, chefe de secretaria, oficial de justiça, perito, depositário, administrador, intérprete, tradutor, conciliadores e mediadores judiciais).

Poderes, deveres e responsabilidade do juiz: o CPC/2015 regula os chamados *poderes de direção do processo* (CPC/2015, art. 139), além de trazer regras específicas sobre *julgamento e interpretação* (CPC/2015, arts. 140, 141 e 142) e acerca da *responsabilidade civil imputada ao juiz* (CPC/2015, art. 143). É relevante lembrar aqui que também se aplica aos magistrados o *dever de comportar de acordo com a boa-fé* (CPC/2015, art. 4º). Mais: embora o art. 139, *caput*, preveja que "o juiz dirigirá o processo *conforme as disposições deste Código*", a verdade é que "não só o Código contém normas a serem observadas", de modo que seu significado é mais amplo, quer dizer, trata-se de regra que impõe a observância à lei genericamente considerada (= *lato sensu*), incluída, por óbvio, a própria Constituição Federal (DINAMARCO, Cândido Rangel. *Instituições de Direito Processual Civil.* v. II. 7. ed. Malheiros: São Paulo: 2017. p. 267).

Inércia e impulso oficial: juiz algum está autorizado a dar *ignição* à atividade jurisdicional por iniciativa, vontade e ato próprios. A jurisdição mantém-se em *estado de suspensão*, aguardando para atuar, e só o faz depois de *provocada* via *ato postulatório* praticado por aquele que pretende obter a tutela jurisdicional. É o fenômeno da *letargia jurisdicional* (= *regra da inércia*). Recorde-se lição clássica: "À pretensão da parte, corresponde a obrigação do Estado à prestação jurisdicional. (...). Há pretensão à tutela jurídica. *Exercer* essa pretensão é exigir essa prestação a que se obriga o Estado, mas para exigi-la *preciso é pedir-lhe a tutela*, propondo a ação processual e deduzindo, na petição, a matéria concernente ao fato jurídico ou à relação jurídica de que decorrem direitos, pretensões e ações de direito material" (PACHECO, José da Silva. *O atentado no processo civil.* Rio de Janeiro: Editor Borsoi, 1958. p. 11). Depois que, por intermédio do ato postulatório, se deu *ignição à máquina judiciária*, a atividade jurisdicional segue rumo, perpassando pelas fases procedimentais independentemente da vontade das partes. A jurisdição, enfim, chegará a um resultado, incumbindo ao juiz e aos seus auxiliares da justiça o estímulo indispensável para tal desiderato. Tem-se nisso a descrição do fenômeno denominado *impulso oficial*. Resume tudo a letra da lei: o procedimento jurisdicional "*começa* por iniciativa da parte e se *desenvolve* por impulso oficial, salvo as exceções previstas em lei" (CPC/2015, art. 2º).

Poderes de *direção formal*: a lei confere ao órgão judicial poderes para promover a marcha do procedimento jurisdicional. É disso que trata, em parte, o art. 139 do CPC/2015. São os chamados *poderes de direção formal*, que conferem *musculatura* à regra do impulso oficial e permitem ao órgão judicial levar a cabo as decisões que profere.

Poderes de *direção material*: os poderes do juiz, segundo dispõe o CPC/2015, não se restringem àqueles dedicados a impulsionar a atividade jurisdicional (= poderes de direção formal). O legislador brasileiro, curvando-se a uma perspectiva político-ideológica autoritária – que contrasta com o colorido de prudência e controle característico do devido processo legal –, além de encampar no CPC/2015 os chamados *poderes de direção material do processo*, não perdeu a oportunidade de reforçá-los (= frenesi legislativo-instrumentalista). O juiz, para ilustrar, tem licença legal para atuar de *modo inquisitivo* na busca da "verdade" dos fatos litigiosos (= produção, controle e coleta do material probatório), tanto assim que pode, *ex officio*, determinar as provas que entender necessárias ao julgamento de mérito (CPC/2015, art. 370, *caput*). Os poderes de direção material – leciona Araken de Assis – apresentam propósitos variados e se subdividem em: i) *poderes de controle* (exemplos: examinar a regularidade dos pressupostos processuais e das condições da ação; tomada de providências preliminares; averiguação de eventuais defeitos na petição inicial; desmembramento de pedidos indevidamente cumulados; limitação do número de litisconsortes; avaliação da preterição de litisconsorte necessário e determinação dirigida à parte para que promova a integração do terceiro na relação processual; saneamento e organização do feito; repressão de ilícitos processuais; adoção de medidas para fazer cumprir as próprias determinações; verificação e até dilatação de prazos em situações extraordinárias; suspensão dos autos em dadas circunstâncias; promoção do contraditório sobre questões a serem resolvidas; restrição da garantia de publicidade em atenção ao disposto em lei); ii) *poderes de fiscalização* (exemplos:

policiar a conduta dos participantes da audiência; velar pela duração razoável; prevenir ou reprimir atos contrários à dignidade da justiça; indeferir postulações meramente protelatórias; apurar a prática de simulação ou fraude; proferir sentença que obste os fins pretendidos pelas partes em caso de ato simulado ou fim vedado por lei); iii) *poderes ordinatórios* (exemplos: decisões ou despachos do juiz; atos meramente ordinatórios a cargo do escrivão ou chefe de secretaria – termos de juntada; vista obrigatória); e iv) *poderes de instrução* (exemplos: delimitar as questões de fato controvertidas; regular o ônus da prova consoante a condição material das partes e a complexidade da causa; determinar a produção de provas; indeferir requerimentos de produção de provas inúteis ou protelatórias; presidir a produção de provas; apreciar o conjunto das provas para emitir juízo de fato) (ASSIS, Araken. *Processo Civil Brasileiro.* Parte geral: institutos fundamentais. v. II. Tomo I. São Paulo: Revista dos Tribunais, 2015. p. 905-920). Vale sublinhar que há, nesse desmesurado rol, poderes que permitem ao juiz *flexibilizar* o procedimento jurisdicional, o que fere de morte o devido processo *legal* (CF/1988, art. 5º, II e LIV). Também se verifica, no mesmo rol, poderes que transferem para o magistrado atribuições funcionais cuja exclusividade pertence (ou deveria pertencer) unicamente às partes, algo gravíssimo e com potencial de transformá-lo em espécie de *juiz contraditor* (= juiz-parte), em desprezo evidente ao *modelo adversarial* adotado pela Constituição – sobretudo em desprezo ao contraditório, à ampla defesa e à imparcialidade (= *impartialidade*; imparcialidade funcional ou objetiva).

Direção do processo segundo a Garantística Processual: em sua atuação na arena jurisdicional-procedimental, o juiz não assume função de simples espectador, com papel restrito a poderes de impulso e decisão. Ele guia o rumo dos atos processuais, imprime ritmo à jurisdição, exerce poder de polícia, assegura a probidade processual e sanciona práticas ilícitas (sempre que provocado), organiza e saneia o feito, nunca entretanto com liberalidade, mas em estrita obediência às regras de procedimento. Pouco importam, em suma, a vontade, os ideais (nobres ou não) e a visão de mundo nutridos pelo magistrado, nem tem relevância as idiossincrasias da sua personalidade. As *rédeas legais* (e, sobretudo, o peso que lhe imprime o devido processo *legal*) o impedem de assumir papel de *ditador do feito*, apto a determinar uma moldura procedimental que lhe seja mais crível e a proferir julgamentos a partir do seu particular senso de justiça (= subjetivismo judicial). Mais que diretor, o juiz é um *garantidor* do processo (= respeito às garantias contrajurisdicionais processuais; observância estrita às normas legais que regem os procedimentos jurisdicionais). É esse o sentido constitucional extraído da norma imperativa: "O juiz *dirigirá* o processo conforme as disposições *deste Código* (...)" (CPC/2015, art. 139, *caput*).

Igualdade de tratamento (1): afirma o constituinte que todos são iguais *perante a lei* (CF/1988, art. 5º, I). Outras normas semelhantes: i) CADH, art. 24 ("*Todas as pessoas são iguais perante a lei. Por conseguinte, têm direito, sem discriminação, a igual proteção da lei*"); ii) DUDH, art. 7º ("*Todos são iguais perante a lei e têm direito, sem qualquer distinção, a igual proteção da lei. Todos têm direito a igual proteção contra qualquer discriminação que viole a presente Declaração e contra qualquer incitamento a tal discriminação*"); iii) DUDH, art. 10 ("*Todo ser humano tem direito, em plena igualdade, a uma justa e pública audiência por parte de um tribunal independente e imparcial, para decidir sobre seus direitos e deveres ou do fundamento de qualquer acusação criminal contra ele*"). Também o CPC/2015 estabelece, de modo expresso, que às partes é assegurada "*paridade de tratamento em relação ao exercício de direitos e faculdades processuais, aos meios de defesa, aos ônus, aos deveres e à aplicação de sanções processuais, competindo ao juiz zelar pelo efetivo contraditório*" (CPC/2015, art. 7º). Por certo que *paridade de armas*, em particular, é expressão da garantia fundamental à igualdade e, em contexto mais amplo, um dos elementos normativos que integram o devido processo legal. Daí que aos litigantes é assegurado o direito de digladiarem, no âmbito da arena procedimental-jurisdicional, em pé de igualdade perante um terceiro imparcial (= juiz), de forma a exercerem suas posições jurídicas e influenciarem na construção das decisões judiciais. É uma *igualdade de oportunidades e de audiência* (VELLOSO, Adolfo Alvarado. O garantismo processual. *In*: FREIRE, Alexandre; DELFINO, Lúcio; OLIVEIRA, Pedro Miranda de; RIBEIRO, Sérgio Luiz de Almeida. *Processo Civil nas tradições brasileira e iberoamericana*. Tradução de Glauco Gumerato Ramos.

Florianópolis: Editora Conceito, 2014. p. 18-30). Ao juiz, portanto, incumbe *poderes de direção*, quer dizer, é sua função garantir às partes, *em estrita observância ao ordenamento jurídico, igualdade de tratamento* (CPC/2015, art. 139, I).

Igualdade de tratamento (2): *paridade de armas* é igualdade *a partir da lei*, jamais apesar dela. A isonomia processual, *haja vista a porosidade com a qual está traçada a norma na seara constitucional*, é problema que diz respeito *prioritariamente* à legislatura. É papel do legislador, em suma, elaborar regras qualitativamente ajustadas, com hipóteses de incidência e consequências jurídicas bem delimitadas, quantas se fizerem necessárias para concretizar a paridade de armas – sobre o tema: COSTA, Eduardo José da Fonseca. A igualdade processual como problema normativo. *Empório do Direito*, São Paulo, 23 maio 2018. Coluna ABDPRO. Disponível em: https://emporiododireito.com.br/leitura/abdpro-34-a-igualdade-processual-como-problema-normativo. Acesso em: 08 ago. 2020; PEREIRA, Mateus Costa. A paridade de armas sob a ótica do garantismo processual. *Revista Brasileira de Direito Processual – RBDPro*, Belo Horizonte, ano 25, n. 98, p. 247-265, abr./jun. 2017. Abstraindo-se possíveis inconstitucionalidades, seguem-se exemplos do labor legislativo dedicado à concretização da *paridade de armas*: i) diante de peculiaridades da causa relacionadas à impossibilidade, ou à excessiva dificuldade de desincumbir do ônus da prova, ou à maior facilidade de obtenção da prova do fato contrário, permite a lei, *em tempo e modo adequados*, que o ônus da prova seja distribuído de modo diverso daquele previsto pela regra geral (CPC/2015, art. 373, I e II, §1º c/c art. 357, III); ii) é direito do consumidor a inversão do ônus da prova a seu favor quando, a critério do juiz, for verossímil a alegação ou quando for ele hipossuficiente, segundo as regras ordinárias de experiência (CDC, art. 6º, VIII); iii) a concessão de assistência judiciária gratuita a isentar o jurisdicionado carente de recursos do pagamento de despesas, custas, emolumentos e honorários (CPC/2015, art. 98); iv) a suspensão do procedimento em circunstâncias extraordinárias, como morte ou perda da capacidade processual de qualquer das partes, de seu representante legal ou procurador, arguição de impedimento ou de suspeição, admissão de incidente de resolução de demandas repetitivas, etc.

(CPC/2015, art. 313); v) prioridade na tramitação de processos nos quais figurem pessoas com idade igual ou superior a 60 anos (Lei nº 10.741/2003, art. 71); vi) controle judicial da validade das convenções de procedimento entabuladas pelas partes (CPC/2015, art. 190, parágrafo único); vii) distribuição de toda e qualquer petição inicial segundo o sistema eletrônico, sendo alternada e aleatória, nas comarcas onde houver mais de um juiz (CPC/2015, art. 285); viii) incidente de desconsideração da personalidade jurídica, que se, de um lado, assegura o contraditório e a ampla defesa do devedor, de outro, quando acolhido o pedido, torna a alienação (e/ou a oneração) de bens havida em fraude de execução ineficaz em relação ao requerente (CPC/2015, arts. 133 e segs.); ix) incidente de resolução de demandas repetitivas (CPC/2015, art. 976 e segs.); x) competência para propositura de ações em que o réu for incapaz no foro de domicílio do seu representante ou assistente (CPC/2015, art. 50); xi) intervenção obrigatória do Ministério Público como *fiscal da ordem jurídica* em causas envolvendo interesses de incapaz (CPC/2015, art. 178, II), nos litígios coletivos pela posse de terra rural ou urbana (CPC/2015, art. 178, III), em ações possessórias em que figure no polo passivo grande número de pessoas (CPC/2015, art. 554, §1º), em interdições (CPC/2015, art. 752, §1º), nos processos em que figure como parte idoso em situação de risco (Lei 10.741/2003, art. 74).

Duração razoável: os art. 4º e 139, II, ambos do CPC/2015, colocam em destaque a garantia fundamental à duração razoável (CF/1988, art. 5º, LXXVIII). A ideia-chave: a jurisdição, como serviço público essencial, deve funcionar sem dilações indevidas, com primazia para a solução integral do mérito, incluída naturalmente a própria atividade jurisdicional satisfativa, cujas brevidade e qualidade dependem, por certo, de técnicas adequadas. É certo que o comando constitucional (CF/1988, art. 5º, LXXVIII), num primeiro momento, *constrange* o legislador a produzir técnicas e procedimentos hábeis para assegurar que a prestação jurisdicional ocorra com o máximo de resultados e o mínimo de esforços. São muitos os exemplos dessa realidade normativa dedicada a garantir o sequenciamento procedimental em tempo e modo adequados: i) prioridade na tramitação de atos e diligências em causas nas quais idosos atuem como partes; ii) tutela antecipada de urgência; iii) tutelas antecipadas de evidência; iv) estabilização de tutelas antecipadas; v) autorização legal para a prática de atos processuais via meios eletrônicos; vi) atos executivos mais efetivos, como a "penhora *on-line*", a inscrição do nome do devedor em cadastros de inadimplentes por ordem judicial e a penhora de faturamento de empresas; vii) atividade jurisdicional ininterrupta, vedadas as férias coletivas nos juízos de primeira e segunda instâncias; viii) instituição do plantão do Judiciário; ix) permissibilidade para que atos meramente administrativos, *sem conteúdo decisório*, possam ser delegados pelo magistrado aos seus servidores; x) distribuição automática de toda e qualquer demanda, em todas as instâncias de jurisdição; xi) cooperação internacional; xii) cooperação nacional-jurisdicional. Ao juiz, que está diretamente vinculado à regra do impulso oficial, incumbe *velar* (= *vigiar; permanecer de sentinela; guardar; ficar em vigília*) pelo desiderato de uma prestação jurisdicional com duração razoável. É seu dever, afinal de contas, interpretar o texto legal de acordo com a garantia fundamental, dele extraindo sentidos possíveis que coadjuvem o atingimento desse objetivo. Por exemplo, não é possível aceitar, sem censura, as malfadadas *dilações indevidas* (=descumprimento pelos juízes de prazos que lhes incumbem; etapas mortas do procedimento; manobras protelatórias perpetradas pelas partes) praticadas no curso do procedimento e que só fazem retardar a prestação jurisdicional – sobre o tema, consultar: DIAS, Ronaldo Brêtas de Carvalho. *Responsabilidade do estado pela função jurisdicional*. Belo Horizonte: Del Rey, 2004. p. 201).

Duração razoável e celeridade: há divergência doutrinária acerca do significado da expressão "*razoável* duração". Embora a abertura semântica do texto constitucional crie embaraços para uma definição precisa, parece acertada a conclusão de que a *razoabilidade*, mencionada pelo constituinte, deve ser avaliada *sempre* diante do caso concreto, em atenção às idiossincrasias fáticas e jurídicas nele envolvidas. *É a complexidade do caso, enfim, que dá a exata medida do que é razoável em termos de duração da atividade jurisdicional*. É equivocada, nessa linha de raciocínio, a defesa de uma equivalência absoluta entre as expressões *duração razoável* e *celeridade*. A ideia de *celeridade* ganhou corpo e penetrou, de modo descomedido, nas mentes de juristas e profissionais do direito, o que levou (e ainda leva) muitos a raciocinarem como se houvesse uma garantia constitucional impondo a *rapidez* como atributo magnânimo, essencial e imperativo da atividade jurisdicional. *Trata-se, contudo, de visão distorcida e perigosa.* Razoável duração não pode implicar julgamentos sempre e incondicionalmente dotados de brevidade. Quem deixa de lado essa verdade retroalimenta *raciocínios consequencialistas*, com *fins justificando os meios*, que têm ganhado, dia a dia, o reforço de "interpretações" benevolentes (e em nada restritivas) acerca de regramentos abertos sobre boa-fé, cooperação processual, proporcionalidade, razoabilidade, equidade e efetividade. Enfim, argumentos pautados na *brevidade da jurisdição* habitualmente têm sido manejados para defenestrar o devido processo legal, em prejuízo à segurança, à liberdade das partes e à própria qualidade das decisões judiciais. É indispensável, sem dúvida, a implementação legislativa de técnicas processuais que proporcionem a *duração razoável*, porém nunca em desapego a outras garantias constitucionais do mesmo modo caras ao regime democrático e republicano (= imparcialidade judicial, contraditório, ampla defesa, proibição de provas ilícitas, direito à defesa técnica, motivação substancial, pressuposição de inocência, publicidade das decisões judiciais). *Prestação jurisdicional célere, compromissada exclusivamente com desempenhos estatísticos, sem qualidade, que trata o jurisdicionado como um mero número e desdenhosa ao devido processo legal, é nada mais que denegação de justiça.*

Duração razoável e primazia pelo julgamento de mérito: o CPC/2015 adota estrutura normativa que prioriza o *julgamento do mérito*, o que se reflete *em todas as instâncias de jurisdição*. Trata-se de posicionamento acertado, pois a jurisdição realmente só cumpre seu papel, com vigor e presteza, ao produzir resultados que pacifiquem, *de forma definitiva*, o conflito de interesses. Não se pode concluir, no entanto, que o órgão judicial está impedido de proferir decisões terminativas, seja porque casos há em que o enfrentamento do mérito se mostrará mesmo impossível (por exemplo, recurso interposto intempestivamente), seja porque o ordenamento jurídico traz exceções expressas ao art. 4º do CPC/2015 (por exemplo, o disposto no art. 1.003, §6º). Por fim, são muitos os comandos legais prescritos no CPC/2015 que sublinham a linha legal evolutiva em prol do favorecimento de julgamentos *com resolução de mérito*. Alguns exemplos demonstram o intuito legislativo de superar vícios processuais e, por conseguinte, conduzir a atividade jurisdicional para uma decisão *de fundo*: i) advindo alegação, em contestação, de ilegitimidade passiva (ou de ausência de responsabilidade pelo prejuízo invocado), deve o juiz facultar ao autor, no prazo de 15 (quinze) dias, a alteração da petição inicial para a substituição do réu. Realizada a substituição, o autor reembolsará as despesas e pagará os honorários ao procurador do réu excluído, que serão fixados entre três e cinco por cento do valor da causa ou, sendo este irrisório, nos termos do art. 85, §8º (art. 338, parágrafo único); ii) quando alegar ilegitimidade, incumbe ao réu indicar o sujeito passivo da relação jurídica discutida sempre que puder fazê-lo, sob pena de arcar com as despesas processuais e indenizar o autor pelos prejuízos decorrentes da falta de indicação (art. 339, *caput*); iii) prescrevendo a lei determinada forma, o juiz considerará válido o ato se, realizado de outro modo, a finalidade for alcançada (art. 277); iv) quando possível decidir o mérito a favor da parte a quem aproveite a decretação da nulidade, o juiz não a pronunciará, nem mandará repetir o ato ou suprir-lhe a falta (art. 282, §2º); v) desde que possível, o juiz resolverá o mérito sempre que a decisão se mostrar favorável à parte a quem aproveitaria eventual pronunciamento nos termos do art. 485 (art. 488); vi) antes de proferir decisão sem resolução de mérito, o juiz deverá conceder à parte oportunidade para, se possível, corrigir o vício (art. 317); vii) verificando o juiz que a petição inicial não preenche os requisitos exigidos em lei ou que apresenta defeitos e irregularidades capazes de dificultar o julgamento de mérito, determinará que o autor, no prazo de 15 (quinze) dias, a emende ou a complete, indicando com precisão o que deve ser corrigido ou completado; viii) há uma fase *forte* de saneamento por meio da qual o juiz organizará o procedimento a fim de evitar problemas capazes de comprometer o futuro julgamento de mérito, resolvendo questões processuais pendentes, delimitando as questões de fato sobre as quais recairá a atividade probatória, especificando os meios de prova admitidos, definindo a distribuição do ônus da prova, delimitando as questões de direito relevantes para a decisão do mérito e designando, se caso for, a audiência de instrução e julgamento (art. 357); ix) fortalecimento do contraditório como garantia de influência e não surpresa, circunstância que recrudesce o papel dos advogados, porquanto, até em prol da boa-fé objetiva que norteia eticamente o embate judicial, não devem aguardar o juiz suscitar nulidades de ofício, e sim fazê-lo eles próprios já quando se depararem com elas (art. 10); x) combate patente ao expediente da *jurisprudência defensiva*, postura a indicar que a primazia do julgamento de mérito é algo a ser buscado tanto em primeira instância de jurisdição quanto em instâncias recursais; xi) será considerado tempestivo o ato praticado antes do termo inicial do prazo (art. 218, §4º); etc.

Duração razoável e combate à *jurisprudência defensiva*: a doutrina nominou de *jurisprudência defensiva* todo e qualquer expediente voluntarista-pragmático, *de cunho extralegal*, idealizado e desenhado por tribunais para evitar que o mérito dos recursos seja conhecido. Representa, ao fim e ao cabo, método prático (= utilitarismo), *porém ilegal e inconstitucional*, de *esvaziar* com agilidade as pilhas de trabalho que incomodam desembargadores e ministros em todo o país. Indo ao ponto: a *jurisprudência defensiva* fere de morte o acesso à justiça e o processo como instituição de garantia (= devido processo legal). Aspecto interessante (= efeito colateral positivo) do comando trazido pelo art. 4º do CPC/2015, que integra as *Normas Fundamentais do Processo*, é o fato de, implicitamente, proibir a criação de *jurisprudências defensivas*. O texto legal, enfim, desautoriza a ânsia dos tribunais em edificar e propagar esses *mecanismos de bloqueio*, compromissados apenas e tão somente com aspectos gerenciais de cumprimento de metas e esvaziamento de gabinetes, e não com uma prestação jurisdicional de qualidade. Nas palavras de Alexandre Freitas Câmara, a aplicação da *primazia do julgamento de mérito* exigirá mudança de postura (e de cultura) dos magistrados, pois é preciso que se enxerguem como integrantes de uma comunidade de trabalho, por intermédio da qual, junto com as partes (e seus advogados), construirão a decisão correta para o caso concreto (CÂMARA, Alexandre Freitas. O princípio da primazia da resolução do mérito e o novo Código de Processo Civil. *Revista do Tribunal Regional Federal da 3ª Região*, São Paulo, ano XXVII, n. 128, p. 19-24, jan./mar., 2016). Ainda mais: o CPC/2015 trouxe, em boa hora, uma série de dispositivos destinada ao combate da *jurisprudência* *defensiva*, a ponto de implodir muitos entendimentos sumulados pelo STJ. Exemplos: i) a insuficiência no valor do preparo, inclusive porte de remessa e de retorno, implicará deserção apenas se o recorrente, intimado na pessoa de seu advogado, não vier a supri-lo no prazo de 5 (cinco) dias (art. 1.007, §2º); ii) o recorrente que não comprovar, no ato de interposição do recurso, o recolhimento do preparo, inclusive porte de remessa e de retorno, será intimado, na pessoa de seu advogado, para realizar o recolhimento *em dobro*, sob pena de deserção (art. 1.007, §2º) – perdeu sentido, portanto, a Súmula nº 187 do STJ, que impunha a deserção de recurso interposto quando o recorrente não recolhia, na origem, despesas de remessa e retorno nos autos; iii) o equívoco no preenchimento da guia de custas não implicará a aplicação da pena de deserção, cabendo ao relator, na hipótese de dúvida quanto ao recolhimento, intimar o recorrente para sanar o vício no prazo de 5 (cinco) dias (art. 1.007, §7º); iv) será considerado tempestivo o ato praticado antes do termo inicial do prazo (art. 218, §4º) – regramento que ensejou o cancelamento da Súmula nº 418 do STJ ("É inadmissível o recurso especial interposto antes da publicação do acórdão dos embargos de declaração, sem posterior ratificação"); v) no caso de o relator do recurso especial entender que este versa sobre questão constitucional, não deverá declará-lo inadmissível, e sim conceder prazo de 15 (quinze) dias para que o recorrente demonstre a existência de repercussão geral e se manifeste sobre a questão constitucional a fim de, posteriormente, remeter os autos ao STF (art. 1.032); vi) se o STF reputar reflexa a ofensa à Constituição alegada em recurso extraordinário, por pressupor a revisão da interpretação da lei federal ou de tratado, deverá remetê-lo ao STJ para julgamento como recurso especial (art. 1.033).

Duração razoável e atos executivos: a atividade jurisdicional implica, no mais das vezes, *certificação* e *execução* de direitos. Afinal de contas, a depender da tutela de direito perseguida, não bastará à parte decisão que *declare* seu direito. Será indispensável, enfim, o sequenciamento da jurisdição a fim de assegurar a *efetiva* entrega do bem da vida almejado. Além do mais, circunstâncias há nas quais *cognição* e *execução* operam conjuntamente, fórmula sincrética indispensável à tutela de direito que se encontra sob ameaça iminente (= tutelas provisórias de urgência). A jurisdição, em suma, é composta de *atos de inteligência*, destinados à *certificação* do direito, e outrossim de *atos práticos*, cujo papel é propiciar, se necessário for, a satisfação desse mesmo direito. E por certo que o direito de as partes obterem, em prazo razoável, solução integral do mérito abrange, inexoravelmente, a própria atividade executivo-satisfativa, sem a qual, como afirmado, não se teria pacificação social.

Prevenir e reprimir atos contrários à dignidade da justiça (1): incumbe ao juiz *prevenir* ou *reprimir* qualquer ato contrário à dignidade da justiça (CPC/2015, art. 139, III, *primeira parte*). Tem-se, *bem lido o regramento*, o vislumbre vivaz *de parcela* da base político-ideológica que permeia a legislação procedimental civil, compromissada com o ideal de boa-fé (CPC/2015, art. 5º) e, por conseguinte, com a vigilância e reprimenda de práticas processuais tipificadas como ímprobas. Respeitável doutrina, aliás, já alertou sobre a relação político-ideológica que há entre os *regimes totalitários (comunistas, fascistas e nazista)* e alguns desses *modismos legislativos (= boa-fé processual, cooperação processual e ampliação de poderes judiciais para se atingir a "verdade real")* – conferir: AROCA, Juan Montero. Proceso Civil e Ideología: Un prefacio, una sentencia, dos cartas y quince ensayos. *In*: AROCA, Juan Montero (Coord.). *Sobre el mito autoritário de la "buena fe procesal"*. Valencia: Tirant lo Blanch, 2006. p. 283-356. Nunca é demasiado reafirmar: equivocou-se o legislador em incluir a *boa-fé processual* entre as *Normas Fundamentais do Processo* (CPC/2015, art. 5º), que em nada se relaciona à garantia contrajurisdicional do processo (= processo como garantia individual em prol das liberdades das partes; devido processo legal). Não tem a boa-fé processual, em suma, a *fundamentalidade* que lhe pretendeu emprestar o CPC/2015, legislação a qual nem mesmo possui autoridade para fazer o que fez. Um empreendimento de engenharia legislativa em nada imaculado e que traz implicações de ordem prática assaz negativas. Dar nomes errados às coisas, tratando-as a partir de uma relevância que destoa da sua essência, quer dizer, chamar de *fundamental* norma que de *fundamental* nada tem, só faz acarretar toda sorte de problemas – por exemplo, vulgarizações de garantias fundamentais, piruetas interpretativas, ponderações amalucadas, perda do senso de hierarquia normativa, ausência de previsibilidade e segurança, recrudescimento do autoritarismo judicial.

Prevenir e reprimir atos contrários à dignidade da justiça (2): a *prudência*, diante do que restou explicitado no item anterior, é *palavra de ordem* quando estiver em jogo o tema *boa-fé processual* e tudo a ele relacionado – por exemplo: lista legal dos deveres de probidade, tipificação de condutas reprováveis, sanções, etc. Recorde-se sobretudo que a *presunção da boa-fé* é regra aceita de maneira universal, com destaque para a parêmia: *a boa-fé se presume, a má-fé se prova*. Em termos pragmáticos, prudência aqui significa que *não é lícito* ao órgão julgador adotar investidas admoestatórias contra as partes com a finalidade de imprimir, *a partir de critérios particulares (= sem base legal e constitucional*, portanto), uma moralização ético-comportamental no ambiente procedimental-jurisdicional. É receita para o caos enxergar, no art. 5º do CPC/2015 – *dispositivo marcado por extremada generalidade* –, abertura capaz de dar vazão a tamanho poder discricionário. Cairia de joelhos a liberdade de litigância, com restrições ao contraditório e à ampla defesa, quiçá trazendo déficits à própria isonomia e imparcialidade judiciais, não por imposição legal expressa e minuciosa, mas porque *assim quis* a autoridade judicial por intermédio dos seus caprichos, ideologia e devaneios. Eticidade e lealdade processuais, enfim, materializam-se a partir da legalidade (pontual, categórica, com tipos legais e suportes fáticos claros e sanções devidamente positivadas), em respeito *inegociável* ao filtro supremo do devido processo legal – sobre o tema, conferir: COSTA, Eduardo José da Fonseca. Processo e razões de Estado. *Empório do Direito*, São Paulo, 28 out. 2019. Coluna Garantismo Processual. Disponível em: https://emporiododireito.com.br/leitura/36-processo-e-razoes-de-estado. Acesso em: 14 dez. 2019. Observações: i) são *duas* as espécies de improbidade processual previstas em lei – *atos atentatórios à dignidade da justiça* e *atos tipificados como prática de litigância de má-fé*; ii) legislador, no inciso III do art. 139, referiu-se *prioritariamente* à primeira delas, *com ênfase ao perfil autoritário do CPC/2015*, pois os tipos legais nela incluídos fundamentam-se em *razões de Estado*, distinguidas pelas sanções previstas, que são mais contundentes se comparadas às que decorrem da prática de litigância de má-fé; e iii) no que diz respeito à *prevenção* de ato contrário à dignidade da justiça (CPC/2015, art. 139, III), a lei municia o órgão judicial – nas hipóteses previstas nos incisos IV (= "cumprir com exatidão as decisões jurisdicionais, de natureza provisória ou final, e não criar embaraços à sua efetivação") e VI (= "não praticar inovação ilegal no estado de fato de bem ou direito litigioso") do art. 77 do CPC/2015 – com poderes para advertir qualquer um que participe da arena procedimental-jurisdicional de que sua conduta poderá ser objeto de sancionamento (CPC/2015, art. 77, §1º).

Indeferir postulações meramente protelatórias: ao órgão judicial incumbe indeferir postulações *meramente* protelatórias. Verifica-se, no âmbito do CPC/2015 (e também em legislações outras), *regras de combate* a estratégias processuais que procrastinem o julgamento final do feito, em reverência às garantias constitucionais do acesso à justiça e da duração razoável (CF/1988, art. 5º, XXXV e LXXVIII). Daí que, por exemplo, o legislador: i) considera litigante de má-fé aquele que "interpuser recurso com intuito manifestamente protelatório" (CPC/2015, art. 80, VII); ii) admite a concessão de tutela da evidência, independentemente da demonstração do perigo de dano ou de risco ao resultado útil do processo, quando "ficar caracterizado o manifesto propósito protelatório da parte" (CPC/2015, 311, I, *segunda parte*) – regra, sem dúvida, eivada de inconstitucionalidade; iii) autoriza o indeferimento, em decisão fundamentada, de "diligências inúteis ou meramente protelatórias" (CPC/2015, art. 370, parágrafo único); iv) prevê a remoção de ofício ou a requerimento do inventariante que "não der ao inventário andamento regular", "suscitar dúvidas infundadas" ou "praticar atos meramente protelatórios"; v) estabelece que os embargos de declaração serão rejeitados liminarmente quando "manifestamente protelatórios", além de tipificar tal conduta como "atentatória à dignidade da justiça" (CPC/2015, art. 918, III e parágrafo único). No fundo, aquele que formula postulação meramente protelatória atenta contra dever que atinge a todos que, de qualquer forma, participem do procedimento jurisdicional, a saber, o de "não praticar atos inúteis ou desnecessários à declaração ou à defesa do direito" (CPC/2015, art. 77, *caput* e III). Trata-se de *ilícito civil* (= *ato improbo tipificado como má-fé processual*) no qual incide o litigante que "opuser resistência injustificada ao andamento do processo" (CPC/2015, art.

80, IV), sujeitando-se ao pagamento de multa, à condenação em indenizar a contraparte pelos prejuízos que esta sofreu e a arcar com os honorários advocatícios e todas as despesas que efetuou (CPC/2015, art. 81, *caput*). Observações: i) não é lícito ao órgão judicial embrenhar-se, *motu proprio* (= sem a devida provocação), em investigações acerca da ocorrência ou não de improbidade processual. É a jurisdição serviço estatal distinguido pela *letargia*, quer dizer, suas engrenagens entram em funcionamento só quando estimuladas por quem pretenda fazer valer seus interesses. Trata-se de mecanismo que ajuda a preservar a própria garantia fundamental da imparcialidade judicial, dedicado a obstar cruzadas inquisitoriais encabeçadas por juízes e tribunais contra tal ou qual litigante. Contenção e prudência, enfim, são a própria substância do exercício probo e neutro da jurisdição. É lembrar a velha e conhecida dinâmica *adversarial*: a) a parte autora provoca a jurisdição com a sua postulação; b) a contraparte defende-se; c) ambas exercem sua liberdade de litigância e produzem provas em apoio às teses que advogam; d) o juiz, ao final, decide. Não há por que ser diferente quando está em jogo questão atinente à possível prática de ato processual ímprobo; ii) o art. 81 do CPC/2015 estabelece que, de "ofício ou a requerimento, o juiz *condenará* o litigante de má-fé a pagar multa (...)", algo distinto de permitir a autoridade judicial, *por ato de ofício*, a *dar início* à atividade jurisdicional para apurar eventual conduta tipificada como litigância de má-fé (ou ato atentatório à dignidade da justiça). À parte interessada cumpre, portanto, denunciar eventual prática de ato ímprobo, o que forçará o órgão judicial, em observância ao devido processo legal, a examinar e decidir a questão – essa denúncia (ou provocação) da atividade jurisdicional não necessita vir acompanhada de pedido para que o *improbus litigator* seja condenado nas sanções previstas no art. 81 do CPC/2015 (= *pedido implícito*).

Cláusula geral de efetivação: o juiz dirigirá o processo conforme as disposições do Código de 2015, incumbindo-lhe, entre outros poderes, determinar todas as medidas *indutivas*, *coercitivas*, *mandamentais* ou *sub-rogatórias* necessárias para assegurar o cumprimento de ordem judicial, inclusive em ações cujo objeto seja prestação pecuniária (CPC/2015, art. 139, IV). Vale frisar que há, na aludida legislação, outras *cláusulas de efetivação* assemelhadas (CPC/2015, arts. 297, 400, 403, 536 e 773). À jurisdição incumbe o papel de prestar a tutela jurisdicional quando provocada, o que abrange as atividades de *certificação, proteção* e *execução* de direitos. É que nem sempre basta ao Judiciário, enfim, *certificar* o direito (= definição de que uma parte tem razão em detrimento da outra), sendo indispensável, em não raras ocasiões, a atuação jurisdicional dedicada a *satisfazer* a obrigação perseguida na realidade da vida. Daí a distinção entre *atos de inteligência*, distinguidos pela energia cerebral que demandam no desate das muitas questões surgidas, e *atos executivos*, de cunho preponderantemente prático e cujo propósito e a concretização das decisões judiciais. Os atos referidos no inciso IV do art. 139, como é fácil notar, dizem respeito à última espécie. Sem eles, que são fruto da imperatividade estatal, ordens judiciais seriam pouco ou quase nunca implementadas, colocando-se em situação de absoluto descrédito o serviço jurisdicional. Como novidade, o texto legal autoriza o manejo de *determinados* atos executivos (= medidas executivas atípicas) – até então admitidos unicamente para a satisfação de obrigações específicas e tutelas de urgência – também em procedimentos executivos de soma em dinheiro (= obrigações pecuniárias) (conferir comentários adiante)

Medidas executivas atípicas em execuções de soma em dinheiro (1): a prática judicial, *com preocupante frequência,* tem se rendido ao jogo político e, por conseguinte, promovido emboscadas contra as liberdades individuais. Veja-se, para mencionar um emblemático exemplo, o vergonhoso episódio do famigerado "inquérito do fim do mundo". O Supremo Tribunal Federal, numa performance lastimável e nada republicana, decidiu atrair para si a prerrogativa de instaurar inquéritos *por conta e risco* (= *ex officio*) quando em jogo a "autoproteção" de seus ministros ou da instituição. Entre os votos que mantiveram o monstrengo de pé, um deles, *pautado no que chamou de "interpretação evolutiva"*, chegou ao ponto de sustentar a ideia de *tirania do relativismo* para, ao final e paradoxalmente, relativizar e subverter o pacote todo: *liberdade de expressão, proibição da censura, sistema acusatório, imparcialidade judicial, transparência, essencialidade da advocacia, direito de defesa, separação de poderes, legalidade* e *cláusulas pétreas*. O já combalido Estado de Direito, para dizer o mínimo, sofreu uma tremenda *indigestão constitucional*. As liberdades individuais têm sido habitualmente banalizadas (inclusive por tribunais superiores): não caindo aqui, nada em absoluto as protege de serem destruídas acolá, e se depois seu uso, contudo, interessar (por qualquer razão obscura ou pouco esclarecida), basta simplesmente resgatá-las, sem preocupação com o já decidido. Tem-se, nisso, um *sintoma nefasto* dessa sociedade pós-modernista e *laboratorial* (uns poucos aplicam testes e a grande maioria é testada, o que ocorre não raramente à margem da legalidade), na qual a enigmática expressão *justiça social*, além de reverenciada como uma *deidade*, transformou-se em *Joker* para o implemento de *tentativas decisórias* pouco ou quase nada responsáveis, fruto de uma engenharia operada por gente sem competência funcional e cujos alvos são setores variados da sociedade. Eventuais erros e consequências deletérias oriundos desses *cálculos*, produzidos por especialistas que muitas vezes se arriscam em setores estranhos às suas próprias habilidades, são vistos como contingentes, ou algo meramente transitório, que se justificam em prol do bem comum. Nesse viés de ação *consequencialista* (= fins justificando os meios), com "verdades" sendo produzidas de maneira subjetivista e atomizada, tudo absolutamente pode entrar na mira de ponderações relativistas, até mesmo regras dotadas de *fundamentalidade* (= cláusulas pétreas). Ao fim e ao cabo, o que se assiste são posições judiciais *ativistas* e *garantistas* revezando-se numa dança macabra, guiada pela mera conveniência do momento, num palco onde coerência e integridade não encontram referencial na realidade – quer dizer, vige uma atmosfera de fomento à esquizofrenia decisória (cuja fonte está especialmente – repita-se – nos tribunais superiores), que corrompe a legalidade constitucional e tudo aquilo que lhe é caro e indispensável

Medidas executivas atípicas em execuções de soma em dinheiro (2): o *paroquialismo doutrinário* fez soberano o ensino do direito processual (que é menos *processual* que *jurisdicional* e *procedimental*) encimado em bases publicistas (e até hiperpublicistas), privilegiando uma compreensão que prima a jurisdição pela superioridade. Trata-se de uma visão *fagocitária*, que beneficia o *jurisdicional* em detrimento do *processual*, diluindo ou dissolvendo o último em favor do primeiro, hoje firmemente enraizada na tradição jurídica em razão da labuta insistente e impactante da doutrina neoconstitucionalista e instrumentalista (e congêneres). Por isso os profissionais do direito rotineiramente prejulgam o *processo* por uma via de pensamento aferrada à perspectiva da atividade jurisdicional e dos seus (denominados) escopos sociais, políticos e jurídicos. Essas teorias, aliás, são *molas propulsoras* a permitir o rompimento da *camisa de força* chamada devido processo e a *diabolização* das elevadas rigidez e resistência que a distinguem no âmbito constitucional, sendo ainda responsáveis pela criação da figura mítico-ideológica do *juiz antena*, que tão bem traduz uma jurisdição hiperbólica e desconectada com a Constituição – sobre o tema, consultar: CARVALHO FILHO, Antônio. Precisamos falar sobre o instrumentalismo processual. *Empório do Direito*, São Paulo, 11 out, 2017. Disponível: https://emporiododireito.com.br/leitura/abdpro-2-precisamos-falar-sobre-o-instrumentalismo-processual-por-antonio-carvalho-filho. Acessado em: 10 nov. 2020. Resumindo e esmiuçando: o *processo* (= devido processo) – como resultado da autoridade desse *senso comum teórico* – esvaziou-se de substância constitucional a ponto de se ver forçado a ajoelhar-se miseravelmente perante o poder estatal-jurisdicional. Tornou-se não raro acessório e subserviente. É relativizado por pronunciamentos judiciais sempre que a conveniência se fizer presente. E, claro, diminuir ou relativizar o processo, *a garantia das garantias*, é obviamente atraiçoar liberdades individuais. *É deixar o cidadão-jurisdicionado nu*, dependente da sorte, da conjunção dos astros, em especial dos humores e preferências da autoridade investida da jurisdição. Quando perdem vigor os freios processuais contrajurisdicionais, *as amarras que legitimam e controlam a própria atividade jurisdicional*, o efeito não é outro senão o surgimento de juízes audaciosos, *desprovidos daquele senso de prudência que lhes impõe o republicanismo*, ou seja, *engenheiros sociais* que, malgrado não terem recebido o voto popular, dedicam-se *criativamente, e com furor*, à reforma da realidade (= ativismo judicial). Buscam acelerar os rumos da história (= "empurrar a história") que reputam já predeterminados e inevitáveis (= determinismo histórico), razão por que à Constituição antepõem uma *agenda político-moralista* e, para cumpri-la, entra em cena o emprego de artifícios retóricos sem limites, com vulgarizações de direitos fundamentais, atropelo e perversão de regras, piruetas interpretativas principiológicas, ponderações amalucadas, ausência de previsibilidade e perda do senso de hierarquia normativa. Nesse reinado do solipsismo judicial, em suma, a *libertinagem relativista* coloca na lona o devido processo legal e as liberdades individuais para fazer exasperar a jurisdição e os furores político-ideológicos. E, como não poderia ser de outro modo, o ativismo doutrinário aqui denunciado tem ecoado também no ordenamento jurídico, com leis sendo forjadas (e corrompidas) a partir de miradas cujo compromisso é, sobretudo, com o empoderamento da atividade jurisdicional. Não é diferente com o CPC/2015, pois afinado ao perfil marcadamente *autoritário* de antanho, quer dizer, trata-se de uma lei que recrudesce a figura de um juiz com amplos poderes, *cada vez menos neutro e mais intrusivo*, que não apenas impulsiona a atividade jurisdicional mas igualmente *exerce iniciativa probatória, redistribui o ônus da prova, determina o comparecimento pessoal das partes a fim de interrogá-las, decide liminarmente (= sem respeitar o contraditório) com base na evidência, dilata prazos processuais* etc.

Medidas executivas atípicas em execuções de soma em dinheiro (3): a doutrina, em especial a entusiasta do *state of affairs*, tem cumprido com devoção seu papel e, paulatinamente, pavimenta o chão interpretativo sobre o qual ocorre o jogo jurisdicional da litigância (ver itens 1 e 2 precedentes). E seu trabalho é facilitado porque caiu no gosto da (comodista) legislatura brasileira a instituição imoderada de princípios e cláusulas gerais. Mais: há juristas que não se contentam em promover o conhecimento do direito e criativamente fazem surgir, *sem lá muita preocupação com a dogmática*, uma lista sem fim de tantos outros "princípios" noviços (= "princípios" implícitos), que acabam servindo de matéria-prima para o uso de juízes e tribunais – o contrário também ocorre: juízes criam "princípios" ao decidir casos concretos e a doutrina simplesmente os adota em seus discursos, indiferente a críticas ou constrangimentos epistemológicos. *Muitos especialistas, em suma, acabam por assumir a postura de engenheiros jurídico-sociais.* É autoexplicativo, além disso, o apreço que doutrinadores de perfil autoritário-publicista, em sua labuta ininterrupta de priorização e reforço da jurisdição – valendo-se de artifícios (hoje positivados em lei) como boa-fé, cooperação, proporcionalidade e processo "justo" –

têm pela tal "hermenêutica" de resultados. Ilustra o fenômeno uma novidade (que causou excitação na comunidade jurídica): a regra que permite o manejo das chamadas *medidas executivas atípicas* também em execuções de pagamento em dinheiro (CPC/2015, art. 139, IV). Parcela da comunidade jurídica não se fez de rogada e logo passou a advogar, com gradações variadas, o uso da força coercitiva estatal como alternativa viável para induzir devedores a honrarem obrigações pecuniárias. Em paralelo, decisões judiciais pulularam no cotidiano forense ordenando pagamentos sob pena, por exemplo, de *suspensão de carteiras de habilitação, apreensão de passaportes, cancelamento de cartões de crédito, proibição de frequência em estádios, vedação de participação em concursos públicos ou licitações* e assim por diante. *É o ideal autoritário-utilitarista falando grosso, prevalecendo e abafando dia a dia a voz da Constituição.* Ou seja, bastou um único artigo de lei, *genérico e tecnicamente mal elaborado,* para estimular e convencer juristas e profissionais do direito a relativizarem a *lógica subrogatória das execuções pecuniárias,* o *regime de impenhorabilidade,* a *legalidade estrita,* o *devido processo* e as *respostas fornecidas pelo ordenamento jurídico em situações de ocultamento e ausência de bens em nome do executado.* As medidas executivas atípicas foram equiparadas a verdadeiros *aríetes da efetividade,* com a mitigação de regras sobre responsabilidade patrimonial, a conversão absurda de sanções penais e medidas acautelatórias penais em meios coercitivos e a derrubada do mínimo existencial do cidadão-devedor e das suas liberdades individuais, estas últimas que deveriam funcionar como fronteiras intransponíveis de proteção do homem contra a força asfixiadora do Estado. O "remédio", que tem pouca potencialidade curativa, provou-se mais prejudicial e cancerígeno que a doença. Para aprofundamento, sugere-se a consulta da excelente obra: CARVALHO, Luciana Benassi Gomes. *Medidas executivas atípicas*: uma leitura constitucional a partir do debate entre publicistas e garantistas. Coordenado por Antônio Carvalho Filho, Eduardo José da Fonseca Costa. Belo Horizonte: Letramento; Casa do Direito, 2021. (Coleção Devido Processo Legal).

Medidas executivas atípicas em execuções de soma em dinheiro (4): sem modismos, fantasias ou fins utópicos, é preciso ter em mente, *atento à substância constitucional do processo e ao seu papel de tutela das* *liberdades individuais das partes*, que é bastante *restrito* o manejo de medidas executivas atípicas no âmbito das execuções de soma em dinheiro. Considerações: i) de acordo com o inciso LIV do art. 5º da Constituição, "ninguém será privado da liberdade ou de seus bens sem o devido processo legal". Significa isso, na lição de Eduardo José da Fonseca Costa, que o "procedimento se arma segundo a lei [*sub legem*], jamais à margem dela [*præter legem*]", apenas "a *lex*, não o *iudex*, institui as condições procedimentais do debate", ou seja, a "trajetória do debate é planejada *ante causam* na lei, não improvisada *post causam* pelo julgador", de modo que este "não cria marcos regulatórios, mas garante às partes os marcos já fixados em lei" (o juiz não é "um agente propriamente regulador, mas garantidor") (COSTA, Eduardo José da Fonseca. *Processo e garantia.* v. 1. Londrina: Editora Thoth, 2021. p. 71-80); ii) são inconstitucionais posturas "interpretativas", com enfoque progressista (*ou coisa que o valha*), que apostam em rumos decisórios descompromissados com o direito legislado, seja por discordância pessoal dos valores nele embutidos, seja pelo fato de o intérprete atribuir-lhe compreensão desatenta às minudências decorrentes da sua totalidade (= "interpretação em tiras", avessa à sistematicidade da ordem jurídica). Não é legítimo o manejo do poder judicial com fins de promover "revoluções humanistas", ou implementar, *à moda do custe o que custar*, uma cultura de adimplemento. Atuando assim, o Judiciário se deslegitima, extrapola limites legais e constitucionais, age de maneira discricionária e, não raro, desmedida (= ativismo judicial); iii) um *entusiasmo* de viés instrumentalista-publicista é a origem dos exageros que envolvem o tema *medidas executivas atípicas*. Conquanto muitos de seus defensores mais animados justifiquem seu uso com cuidado, não conseguem esconder certo ímpeto de as tratarem como *aríetes da efetividade*. Noutras palavras, creem que agora têm em mãos um ferramental habilitado à satisfação obrigacional, capaz de *colocar abaixo* limites legais invioláveis, em especial derrubar as regras da *responsabilidade patrimonial* e de *impenhorabilidade*. Contudo, é difícil afastar a sensação de que as tais medidas restritivas são escolhidas caso a caso, unicamente em razão de sua potencialidade punitiva, quer dizer, são utilizadas e/ou defendidas sempre que, *na visão particular do intérprete*, mostrar-se necessário implodir fronteiras normativas *forjadas em aço*, matéria-prima da qual são feitas as garantias fundamentais (= cláusulas pétreas), estas que estão (ou deveriam estar) blindadas à atuação do poder estatal-jurisdicional; iv) é o diagnóstico constatado pela leitura de julgados que autoriza o manejo de medidas executivas atípicas (em execuções por obrigações pecuniárias) afrontosas às liberdades individuais do executado (exemplos: suspensão da Carteira Nacional de Habilitação; apreensão de passaporte; proibição de participar de concurso público; proibição de participar de licitações). Tudo em desdém à lógica normativa interna que distingue esses mesmos procedimentos. Trata-se, enfim, de postura judicial ativista e irresponsável, alheia às complexidades do sistema jurídico e, portanto, *ilegal* (= transposição de sanção criminal para um procedimento executivo no âmbito civil; pouco-caso ao regime caracteristicamente típico e sub-rogatório das execuções para pagamento em dinheiro; ausência de nexo entre meio e finalidade das medidas restritivas impostas) e *inconstitucional* (= afronta à garantia de liberdade de locomoção, à legalidade estrita em matéria penal, ao contraditório e à fundamentação das decisões judiciais e, por fim, ao devido processo cujo respeito se impõe para a aplicação de sanções punitivas); v) esses exemplos de medidas executivas atípicas, verificadas no cotidiano forense, denunciam que, infelizmente, *clareza de pensamento* e *racionalidade* por vezes cedem espaço a um utilitarismo pernicioso, no qual a efetividade jurisdicional parece "justificar" relativizações e invalidações de conquistas humanitárias que agregaram densidade à dignidade da pessoa humana; vi) colhe-se do direito positivo, sobretudo do CPC/2015, as respostas normativas para problemas concretos relacionados à inadimplência em execuções patrimoniais: apreensões diretas de valores monetários ou de bens penhoráveis, decretação das fraudes do devedor na busca de patrimônio suficiente para satisfazer o crédito, execução concursal (falência ou insolvência civil) e suas consequências, suspensão do procedimento executivo em caso de ausência patrimonial e prescrição intercorrente. E são elas – concorde-se ou não o intérprete – que devem ser aplicadas, nunca soluções miraculosas e inventadas à margem da lei e da Constituição; vii) o inciso IV do art. 139, CPC/2015 deve ser interpretado com a *prudência* exigida na aplicação de dispositivos abertos, quer dizer, essa regra não é um *cheque em branco* oferecido pelo legislador a credores, advogados e juízes descontentes com as dificuldades que envolvem a execução civil. Trata-se, em suma, de interpretação que jamais deve guardar relação com aquela *receita caseira* que, depois de trazer um a um os ingredientes e esmiuçar o modo de preparo da comida, arremata com a prescrição "sal a gosto". *Afinal de contas, se a tampa do saleiro romper, ou mesmo se o cozinheiro de primeira viagem errar na quantidade, não haverá o que fazer senão destinar o alimento à lixeira;* viii) não se tem, enfim, no inciso IV do art. 139, CPC/2015, base legal autorizativa para, *diretamente*, impor ao devedor de prestação pecuniária medidas de apoio voltadas ao próprio cumprimento da obrigação (o que dependeria de disciplina normativa específica), mas tão só uma norma dedicada a assegurar a prática dos atos executivos e o cumprimento das condutas elementares exigidas pela boa-fé (exemplos: apresentação do rol de bens penhoráveis; acesso ao bem penhorado; impedimento de esvaziamento patrimonial; permissão para que o bem seja buscado e apreendido depois de arrematado) (WAMBIER, Luiz Rodrigues; TALAMINI, Eduardo. *Curso Avançado de Processo Civil:* Execução. v. 3. 16. ed. São Paulo: Revista dos Tribunais, 2017. p. 194-197) – noutros termos, deve-se respeitar o detalhamento do tecido normativo atinente à execução pecuniária, *cujo ponto alto está na preponderância das medidas sub-rogatórias típicas*; ix) o Estado-juiz não pode apontar uma arma na cabeça dos devedores. A doutrina mais atenta já percebeu, *com acerto irretorquível*, que determinadas medidas restritivas, *além de espezinharem a regra da responsabilidade patrimonial (CC/2002, art. 391)*, trazem a reboque o efeito perverso de pressionar o devedor – em atentado ao mínimo existencial – a renunciar àquilo que a lei impede lhe seja tomado à força (= *regulação legal sobre a impenhorabilidade de determinados bens*). Há remédios – falando metaforicamente – que provocam novas doenças, curem eles ou não aquelas para as quais foram receitados (BERLIN, Isaiah. *Quatro ensaios sobre a liberdade*. Tradução de Wamberto Hudson Ferreira. Brasília: Editora Universidade de Brasília, 1981. p. 17). Na ânsia de tratar uma "doença social" (= inadimplência sistêmica), aplica-se inadequadamente, a modo de *terapia de combate*, medidas de apoio e, como resultado, tem-se o inaceitável colapso de garantias fundamentais (= doença iatrogênica); x) não se ignora a estratégia legislativa, muito em voga atualmente (e de gosto duvidoso), que confere mais liberdade de manobra decisória à autoridade judicial (= cláusulas legais abertas). Entretanto, há limites para seu manejo, às vezes indubitáveis como um *muro de concreto*, ainda que não perceptíveis de imediato por um olhar incauto e menos penetrante. *O ponto é que liberdades decisórias demandam controle pelo simples fato de que têm potencial para malograr liberdades fundamentais*. Por isso, *cautela* é a palavra de ordem a clarificar o trabalho do julgador, não sendo outro o motivo pelo qual o sistema constitucional impõe a ele estrita observância, *como fator legitimante do poder jurisdicional e do próprio resultado dele oriundo*, às garantias processuais contrajurisdicionais do cidadão (contraditório e ampla defesa, fundamentação e publicidade das decisões, juiz natural, imparcialidade judicial). Enfim, a finalidade dos regramentos abertos é permitir decisões mais ajustadas às particularidades fáticas dos casos concretos, nunca atribuir poder desmesurado para juízes e tribunais atuarem da maneira que lhes parecer mais "justa". Para uma pesquisa aprofundada acerca do tema: ASSIS, Araken. Cabimento e adequação dos meios executórios "atípicos". *Coleção Grandes Temas do Novo CPC*. v. 11. Coordenadores: Eduardo Talamini e Marcos Youji Minami. Salvador: JusPodivm, 2018. p. 111-134; BUENO, Cassio Scarpinella. *Curso Sistematizado de Direito Processual:* Teoria Geral do Direito Processual Civil. v. 1. 9. ed. São Paulo: Saraiva, 2018, p. 588; CARVALHO, Luciana Benassi Gomes. *Medidas executivas atípicas*: uma leitura constitucional a partir do debate entre publicistas e garantistas. Coordenado por Antônio Carvalho Filho, Eduardo José da Fonseca Costa. Belo Horizonte: Letramento; Casa do Direito, 2021. (Coleção Devido Processo Legal); CARREIRA, Guilherme Sarri; GAMA E ABREU, Vinicius Caldas da. Dos poderes do juiz na execução por quantia certa: da utilização das medidas inominadas. *Coleção Grandes Temas do Novo CPC*. v. 11. Coordenadores: Eduardo Talamini e Marcos Youji Minami. Salvador: JusPodivm, 2018. p. 241-274; RAATZ, Igor. Devedor é proibido de sair de casa nos finais de semana; fake news? *Consultor Jurídico*, [S.l.], 06 jul. 2019. Disponível: www.conjur.com.br. Acesso em: 11 jul. 2019; ROCHA, Jorge Bheron; SILVA, Bruno Campos; SOUSA, Diego Crevelin de. Medidas indutivas inominadas: o cuidado com o fato Shylokiano do art. 139, IV, CPC. *Empório do Direito*. São Paulo, 26 set. 2016. Disponível: https://emporiododireito.com.br/leitura/medidas-indutivas-inominadas-o-cuidado-com-o-fator-shylokiano-do-art-139-iv-cpc. Acesso em: 03 jul. 2019; WAMBIER, Luiz Rodrigues; RAMOS, Newton. Ainda a polêmica sobre as medidas executivas atípicas previstas no CPC. *Revista Consultor Jurídico,* [S.l.], 30 maio 2019. Disponível em: https://www.conjur.com.br/2019-mai-30/opiniao-ainda-polemica-medidas-executivas-atipicas. Acesso em: 12 jul. 2019. Por fim, vale a consulta da manifestação apresentada pela ABDPro (facilmente encontrada na *internet*), na condição de *amicus curiae,* no âmbito da Ação Direta de Inconstitucionalidade nº 5.941/DF, em que se pleiteia a declaração de nulidade do art. 139, IV, CPC/2015, sem redução do texto, diante da sua afronta aos incisos II, XXXIX e LIV do art. 5º da Constituição Federal.

Dever de promover a autocomposição (1): os §§2º e 3º do art. 3º, CPC/2015, são comandos que *exortam* a solução consensual de conflitos. De um lado, impõem ao Estado o dever de adotar políticas públicas com tal finalidade; de outro, admoestam juízes, advogados, defensores públicos e membros do Ministério Público a estimularem a conciliação e mediação, inclusive quando em curso o procedimento judicial. Quis o legislador, em suma, sobrelevar a importância do manejo de meios autocompositivos para a resolução das crises de interesses que pululam na sociedade. O art. 3º e os dispositivos legais afins materializam parcialmente um trabalho de *reengenharia legislativa cultural e social,* dedicado a estimular, no Brasil, a denominada "Cultura da Paz". Isto é, busca-se difundir a crença de que não apenas o Judiciário está apto à realização da função *pacificadora,* quer dizer, há outros métodos disponíveis, às vezes mais adequados e eficientes que a jurisdição, a depender das particularidades do caso concreto e dos envolvidos no conflito.

Dever de promover a autocomposição (2): por meio da Resolução nº 125/2010, o CNJ instituiu a *Política Pública de Tratamento Adequado dos Conflitos de Interesses,* incumbindo os órgãos judiciários de oferecerem mecanismos de solução de controvérsias, em especial os chamados meios consensuais, como a mediação e a conciliação, bem assim de prestar atendimento e orientação ao cidadão. Com o desígnio de implementar a Política Nacional e com vista à boa qualidade dos serviços e à disseminação da cultura de pacificação social, devem ser observados: i) a centralização das estruturas judiciárias; ii) a formação e o treinamento adequados de servidores, conciliadores e mediadores; iii) o acompanhamento estatístico específico. Caberá, de outro lado, ao CNJ: i) auxiliar os tribunais na organização desses serviços voltados ao tratamento adequado dos conflitos de interesses, estando autorizadas parcerias com entidades públicas e privadas; ii) organizar programa com o objetivo de promover ações de incentivo à autocomposição de litígios e à pacificação social por meio da conciliação e da mediação; iii) desenvolver conteúdo programático mínimo e ações voltadas à capacitação em métodos consensuais de solução de conflitos para magistrados da Justiça Estadual e da Justiça Federal, servidores, mediadores, conciliadores e demais facilitadores da solução consensual de controvérsias, ressalvada a competência da Escola Nacional de Formação e Aperfeiçoamento de Magistrados (ENFAM); iv) providenciar as atividades relacionadas à conciliação, mediação e outros métodos consensuais de solução de conflitos que sejam considerados nas promoções e remoções de magistrados pelo critério do merecimento; v) regulamentar, em código de ética, a atuação dos conciliadores, mediadores e demais facilitadores da solução consensual de controvérsias; vi) buscar a cooperação dos órgãos públicos competentes e das instituições públicas e privadas da área de ensino para a criação de disciplinas que propiciem o surgimento da cultura da solução pacífica dos conflitos, bem como que, nas Escolas de Magistratura, haja módulo voltado aos métodos consensuais de solução de conflitos no curso de iniciação funcional e no curso de aperfeiçoamento; vii) estabelecer interlocução com a Ordem dos Advogados do Brasil, defensorias públicas, procuradorias e Ministério Público, estimulando sua participação nos centros judiciários de solução de conflitos e cidadania e valorizando a atuação na prevenção dos litígios; viii) realizar gestão junto às empresas, públicas e privadas, bem como junto às agências reguladoras de serviços públicos, a fim de implementar práticas autocompositivas e desenvolver acompanhamento estatístico com a instituição de banco de dados para visualização de resultados, conferindo selo de qualidade; ix) atuar junto aos entes públicos e grandes litigantes de modo a estimular a autocomposição. A mencionada resolução, de resto, impõe aos tribunais: i) a criação de núcleos permanentes de métodos consensuais de solução de conflitos; ii) a criação de centros judiciários de solução de conflitos e cidadania para tender aos juízos, juizados ou varas com competência nas áreas cível, fazendária, previdenciária, de família ou dos juizados especiais cíveis, criminais e fazendários; iii) a realização de cursos de capacitação para mediadores e conciliadores; e iv) a criação e manutenção de banco de dados sobre as atividades de cada centro, com as informações constantes do Portal da Conciliação (cujas funcionalidades envolvem a publicação das diretrizes da capacitação de conciliadores e mediadores e de seu código de ética; a elaboração de relatório gerencial do programa detalhado por unidade judicial e por centro; o compartilhamento de boas práticas, projetos, ações, artigos pesquisas e outros estudos; a criação de um fórum permanente de discussão, facultada a participação da sociedade civil; a divulgação de notícias relacionadas ao tema; e a apresentação de relatórios de atividades da "Semana da Conciliação").

Dever de promover a autocomposição (3): é manifesta a importância conferida pelo CPC/2015 à mediação e à conciliação, pois não bastasse toda uma seção destinada à sua tratativa (arts. 165 e 175), os conciliadores e mediadores foram alçados à categoria de *auxiliares do juízo*. Mencionem-se prescrições legais relacionadas a tais métodos de pacificação: i) os tribunais deverão criar centros judiciários de solução consensual de conflitos, onde se realizarão sessões e audiências de conciliação e mediação, além de se desenvolverem programas destinados a auxiliar, orientar e estimular a autocomposição (art. 165, *caput*); ii) será absolutamente sigiloso tudo o que se discutir nesses centros de conciliação, na presença de conciliadores e/ou mediadores (= estratégia de blindagem do juiz contra enviesamentos ou tomadas antecipadas de posição capazes de comprometer a sua imparcialidade na hipótese de insucesso da autocomposição); iii) o oficial de justiça agora terá que certificar, em mandado, proposta de autocomposição eventualmente apresentada por qualquer das partes, na ocasião da realização do ato de comunicação que lhe couber (art. 154, VI); iv) em complemento ao item anterior, certificada a proposta de conciliação levada aos autos pelo oficial de justiça, o juiz ordenará a intimação da contraparte para se manifestar, em prazo não superior a cinco dias, sem prejuízo do andamento regular do processo, entendendo-se seu silêncio como recusa; v) o réu não mais será citado para se defender, e sim para comparecer em uma audiência de autocomposição (art. 331), que somente não será realizada se ambas as partes manifestarem desinteresse na conciliação ou, ainda, se o caso envolver direito indisponível; vi) o não comparecimento a essa audiência indicada no item precedente implicará ato atentatório à dignidade da justiça, sancionado com multa de até dois por cento da vantagem pretendida ou do valor da causa revertida em favor da União ou do estado; vii) ao juiz incumbe promover, a qualquer tempo, a autocomposição, preferencialmente com o auxílio de conciliadores e mediadores judiciais (CPC/2015, art. 139, V). Enfim, o CPC/2015 recepcionou os anseios do CNJ (ver item anterior) de estimular a "Cultura da Paz", assegurando em seu texto proeminência aos mecanismos de solução consensual de conflitos.

Dever de promover a autocomposição (4): há antinomias entre CPC/2015 (Lei nº 13.105, de 16 de março de 2015) e Lei de Mediação (Lei nº 13.140, de 26 de junho de 2015). Aprovados no mesmíssimo ano, com uma diferença de três meses e poucos dias, a Lei de Mediação, *especial e posterior que é*, traz regime jurídico prevalecente sobre o CPC/2015. Em miúdos: *lei posterior e especial* inflige revogação *parcial* na *lei geral anterior* naquilo em que forem conflituosas. Veja-se, por exemplo, que o CPC/2015 impõe a realização de audiência de mediação ou conciliação logo depois de realizado o juízo de admissibilidade positivo da petição inicial, previamente à resposta do réu (art. 334). Ainda segundo o CPC/2015, essa audiência de conciliação ou mediação apenas não ocorrerá em circunstâncias a envolver direitos indisponíveis ou quando todos os litigantes manifestarem a sua discordância em relação a ela. Naquilo que importa aqui: abstraída eventual inconstitucionalidade do dispositivo, uma parte do regramento do CPC/2015, *especificamente no que diz respeito à mediação*, foi obliterada, na medida em que a audiência de mediação, diante do que reza a Lei de Mediação, não mais pode ser dispensada pelas partes (Lei nº 13.140/2015, arts. 3º e 27). *As partes perderam, portanto, a liberdade para negociar a realização ou não da audiência de mediação.* Sobre o tema, com mais profundidade: ZULMAR, Duarte. A difícil conciliação entre o Novo CPC e a Lei de Mediação. *Jota*. [S.l.], 17 ago. 2015. Coluna Novo CPC. Disponível em: https://www.jota.info/opiniao-e-analise/artigos/a-dificil-conciliacao-entre-o-novo-cpc-e-a-lei-de-mediacao-17082015. Acesso em: 12 ago. 2019.

Dever de promover a autocomposição (5): o legislador situou, no hipocentro do CPC/2015, espécie de exortação normativa à solução consensual de conflitos, com destaque às técnicas de conciliação e mediação. *Há que se ter prudência, contudo.* É que, a depender da orientação ideológica adotada – e, infelizmente, ideologias também infectam os juízes e servidores –, o uso dessas técnicas pode se corromper e servir como *meio de distribuição de renda* (= *visão socialista da jurisdição*) e, até mesmo, como *maneira de implementar o aumento na produtividade dos julgadores*, quer dizer, "baixar pilhas" em prol do atendimento de metas estatísticas (= *visão gerencialista da jurisdição*) – lembre-se, aliás, que a eficiência conciliatória já se tornou *critério objetivo* de remoção e promoção de juízes por merecimento (Resolução do CNJ nº 125, de 29 de novembro de 2010, art. 6º, III). A autoridade judicial não está autorizada, enfim, a sobrepor práticas autocompositivas à própria atividade de julgar, como se o valor das primeiras superasse a garantia fundamental que todo cidadão possui a uma resposta adequada do Judiciário acerca de lesões e ou ameaças à direito (CF/1988, art. 5º, XXXV c/c CPC/2015, art. 4º). Do contrário, ter-se-á, na prática, relativização da garantia de acesso à jurisdição, a dar vazão ao pernicioso e inconstitucional fenômeno – tão bem nominado por Eduardo José da Fonseca Costa – do *panconciliacionismo*.

Flexibilização do procedimento – espírito e finalidade da regra: o órgão judicial está legalmente autorizado a *flexibilizar* procedimentos jurisdicionais para *dilatar* prazos e/ou *alterar a ordem* de produção dos meios de prova, adequando-os às necessidades do conflito em disputa (CPC/2015, art. 139, VI). A *dilação* de prazos (= ampliação, alargamento, aumento, expansão), em particular, é admitida desde que determinada antes de encerrado o prazo regular (CPC/2015, art. 139, parágrafo único). Mencione-se que a lei não se restringiu a essas duas hipóteses, havendo, ao longo do próprio Código de 2015, regras pontuais com semelhante finalidade – por exemplo: permite-se ao juiz redefinir a lógica normativa do ônus da prova em dadas circunstâncias (CPC/2015, art. 373, §1º). A *mens legis* das regras que viabilizam flexibilizações procedimentais por ato judicial escora-se no propósito de atribuir efetividade à tutela de direito. Isso vai *ao encontro* do alerta, comumente registrado em doutrina, de que nem sempre o legislador alcança sucesso em esquematizar modelos de procedimentos e técnicas procedimentais ajustados às idiossincrasias do caso concreto e ou às necessidades dos direitos materiais. Sem dúvida, o fenômeno é preocupante. Afinal, a ausência de procedimentos e técnicas adequados implica ineficiência do próprio serviço jurisdicional. Ter-se-ia, em última análise, déficit ou lacuna normativa em prejuízo à garantia fundamental de acesso à justiça (CF/1988, art. 5º, XXXV). Por isso se afirma – referência também assaz corriqueira entre doutrinadores (o próprio autor dessas linhas, aliás, se filiou *no passado* a esse pensamento): i) a indispensabilidade de uma *dimensão procedimental* hábil e adequada a permitir a tutela de direitos materiais, cuja edificação é papel, em primeiro plano, do legislador, *mas não apenas dele*; ii) é trabalho, enfim, que deve alcançar outrossim o próprio julgador, a quem cabe atuar a jurisdição, a ponto de impeli-lo a identificar e até construir procedimento e ou técnica processual adequados, sempre que ausente previsão legal apropriada à tutela do direito material perseguido ou às necessidades do caso em julgamento; iii) trata-se de tarefa ou ofício que se impõe ao órgão judicial em prol de resultados e anseios constitucionais, em afastamento, portanto, da perspectiva "ultrapassada" que advoga uma suposta neutralidade do juiz, até porque, hodiernamente, os valores são outros, se alteraram, ou seja, a sociedade tornou-se bastante complexa, com relações plurais e diversificadas, sem contar o avanço tecnológico que parece não encontrar limites; iv) toda essa complexidade a imbuir a vida social não mais permite soluções que reduzem o fenômeno jurídico à lei, quer dizer, não é crível e aceitável outorgar ao legislador com exclusividade a tarefa de criação de procedimentos e técnicas procedimentais; e v) o próprio legislador, inclusive, já se conscientizou de que leis não são hábeis, *per se*, a conferir segurança e estabilidade às relações jurídicas, tanto que intensificou a edição de preceitos legais de caráter aberto (= cláusulas gerais, princípios, conceitos vagos e indeterminados), generalidade normativa que recrudesce o espectro de poder criativo-construtivista dos juízes.

Flexibilização do procedimento – inconstitucionalidade: os legisladores – considerando-se o registro feito no item anterior –, *seres humanos que são*, sujeitam-se a erros e deslizes. Não à toa, *e com frequência*, produzem leis ruins, conflitantes, lacunosas, inconstitucionais, obscuras e até incompreensíveis. Entretanto, tirar o foco do legislador para *apostar* na figura do juiz é apenas um subterfúgio irracional. Elimina-se *ilusoriamente* um problema e cria-se outro decerto ainda pior. Nada há que valide a conclusão de que o juiz, *em comparação com o legislador*, é ser humano moral e intelectualmente supino, prudente, altamente capacitado, iluminado e impermeável a erros. No final se empurrará para a atividade dos julgadores, *já exacerbada e complexa*, mais uma tarefa, a saber, a de escolher ou criar procedimentos e técnicas (= legislar) que *supostamente* melhor se ajustem às necessidades do caso em julgamento e do direito material perseguido – atribuição para a qual não foram treinados e não estão qualificados a realizar. Sem contar – e isso é o que importa em termos de *Teoria de Direito* – o *muro dogmático* contra o qual tal linha de pensamento colide, porquanto despreza, de modo gritante e imprudente, a separação de poderes e o devido processo legal (= cláusulas pétreas). Veja-se, a propósito, o *ativismo judicial* que grassa na performance de muitos dos órgãos judiciários brasileiros (com destaque para os tribunais superiores), açoitando dia a dia a sociedade e imprimindo um cenário de insegurança em grau inimaginável até mesmo por estudiosos progressistas mais entusiasmados (neoconstitucionalistas, instrumentalistas e congêneres) – há exemplos absurdos de hiperautoritarismo praticados pelo próprio Supremo Tribunal Federal, quer por atuar como legislador positivo, quer por se valer de linhas "interpretativas" descoladas da realidade normativa. Em síntese: a *construção normativa* é tarefa que incumbe *soberanamente* ao legislador (= engenharia legislativa), sendo o Congresso Nacional o ambiente qualificado, *e democraticamente legítimo*, ao debate e à colheita de experiências – em especial daqueles que labutam na prática forense (advogados, membros do Ministério Público, magistrados) – acerca dos formalismos, das técnicas e dos ritos mais adequados e eficientes para o atingimento, com segurança, dos desideratos impostos pela ordem normativo-constitucional. Por isso, são inconstitucionais as regras que autorizam flexibilizações de procedimentos por atuação de juízes. Lembre-se: a Constituição refere-se a devido processo *legal* (= procedimento legalmente positivado e conforme as garantias contrajurisdicionais do processo), nada aludindo a um devido processo *judicial*. Nesse rumo, a lição de Eduardo José da Fonseca Costa: "De acordo com o inciso LIV do artigo 5º da CF/1988, 'ninguém será privado da liberdade ou de seus bens sem o devido processo *legal*'. Decerto, o termo *legal* não se usa aí como uma qualificação positiva extrajurídica, que exprima 'bonito' [ex.: sapato legal], 'compreensivo' [ex.: pai legal], 'correto' [ex.: atitude legal], 'leal' [ex.: amigo legal]. O devido processo *legal* não é o devido processo que, aos ouvidos do intérprete-aplicador, soe coloquialmente 'bacana', 'maneiro', 'bárbaro', 'supimpa'. Tampouco é o processo 'justo', 'conforme à justiça', 'de acordo com a equidade', tendo em conta não haver campo lexical teórico-jurídico ou jurídico-filosófico em que o *legal* e o *justo* sejam sinônimos. O *legal* nem sempre é o *justo*; o *justo* nem sempre é o *legal*. Logo, num texto normativo de direito constitucional, *legal* pode ter significação unicamente jurídico-normativa. O termo tem a sua positividade e, por isso, é preciso curvar-se a ele. 'Legal' = *relativo à lei, conforme a lei, estabelecido em lei, regulado por lei, definido na lei, resultante de lei*. Daí por que o *devido processo legal* é o devido processo *da lei*. Fazzalarianamente falando, é o procedimento em contraditório – *devido*, visto que elo de comunicação *obrigatória* entre a jurisdição e os jurisdicionados – *definido* passo dopo passo *na lei*. Em termos mais exatos: o (devido) *processo*, que é garantia fundamental individual contrajurisdicional instituída pela *Constituição*, corporifica-se em diversos *procedimentos contraditorializados*, que se devem instituir *por lei infraconstitucional*. A Constituição institui o processo; a lei infraconstitucional, os procedimentos contraditorializados (obs.: *a fortiori*, nada impede que a Constituição já prefixe lineamentos procedimentais ao legislador, atuando no plano da pré-procedimentalidade, como faz, por exemplo, com os *writs* constitucionais)" (COSTA, Eduardo José da Fonseca. *Processo e garantia*. v. 1. Londrina: Editora Thoth, 2021. p. 127-136).

Poder de polícia: a lei autoriza o juiz, se necessário, o exercício do *poder de polícia*, cujo escopo é a mantença da disciplina para a boa condução dos fins almejados pelo serviço judiciário. Assim pode ocorrer, por exemplo, para assegurar a ordem e o decoro em audiências, incumbindo a autoridade judicial determinar a retirada da sala de quem estiver se comportando de modo inconveniente, inclusive com a requisição de força policial (CPC/2015, art. 139, VII c/c art. 360).

Inquirição das partes: outro poder de direção material do processo é aquele que permite ao juiz determinar, a qualquer tempo, o comparecimento pessoal das partes a fim de inquiri-las sobre os fatos da causa, hipótese em que não incidirá a *pena de confesso* (CPC/2015, art. 139, VIII). É o chamado *interrogatório da parte*, colocado à disposição do julgador sempre que *lhe parecer conveniente* o esclarecimento de fatos que se mostrarem incompreensíveis ou obscuros pela leitura da petição inicial e ou contestação, e mesmo na audiência de instrução e julgamento ou depois dela. O CPC/2015 elimina definitivamente uma dúvida que grassava no regime anterior, deixando clara a não incidência da pena de confesso. Significa isso, em suma, que a parte a ser interrogada (= interrogatório da parte) nunca será alvo da pena de confesso, quer dizer, ainda que não compareça, ou comparecendo, recuse-se a depor, a lei veda a possibilidade de se tomar por verdadeiros os fatos cujo ônus da prova pertence a contraparte. Importante: i) interrogatório da parte é nada mais que uma *arma inquisitória* colocada pela lei nas mãos do juiz para ajudá-lo na perseguição da *verdade real* (= escopo retórico-instrumentalista-hiperpublicista); ii) o inciso VIII do art. 139 espezinha o devido processo legal, em especial contraria a garantia contrajurisdicional da imparcialidade judicial, já que o magistrado acaba por atuar como *se parte fosse*, imiscuindo em tarefa que não lhe é própria (= age para levar aos autos elementos de prova; produção probatória de ofício), o que decerto vai conduzi-lo a tomar partido em favor de tal ou qual litigante (ele estará verdadeiramente, ainda que não se aperceba disso, auxiliando uma das partes) e, por conseguinte, provocar a quebra da isenção que a ordem constitucional lhe impõe – sobre o tema: DELFINO, Lúcio; LOPES, Ziel Ferreira. Streck, Fonseca Costa, Kahneman e Tversky: todos contra o ativismo judicial probatório de Michele Taruffo. *Revista de Processo – RePro*, São Paulo, n. 255, p. 141-166, maio 2016; iii) a doutrina majoritária esforça-se para traçar diferenças entre *depoimento pessoal* e *interrogatório da parte*. Ao que tudo indica, contudo, a razão está com Diego Crevelin de Sousa, que demonstrou, em análise penetrante, que ambos "não são institutos distintos", quer dizer, há entre eles "uma unidade ontológica", são "significantes dotados do mesmo significado". A diferença, portanto, é "meramente semântica": "depoimento pessoal e interrogatório traduzem-se em *oitiva de parte*". O interrogatório livre "não ostenta existência autônoma", "é depoimento de parte à capucha", vale dizer, um "meio de prova disfarçado de poder do juiz" e "que lhe permite modificar o procedimento quando e quantas vezes quiser". Daí a acertada conclusão do estudioso: "a oitiva de parte sofre de dupla personalidade; é democrática e autocrática; é depoimento de parte e interrogatório livre. Há que livrá-la de sua faceta despótica, garantindo-lhe a subsistência apenas do que é conforme a Constituição (...). O interrogatório livre é inconstitucional e deve ser abolido do direito brasileiro, remanescendo a única faceta de oitiva de parte que resiste ao filtro da Constituição: o depoimento de parte (CPC, art. 385 e segs.)" (SOUSA, Diego Crevelin de. Interrogatório livre: o ornitorrinco (?) – inconstitucional (!) do processo civil brasileiro. *Revista Brasileira de Direito Processual – RBDPro*, Belo Horizonte, ano 25, n. 100, p. 58-112, out./dez. 2017).

Atos processuais defeituosos e sanção: em atenção ao comando que confere às partes direito de obter, em prazo razoável, solução integral do mérito, incluída a atividade satisfativa (CPC/2015, art. 4º), é que a lei atribuiu ao órgão judicial poderes para determinar o suprimento de pressupostos processuais e o saneamento de outros vícios (CPC/2015, art. 139, IX) – é o chamado *dever judicial de sanação*, que tem início já a partir da propositura da demanda. Verifica-se, aí, o delineamento de uma diretriz da ordem jurídica, designada em doutrina de *primazia do julgamento de mérito*, quer dizer, quem procura o serviço judiciário ambiciona tutela jurisdicional que resolva *em definitivo* (= com resolução de mérito) seu conflito de interesses. Isso não implica, entretanto, proibição para juízes e tribunais decidirem *sem resolução de mérito*: sentenças terminativas (= sem resolução de mérito) são insatisfatórias por variadas razões, mas, em dadas circunstâncias, inexistirá opção, a não ser prolatá-las. Do contrário, restando ao órgão judicial alternativa entre *julgar o mérito* e simplesmente *não proferir o julgamento*, ter-se-ia sem dúvida atentado à garantia fundamental de acesso à jurisdição (CF/1988, art. 5º, XXXV). O inciso IX do art. 139 é incrementado por outras regras mais pontuais: i) verificada *incapacidade processual* ou *irregularidade da representação da parte*, o juiz suspenderá o feito designando prazo razoável para que seja sanado o vício (CPC/2015, art. 76, *caput*); ii) se após a defesa for constatado algum vício ou irregularidade sanável na petição inicial, o juiz determinará a sua correção, o que deve ser feito em prazo não superior a 30 (trinta) dias (CPC/2015, art. 352); iii) antes de considerar inadmissível o recurso, o relator concederá o prazo de 5 (cinco) dias ao recorrente para corrigir o vício ou complementar a documentação exigível (CPC/2015, art. 933, *caput*); iv) constatada a ocorrência de vício sanável, inclusive aquele que possa ser conhecido de ofício, o relator determinará a realização ou a renovação do ato processual, no próprio tribunal ou em primeiro grau de jurisdição, intimadas as partes (CPC/2015, art. 938, §1º); v) equívoco no preenchimento de guia de custas não implicará aplicação de pena de deserção, cabendo ao relator, na hipótese de dúvida quanto ao recolhimento, intimar o recorrente para sanar o vício no prazo de 5 (cinco) dias; vi) permanecendo o processo parado durante mais de 1 (um) ano por negligência de uma das partes, deve o juiz determinar a sua intimação para, no prazo de 5 (cinco) dias, suprir a falta (CPC/2015, art. 485, II e §1º); vii) abandonando o autor a causa por mais de 30 (trinta) dias, deve-se intimá-lo para, no prazo de 5 (cinco) dias, suprir a falta (CPC/2015, art. 485, III e §1º); viii) insuficiência do valor do preparo, inclusive porte de remessa e de retorno, implicará a deserção apenas se o recorrente, intimado na pessoa de seu advogado, não suprir o defeito no prazo de 5 (cinco) dias (CPC/2015, art. 1.007, §2º).

Exortação à propositura de ações coletivas: ao se deparar com demandas individuais repetidas, incumbe ao juiz – *não significando isso propriamente um "poder de direção do processo"* – determinar sejam oficiados Ministério Público, Defensoria Pública e, sendo possível, outros legitimados a que se referem o art. 5º da Lei nº 7.347/1985. O escopo da regra – que reforça comando legal previsto no ordenamento jurídico (Lei 7.347/1985, art. 6º): exortar o ajuizamento de ações coletivas hábeis para abarcar toda a coleção de ações individuais repetidas, aquelas já propostas e as futuras. Na exata medida em que não é lícito ao órgão judicial dar ignição à atividade jurisdicional (= dever de inércia), ele se limita a *estimular* o ajuizamento de ação coletiva capaz de represar pretensões individuais e resolvê-las por inteiro, de modo concentrado, definitivo e, na melhor das hipóteses, em razoável período. É mecanismo voltado à contenção de energia e despesas, além de mirar supina produtividade. Observações: i) o dispositivo legal não autoriza o juiz a *converter* ação individual em coletiva, o que afrontaria as liberdades e interesses das partes. Não à toa – e apesar do alarido de algumas associações de magistrados –, o art. 333 do CPC/2015 foi, *acertadamente*, objeto de veto pelo Poder Executivo; ii) em causas nas quais o objeto litigioso é transindividual (direito difuso ou coletivo), "inexiste tratamento diferenciado dos poderes do juiz", isto é, "ficam preservadas (a) a inércia inicial do órgão judiciário", (b) "a incolumidade do objeto litigioso", e (c) a regra da congruência "entre objeto litigioso e conteúdo da sentença de procedência" – não há, em suma, potencialização dos poderes do juiz em ações coletivas (ASSIS, Araken. *Processo Civil Brasileiro.* Parte geral: institutos fundamentais. v. II. Tomo I. São Paulo: Revista dos Tribunais, 2015. p. 896).

— Θ —

Art. 140. O juiz não se exime de decidir sob a alegação de lacuna ou obscuridade do ordenamento jurídico.

Parágrafo único. O juiz só decidirá por equidade nos casos previstos em lei.

Correspondente:
CPC/1973, arts. 126 e 127.

Referências:
CF/1988, art. 1º, parágrafo único; art. 5º, XXXV.

CPC/2015, art. 85, §§6º-A, 8º e 8º-A; art. 127; art. 966, V; art.1.109.

LA, art. 2º.

CC/2002, art. 1.694, §1º.

Decreto Federal nº 24.150/1934, art. 73.

Dever de prestar tutela jurisdicional: é dever do juiz, quando provocado, exercer jurisdição e prestar a tutela jurisdicional, não se eximindo nem mesmo sob alegação de lacuna (= vazio normativo ou ausência de regra específica regulamentando tal ou qual matéria) ou obscuridade no ordenamento jurídico (= regras pouco claras, sem exatidão ou confusas). O inequívoco *poder de decidir, que é inerente à atividade profissional de todo e qualquer magistrado,* tem por contrapartida o *dever de decidir* (= poder judicial é também *dever judicial*): deverá julgar pela simples circunstância de que é juiz, não servindo de escusa eventual lacuna ou obscuridade no ordenamento jurídico, tampouco falta de prova – a recusa em decidir configura patente denegação da justiça (ASSIS, Araken. *Processo Civil Brasileiro.* Parte geral: institutos fundamentais. v. II. Tomo I. São Paulo: Revista dos Tribunais, 2015. p. 898). Tem-se, nisso, a chamada vedação do *non liquet*, decorrência da garantia fundamental de acesso à justiça (CF/1988, art. 5º, XXXV). Importante: i) conquanto o legislador, em diversas passagens do CPC/2015, deixa em evidência a diretriz da *primazia do julgamento do mérito,* a tarefa, por razões variadas, apresenta-se por vezes impossível (por exemplo, ausência de interesse de agir); ii) não havendo alternativa, ou seja, sendo impossível o julgamento de mérito, o órgão judicial dará cabo ao procedimento jurisdicional mediante decisão que não resolve o mérito (= decisões terminativas).

Equidade e fluidez significativa: a expressão *equidade* é amorfa, indeterminada, com significância multifacetada, o que é facilmente verificável pelas divergências que a envolvem em sede doutrinária e jurisprudencial. A equidade, aqui e ali, tem significados aproximados às seguintes diretrizes: i) permissivo legal para a adoção de decisões *contra legem*, ii) forma de superação de lacunas e adaptação de textos elásticos; iii) mero mecanismo inerente à interpretação jurídica; iv) direito natural, v) direito justo, vi) normas de cultura, vii) direito ideal, viii) princípios gerais do direito, ix) expressão da ética social; entre outras. Há mesmo quem a repute indefinível, *a não ser que se esteja iludido pelas miragens da metafísica (Henri de Page), sendo nada mais que a flor esquisita e inodora cultivada pelos filósofos e juristas no jardim de sua fantasia* (Martins Júnior). (SILVEIRA, Alípio. *Hermenêutica Jurídica*: seus princípios fundamentais no Direito Brasileiro. v. 4. São Paulo: Brasiliense Coleções, 1985. p. 41). A título ilustrativo, restrinja-se a análise aos três primeiros significados, sem dúvida os mais usuais. Em apego às lições aristotélicas, muitos veem na *equidade* a base para decisões que menosprezam o direito positivo, proferidas, por assim dizer, *contra legem* (SILVEIRA, Alípio. *Hermenêutica Jurídica*: seus princípios fundamentais no Direito Brasileiro. v. 4. São Paulo: Brasiliense Coleções, 1985. p. 83). Seria ela, portanto, superior ao *justo legal* porque expressão do *justo natural*, ou seja, seria o *justo*, mas não o *justo legal* tal e como se desprenderia das palavras da lei, mas o *autenticamente justo* em relação ao caso concreto (SINCHES, Luis Recasens. *Nueva filosofía de la interpretación del derecho*. México: Editorial Porrúa S.A., 1973. p. 261). O juiz então poderia decidir segundo seu *prudente arbítrio* quando *ele próprio* entendesse inaceitável a aplicação do texto legal, isto é, quando considerar que o resultado daí advindo seja disparatado. A fim de julgar com *acerto*, buscaria apelo *em sua própria consciência*, uma espécie de *canal de acesso* à opinião comum do grupo social em que vive – *ao julgar por equidade, o juiz estaria canalizando em sua decisão a consciência coletiva* *que habita a sociedade*. A equidade teria, pois, a função de *correção* (ou *retificação*) daquela lei que, *aos olhos do julgador*, se mostrasse injusta para solucionar o caso concreto. Outros, amparando-se em uma acepção moderna mais abrandada, defendem que a *equidade* seria um *recurso* às insuficiências da legislação, utilizável no *suprimento* de lacunas normativas, ou ainda para aclarar enunciados abertos. Não haveria, aí, permissão para decisões *contra legem*. Por fim, há quem considere a *equidade* como a propriedade ou a qualidade dos enunciados legais abstratos de se adaptarem, segundo certos critérios, às circunstâncias ou exigências fáticas do caso concreto. Tratar-se-ia de algo inerente ao mecanismo de interpretação jurídica, que *sempre* impele o intérprete a adotar exegeses razoáveis, afinadas com o bom senso e toleradas pela razão humana. Segundo essa vertente, é mais adequado falar-se em decisão proferida *segundo* a equidade (e não decisão *por* equidade). Ao julgador, ainda a partir dessa ótica, seria proibido arredar-se do direito positivo, tampouco poderia *corrigir* ou *retificar* a lei, pois seus propósitos, ainda que nobres, não são suficientes para autorizá-lo acomodar o resultado de suas decisões à sua própria ideia de justiça. As legislações brasileiras albergam, ou já albergaram, todos esses significados, fazendo a *equidade* variar de sentido a depender do contexto em que está ou esteve inserida, ou mesmo a depender dos olhos do exegeta. Tanto o CPC/2015 (arts. 127 e 1.109), como a Lei de Arbitragem (art. 2º), são exemplos de leis que autorizam decisões proferidas *contra legem*. Já o uso do equitativo como forma de clarificar normas elásticas é elucidado pelo que dispõe o art. 1.694, §1º, Código Civil. Por sua vez, o art. 113, inciso 37, da Constituição de 1934, é o melhor exemplo de permissivo legal para a superação de lacunas legislativas por intermédio da equidade. De outra banda, ilustra a *equidade*, como mecanismo de interpretação jurídica, aquilo que preceitua o Decreto Federal 24.150/1934 (Lei de Luvas), em seu art. 73. Caso se faça uma historiografia, se perceberá o fascínio que a equidade exerceu, e exerce, sobre o legislador brasileiro: afinal, não satisfeito em inseri-la em variadas legislações, de ordem material e processual, já a adicionou, inclusive, no bojo de uma Constituição – a Constituição Federal de 1934 previa expressamente (art. 113, inc. 37): "Nenhum Juiz deixará de sentenciar por motivo de omissão na lei. Em tal caso, deverá decidir por analogia, pelos princípios gerais de direito ou por equidade". Sobre o tema: ARISTÓTELES. *Ética a Nicômaco*. São Paulo: Nova Cultural, 1996; DIAS, Ronaldo Brêtas de Carvalho. *Responsabilidade do Estado pela função jurisdicional*. Belo Horizonte: Editora Del Rey, 2004; DIAS, Ronaldo Brêtas de Carvalho. Projeto do Novo Código de Processo Civil aprovado pelo Senado – exame técnico e constitucional. *In*: ROSSI, Fernando; RAMOS, Glauco Gumerato; GUEDES, Jefferson Carús; DELFINO, Lúcio; RIBEIRO MOURÃO, Luiz Eduardo (Orgs.). *O futuro do processo civil* – Uma análise crítica ao Projeto do novo CPC. Belo Horizonte: Fórum, 2011. p. 551-566; DEL NEGRI, André. *Teoria da Constituição e do Direito Constitucional*. Belo Horizonte: Fórum, 2009; DEL VECCHIO, Giorgio. *Direito, Estado e Filosofia*. Tradução de Luiz Luiggi. Rio de Janeiro: Livraria Editora Politécnica Ltda., 1952; FIGUEIRA JÚNIOR, Joel Dias. Jurisdição de equidade e jurisdição de direito – exegese do artigo 127 do CPC e do art. 109 do PL 166/2010. *In*: JAYME, Fernando Gonzaga; FARIA, Juliana Cordeiro de; LAUAR, Maira Terra (Coord.). *Processo civil*: novas tendências. Em homenagem ao Ministro Sálvio de Figueiredo Teixeira. Belo Horizonte: Editora Del Rey, 2011. p. 395-415; COSTA, Eduardo José da Fonseca. Los criterios de la legitimación jurisdiccional según los activismos socialista, facista y gerencial. *Revista Brasileira de Direito Processual – RBDPro*, Belo Horizonte, ano 21, n. 82, p. 205-216, abr./jun., 2013; HERKENHOFF, João Baptista. *Como aplicar o direito*. 9. ed. Rio de Janeiro: Forense, 2004; HESSE, Konrad. *Elementos de Direito Constitucional da República Federal da Alemanha*. Porto Alegre: Sergio Antonio Fabris Editor, 2003; LEAL, André Cordeiro. *Instrumentalidade do processo em crise*. Belo Horizonte: Mandamentos, 2008; PONTES DE MIRANDA, Francisco Cavalcanti. *Comentários ao Código de Processo Civil*. v. I. Rio de Janeiro: Forense, 1947; NOVELINO, Marcelo. A influência da opinião pública no comportamento judicial dos membros do STF. *In*: SARMENTO, Daniel (Coord.). *Jurisdição constitucional e política*. São Paulo: Forense, 2015. p. 265-328.; PRATA, Edson. *Jurisdição voluntária*. São Paulo: Livraria e Editora Universitária de Direito Ltda., 1979; PRATA, Edson. Equidade. *Revista Brasileira de Direito Processual*, 51. Rio de Janeiro: Forense, 1986. p. 35-46; SINCHES, Luis Recasens. *Nueva filosofía de la interpretacion del derecho*. México: Editorial Porrúa S.A., 1973; SILVEIRA, Alípio. *Hermenêutica Jurídica*: seus princípios fundamentais no Direito Brasileiro. v. 4. São Paulo:

Brasiliense Coleções, 1985; UMIKER-SEBEOK, J. *Sherlock Holmes y Charles S. Peirce.* El método de la investigación. Barcelona: Paidós, 1987; WARAT, Luiz Alberto. *Introdução geral ao direito.* v. I. Porto Alegre: Sergio Antonio Fabris Editor, 1994.

Julgamento por equidade e arbítrio: são preocupantes as consequências práticas fomentadas por um sistema normativo que traz dentro de si possibilidades concretas para a construção de provimentos judiciais afetos a critérios *não normatizados*, alinhavados a toda sorte de fórmulas ou expressões capazes de integrar o amplíssimo campo da conceituação incerta da *equidade* (= direito natural, princípios de justiça, princípios gerais do direito, realidade social subjacente, consciência social, espírito da lei, vontade do legislador, etc.). Na lição precisa de Pontes de Miranda: "A rigor, equidade é apenas *palavra-válvula*, com que se dá entrada a todos os elementos intelectuais ou sentimentais que não caibam nos conceitos primaciais dos métodos de interpretação. Para que se atenue a rigidez exegética, a prática e os legisladores têm recorrido a essa noção *ambígua*, se não *equívoca*, com que se manda tratar com igualdade sem se definir de que igualdade se trata, nem se dizerem os seus começos e os seus limites. No fundo, a vantagem, *se vantagem realmente há*, de tal expressão, em povos estranhos à tradição do nosso direito, tem sido semelhante à de todas as outras expressões vagas. *A vaguidade serve sempre quando se quer o arbítrio, ou quando se pretende deixar a alguém determinar a norma, sem se confessar que se quis o arbítrio, ou que se deu a alguém esse poder*" (MIRANDA, Pontes de. *Comentários ao Código de Processo Civil.* Tomo I. Rio de Janeiro: Forense, 1947. p. 412-413). O manejo do critério da equidade, em suma, libera o ingresso e a livre circulação no domínio pertencente à ordem jurídica de elementos exógenos, calcados naquilo que, para o juiz, em seu particular subjetivismo, se apresenta "justo" para a solução do caso concreto. Não é exagero afirmar que essas *licenças legislativas*, que autorizam o juiz a decidir *por equidade*, podem conduzir à materialização, de forma irrefletida ou não, do pensamento defendido pelos *realistas jurídicos americanos*, em prejuízo às leis democraticamente eleitas por representantes do povo, e cujo resultado pode levar ao incremento do arbítrio judicial.

Julgamento por equidade e inconstitucionalidade: a legalidade permanece sendo uma das colunas mestras do Estado de Direito brasileiro. Frente à previsão constitucional da legalidade, o constituinte afirmou a incoerência, no atual regime republicano, de um "governo dos homens", aquele cujas decisões cedem ao sabor dos caprichos do governante; quis realçar que hoje se vivencia um "governo das leis", fruto da vontade geral (CF/1988, art. 1º, parágrafo único), avesso a arbitrariedades praticadas pelo Estado. Inexiste, enfim, fundamento legítimo para decisões proferidas em desacordo com o ordenamento jurídico pela simples razão de que é impossível justificar uma exceção à legalidade (CF, art. 5º, II) prevista em legislação *infraconstitucional* – como fizeram, por exemplo, CPC/1973 e CPC/2015. Nesse rumo, a lição de Ronaldo Brêtas: "(...) no Estado Democrático de Direito brasileiro, que adota o sistema jurídico romano-germânico (*civil law*), o juiz não pode decidir *por equidade*. Se houver alguma norma que o autorize a tanto, será inconstitucional, porque o agente público decisor (juiz) sempre estará vinculado à reserva legal, garantia fundamental do povo, conforme prevê o art. 5º, inc. II, da Constituição Federal: 'Ninguém será obrigado a fazer ou deixar de fazer alguma coisa senão em virtude de lei'. A expressão lei, no texto constitucional, deve ser entendida como ordenamento jurídico, vale dizer, conjunto de princípios e regras constitucionais e infraconstitucionais que o compõem, vinculando os órgãos jurisdicionais, quando proferem suas decisões" (DIAS, Ronaldo Brêtas de Carvalho. Projeto do Novo Código de Processo Civil aprovado pelo Senado – exame técnico e constitucional. *In*: ROSSI, Fernando; RAMOS, Glauco Gumerato; GUEDES, Jefferson Carús; DELFINO, Lúcio; RIBEIRO MOURÃO, Luiz Eduardo (Orgs.). *O futuro do processo civil* – Uma análise crítica ao Projeto do novo CPC. Belo Horizonte: Fórum, 2011. p. 551-566). Por isso, a equidade, sempre que legislada para o fim de permitir juízos avessos à legalidade, denota artifício que se traduz em indevida ressalva à jurisdição *de direito* prevista constitucionalmente. Sintetizando e concluindo: i) a equidade é critério decisório inconstitucional, pois atentatória à legalidade (CF/1988, art. 5º, II – *"ninguém será obrigado a fazer ou deixar de fazer alguma coisa senão em virtude de lei"*); ii) somente a Constituição pode autorizar julgamentos *por equidade* em tal e qual circunstâncias, via criação de *regras de exceção* à legalidade; e

iii) a insistência do legislador em admitir o chamado julgamento por equidade talvez se explique, para além da própria tradição, pelo intenso clima de ativismo judicial que grassa sobretudo nos tribunais superiores do país.

Legalidade *versus* equidade: há, na esfera constitucional, expressa previsão acerca da legalidade (CF, art. 5º, II), cujo enquadramento a coloca entre as chamadas cláusulas pétreas *e que confere a todos do povo a garantia de serem julgados conforme a lei.* Ademais, é esclarecedor o art. 966, V, CPC/2015, que autoriza a *rescisão* da sentença de mérito que "violar manifestamente norma jurídica", regra que realça a gravidade dos vícios caracterizados por julgamentos atentatórios à ordem jurídica. Recorde-se lição de Araken de Assis: "O juiz não deve contas unicamente à sua consciência e aos pendores do senso de justiça próprio. Não julga porque quer, nem recebeu investidura nesse sentido. O Estado outorgou-lhe (...) poder, consoante o modelo constitucional, exigindo-lhe modesta contrapartida: obediência ao ordenamento jurídico, principalmente à lei, ou seja, ao direito vigente no Estado, na sua inteireza, especialmente quanto às fontes formais emanadas do Poder Legislativo. E impõe essa exigência por razão básica, mas fundamental: a conduta prescrita aos particulares e aos agentes públicos é conhecida prévia e abstratamente nas normas legais, e o próprio juiz (...) não se furta desses comandos" (ASSIS, Araken. *Processo Civil Brasileiro.* Parte geral: institutos fundamentais. v. II. Tomo I. São Paulo: Revista dos Tribunais, 2015. p. 926-927). Apontamentos finais: i) um exame atento do ordenamento jurídico brasileiro aponta que decisões judiciais ultrajantes à legalidade são uma *aberração;* ii) se um magistrado, por quaisquer razões, atropela os limites hermenêuticos de uma norma jurídica ou mesmo a afasta do caso concreto sem justificativa legítima (por exemplo, inconstitucionalidade), a decisão judicial produzida é teratológica, razão por que estará sujeita à invalidação pela via da ação rescisória; e iii) equiparam-se à lei, *porque encontram expressa previsão na Constituição,* as *súmulas vinculantes* e *decisões do STF em controle concentrado de constitucionalidade.*

Ressalvas à aplicação da lei: a jurisdição deve ser exercida tendo por pauta a *legalidade,* sempre em respeito à *autonomia do direito* *objetivo*, pouco importando a *concepção de justiça* que o intérprete-julgador assume para si na dinâmica da sua vida pessoal e social. Jurisdição praticada em respeito à legalidade, *sem invencionices ou absurdos interpretativos*, segue a cartilha constitucional, é republicana, democrática, inteligível, previsível e controlável. Entretanto, há circunstâncias – como mostra Eduardo José da Fonseca Costa – em que a parte pode *acionar* ou *excepcionar* contra texto expresso de lei (ou de dispositivo de lei) mediante as ressalvas de *inconstitucionalidade, caducidade, revogação, não recepção* (revogação de lei pré-constitucional por incompatibilidade com a nova Constituição), *interpretação conforme a Constituição, nulidade parcial sem redução de texto, inconstitucionalidade com redução parcial de texto* e *invocação de norma jurídica implícita pré-excludente da aplicação da lei* (COSTA, Eduardo José da Fonseca. Processo: garantia de liberdade [freedom] e garantia de «liberdade» [liberty]. *Empório do Direito*. Disponível em: https://emporiododireito.com.br/leitura/processo-garantia-de-liberdade-freedom-e-garantia-de-liberdade-liberty. Acesso em: 24 abr. 2019).

Decisão por equidade no CPC/2015: o vigente parágrafo único do art. 140 preceitua que o "juiz *só* decidirá por equidade *nos casos previstos em lei*". Também se refere à *equidade*, mesmo que de forma subentendida, o art. 1.109, parágrafo único, do CPC/2015, que regula os procedimentos de jurisdição voluntária: "O juiz não é obrigado a observar critério de legalidade estrita podendo adotar em cada caso a solução que considerar mais conveniente ou oportuna". De outro lado, prescreve o legislador que, nas "causas em que for inestimável ou irrisório o proveito econômico ou, ainda, quando o valor da causa for muito baixo, o juiz fixará o valor dos honorários por apreciação equitativa, observando o disposto nos incisos do §2º" (CPC/2015, art. 85, §8º). Mais: não obstante a extraordinária clareza deste último dispositivo, embates jurisprudenciais exortaram o legislador a, por intermédio da Lei nº 14.365/2022, incluir mais dois dispositivos no CPC/2015 a fim de eliminar *por completo* eventuais dúvidas interpretativas. São eles os §6º-A ("Quando o valor da condenação ou do proveito econômico obtido ou o valor atualizado da causa for líquido ou liquidável, para fins de fixação dos honorários advocatícios, nos termos dos §§2º e 3º, é proibida a apreciação equitativa, salvo nas hipóteses expressamente previstas no §8º deste artigo") e 8º-A ("Na hipótese do §8º deste artigo, para fins de fixação equitativa de honorários sucumbenciais, o juiz deverá observar os valores recomendados pelo Conselho Seccional da Ordem dos Advogados do Brasil a título de honorários advocatícios ou o limite mínimo de 10% (dez por cento) estabelecido no §2º deste artigo, aplicando-se o que for maior"), ambos do art. 85.

— Θ —

Art. 141. O juiz decidirá o mérito nos limites propostos pelas partes, sendo-lhe vedado conhecer de questões não suscitadas a cujo respeito a lei exige iniciativa da parte.

Correspondente:
CPC/1973, art. 128.

Referências:
CF/1988, art. 5º, XXVI, LIV e LV.
CPC/2015, art. 141; art. 282, IV; art. 319, I; art. 492.

Demanda e jurisdição: ao levar para o órgão judicial as minudências de uma crise de interesses cuja solução alguém almeja obter, a demanda *desperta* a jurisdição do seu *sono* ou *estado de letargia* (= regra da inércia). Daí que "à pretensão da parte, corresponde a obrigação do Estado à prestação jurisdicional", quer dizer, "*exercer* essa pretensão é exigir a prestação a que se obriga o Estado, mas para exigi-la *é preciso pedir-lhe a tutela*, propondo a ação processual e deduzindo (...) matéria concernente ao fato jurídico ou à relação jurídica de que decorrem direitos, pretensões e ações de direito material" (PACHECO, José da Silva. *O atentado no processo civil.* Rio de Janeiro: Editor Borsoi, 1958. p. 11). Ausente a *demanda*, enfim, não há atividade jurisdicional constitucionalmente legítima (= vedação de jurisdição *ex officio*). Quem, portanto, aciona o gatilho da jurisdição é sempre a parte, *nunca* o juiz. Ademais, sem demanda não se tem a indicação dos *elementos* indispensáveis (= elementos da demanda; elementos identificadores da ação) dedicados a nortear e demarcar o exercício do poder jurisdicional – são eles as *partes*, a *causa de pedir* e o *pedido*.

Elementos da demanda e limites da jurisdição – *as partes*: elementos da demanda (= identificadores da ação) são as *partes*, a *causa de pedir* e o *pedido*. Têm esses elementos particular relevância por serem determinantes na solução de problemas práticos variados (= conexão, continência, coisa julgada, litispendência), entre os quais situa-se, aliás, a questão referente à *definição dos limites da atividade jurisdicional*. Pode-se conceber a noção de parte em duas vertentes. *Parte* (= sentido *stricto senso*) é aquele que, *situado no polo ativo* (= autor; demandante; exequente), exerceu a demanda (= direito de ação) e formulou pretensão ao Estado-juiz – é quem, enfim, acionou as engrenagens da jurisdição em busca da tutela de direito. Também é *parte* (= sentido *stricto senso*) aquele, *situado no polo passivo* (= réu; demandado; executado), contra o qual a demanda foi direcionada, sendo *convocado* a se defender ou a cumprir específica obrigação – é quem teve contra si acionada as engrenagens da jurisdição. Contudo, em uma perspectiva ampla (= *lato sensu*) a noção de *parte* contrapõe-se à de terceiro; e vice-versa. Deriva, em suma, daquilo que a própria palavra sugere, quer dizer, é *fazer parte, participar, tomar parte, participar de um acontecimento ou de uma relação qualquer*. *Parte, nesse sentido mais amplo*, é nomenclatura que inclui todos os contendentes (autor, réu, assistente, etc.), *atores parciais atuantes na arena procedimental-jurisdicional*, jamais o juiz e tampouco os auxiliares da justiça – o juiz, em específico, *não contende* e *nem toma partido*, quer dizer, ele examina e decide *com imparcialidade*, mantendo-se *au dessus de le melée*. Portanto, deve-se considerar como *parte* (= sentido *lato sensu*) o terceiro cuja intervenção foi autorizada e se materializou no feito, tornando-se assim sujeito do contraditório.

Elementos da demanda e limites da jurisdição – *a causa de pedir*: no que se refere à *causa de pedir*, exige a lei que o autor, em sua petição inicial, exponha fática e juridicamente a pretensão formulada ao órgão judicial – daí a frase *"o fato e os fundamentos jurídicos do pedido"* (CPC/2015, art. 319, I). É insuficiente, portanto, a mera exposição fática. Os fatos, que deram origem à demanda, devem estar conectados à previsão abstrata contida no direito positivo. Logo, a denominação *causa de pedir* é atribuída a esse conjunto de argumentos (= fáticos e jurídicos), quer dizer, ao nexo lógico entre a(s) previsão(ões) normativa(s) abstrata(s) e o(s) fato(s) concreto(s) a ser(em) examinado(s) (MESQUITA, Gil Ferreira de. *Teoria geral do processo*. Uberlândia: IPEDI, 2004. p. 193). É, em síntese, a junção entre a situação de *fato presente na narrativa episódica*, que o demandante aduz ter sido a razão da violação ou ameaça do seu direito, e o *enquadramento desse mesmo fato no ordenamento jurídico*

(PINTO, Júnior Alexandre Moreira. *A causa petendi e o contraditório*. São Paulo: Revista dos Tribunais, 2007. p. 18). Fala-se em *causa de pedir remota* (= fundamentos de fato) e *causa de pedir próxima* (= fundamentos de direito), ambas exigidas na elaboração de uma petição inicial. Numa ação de reintegração de posse, por exemplo, a *causa de pedir remota* é o fato do esbulho, além da data de sua ocorrência, ao passo que a *causa de pedir próxima* diz respeito às regras do ordenamento jurídico que asseguram o direito de posse. Observação: o correto delineamento da *causa de pedir* (e também do *pedido*) é de capital importância para a efetivação das garantias do contraditório e da ampla defesa, além de ter papel relevante na própria delimitação do poder jurisdicional – nas exatas palavras do legislador: o "juiz decidirá o mérito nos limites propostos pelas partes (...)" (CPC/2015, art. 141).

Elementos da demanda e limites da jurisdição – *o pedido*: o *pedido* é igualmente elemento imprescindível (CPC, art. 282, IV). É por meio dele que o demandante individualiza a sua pretensão (= objeto do feito). Em doutrina fala-se em pedidos *imediato* e *mediato*. *Imediatamente* pede-se um específico provimento, seja qual for a sua natureza (declaratória, constitutiva, condenatória e ou executiva *lato sensu*). Já o pedido *mediato* relaciona-se à tutela de direito material que se está a perseguir (obrigação de dar, de fazer ou de não-fazer, ressarcimento monetário, resolução contratual, dissolução de união estável, reintegração de posse, etc.). O primeiro tem índole eminentemente processual; o segundo atrela-se ao "bem da vida" que se almeja, identificando-se com o direito material propriamente dito. Por exemplo, se alguém, após discorrer na petição inicial sobre fatos e razões jurídicas que evidenciam seu direito a receber quantia em dinheiro, formula pedido de condenação, tem-se nisso: i) pretensão a uma tutela jurisdicional de natureza preponderantemente condenatória (= pedido imediato); e ii) pretensão de obter *dinheiro* (= "bem da vida" perseguido; pedido mediato).

Objeto do processo e causa de pedir: fala-se em *objeto do processo* (há quem prefira o termo *objeto litigioso*) para designar o(s) pedido(s) formulado(s) numa petição inicial (= instrumento da demanda), que serão examinados e decididos pelo Estado-juiz. O pedido corresponde, enfim, ao *merito causae* – não à toa, reza o art. 141, CPC/2015, que o juiz "decidirá o mérito (...)". De resto, prevalece o entendimento de que a defesa do réu somente alarga a cognição do juiz, com a suscitação de questões, mas sem força para alterar o objeto litigioso" (ASSIS, Araken. *Processo Civil Brasileiro.* Parte geral: institutos fundamentais. v. II. Tomo I. São Paulo: Revista dos Tribunais, 2015. p. 891). Há, sem dúvida, correlação lógico-umbilical entre *causa de pedir* e *pedido* (= objeto do processo ou objeto litigioso), quer dizer, é inegável a importância da primeira para uma perfeita identificação do último. Daí a afirmação lida e ouvida frequentemente: o *pedido* é sempre decidido em atenção à *causa de pedir*. Disso não se pode, contudo, aferir que a *causa de pedir* está incluída no conceito de *objeto do processo*. Esmiuçando: i) as *questões de fato e de direito* (= *causa de pedir*) são trazidas ao feito pelo autor em sua petição inicial; e ii) o enfrentamento das *questões de fato e de direito* (= *causa de pedir*) se materializará, ao término da via procedimental, na *fundamentação* da sentença, servindo de base lógico-explicativa para o *dispositivo* por ela abrigado e cujo propósito ideal é a resolução do mérito.

Limites propostos pelas partes: o juiz está obrigado a decidir o mérito *nos limites propostos pelas partes* (CPC/2015, art. 141). *Pedido* e *causa de pedir*, juntamente com as questões arguidas pelo réu no exercício de sua defesa, demarcam e balizam o poder jurisdicional. Autor e réu imprimem, portanto, os limites a partir dos quais o órgão julgador está adstrito no julgamento do feito.

Regra da congruência e pedidos implícitos: impõe-se a necessária correlação entre *causa de pedir/pedido* e *provimento jurisdicional*, sob pena de invalidade (= decisões *extra, ultra* e *citra* petita). Daí por que não se admite ao órgão judicial decidir pretensões não formuladas expressamente pelo autor (= proibição de jurisdição *ex officio*), excepcionados os chamados *pedidos implícitos* – por exemplo: juros, correção monetária, despesas processuais, verba honorária sucumbencial. Considerações: i) a expressão "implícito" vincula-se à ausência de formulação certa e determinada, na petição inicial, sobre alguma pretensão específica; ii) ainda que não se constate pretensão manifestamente formalizada acerca de item incluído no epíteto *pedidos implícitos*, deve o juiz considerá-la no julgamento do feito *porque sua certeza e determinação decorrem da própria lei* – logo, os pedidos implícitos não são exceções à regra da congruência; iii) inexiste surpresa às partes quanto à análise dos pedidos implícitos, pois a autorização para que o órgão judiciário as examine encontra-se explicitada no bojo do CPC/2015 – sob a ótica do legislador, portanto, os pedidos implícitos são *certos e determinados*, sem embargo da sua eventual não formulação na peça de ingresso; e iv) não se pode confundir *pedido implícito* com *permissão para ignorar o contraditório*.

Questões cujo julgamento a lei não exige iniciativa das partes e contraditório: há determinadas questões cujo exame e julgamento a lei não exige iniciativa das partes. Entre elas incluem-se as atinentes aos juros, à correção monetária, às despesas processuais e à verba honorária sucumbencial. Disso, porém, não se pode concluir que o legislador estabeleceu exceções ao contraditório. Lembre-se que o constituinte não faz concessões em relação às garantias fundamentais processuais; muito pelo contrário, a Constituição impõe *com todas as letras* que "ninguém será privado da liberdade ou de seus bens sem o devido processo legal" (CF/1988, art. 5º, LIV). Tampouco a Carta Magna tergiversa quando estabelece que "aos litigantes, em processo judicial ou administrativo, e aos acusados em geral são assegurados o contraditório e a ampla defesa, com os meios e recursos a ela inerentes" (CF/1988, art. 5º, LV). Tem-se, a partir desses comandos (somados ao que prevê o art. 10 do CPC/2015), destaque normativo do descompasso entre Estado de Direito e decisões estatais (administrativas ou jurisdicionais) proferidas à margem de um procedimento ajustado ao devido processo legal.

Decisões *extra, ultra* e *citra petita*: ao juiz é vedado proferir decisão de natureza diversa da pedida, bem assim condenar a parte em quantidade superior ou em objeto diverso do que lhe foi demandado (CPC/2015, art. 492). É a partir da *causa de pedir* e do *pedido* que se identificam os limites e a natureza da(s) pretensão(ões) que delimitam o exercício do poder jurisdicional. Aqui entra em cena o exame de decisões *extra, ultra* e *cita petita*. Decisões *extra* e *ultra petita* caracterizam-se por julgamentos desatrelados dos pedidos expressamente formulados, sendo que na primeira (= *extra* *petita*) o juiz, além de julgar aquilo que foi pedido, decide também o que não consta do pedido, enquanto na última (= *ultra petita*) o julgamento restringe-se ao que não foi pedido. Já a decisão *citra petita* é aquela cujo julgamento é aquém da integralidade dos pedidos. As decisões *extra, ultra* e *cita petita* estilhaçam a *regra da congruência,* sendo ilegais e inconstitucionais – afinal, apresentam-se alheias ao devido processo legal, sobretudo ao contraditório e à ampla defesa. Exemplos: em ação de improbidade administrativa pede-se a suspensão de direitos políticos e multa, mas o julgamento vai além, e o réu acaba condenado ao pagamento de indenização (= julgamento *extra petita*); numa ação em que se pede unicamente a declaração de inexistência de dívida, o juiz profere sentença condenando o réu ao pagamento de indenização por dano moral (= julgamento *ultra petita*); em ação na qual se postula danos materiais e morais, o juiz apenas decide acerca dos danos materiais (= julgamento *citra petita*).

Desapropriação indireta e justa indenização: tem-se entendido que o valor da indenização pleiteado pelo autor em *ação de desapropriação indireta* é meramente *estimativo,* até porque prepondera a garantia constitucional à justa indenização. Daí se concluir: i) direito de propriedade é garantia constitucional cuja relativização positivada em lei condiciona-se a prévio pagamento de indenização pelo Poder Público, nos termos do art. 5º, XXVI, da Constituição; ii) a ação de desapropriação tem por fito a fixação da justa indenização em face da incorporação do bem expropriado ao domínio público; iii) o conceito de justa indenização aplica-se a ambas as partes, pois não se revela adequado ao expropriado receber valor inferior ao que lhe é devido, nem é certo que o Estado pague mais do que o valor do mercado – nenhuma das partes, enfim, será prejudicada pelo fato de a petição inicial trazer valor aleatório a título de pedido indenizatório; e iv) não há julgamento *ultra petita* nas hipóteses em que a decisão se ampara em laudo pericial imparcial e arbitra indenização em patamar superior ao formulado pelo autor em sua petição inicial (STJ, REsp 875.256, 1ª Turma, rel. Min. Luiz Fux, julgamento: 16.10.2008, disponível em: www.stj.jus.br). Há decisões que adotam a mesma linha de entendimento (= ausência de julgamento *ultra ou extra petita*) em situações envolvendo meio ambiente (STJ, REsp 1.107.219, 1ª Turma, rel. Min. Luiz Fux, julgamento: 02.09.2010, disponível em: www.stj.jus.br), resolução do contrato e restituição ao *status quo ante* (STJ, REsp 1.286.144, 3ª Turma, rel. Min. Paulo de Tarso Sanseverino, julgamento: 07.03.2013, disponível em: www.stj.jus.br), anulação de ato de exoneração ou suspensão de servidor público (STJ, AgRg no REsp 879.532, 5ª Turma, rel. Min. Felix Fischer, julgamento: 15.03.2007, disponível em: www.stj.jus.br), entre outros – para um exame dessas hipóteses, consultar: MEDINA, José Miguel Garcia. *Novo Código de Processo Civil Comentado*. 6. ed. São Paulo: Revista dos Tribunais, 2020. p. 812-815. Advirta-se, contudo, que tal entendimento, sufragado pelo Superior Tribunal de Justiça, além de acarretar quebra da congruência entre pedido e julgamento, traz evidente risco de atentado às garantias do contraditório e da ampla defesa.

— Θ —

Art. 142. Convencendo-se, pelas circunstâncias, de que autor e réu se serviram do processo para praticar ato simulado ou conseguir fim vedado por lei, o juiz proferirá decisão que impeça os objetivos das partes, aplicando, de ofício, as penalidades da litigância de má-fé.

Correspondente:
CPC/1973, art. 129.

Referências:
CPC/2015, art. 5º; art. 9º, art. 10; art. 77, I; art. 80, II, III e V; art. 81; art. 267, VI; art. 485, VI; art. 966, III; art. 967, III, "b".

CC/2002, art. 167.

CP, art. 239.

Mudança legislativa: o art. 142 do CPC/2015 teve por influência regra prevista no Código revogado (CPC/1973, art. 129), que foi transplantada de lá para cá, mas sofrendo alguma modificação. Suprimiu-se do novo texto o vocábulo "causa" ("... pelas circunstâncias da *causa* ..."), além do que se alteraram às palavras "proibido" (versão em vigor: "... *vedado* por lei ...") e "sentença" (versão em vigor: "... o juiz proferirá *decisão* que ..."). Por fim, houve acréscimo de um (problemático) poder-dever judicial: incumbe ao juiz, *ex officio*, aplicar penalidades pela litigância de má-fé quando houver a materialização dos fatos jurídicos descritos na regra (= prática de ato simulado ou tentativa de obter fim vedado por lei).

Ato simulado (1): a simulação é, em termos gerais, vedada pelo ordenamento jurídico. Veja-se, por exemplo, que a simulação de casamento mediante engano de outra pessoa é fato tipificado como crime (CP, art. 239). São nulos, de outro lado, os negócios jurídicos simulados, embora deva subsistir aquilo dissimulado se válido for na substância e na forma (CC/2002, arts. 167). No âmbito da legislação procedimental civil, a decisão de mérito, transitada em julgado, pode ser rescindida quando resultar de simulação ou colusão entre as partes a fim de fraudar a lei (CPC/2015, art. 966, III; art. 967, III, "b"), ato considerado prática de litigância de má-fé (CPC/2015, arts. 80, II, III e V e 142). É curioso observar, aliás, que a simulação não se inclui entre os *atos atentatórios à dignidade da justiça*, embora seja fato jurídico cuja caracterização tem implicação grave – a ele o legislador dedicou especial atenção, a ponto de até prever, como antídoto, o manejo de ação rescisória. A julgar pelo perfil publicista-autoritário do CPC/2015, tem-se nisso com certeza um lapso legislativo.

Ato simulado (2): pratica ato simulado quem, com desígnio de interesses, mancomuna-se e falseia a realidade em busca de determinada vantagem, ou seja, age mediante uma impostura que afronta a boa-fé (CPC/2015, art. 5º) e o próprio escopo do serviço judiciário. Observações: i) o CPC/2015 alude expressamente a *autor e réu* em vez de *partes* ("... *de que autor e réu* se serviram do processo ..."), o que implica a exigência legal de *bilateralidade* entre os dois polos da relação jurídico-processual. A regra não incide, por exemplo, quando se tem ato simulado praticado entre litisconsortes (= *autor* <-> *autor* ou *réu* <-> *réu*), tampouco entre parte e interveniente, ou ainda entre os interessados em procedimento de jurisdição voluntária; ii) aquele que altera a verdade dos fatos ou se serve do serviço jurisdicional para conseguir objetivo ilegal, agindo sozinho ou em parceria *com quem quer que seja*, atenta contra a ordem jurídica, ou seja, comete ato de improbidade processual e, assim, sujeita-se às sanções pela litigância de má-fé (CPC/2015, art. 77, I c/c art. 80, II e III); e iii) a incidência do art. 142 não está condicionada à concretização dos objetivos pretendidos com o ato simulado, nem se exige a ocorrência de prejuízo – pouco importa se o ato simulado tinha ou não potencial para prejudicar terceiros.

Atingimento de fim vedado por lei: o art. 142 do CPC/2015 condena o uso do serviço judiciário pelo autor e réu sempre que, em conluio, o fizerem almejando *fim vedado por lei* (= fraude à lei). Podem autor e réu simular (= meio) para atingir objetivo ilegal (= fim); mas a fraude à lei ocorre também a despeito da participação de outrem, ou sem que se utilize a via da simulação. Talvez isso justifique a distinção legislativa entre *prática de ato simulado* e *conseguir fim vedado por lei*. Observações: i) o CPC/2015 alude expressamente a *autor e réu* em vez de *partes* ("... *de que autor e réu* se serviram do processo ..."), o que leva a concluir pela exigência legal de *bilateralidade* entre os dois polos (autor + réu = pretensão de objetivo ilegal) da relação jurídica processual; ii) aquele que se serve do serviço jurisdicional para conseguir objetivo ilegal, agindo sozinho ou em parceria *com quem quer que seja*, atenta contra a ordem jurídica, ou seja, comete ato de improbidade processual e, assim, sujeita-se às sanções pela litigância de má-fé (CPC/2015, art. 77, I c/c art. 80, II e III); e iii) a incidência do art. 142 do CPC/2015 não se condiciona à concretização do fim vedado por lei (= fraude à lei), *bastando a mera intenção*, tampouco se exige a demonstração de prejuízo – pouco importa haver ou não potencial para prejudicar terceiros.

Convencimento *pelas circunstâncias*: ensina Pontes de Miranda que, no art. 665 do Código de Processo Civil português, que foi a fonte do art. 115 do CPC/1939, falava-se em "conduta das partes" e "circunstâncias da causa". Entre os brasileiros, contudo, optou-se, no citado CPC/1939 e no CPC/1973, apenas por aludir-se às "circunstâncias da causa". Atualmente, a palavra "causa" também desapareceu da regra vigente (CPC/2015, art. 142). Seja como for, "a simulação e a fraude à lei têm de ser provadas, no íntimo do juiz, pelas circunstâncias da causa, circunstâncias interiores ao juízo e circunstâncias exteriores"; e "a conduta das partes é uma das circunstâncias mais importantes da causa" (PONTES DE MIRANDA, Francisco Cavalcanti. *Comentários ao Código de Processo Civil.* Tomo II. Rio de Janeiro: Forense, 1974. p. 372). Em resumo: o julgador se convencerá da prática de ato simulado ou da busca de fim vedado por lei, *sempre respeitado o devido processo legal*, por intermédio das circunstâncias envolvidas na causa, entre as quais a própria conduta das partes.

Decisão que impeça os objetivos das partes: veja-se, na lição de Eduardo José da Fonseca Costa, que a "'impossibilidade jurídica do pedido' – outrora referida no art. 267, VI, do CPC/1973 – hoje se acomoda no art. 485, VI, do CPC/2015, como *ausência de interesse processual* (aliás, se com base em matéria de ordem pública não se permitisse em regime excepcional sentença terminativa liminar em ações manifestamente infundadas [ex.: usucapião de bem público, cobrança de dívida de jogo, pedido de herança de pessoa viva, prisão por dívida não-alimentícia], o juiz seria impelido ao *iura novit curia* e, assim, à possibilidade geral e irrestrita de ditar sentença de improcedência liminar com base em fundamento não invocado pelo réu; ou seja, a 'impossibilidade jurídica do pedido' como matéria de ordem pública é 'o' nó impeditivo à vulgarização do *iura novit curia*" (COSTA, Eduardo José da Fonseca. *Processo e garantia.* v. 1. Londrina: Editora Thoth, 2021. p. 217-232). Tem-se, a partir do art. 142 do CPC/2015, razão de *ordem pública* a justificar o pronunciamento judicial *ex officio,* mas não sem antes franquear o debate entre as partes – inclusive com a produção de provas, se necessário (CPC/2015, art. 9º e 10). Se ao fim e ao cabo, respeitado o devido processo legal, convencendo-se o julgador acerca do uso ilícito da atividade jurisdicional (= prática de ato simulado ou emprego de fim vedado por lei), deverá proferir sentença *terminativa* (= sem resolução de mérito), fundada na ausência de interesse de agir (CPC/2015, art. 485, VI).

Conhecimento e aplicação *ex officio* das penalidades pela litigância de má-fé – inconstitucionalidade (1): a situação prevista no art. 142 é distinta daquela regulada pelo art. 81, ambos do CPC/2015. É possível, *com algum esforço hermenêutico,* atingir interpretação que salvaguarde a constitucionalidade da regra prevista no art. 81. Nela se lê que, de ofício ou a requerimento, o juiz condenará o litigante de má-fé a pagar multa, algo distinto de permitir a autoridade judicial, *por ato de vontade própria,* fazer atuar a jurisdição para apurar eventual conduta tipificada como litigância de má-fé e aplicar a sanção. À parte interessada, portanto, cumpre denunciar a prática do ato improbo, de modo que a novidadeira questão seja incluída no objeto de questões a serem enfrentadas pelo órgão judicial. A denúncia ou provocação feita pela parte interessada, contudo, não necessita vir acompanhada de pedido expresso para a condenação do *improbus litigator* (= sanção prevista pelo art. 81): o ordenamento jurídico trabalha, nesse caso, com a figura do *pedido implícito.* É suficiente, em suma, que a parte interessada afirme a prática de litigância de má-fé para que o juiz enfrente a questão e, se caso for, profira a devida condenação sancionatória. Acontece, entretanto, que a redação do art. 142, mais contundente e arbitrária, não comporta tal exegese. Tem-se nela, enfim, verdadeira licença legal para que o juiz, *por iniciativa sua,* traga para os autos questão atinente à possível prática de litigância de má-fé, e, por fim, aplique *ex officio* as penalidades.

Conhecimento e aplicação *ex officio* das penalidades pela litigância de má-fé – inconstitucionalidade (2): convencendo-se, pelas circunstâncias, de que autor e réu se serviram do serviço jurisdicional para praticar ato simulado ou conseguir fim vedado por lei, deve o juiz, segundo a previsão contida no art. 142 do CPC/2015, aplicar de ofício as penalidades da litigância de má-fé. Tem-se, aqui, verdadeira *licença legislativa* para que o juiz, *por iniciativa própria,* traga para os autos questão atinente à prática, pelas partes, de litigância de má-fé e, sendo o caso, aplique as penalidades. Não obstante, a jurisdição é serviço estatal caracterizado pela letargia, de modo que suas engrenagens apenas entram em movimento quando estimuladas pela parte desejosa de obter determinada decisão judicial. A chamada regra da inércia é, nesse rumo, relevante *microgarantia contrajurisdicional,* de um lado dedicada a manter incólume a própria imparcialidade judicial, de outro funcionando como barreira a impedir arroubos e justiçamentos pelo Estado-juiz em prejuízo à liberdade das partes e às relações jurídicas. Nesse momento importa, sobremodo, a garantia da imparcialidade, a qual, aliás, imprime à jurisdição elemento essencial à sua própria identidade. O juiz que, *por iniciativa sua,* introduz na causa fundamentos destinados a demonstrar a quebra da probidade processual, terá atuado *como parte,* assumindo atribuição funcional que não lhe compete, com manifesto risco de quebra da imparcialidade (= neutralidade psicológica, imparcialidade em sentido subjetivo). Afinal de contas, "o juiz tende a se enviesar, supervalorizando inconscientemente o 'seu' fundamento e, em consequência, desvalorizando eventual contrafundamento" (COSTA, Eduardo José da Fonseca. Processo e razões de Estado. *Empório do Direito,* São Paulo, 28 out. 2019. Coluna Garantismo Processual. Disponível em: https://emporiododireito.com.br/leitura/36-processo-e-razoes-de-estado. Acesso em: 14 dez. 2019). Daí as conclusões: i) a regra prevista no art. 142, *em sua parte final,* está maculada pela inconstitucionalidade; e ii) a prudência é o melhor caminho, ou seja, só se houver provocação pela parte interessada é que o órgão judiciário deve examinar a possível consumação de improbidade processual – nessa hipótese, a atividade jurisdicional seguirá rumo, em atenção ao devido processo, para apurar e, se caso for, sancionar a prática ilícita.

— Θ —

Art. 143. O juiz responderá, civil e regressivamente, por perdas e danos quando:

I – no exercício de suas funções, proceder com dolo ou fraude;

II – recusar, omitir ou retardar, sem justo motivo, providência que deva ordenar de ofício ou a requerimento da parte.

Parágrafo único. As hipóteses previstas no inciso II somente serão verificadas depois que a parte requerer ao juiz que determine a providência e o requerimento não for apreciado no prazo de 10 (dez) dias.

Correspondente:

CPC/1973, art. 133.

Referências:

CF/1988, art. 5º, LIV; art. Art. 37, §6º.

CPC/2015, art. 226, I, II e III.

LOMAN, art. 42.

CP, art. 91, I.

Responsabilidade civil do juiz: é o juiz agente estatal responsável pela jurisdição. Por estar investido de *poder de império*, os atos que pratica têm potencial para legitimamente prejudicar as partes e, as vezes, até quem é alheio à causa posta em juízo. Trata-se sem dúvida de reflexo lógico e inexorável da atividade exercida pelo juiz, que no dia a dia se vê impelido, por exemplo, a manejar *medidas de força* para conferir efetividade às suas decisões. O problema, contudo, são as anomalias e disfuncionalidades, o erro doloso no agir, a impostura que transmuta a autoridade do magistrado em puro exercício de autoritarismo. Em tais situações, o ordenamento jurídico abre possibilidade para a responsabilização civil de magistrados (além das responsabilidades penal e disciplinar) pelos prejuízos oriundos de omissões e atos ilícitos.

Hipóteses legais e excepcionalidade: a independência funcional dos juízes lhes garante que seu mister seja exercido sem receio de retaliações ou perseguições de qualquer natureza. Por isso é que não teria sentido – nos dizeres do Min. Orozimbo Nonato (citado por Pontes de Miranda) – assentar a responsabilidade dos juízes na mera incidência de erro de fato ou de direito, sem contar que "ninguém (...) detém a pedra lígia da verdade ou possui o dom divino de inerrância" (PONTES DE MIRANDA, Francisco Cavalcanti. *Comentários ao Código de Processo Civil.* Tomo II. Rio de Janeiro: Forense, 1974. p. 396). São excepcionais, portanto, as hipóteses legais que autorizam a responsabilização civil de magistrados, tema do qual trata o art. 143 do CPC/2015. Em suma, o juiz responderá, *civil e regressivamente*, por perdas e danos quando: i) no exercício de suas funções, proceder com dolo ou fraude; e ii) recusar, omitir ou retardar, sem justo motivo, providência que deva ordenar de ofício ou a requerimento da parte. Por fim, parece inegável que por de trás (= questão de fundo) dessas duas hipóteses sobressai o problema da *parcialidade*. Pecam *seriamente* contra a garantia contrajurisdicional da imparcialidade judicial magistrados que procedem com dolo ou fraude e mesmo recusem, omitem ou retardem, sem justo motivo, providências que devam ordenar de ofício ou a requerimento da parte. Assim agindo ou se omitindo, favorecem uma das partes no jogo litigioso, criando embaraços inadmissíveis e vergonhosos para o Judiciário como um todo, e para o jurisdicionado e a sociedade em particular. Daí o epílogo: "juiz que é suspeito ou impedido, mas que ainda assim insiste em permanecer no processo, deve ser responsabilizado pessoalmente pelos danos que causar, e todos os seus atos padecem de nulidade" (FERNANDEZ, Alex Aparecido Ramos. *Exceção de impedimento e suspeição.* Leme: Cronus, 2018. p. 13).

Proceder com dolo ou fraude: aquele que, *no exercício da função jurisdicional*, atua ou se omite de maneira deliberada, e faz concreta a sua vontade de prejudicar, sujeita-se à responsabilidade civil (CPC/2015, art. 143, I). Daí se verifica que a "independência jurídica do juiz não pré-exclui a configuração de responsabilidade em casos de dolo ou fraude" (ASSIS, Araken. *Processo Civil Brasileiro.* Parte geral: institutos fundamentais. v. II. Tomo I. São Paulo: Revista dos Tribunais, 2015. p. 960). Tem-se criticado não é de hoje – e, ao que parece, com razão – a palavra *fraude*, trazida pela regra do art. 143, I ("proceder com dolo ou *fraude*"), e presente nas redações dos Códigos anteriores. *É que a fraude tem por motor o dolo*, sendo desnecessária a especificação na qual insiste o legislador. Importa o seguinte: i) não basta erro grosseiro ou culpa, tampouco culpa grave, pois sem a materialização do dolo faltará o elemento anímico indispensável à responsabilização civil dos magistrados; e ii) o regime anunciado pelo art. 143, I, restringe-se a atos ou omissões praticados pelo magistrado *no exercício da função jurisdicional*.

Impontualidade: nas palavras da lei, o juiz responderá, civil e regressivamente, por perdas e danos quando recursar, omitir ou retardar, sem justo motivo, providência que lhe incumbia ordenar de ofício ou a requerimento da parte (CPC/2015, art. 143, II). *Justo motivo* é expressão aberta, que comporta fundamentos múltiplos – exemplos: carga excessiva de trabalho, falta de funcionários na secretaria, incêndio, calamidade, doença etc. A lei, além da ausência de justo motivo, impõe outra condição: as hipóteses previstas no inciso II somente serão verificadas depois que a parte requerer ao juiz que determine a providência e o requerimento não for apreciado no prazo de 10 (dez) dias (CPC/2015, art. 143, parágrafo único). Sobre o ponto, ensina Araken de Assis: i) a regra regula ilícito imputável ao magistrado por *quebra do dever de pontualidade* – os atos devem ser praticados estritamente nos prazos estipulados pelo art. 226, I a III –, mas é preciso que a parte interessada formule requerimento expresso provocando a emenda do atraso; e ii) o juiz então disporá de 10 (dez) dias, fluindo o prazo da conclusão do requerimento, para purgar a mora, ou seja, suprir a falta" (ASSIS, Araken. *Processo Civil Brasileiro*. Parte geral: institutos fundamentais. v. II. Tomo I. São Paulo: Revista dos Tribunais, 2015. p. 961). Em suma, a *provocação* formulada pela parte para que providências sejam tomadas (CPC/2015, art. 143, parágrafo único) é pré-condição inarredável à responsabilização civil de juízes por vícios de impontualidade. Por fim, não tem qualquer relevância, *no âmbito das hipóteses aqui tratadas (CPC/2015, art. 143, II)*, se a omissão ilícita decorreu de culpa grave, dolo ou fraude (PONTES DE MIRANDA, Francisco Cavalcanti. *Comentários ao Código de Processo Civil*. Tomo II. Rio de Janeiro: Forense, 1974. p. 397).

Responsabilidade regressiva: a lei veda, *de modo expresso*, a responsabilização civil *direta* do magistrado, admitindo-a só *regressivamente* (CPC/2015, art. 143, *caput*). É o que a doutrina chama de regra de *blindagem* ou *escudo*. A orientação legal, portanto, é no sentido de que a indenização, num primeiro momento, deve ser pleiteada *apenas* contra o ente público ao qual o magistrado responsável pelo dano encontrar-se vinculado (estado, Distrito Federal ou União). Em caso de procedência, o ente público, na sequência, acionará judicialmente o magistrado (= ação judicial específica) para requerer o ressarcimento da importância monetária a que foi condenado a pagar. Conquanto polêmica a questão, a razão está com quem advoga a inconstitucionalidade da regra. O art. 37, §6º, CF/1988, confere à vítima do dano uma espécie de *garantia adicional*, a ela cabendo *com exclusividade* decidir se ajuizará a ação contra o Estado, contra este e o agente público causador do dano, ou se tão-só, e diretamente, contra o último (WAMBIER, Teresa Arruda Alvim *et al. Primeiros Comentários ao Novo Código de Processo Civil.* São Paulo: Revista dos Tribunais, 2015. p. 272). Vale a lembrança: o STF tem um julgado em que (incorretamente) nega a possibilidade de responsabilização direta de magistrados (STF, RE 228.977, 2ª Turma, rel. Min. Néri da Silveira, julgamento: 05.03.2002, disponível em: www.stf.jus.br), ao passo que o Superior Tribunal de Justiça já decidiu segundo a linha de entendimento aqui defendida (STJ, REsp nº 1.325.862, 4ª Turma, rel. Min. Luis Felipe Salomão, julgamento: 05.09.2013, disponível em: www.stj.jus.br). Por fim, e independentemente da posição adotada, a responsabilidade do Estado por ato jurisdicional é sempre mais ampla, quer dizer, abrange ilícitos e danos que não se relacionam unicamente às infrações do próprio juiz – por exemplo: "a demora além do razoável de certa causa, a despeito de os sucessivos magistrados praticarem os seus atos tempestivamente, por razões intestinas ao sistema judiciário, representa ilícito imputável ao Estado, não ao magistrado" (ASSIS, Araken. *Processo Civil Brasileiro.* Parte geral: institutos fundamentais. v. II. Tomo I. São Paulo: Revista dos Tribunais, 2015. p. 860).

Responsabilidade civil do juiz por despesas oriundas de atos adiados ou repetidos: o ordenamento jurídico prevê ressalva à regra (inconstitucional) que autoriza a responsabilização civil de juízes apenas regressivamente. Trata-se daquela hipótese em que a parte pretende a condenação do juiz que deu causa aos prejuízos que sofreu a título de despesas oriundas de atos processuais adiados ou repetidos. O art. 93 do CPC/2015, em suma, excepciona o dispositivo legal que garante ao juiz responder civilmente tão-só perante o ente público a cujo quadro funcional estiver vinculado (CPC/2015, art. 143); se foi ele, portanto, quem deu causa a prejuízo por atos processuais adiados ou repetidos, deve responder não de forma regressiva, mas *diretamente*. E vale sublinhar: responderá mediante ação judicial cujo mérito envolverá debate acerca i) da configuração ou não de adiamento ou repetição de ato (= ilícito), ii) dos prejuízos sofridos (= dano) e iii) da relação causal (= nexo de causalidade), adentrando, ainda, iv) na caracterização ou não de justa causa. Tudo se dará como manda o figurino (= constituinte originário), quer dizer, o feito será processado em autos próprios, presidido por um juiz diverso e imparcial, além de processado e julgado em atenção às garantias fundamentais que conferem conteúdo ao devido processo legal (CF/1988, art. 5º, LIV). Para aprofundamento, conferir comentários ao art. 93 (DELFINO, Lucio. *Código de Processo Civil Comentado*. v. 2. Belo Horizonte: Fórum, 2021. p. 225-229).

Responsabilidade penal e administrativa: a responsabilidade civil de juízes independe da sua responsabilidade penal e ou administrativa, e vice-versa. *Administrativamente*, magistrados respondem por suas faltas perante o Conselho Nacional de Justiça e as respectivas corregedorias, e se sujeitam às sanções – numa escala que vai da mais leve à mais grave – de advertência, censura, remoção compulsória, disponibilidade (com vencimentos proporcionais ao tempo de serviço), aposentadoria compulsória (com vencimentos proporcionais ao tempo de serviço) e, por fim, demissão (LOMAN, art. 42). Se, contudo, a infração praticada pelo juiz – no exercício da atividade jurisdicional ou fora dela – configurar-se ilícito penal, pode sofrer, por exemplo, penas de multa, detenção ou reclusão. Por óbvio que o devido processo legal é exigência inexorável, quer se trate o caso de responsabilidade civil, administrativa ou penal (CF/1988, art. 5º, LIV).

Efeito civil de condenações penais: é *título executivo judicial* a sentença penal condenatória, já transitada em julgado, proferida contra juiz em função de ilícito penal praticado no exercício da função jurisdicional (CPC/2015, art. 515, VI). Nada exclui legitimamente o efeito civil de sentença penal condenatória proferida contra magistrado, a qual torna certa a obrigação de reparar o dano (CP, art. 91, I), hipótese em que se terá ação *direta* promovida pela parte (ASSIS, Araken. *Processo Civil Brasileiro.* Parte geral: institutos fundamentais. v. II. Tomo I. São Paulo: Revista dos Tribunais, 2015. p. 959). Tem-se aqui, portanto, outra exceção à regra (inconstitucional) que autoriza a responsabilização civil de juízes apenas *regressivamente*, de modo que é desimportante, na hipótese em análise, se a vítima promoveu ou não ação contra o ente público ao qual o juiz se encontra vinculado e já tenha decisão condenatória transitada em julgado.

— Θ —

Capítulo II
DOS IMPEDIMENTOS E DA SUSPEIÇÃO

Art. 144. Há impedimento do juiz, sendo-lhe vedado exercer suas funções no processo:

I – em que interveio como mandatário da parte, oficiou como perito, funcionou como membro do Ministério Público ou prestou depoimento como testemunha;

II – de que conheceu em outro grau de jurisdição, tendo proferido decisão;

III – quando nele estiver postulando, como defensor público, advogado ou membro do Ministério Público, seu cônjuge ou companheiro, ou qualquer parente, consanguíneo ou afim, em linha reta ou colateral, até o terceiro grau, inclusive;

IV – quando for parte no processo ele próprio, seu cônjuge ou companheiro, ou parente, consanguíneo ou afim, em linha reta ou colateral, até o terceiro grau, inclusive;

V – quando for sócio ou membro de direção ou de administração de pessoa jurídica parte no processo;

VI – quando for herdeiro presuntivo, donatário ou empregador de qualquer das partes;

VII – em que figure como parte instituição de ensino com a qual tenha relação de emprego ou decorrente de contrato de prestação de serviços;

VIII – em que figure como parte cliente do escritório de advocacia de seu cônjuge, companheiro ou parente, consanguíneo ou afim, em linha reta ou colateral, até o terceiro grau, inclusive, mesmo que patrocinado por advogado de outro escritório;

IX – quando promover ação contra a parte ou seu advogado.

§1º Na hipótese do inciso III, o impedimento só se verifica quando o defensor público, o advogado ou o membro do Ministério Público já integrava o processo antes do início da atividade judicante do juiz.

§2º É vedada a criação de fato superveniente a fim de caracterizar impedimento do juiz.

§3º O impedimento previsto no inciso III também se verifica no caso de mandato conferido a membro de escritório de advocacia que tenha em seus quadros advogado que individualmente ostente a condição nele prevista, mesmo que não intervenha diretamente no processo.

Correspondente:
CPC/1973, art. 134.

Referências:
CF/1988, art. 93, I; art. 95, I, II, III e parágrafo único; art. 135, III; art. 145; art. 371; art. 452, I.

CADH, art. 8º, 1.

DUDH, art. X.

CPC/2015, art. 80, III e V; art. 145; art. 146; art. 966, II.

LOMAN, art. 36, II.

Imparcialidade judicial (1): integram a essência da jurisdição os conceitos *imparcialidade stricto sensu* e *impartialidade* (*imparcialidade lato sensu = imparcialidade stricto senso* e *impartialidade*). Imparcialidade (*stricto sensu*) implica alusão à imparcialidade psicológica, subjetiva ou anímica do juiz. Nesse mesmo sentido, é *imparcial* o julgador desinteressado pela causa e que alimenta em seu ânimo a precaução de não tomar partido em favor ou em prejuízo de tal ou qual litigante. Sabe ele que a sua nobre e difícil função lhe impõe uma batalha ininterrupta contra si próprio (= contra os seus preconceitos e a sua subjetividade). É parte da sua atribuição manter vivo o *esforço ininterrupto* em prol da neutralidade ou isenção. Leciona Araken de Assis (amparado em boa doutrina): i) é elementar afirmar que a imparcialidade é a mais importante qualidade da pessoa natural investida na função jurisdicional; ii) o art. 95, I a III, CF/1988, instituiu prerrogativas especiais, e vedações inequívocas (CF/1988, art. 95, parágrafo único), com o intuito precípuo de influenciar o ânimo do juiz; iii) o magistrado deve ser "de todo estranho aos interesses a ele apresentados em razão do seu ofício, desconhecendo os fatos concretos que originaram o litígio", tampouco pode estar ligado pessoalmente à parte ou ao representante dela, até como maneira de preservar incólume o prestígio do órgão jurisdicional em face dos litigantes e perante a opinião pública; iv) o "regime das inibições" (= regime de impedimentos e suspeições), de um lado, tutela a pessoa humana do litigante contra paixões, interesses ou excessos do juiz, e, de outro, protege a aura de austeridade, respeitabilidade, incorruptibilidade, retidão e imparcialidade que caracterizam o órgão judicante (ASSIS, Araken. *Processo Civil Brasileiro*. Parte geral: institutos fundamentais. v. II. Tomo I. São Paulo: Revista dos Tribunais, 2015. p. 964-966). Por sua vez, a *impartialidade* se explica pelos termos *alienidade, alteridade, alheação, terceiridade*. Um julgador *impartial* (= não-parte) é aquele que não assume para si atribuições que pertencem especificamente às partes ou aos advogados delas.

Imparcialidade judicial (2): no *plano normativo-constitucional* a imparcialidade do juiz (*lato sensu*) traduz-se em "regra-força, robustecida pelas regras alicerçais do juiz natural" (COSTA, Eduardo José da Fonseca. *Levando a imparcialidade a sério*: proposta de um modelo interseccional entre direito processual, economia e psicologia. Salvador: JusPodivm, 2018. p. 195). É a imparcialidade, como já se decidiu, "o motor de propulsão do Poder Judiciário" (STJ, AgRg nos EAg 8, 3ª Sessão, rel. Min. Maria Thereza de Assis Moura, julgamento: 09.09.2009, disponível em: www.stj.jus.br). Mais que isso, trata-se de garantia constitucional que, ao lado de tantas outras, atribui substância ao devido processo legal (= *garantia das garantias*; garantia contrajurisdicional em favor do jurisdicionado contra eventuais excessos e abusos praticados pela autoridade exercente da jurisdição). Já no *plano normativo-infraconstitucional*, a imparcialidade *lato sensu* é regulamentada, *ao menos no que diz respeito às hipóteses de impedimento*, como *pressuposto subjetivo de validade*. Conferir adiante as críticas acerca do regime legal que diferencia as hipóteses de impedimento e suspeição.

Dever de abstenção do juiz e recusa formulada pelas partes: a atuação de juízes *sem isenção*, que pecam pela *parcialidade*, é fator que malfere a seriedade do serviço público jurisdicional e faz ecoar, no âmbito social, sentimentos de desconfiança, desigualdade, repugnância e descrédito. Ao magistrado não basta ser imparcial, tem ele que *parecer* imparcial. Afinal de contas, "juiz deliberadamente parcial não é juiz, e sim administrador travestido em juiz; é assistente social fantasiado com toga" (COSTA, Eduardo José da Fonseca. Algumas considerações sobre as iniciativas judiciais probatórias. *Revista Brasileira de Direito Processual – RBDPro*, Belo Horizonte, v. 23, n. 90, p. 153-173, abr./jun. 2015). O problema aqui envolvido, em suma, importa não só aos magistrados e às partes atreladas às causas em concreto, senão a todos que já utilizam (ou que poderão vir a utilizar) a jurisdição. Não à toa, vale sublinhar, a lei prevê a possibilidade do manejo de ação rescisória para desconstituir decisão de mérito, transitada em julgado, proferida por juiz impedido (CPC/2015, art. 966, II). *Deve* o julgador, enfim, afastar-se *por iniciativa própria* de litígios em que a sua imparcialidade esteja comprometida (= dever de abstenção); se porventura não o fizer, tem a parte interessada o *direito* de arguir o impedimento ou a suspeição (= direito de recusa) (CPC/2015, art. 146). Violado, portanto, o *dever* judicial de abster-se da causa, a lei atribui à parte o direito de *perseguir* a imparcialidade e *recusar* o magistrado ante a quebra da fidúcia (ASSIS, Araken. *Processo Civil Brasileiro*. Parte geral: institutos fundamentais. v. II. Tomo I. São Paulo: Revista dos Tribunais, 2015. p. 965).

Incompetência e parcialidade: a exclusão do *juízo* – leciona Celso Agrícola Barbi – é assunto pertencente à *competência do juízo*. Verificada a falta dela (= juízo incompetente), os autos do processo devem ser remetidos para o juízo competente por lei. Por sua vez, as razões que fundamentam a *exclusão do juiz* "são de ordem subjetiva", quer dizer, "referem-se *à sua pessoa*, não ao juízo". Ocorrendo a exclusão "por motivos da *pessoa* do juiz, os autos permanecem no mesmo juízo, mas para serem processados e julgados por outra pessoa, que é o juiz substituto do que foi afastado da causa" (BARBI, Celso Agrícola. *Comentários ao Código de Processo Civil*. v. I. Rio de Janeiro: Forense, 1981. p. 546-547). *Parcial, portanto, é o juiz, nunca o juízo.*

Impedimento e suspeição (1): o CPC/1939 não diferenciava *impedimento* e *suspeição*. Havia nele um capítulo, intitulado "Da Exceção de Suspeição", cujas normas consideravam fundada a *suspeita de parcialidade* do juiz quando: i) parente, consanguíneo ou afim, de alguma das partes, ou de seus procuradores, até o terceiro grau; ii) amigo íntimo ou inimigo capital de qualquer das partes; iii) particularmente interessado na decisão da causa; iv) ele – ou qualquer de seus parentes (consanguíneos ou afins até o terceiro grau) – tinha interesse direto em transação na qual interviu, ou estivesse para intervir, alguma das partes (CPC/1939, art. 185, I, II, III e IV). Mais à frente, ao regular a ação rescisória, o mesmo Código impingiu de nulidade a sentença proferida por juiz *impedido* (CPC/1939, art. 798, I, "a"). Assim ocorreu porque Pedro Batista Martins, autor do projeto preliminar, considerava a distinção entre impedimento e suspeição "inteiramente destituída de interesse pragmático" (MARTINS, Pedro Batista. *Comentários ao Código de Processo Civil*. v. II. Rio de Janeiro: Forense, 1941. p. 268). E vale uma observação: *o CPP igualmente não distingue impedimento e suspeição*. Por sua vez, CPC/1973 e CPC/2015 seguiram caminho diverso, ou seja, trouxeram, em setor próprio, hipóteses casuísticas de impedimento e suspeição, *tratando-as em separado*, diferenciando-as, malgrado ambas estejam relacionadas à gravíssima mácula da *parcialidade do juiz*.

Impedimento e suspeição (2): a doutrina, de modo geral, elogia a distinção normativa estabelecida entre *impedimento* e *suspeição*, adotada pelo CPC/1973 e, mais recentemente, pelo CPC/2015. Os estudiosos afirmam basicamente o seguinte: i) o *impedimento* constitui proibição *endereçada à pessoa física do juiz* para funcionar em causas nas quais estejam presentes as hipóteses descritas no art. 144 do CPC/2015, cujos fatos jurídicos nelas descritos o legislador considerou de *altíssima gravidade*; ii) as "hipóteses de *impedimento* são todas suscetíveis de verificação objetiva e comprovação por documentos de fácil acesso", das quais "a lei extrai o possível reflexo subjetivo consistente na perda de equidistância" (DINAMARCO, Cândido Rangel. *Instituições de Direito Processual Civil*. v. II. 7. ed. Malheiros: São Paulo: 2017. p. 261-262); iii) em se tratando de *impedimento*, deve o juiz *sempre* abster-se de atuar (= presunção *juris* *et de jure* de parcialidade), declarando-se impedido, sendo nulos os atos por ele praticados ao longo do procedimento jurisdicional (= pressuposto processual de validade); iv) as causas de *impedimento* prescindem do sentimento real do juiz em relação aos litigantes, ou seja, "bastam as aparências (...) os efeitos produzidos na opinião pública, para afastar o magistrado com base na disposição legal" – por exemplo: pouco importa se o juiz ignora ser seu parente o advogado que atua na causa, nem é relevante que não nutra por ele sentimento de afeto ou ódio (ASSIS, Araken. *Processo Civil Brasileiro.* Parte geral: institutos fundamentais. v. II. Tomo I. São Paulo: Revista dos Tribunais, 2015. p. 974); v) uma vez que as hipóteses de *impedimento* implicam *altíssima gravidade*, devem ser conhecidas em qualquer tempo e grau de jurisdição – inclusive no âmbito do STJ e STF (recursos especial e extraordinário), desde que presentes os requisitos exigidos –, admitindo refutação mesmo após o trânsito em julgado (= ação rescisória; CPC/2015, art. 966, II); vi) a *suspeição*, de outro lado, diz respeito à proibição *endereçada à pessoa física do juiz* para funcionar em causas nas quais estejam presentes as hipóteses descritas no art. 145 do CPC/2015, cujos fatos jurídicos nelas descritos o legislador considerou *menos relevantes*; vii) as hipóteses de *suspeição* ligam-se "a situações pessoais que, além de revelarem menor proximidade e, portanto, menor risco de envolvimento, nem sempre são objetivas" (DINAMARCO, Cândido Rangel. *Instituições de Direito Processual Civil.* v. II. 7. ed. Malheiros: São Paulo: 2017. p. 262); viii) em se tratando de *suspeição*, a terapêutica legal é bem menos contundente que as regras de impedimento (= não se trata de pressuposto processual de validade); ix) caso o magistrado não se afaste por iniciativa própria, incumbe à parte interessada o ônus de recusá-lo por força da *suspeição*, o que precisa ser feito via petição específica e no prazo de 15 (quinze) dias, contados do conhecimento do fato (CPC/2015, art. 145); e x) não arguida a *suspeição* em tempo e modo adequados, tem-se a incidência da preclusão, isto é, a parte não mais poderá recusar o juiz, e tampouco se admitirá o manejo da ação rescisória.

Impedimento e suspeição (3): o regime legal, que segrega as hipóteses de impedimento e suspeição, é, para dizer o mínimo, *absurdo*. A imparcialidade, afinal de contas, é o atributo significativo e essencial que caracteriza o agente público exercente da jurisdição. É a imparcialidade *dever* do juiz e *direito-garantia* das partes, estando assegurada por inúmeros tratados de direitos humanos, como a Convenção Americana de Direitos Humanos de 1969 (art. 8º, 1), a Declaração Universal dos Direitos do Homem (art. X), o Pacto Internacional sobre os Direitos Civis e Políticos (art. 14), e os Princípios de Bangalore de Conduta Judicial (Valor 2) (COSTA, Eduardo José da Fonseca. *Levando a imparcialidade a sério*: proposta de um modelo interseccional entre direito processual, economia e psicologia. Salvador: JusPodivm, 2018. p. 22-23). *Sem juiz imparcial não há atividade jurisdicional constitucionalmente legítima.* Ao legislador deveria ser óbvio que *razões de ordem constitucional* exigem tratamento normativo *severo* e *idêntico* a todas e quaisquer situações de fato capazes de colocar em xeque a *imparcialidade do juiz*. E, assim, *preventivamente* (= regras autorizando o juiz a abster-se, *por conta própria*, do exercício da jurisdição em dado caso concreto ou permitindo que as partes o recusem), e mesmo de modo *restaurativo* (= regras impondo a anulação de atos praticados por juiz parcial).

Impedimento e suspeição (4): o raciocínio seguinte demonstra quão ilógico é o *regime diferenciado* adotado pelo CPC/2015 para o resguardo da imparcialidade do juiz – ver comentários no item anterior. Hipótese 1: a lei proíbe o juiz de funcionar em litígio em que figure como parte *instituição de ensino* com a qual mantém relação de emprego – hipótese de *impedimento* (CPC/2015, art. 144, VII). Imagine-se, no entanto, que ali, na causa em exame, o juiz exerceu jurisdição com a mais absoluta imparcialidade, em nada sendo influenciado pelo fato de uma das partes ser sua empregadora (= instituição de ensino). Hipótese 2: depois de julgado o feito (e já transitada em julgado a sentença), o autor teve acesso a elementos irrefutáveis demonstrando amizade íntima entre juiz e réu – hipótese de *suspeição* (CPC/2015, art. 145, I). Mais que isso: as provas evidenciam de modo cabal a parcialidade do juiz no exercício da função judicante. Colocadas as situações em confronto, a "Hipótese 2" apresenta-se com superior gravidade. Nela, afinal, tem-se a prova do elemento anímico (= intenção de ajudar uma das partes), quer dizer, constatou-se o *estado de certeza* cuja verificação não foi possível na "Hipótese 1". Não há, contudo, remédio legal que permita reverter a mácula indicada na "Hipótese 2", pois o legislador admite o manejo da ação rescisória só para os casos de desconfiança de parcialidade em relação a juiz *impedido*.

Impedimento e suspeição (5): a partir de uma equivocada *métrica de gravidade*, a lei tutela distintamente situações de fato que, em essência, revelam um *único* e *indistinguível* mal – a suspeita de *parcialidade do juiz*. Recorde-se que as *hipóteses de impedimento* devem ser conhecidas em qualquer grau de jurisdição, não se sujeitam à preclusão e até desafiam ação rescisória. Em contrapartida, as *hipóteses de suspeição* dependem de arguição em tempo e modo adequados, sujeitam-se à preclusão, sem contar que não permite a lei a rescisão de sentença transitada em julgado proferida por juiz suspeito. O CPC/2015, portanto, protegeu *de modo deficiente* a garantia fundamental da imparcialidade do juiz. O desatamento desse imbróglio se dá pela via da *interpretação conforme à Constituição*, chegando-se a um *regime unificado* cujas conclusões são as seguintes: i) a dúvida em relação à *parcialidade* pode ser arguida em qualquer grau de jurisdição, com a consequente anulação de atos eventualmente praticados pelo juiz *impedido* ou *suspeito*; ii) não há incidência da preclusão; e iii) admite-se o manejo de ação rescisória contra sentença transitada em julgada proferida por juiz *impedido* ou *suspeito*. Em suma, é preciso desconsiderar a diferença (inconstitucional) promovida pela lei entre as hipóteses de *impedimento* e *suspeição*, de maneira que seja aplicada, para uma eficiente tutela da garantia da imparcialidade, a disciplina normativa conferida às primeiras pelo CPC/2015 – em semelhante sentido: COSTA, Eduardo José da Fonseca. Princípio não é norma (11ª parte). *Contraditor.com.* 11 maio 2022. Colunas ABDPRO. Disponível em: https://www.contraditor.com/principio-nao-e-norma-11a-parte/. Acesso em: 05 out. 2023; FERNANDEZ, Alex Aparecido Ramos. *Exceção de impedimento e suspeição*. Leme: Cronus, 2018. p. 68; SOUSA, Diego Crevelin. Distinção entre impedimento e suspeição? *Empório do Direito*, 29 jul. 2019. Coluna Garantismo Processual. Disponível em: https://emporiododireito.com.br/leitura/23-distincao-entre-impedimento-e-suspeicao. Acesso em: 12 dez. 2019.

Rol exemplificativo: o legislador, por mais criterioso que seja, jamais conseguirá cobrir todas as hipóteses em que juízes, conscientemente ou não, perdem a sua imparcialidade (= proteção deficiente). Afinal, as relações que afetam ou rompem a imparcialidade abarcam uma vasta ciranda de razões, de modo que é impossível para o legislador, com exaustão e taxativamente, antevê-las em abstrato (ASSIS, Araken. *Processo Civil Brasileiro.* Parte geral: institutos fundamentais. v. II. Tomo I. São Paulo: Revista dos Tribunais, 2015. p. 966). Lembre-se, ademais, de relevante lição: "texto sobre garantia do cidadão se interpreta ampliativamente e, por correlação, texto sobre poder do Estado se interpreta restritivamente (princípio da expansão da garantia) (COSTA, Eduardo José da Fonseca. *Processo e garantia.* v. 1. Londrina: Editora Thoth, 2021. p. 188). Logo, é equivocado tomar os róis de impedimento e suspeição – disciplinados para a tutela da garantia da imparcialidade – como sendo uma listagem legal exaustiva; são, isto sim, meramente *exemplificativos* – na mesma linha: COSTA, Eduardo José da Fonseca. *Levando a imparcialidade a sério*: proposta de um modelo interseccional entre direito processual, economia e psicologia. Salvador: JusPodivm, 2018. p. 188-189; FERNANDEZ, Alex Aparecido Ramos. *Exceção de impedimento e suspeição.* Leme: Cronus, 2018. p. 225-228; SOUSA, Diego Crevelin. Distinção entre impedimento e suspeição? *Empório do Direito,* 29 jul. 2019. Coluna Garantismo Processual. Disponível em: https://emporiododireito.com.br/leitura/23-distincao-entre-impedimento-e-suspeicao. Acesso em: 12 dez. 2019.

Autodeclaração de ofício: é tranquilo o entendimento no sentido de que ao juiz é lícito, a qualquer momento, declarar-se *impedido* por ato próprio, independentemente de provocação alavancada por uma das partes. Afinal de contas, a questão é daquelas de *ordem pública,* ou seja, deve o juiz tomar a iniciativa e agir de ofício. Acrescente-se, contudo, o seguinte: i) é inconstitucional o regime normativo que o CPC/2015 adota para segregar as hipóteses de impedimento e suspeição (conferir itens anteriores); ii) basta constatar que os fatos jurídicos que levam ao impedimento e a suspeição têm por finalidade única e específica a tutela da *garantia da imparcialidade do juiz,* não fazendo sentido uma disciplina normativa que imprime consequências diversas para situações cujo objetivo é remediar uma mesmíssima mácula; iii) é crível concluir, portanto, que o juiz, quer *suspeito* ou *impedido,* está autorizado, em ambas as hipóteses, a tomar iniciativa e, *ex officio,* declarar a sua parcialidade.

Intervenção anterior como mandatário da parte: é vedado ao juiz (= impedimento) exercer jurisdição nas causas em que já interveio *como mandatário da parte* (CPC/2015, art. 144, I). Quem intervém na qualidade de *mandatário* almeja solução que favoreça o mandante. Daí por que o advogado é sempre *parcial* no exercício do seu ofício – afinal, foi contratado com o propósito de socorrer ou auxiliar. *Advogado* e *cliente* têm proximidade ou envolvimento de índole subjetiva e objetiva. A relação profissional, *que implica confiança recíproca entre os envolvidos*, muitas vezes transforma o advogado em confidente do seu cliente, além do resquício emocional que resulta de determinadas causas (*v.g.*, ações de família ou indenizatórias por acidente ou tragédias). O advogado sério e comprometido, ainda que não o confesse, é frequentemente atingido pelas agruras daquele que o contratou e nele depositou confiança. O profissional da advocacia sofre em parceria com o cliente e tem por ele sincera preocupação, aflige-se por sua dor e eventual derrota, do mesmo modo que celebra as vitórias alcançadas. É um ser-humano, tem emoções e sentimentos. Numa perspectiva objetiva, de outro lado, o advogado é quem construiu a tese inaugural ou de defesa, ou a ela esteve ligado ou se conectou de alguma maneira. Também por isso está atrelado ao cliente, a ele e à própria causa discutida em juízo. Parece óbvio que alguém com tal perfil, por qualquer motivo nomeado magistrado, nunca poderá exercer, no caso concreto, atividade jurisdicional, pois a chance de agir com parcialidade é imensa e notória – exemplo: tem impedimento o juiz que atuou como procurador do INSS em execução fiscal, ali aquiescendo com a oferta de bens à penhora apresentada pela executada (STJ, AGRG NO RESP 947840, 2ª Turma, rel. Min. Humberto Martins, julgamento: 06.04.2010, disponível em: www.stj.jus.br). Observações de Araken de Assis: i) trata-se de evento plenamente concebível, não meramente acadêmico, até porque a lei exige, para o ingresso na carreira da magistratura, 3 (três) anos de atividade jurídica, no mínimo (CF/1988, art. 93, I), o que implica participação ativa dos interessados, na cena jurídica, antes da investidura; e ii) deve-se incluir o estagiário no dispositivo legal, mesmo porque a referência ali prevista diz respeito a *mandatário*, expressão não restrita à figura do advogado (ASSIS, Araken. *Processo Civil Brasileiro*. Parte geral: institutos fundamentais. v. II. Tomo I. São Paulo: Revista dos Tribunais, 2015. p. 974).

Funcionou anteriormente como membro do Ministério Público: é vedado ao juiz (= impedimento) exercer jurisdição nas causas em que já *funcionou como membro do Ministério Público* (CPC/2015, art. 144, I). As razões são semelhantes às que justificam a suspeita de parcialidade de juiz que antes interveio no feito como mandatário da parte (item anterior), quer tenha ele atuado como parte, quer como fiscal da ordem jurídica. Aliás, se o anterior membro do Ministério Público, agora portando a toga, teve desempenho na causa, mesmo que unicamente para participar da sessão de julgamento, é o que basta para a configuração do impedimento – nesse sentido: STJ, REsp 529.771, 1ª Turma, rel. Min. Denise Arruda, julgamento: 03.02.2005, disponível em: www.stj.jus.br. Há quem repute exagerada essa hipótese legal de impedimento, mas sem razão. A regra deve ser louvada, até porque obsta que impressões subjetivas, eventualmente adquiridas (mesmo de maneira inconsciente) pelo profissional à época em que exercia função diversa, interfiram na atividade judicante.

Oficiou na causa como perito: é vedado ao juiz (= impedimento) exercer suas funções na causa em que oficiou como perito (CPC/2015, art. 144, I). O *perito* é auxiliar da justiça que participa diretamente da formação do material probatório. Conquanto desempenhe seu ofício com isenção e desinteressadamente, não lhe será permitido, *se em momento posterior vier a se tornar magistrado*, exercer jurisdição em feito cujos elementos probatórios ajudou a demonstrar. Além do envolvimento de ordem psicológica (por exemplo: *viés da confirmação*), esse magistrado muito provavelmente proferirá a sua decisão a partir do conhecimento privado que adquiriu acerca dos fatos litigiosos. E isso é algo vedado por lei. Ninguém pode ser, *a um só tempo*, perito (ou qualquer outro auxiliar do juízo que atuou na formação do material probatório) e julgador, sob pena de quebra da neutralidade funcional.

Prestou depoimento como testemunha: é vedado ao juiz (= impedimento) exercer suas funções na causa em que prestou depoimento como testemunha (CPC/2015, art. 144, I). A inquirição de *testemunha* tem patente finalidade probatória. Quem é inquirido em tal condição participa da formação da prova e, só por isso, *vindo a se tornar depois um magistrado*, não tem permissão legal de julgar o feito. É que não se pode descartar uma possível decisão com base em elementos cujo conhecimento o julgador teve acesso externamente ao universo fático contido na esfera procedimental-jurisdicional. Juízes não devem produzir provas e nem participar da sua produção, quer dizer, seu papel é analisá-las com critério e rigor, e sempre a partir de um olhar equidistante e imparcial. Vale sublinhar, por fim, que tal hipótese de impedimento é complementada pelo disposto no art. 452, I, CPC/2015, que inflige ao juiz da causa, quando arrolado como testemunha, declarar-se impedido, se tiver conhecimento de fatos que possam influir na decisão. Em verdade, basta que o juiz tenha conhecimento de fatos capazes de influenciar na decisão a ser tomada para que o impedimento se configure. Como mostra Cândido Rangel Dinamarco, no "julgamento da causa o juiz não tem o poder de levar em conta sua ciência privada dos fatos relevantes, porque *quod non est in actis non est in mundo*: toda decisão judicial deve ser tomada com base na lei e *atendendo aos fatos e circunstâncias constantes dos autos* (CPC, art. 371)"; tendo "conhecimento pessoal dos fatos a cujo respeito julgará, é seu dever dar-se por impedido e *servir de testemunha*, para que outro juiz o inquira e julgue a causa (art. 452, inc. I)" (DINAMARCO, Cândido Rangel. *Instituições de Direito Processual Civil*. v. II. 7. ed. Malheiros: São Paulo: 2017. p. 278).

Causa que conheceu em outro grau de jurisdição, ali proferindo decisão: é vedado ao juiz (= impedimento) exercer funções em causa (incluídos os recursos e as causas de competência originária do tribunal) que conheceu (= oficiou) em outro grau de jurisdição, já tendo nela proferido decisão (CPC/2015, art. 144, II). A regra tem endereço certo: os juízes de grau superior (desembargadores e ministros). Todo e qualquer indivíduo – *decisores profissionais*, inclusive – tem propensão de inconscientemente confirmar suas crenças pré-existentes ou hipóteses iniciais, o que pode levá-lo a uma postura de desprezo ou repulsa às explicações alternativas acerca dos fatos discutidos em juízo (= viés de confirmação). Quis o legislador, com a previsão normativa do inciso II do art. 144, evitar o provável enviesamento do julgador e a consequente quebra de isenção. Importante: i) o impedimento deve ser aplicado outrossim para afastar, de ação rescisória, juiz que exerceu jurisdição em causa cuja sentença se pretende rescindir (BARBI, Celso Agrícola. Comentários ao Código de Processo Civil. v. I. Rio de Janeiro:

Forense, 1981. p. 51); ii) são evidentemente ações distintas – a que deu origem à decisão rescindenda e a ação rescisória –, mas é idêntica a razão fincada na lei (CPC/2015, art. 144, II) para obstar a atuação do magistrado – *ubi aedem ratio, ibi eadem legis dispositio* (= onde existe a mesma razão fundamental, deve prevalecer a mesma regra de direito); e iii) é equivocado, como já alertado, enxergar como taxativos os róis legais de impedimento e suspeição, normas cujo escopo é a concretização da garantia contrajurisdicional da imparcialidade.

Causa em que cônjuge, companheiro ou parente exerce ato de postulação: é vedado ao juiz (= impedimento) exercer suas funções em causa na qual está postulando – como defensor público, advogado ou membro do Ministério Público – seu cônjuge ou companheiro, ou qualquer parente, consanguíneo ou afim, em linha reta ou colateral, até o terceiro grau (CPC/2015, art. 144, III). Trata-se de regra cuja lógica é ululante. Quer-se evitar, enfim, a quebra de isenção do juiz que tenha relações de afeto e ou parentesco com o profissional que atua na causa em favor de uma das partes. A restrição, como verificado, abarca parentescos por consanguinidade ou afinidade. Ressalte-se, ademais, que o impedimento retratado no inciso III do art. 144 também se verifica na hipótese de mandato conferido a membro de escritório de advocacia que tenha em seus quadros advogado que, individualmente, ostente a condição prevista no citado dispositivo legal, mesmo que não intervenha diretamente no processo (CPC/2015, art. 144, §3º). Quis-se, com isso, demover tentativas de contaminação indireta do juiz por pessoas próximas e que não atuem de maneira direta na causa. Importante: i) o CPC/2015 prescreve que, na hipótese do citado inciso III, "o impedimento só se verifica quando o defensor público, o advogado ou o membro do Ministério Público *já integrava o processo antes do início da atividade judicante do juiz*" (CPC/2015, art. 144, §1º); ii) escopo da regra, como parece evidente, é proibir *estratégias ilícitas de litigância* destinadas a *provocar* o impedimento de juízes; iii) conquanto justificável a preocupação legislativa, a regra abre margem, *se mal interpretada*, a julgamentos parciais. Não há quem, por exemplo, deixará de colocar em dúvida a imparcialidade de magistrado que funcione em causa na qual sua esposa é advogada de uma das partes, *tenha* *ela ingressado no feito antes ou depois do início da atividade judicante exercida por seu marido*. Daí o risco de o §1º do art. 144 possibilitar decisões sem a devida isenção ou neutralidade do julgador; iv) para assegurar a constitucionalidade do dispositivo não há outra linha interpretativa aceitável, a não ser advogar a possibilidade de indeferimento do ingresso posterior de advogado em causa cujo juiz é seu cônjuge, companheiro ou parente. Nesse sentido, já se decidiu: "Descabe o ingresso do advogado no processo depois que os respectivos autos forem distribuídos para órgão colegiado de que faça parte magistrado com o qual o causídico possui relação de parentesco. Caso contrário, estar-se-ia, em tese, legitimando a criação de impedimento superveniente não aleatório de integrante que, originariamente, já compunha o órgão competente para o julgamento da questão" (STJ, AgRg nos Edcl no RMS 25263, 5ª Turma, rel. Min. Felix Ficher, julgamento: 07.05.2008, disponível em: www.sjt.jus.br); v) a norma, por fim, deve ser aplicada a todo e qualquer profissional com habilitação para a prática de atos postulatórios (estagiários, procuradores de entes públicos, etc.) – não sendo assim, ter-se-á a configuração de *proteção deficiente* da garantia fundamental à imparcialidade judicial.

Causa em que é parte o próprio juiz, seu cônjuge (ou companheiro) ou parente: ninguém pode ser juiz de si mesmo, tampouco julgar litígio em que figura como parte seu cônjuge (ou companheiro) ou parente (consanguíneo ou afim), em linha reta ou colateral (até o terceiro grau) (CPC/2015, art. 144, IV). Há impedimento do juiz quando ele próprio for parte, não importando se parte principal ou interveniente, tampouco é relevante o momento no qual ingressou no feito. Também deve-se incluir na esfera de alcance da regra situações de legitimação extraordinária, como aquela em que um dos condôminos promove ação reivindicatória para defesa da coisa comum da qual o juiz é coproprietário (CC/2022, art. 1314) (WAMBIER, Teresa Arruda Alvim *et al. Primeiros Comentários ao Novo Código de Processo Civil*. São Paulo: Revista dos Tribunais, 2015, p. 279-280). Importante: i) é inconstitucional o entendimento de que são taxativas as hipóteses legais de quebra da imparcialidade do juiz (= impedimento ou suspensão); ii) afinal de contas, não há como se admitir – ilustrando-se o ponto de vista ainda com mais vigor – que um juiz exerça funções jurisdicionais em feito no qual é parte sua ex-cônjuge ou ex-companheira.

Causa em que for parte pessoa jurídica da qual é sócio ou membro de direção ou de administração: para garantir a isenção, é vedado o exercício de atividade jurisdicional (= impedimento) por quem está, direta ou indiretamente, atrelado à pessoa jurídica (sócio, cargo de direção ou administração), de direito público ou privado, que é parte na causa. As hipóteses, no entanto, são de difícil configuração prática. Aliás, vale lembrar a existência de regras específicas que proíbem ao magistrado: i) exercer o comércio ou participar de sociedade comercial, inclusive de economia mista, exceto como acionista ou quotista (LOMAN, art. 36, I); e ii) exercer cargo de direção ou técnico de sociedade civil, associação ou fundação, de qualquer natureza ou finalidade, salvo de associação de classe, e sem remuneração (LOMAN, art. 36, II).

Causa em que for herdeiro presuntivo, donatário ou empregador de qualquer das partes: o CPC/1973 tachava de parcial o juiz quando herdeiro presuntivo, donatário ou empregador de alguma das partes (CPC/1973, art. 135, III). A incidência da regra levava à *suspeição* do juiz. Atualmente – e sabe-se lá a partir de qual critério científico –, a hipótese foi *promovida* à categoria *impedimento*. *Herdeiro presuntivo* é quem, presumidamente, herdará de outrem, quer por parentesco, quer em virtude de testamento. Em boa parte das vezes, o herdeiro presuntivo já se encontra abarcado pelo que dispõe o inciso III do art. 144 (= impedimento do juiz quando for parte parente, consanguíneo ou afim, em linha reta ou colateral, até o terceiro grau), restando, portanto, a hipótese do herdeiro testamentário. Considera-se *doação* o contrato em que alguém, por liberalidade, transfere bens ou vantagens para o patrimônio de outra pessoa (CC/2002, art. 538). Para fins do inciso IV do art. 144, portanto, juiz-donatário é aquele que recebeu doação de alguma das partes. E porque a lei não distingue, pouco importa se a doação foi feita em contemplação do merecimento do donatário, se o caso é de doação remuneratória ou gravada, no excedente ao valor dos serviços remunerados ou ao encargo imposto (CC/2002, art. 540) – *ubi lex non distinguir nec nos distinguere debemus*. Mais: a ordem jurídica não admite que alguém atue como juiz quando for empregador de qualquer das partes. Observação: a regra tem por função evitar que juízes decidam quando têm com a parte relação de simpatia, afeição ou proximidade.

Quando for parte na causa instituição de ensino com a qual tenha o juiz relação de emprego ou decorrente de contrato de prestação de serviços: a lei prudentemente resguarda a independência funcional e imparcialidade daquele investido da jurisdição. Por isso é que os magistrados em geral gozam de determinadas garantias (= vitaliciedade, inamovibilidade e irredutibilidade de subsídios), sendo-lhes vedado: i) exercer, ainda que em disponibilidade, outro cargo ou função, *salvo uma de magistério*; ii) receber, a qualquer título ou pretexto, custas ou participação em processo; iii) dedicar-se à atividade político-partidária; iv) receber, a qualquer título ou pretexto, auxílios ou contribuições de pessoas físicas, entidades públicas ou privadas, ressalvadas as exceções previstas em lei; e v) exercer a advocacia no juízo ou tribunal do qual se afastou, antes de decorridos três anos do afastamento do cargo de aposentadoria ou exoneração (CF/1988, art. 95). Naquilo que importa aqui: é corriqueiro – até porque a Constituição admite – juízes que se dedicam paralelamente à docência. Muitos deles, aliás, atingem superior expertise, concluem mestrado e ou doutorado, alguns avançam mais e realizam estágios pós-doutorais (as vezes, fora do país). E nessa toada contínua se gabaritam para o exercício da docência, não só em graduações, senão em cursos de especialização (*lato* e *stricto sensu*). Trata-se de fenômeno salutar: a docência é provocativa, faz com que o bom professor saia da zona de conforto, impulsiona o estudioso para mundo da pesquisa e produção científica. E, claro, a dedicação nos estudos, para além de beneficiar os alunos, que com o professor-magistrado têm imediato contato, favorece igualmente os jurisdicionados. O magistrado que muito estuda enxerga mais longe, adquire raciocínio sistemático e se aperfeiçoa no exercício da jurisdição. Talvez nisso, aliás, esteja a justificativa que levou o constituinte a admitir a exceção (= autorização para que juízes exerçam o magistério). Ainda que assim seja, a lei tomou a precaução de vedar que juízes exerçam jurisdição nas causas em que figurem, na condição de parte

(= principal ou interveniente), instituições de ensino com as quais mantenham relação de emprego ou tenham contrato de prestação de serviços (CPC/2015, art. 144, VII). É, sem dúvida, acertada a posição normativa, haja vista a relação de proximidade a envolver empregado e empregador, o que pode fazer surgir entre ambos, sentimentos de camaradagem, de devoção e, em dadas ocasiões, atritos e desavenças. Importante: i) a lei não o diz expressamente, mas é inequívoco que se deve considerar impedido também o juiz que mantém vínculo de trabalho (= professor), mediante *regime estatutário*, com a instituição de ensino que é parte no feito; ii) tem-se nisso, portanto, outra evidência de que é um erro grave se posicionar a favor da taxatividade dos róis de hipóteses previstos em lei para a quebra da imparcialidade.

Quando for parte cliente de escritório de advocacia do cônjuge (ou companheiro) ou parente: o inciso III do art. 144, CPC/2015, já analisado alhures, proíbe (= impedimento) o juiz de exercer suas funções quando, na causa, estiver postulando cônjuge, companheiro ou parente na condição de *defensor público, advogado* ou *membro do Ministério Público*. A hipótese prevista no inciso VIII em exame é distinta: está o juiz impedido de atuar em causa na qual figure como parte cliente do escritório de advocacia do seu cônjuge, companheiro ou parente (CPC/2015, art. 144, VIII), *mesmo que ali, no caso concreto, o patrocínio se dê por advogado de escritório diverso* – afinal, não é incomum que pessoas (principalmente demandistas habituais e empresas com variado leque de atividades e interesses) contratem dois ou mais escritórios de advocacia. Basta, em suma, que a parte seja *cliente* do escritório de advocacia do seu cônjuge, companheiro ou parente para que a norma tenha incidência, a despeito de quem seja o profissional da advocacia que representa o constituinte na causa em questão. Observações: i) a regra se aplica ao parente consanguíneo ou afim, em linha reta ou colateral, até o terceiro grau; ii) a regra incidirá ainda que o escritório de advocacia do cônjuge, companheiro ou parente do juiz tenha sido contratado pela parte para atuar extrajudicialmente; e iii) a regra pretendeu sobretudo obstar favorecimentos a pessoas que são próximas do magistrado, mas que se apresentam *invisíveis* na causa porque dela não participam de modo formal. Finalmente, por razões alinhadas ao bom senso e à ordem constitucional, merece críticas severas a decisão do plenário do STF, em ação direta de inconstitucionalidade promovida pela Associação dos Magistrados Brasileiros (ADI 5953), que julgou *inconstitucional* a regra em análise (CPC/2015, art. 144, VIII).

Quando promover ação contra a parte ou seu advogado: reputa-se fundada a suspeita de parcialidade sempre que o juiz tiver interesse no julgamento de determinada causa em favor de tal ou qual parte (CPC/2015, art. 145, IV) (= impedimento). A hipótese prevista no inciso IX do art. 144, CPC/2015, é ainda mais evidente em assinalar uma possível parcialidade do julgador. Afinal de contas, qualquer um – *excetuados os santos e equivalentes* – está sujeito a alimentar animosidades contra quem acionou judicialmente (ou contra o advogado de quem acionou judicialmente). Mesmo que o magistrado lute contra os próprios sentimentos, talvez (e muito provavelmente) seu inconsciente acabe *falando mais alto*. Portanto, a regra em exame indica fatos jurídicos que, devidamente materializados, levam ao impedimento do juiz. Detalhamentos: i) não tem relevância a natureza do procedimento jurisdicional, se comum ou especial, se de jurisdição voluntária ou contenciosa. Sequer importa o objeto da ação. A regra deve incidir inclusive quando a pessoa física do juiz tiver promovido, ou promover, contra a parte ou o advogado dela ação administrativa ou arbitral; ii) embora a regra faça alusão só à parte ou ao advogado dela, não se pode interpretá-la exaustivamente; e iii) o inciso IX do art. 144 é, enfim, daqueles que reforçam a posição doutrinária que denuncia o *descabimento* de róis taxativos de afastamento do juiz por possível parcialidade; iv) algumas perguntas surgem à mente de imediato: 1) por que considerar impedido só o juiz que *acionou* a parte ou o advogado dela, e não o juiz que *foi acionado* por algum deles? 2) Por que não considerar impedido o juiz que acionou o *defensor público* da parte, ou que foi acionado pelo *defensor público* dela? 3) Por que não considerar impedido o juiz que aciona a parte (ou o advogado dela) em *investigação criminal*, e vice-versa? São situações similares e que, por conseguinte, merecem tratamento idêntico; v) recorde-se que, em socorro da tutela de garantias processuais-fundamentais – e aqui está em jogo a garantia da imparcialidade –, tem lugar a interpretação extensiva, sob pena de se atentar contra a Constituição (= proteção deficiente).

Criação de fato superveniente a fim de caracterizar o impedimento do juiz: o CPC/2015 veda, de modo expresso, estratégia processual de *criação de fato superveniente* para a caracterização de impedimento do juiz (CPC/2015, art. 144, §2º). Para ilustrar: parte que, depois de promover a demanda, contrata, como sua advogada, alguém que vive em união estável com o juiz; instituição de ensino que contrata, como docente, o juiz que atua em causa na qual ela é ré. A parte que assim age deliberadamente pratica ato de improbidade processual (CPC/2015, art. 80, III e V), sujeitando-se às sanções previstas em lei. Embora se trate de conduta procedimentalmente ilícita (CPC/2015, art. 144, §2º), nada assegura que um ou outro litigante mais audacioso se arrisque a adotá-la para *provocar* o impedimento de juízes. Detalhamentos: i) malgrado seja justificável a preocupação legislativa, a regra pode, *se aplicada restritivamente*, abrir margem a julgamentos parciais; ii) poucos deixariam de colocar em xeque a imparcialidade de um magistrado que, por exemplo, funcione em causa na qual seu filho é advogado de uma das partes, quer o ingresso dele no feito tenha se dado antes *ou após o início da atividade judicante exercida por seu pai* ; iii) para assegurar a constitucionalidade do dispositivo, só há uma linha interpretativa aceitável: deve-se indeferir o ingresso posterior do novo advogado sempre que isso puder levar ao impedimento do juiz – nesse sentido, aliás, já decidiu o Superior Tribunal de Justiça: "Descabe o ingresso do advogado no processo depois que os respectivos autos forem distribuídos para órgão colegiado de que faça parte magistrado com o qual o causídico possui relação de parentesco. Caso contrário, estar-se-ia, em tese, legitimando a criação de impedimento superveniente não aleatório de integrante que, originariamente, já compunha o órgão competente para o julgamento da questão" (STJ, AgRg nos Edcl no RMS 25263, 5ª Turma, rel. Min. Felix Ficher, julgamento: 07. 05.2008, disponível em: www.sjt.jus.br).

Colegiado integrado por juiz parcial: é nulo acórdão cuja elaboração contou com magistrado(s) parcial(is), pouco importando se o voto proferido tenha sido irrelevante para o resultado do julgamento.

Como já decidido: i) "as razões que comprometem ou, pelo menos, colocam em risco a imparcialidade do juiz são as de impedimento e suspeição"; ii) "declarada expressa e anteriormente a suspeição de um determinado desembargador, não pode este participar do julgamento (...)", sendo que "o voto de apenas um magistrado que, de alguma forma, está vinculado à causa ou tenha nela algum interesse particular, macula todo o julgamento, ensejando a sua nulidade (...) em respeito ao princípio da imparcialidade do juiz, basilar ao exercício da cidadania e da justiça" (STJ, RMS 11.260/SE, rel. Min. Jorge Scartezzini, 5ª Turma, julgamento: 26.09.2000, disponível em: www.stj.jus.br).

Decisão proferida por juiz parcial substituída em grau recursal: a mácula em decisão proferida por juiz parcial permanece incólume mesmo que depois seja ela substituída por acórdão oriundo de julgamento do recurso no tribunal. Pelo menos assim deve ser quando o tribunal, negando a procedência que se pretendeu, mantém a decisão atacada. Não há, afinal de contas, como avaliar até que ponto a decisão prolatada pelo juiz parcial influenciou o posicionamento do órgão *ad quem* (WAMBIER, Teresa Arruda Alvim *et al. Primeiros Comentários ao Novo Código de Processo Civil.* São Paulo: Revista dos Tribunais, 2015. p. 279-280).

— Θ —

Art. 145. Há suspeição do juiz:

I – amigo íntimo ou inimigo de qualquer das partes ou de seus advogados;

II – que receber presentes de pessoas que tiverem interesse na causa antes ou depois de iniciado o processo, que aconselhar alguma das partes acerca do objeto da causa ou que subministrar meios para atender às despesas do litígio;

III – quando qualquer das partes for sua credora ou devedora, de seu cônjuge ou companheiro ou de parentes destes, em linha reta até o terceiro grau, inclusive;

IV – interessado no julgamento do processo em favor de qualquer das partes.

§1º Poderá o juiz declarar-se suspeito por motivo de foro íntimo, sem necessidade de declarar suas razões.

§2º Será ilegítima a alegação de suspeição quando:

I – houver sido provocada por quem a alega;

II – a parte que a alega houver praticado ato que signifique manifesta aceitação do arguido.

Correspondente:

CPC/1973, art. 135.

Referências:

CF/1988, art. 93, I; art. 95, I, II, III e parágrafo único; art. 135, III; art. 145; art. 371; art. 452, I.

CADH, art. 8º, 1.

DUDH, art. X.

CPC/2015, art. 5º, art. 80, III e V; art. 144; art. 146; art. 966, II.

LOMAN, art. 36, II.

Imparcialidade judicial: os primeiros tópicos elaborados para comentar o dispositivo anterior – são eles, respectivamente: "Imparcialidade judicial (1)"; "Imparcialidade judicial (2)"; "Dever de abstenção do juiz e recusa formulada pelas partes"; "Incompetência e parcialidade"; "Impedimento e suspeição (1)"; "Impedimento e suspeição (2)"; "Impedimento e suspeição (3); "Impedimento e suspeição (4)"; "Impedimento e suspeição (5)"; "Rol exemplificativo" e "Autodeclaração de ofício" – servem de introdução, também, ao art. 145 do CPC/2015. Na intenção de evitar repetições, sugere-se ao leitor que (re)visite os tópicos aludidos.

Motivo de foro íntimo: ao juiz é lícito, a qualquer momento se declarar suspeito, por motivo de foro íntimo (CPC/2015, art. 145, §1º). Em suma, a lei autoriza-o a manter sigilo acerca das razões que motivaram sua decisão de se afastar do feito – diferentemente se dá na arbitragem, terapia de solução de conflitos na qual a lei impõe às pessoas indicadas para funcionar como árbitro o dever de revelar, antes da aceitação da função, qualquer fato que denote dúvida justificada quanto à sua imparcialidade e independência (LA, art. 14, §1º).

Amigo íntimo ou inimigo de qualquer das partes ou de seus advogados: inimizade e amizade íntima entre juiz e parte, ou entre ele e o advogado da parte, são razões previstas em lei que sugerem suspeita de parcialidade em alto grau (= suspeição). Em tais circunstâncias, o julgador está proibido de exercer jurisdição, devendo abster-se de funcionar na causa. Inimigo é aquele hostil ou nocivo a outrem, que tem propensão ou desejo de prejudicar. Já a amizade pressupõe estima, afeição ou ternura entre os envolvidos. Ocorre que a amizade *por si só* é insuficiente para a incidência da regra do inciso I do art. 145, CPC/2015. É pouco ou quase nada o fato de juiz e advogado, por exemplo, se encontrarem casualmente para *jogarem conversa fora*. Trata-se de algo, em certa medida, até corriqueiro. Cada qual conhece (ou deveria conhecer) os próprios limites éticos e legais, e o juiz, atento e responsável, jamais permitirá que seja ultrapassada a barreira entre sua vida pessoal e profissional. Já o advogado, cônscio da magnitude da sua atividade profissional, prefere manter incólume sua liberdade de atuação e enfrentamento, ou seja, ele não se arrisca tentando obter favores espúrios, que além de o diminuírem, vilipendiam a dignidade da advocacia. É relevante, portanto, notar que o fato jurídico está qualificado por um adjetivo: amizade *íntima*. Amigo íntimo é quem convive com a pessoa, frequenta seu ambiente familiar, que troca com ela rotineiramente mensagens eletrônicas ou telefonemas e é chamado a participar, ou participa, de episódios importantes de sua vida.

Receber presentes: tem-se notícia de que, em cidades interioranas, empresas litigantes as vezes se arriscam enviando mimos de final de ano para magistrados que ali exercem a sua atividade. É postura que merece repúdio. Ao juiz cumpre recusar prontamente esse tipo de agrado, sendo recomendado que devolva o regalo ao remetente. A regra (CPC/2015, art. 145, II) quer evitar que juízes decidam causas de pessoas por quem têm alguma afinidade, o que evidentemente, se ocorrer, vai de encontro àquilo que se espera em termos isenção e neutralidade da função jurisdicional.

Aconselhar alguma das partes: não é papel do magistrado ofertar aconselhamentos às partes ou aos advogados delas (CPC/2015, art. 145, II). Exige-se dele atenção e cautela, quer dizer, deve policiar-se para assegurar a equidistância que caracteriza a nobre função que exerce. Juiz que distribui aconselhamentos a alguma das partes comporta em discrepância com a boa-fé (CPC/2015, art. 5º), exerce atribuição que não lhe condiz, ou seja, faz papel de advogado e, por conseguinte, provoca a quebra da sua *impartialidade*. Quem aconselha a parte são os amigos dela e, em especial, seu advogado ou defensor público. E necessitando de conselhos o próprio profissional da advocacia, que os procure junto a um colega mais experimentado e em livros especializados. Dois esclarecimentos feitos por Celso Agrícola Barbi: i) "juiz que aconselha a parte a propor, ou a não propor alguma ação, ou a se conduzir de uma ou de outra forma se for proposta ação contra ela, toma posição prévia em relação ao direito do litigante, vincula sua opinião" e, por isso, "poderia mesmo ficar em dificuldade para julgá-la, quando as provas não resultassem naquilo que a parte lhe expôs"; e ii) o "aconselhamento a que se refere a lei é aquele feito em determinada causa, entre pessoas certas, em concreto" (= casos concretos entre pessoas, fatos reais, e não hipotéticos), isto é, não estão abrangidas opiniões expostas "doutrinariamente em artigo científico, ou em conferências, livros, etc., em que tenha analisado problemas jurídicos em geral, ou mesmo em votos, como julgador, em causas anteriormente decididas por ele" (BARBI, Celso Agrícola. *Comentários ao Código de Processo Civil.* v. I. Rio de Janeiro: Forense, 1981. p. 434-435).

Subministrar meios para atender as despesas do litígio: o julgador que subministra meios para atender despesas do litígio quebra a equidistância que a ordem jurídica lhe obriga a manter em relação à causa e aos litigantes (CPC/2015, art. 145, II). Age não como juiz, mas como benfeitor, e assim demonstra não ter vocação para o exercício da magistratura, nem isenção para julgar o feito.

Credor ou devedor de qualquer das partes, de seu cônjuge, companheiro ou de parentes destes: em psicologia e economia comportamental estudam-se os chamados vieses cognitivos. São circunstâncias que conduzem decisores a erros ou desvios irracionais de julgamento. Veja-se, a título de ilustração, a tendência que tem o ser humano para elaborar interpretações confirmativas das próprias crenças ou hipóteses (= viés de confirmação). Se fulano gosta de alguém, ou se leva a sério determinado esporte, é bastante crível antever-se que envidará esforços para defender o amigo alvo de críticas, ou que vai recrudescer a relevância da prática esportiva sempre que confrontado com ideias que a ela são hostis. Quem então foi capturado por determinada ideologia política tende a distorcer, e até a ignorar, fatos para manter intacta a sua visão de mundo. É um *modus operandi* que amiúde se materializa de modo inconsciente, sem que o indivíduo se dê conta. Juízes, embora decisores profissionais, acima de tudo são *pessoas*, e por isso estão sujeitos a essas influências que desvirtuam o intelecto, a racionalidade e o próprio senso de realidade. Disso se vislumbra, enfim, a fragilidade na qual se encontra um magistrado (= suspeição) que é credor ou devedor da parte, de seu cônjuge, companheiro ou de parentes destes (CPC/2015, art. 145, III) – há, aí, manifesto risco de quebra da imparcialidade judicial. Se é credor pode alimentar sentimentos ruins em relação ao indivíduo inadimplente cuja causa vai decidir. Sendo devedor, por outro lado, pode ter impulsos de agradá-lo ou, ainda, nutrir por ele algum sentimento de revanchismo. Ainda que se trate de profissional probo e responsável, talvez seu raciocínio acabe turvado por circunstâncias alheias ao caso concreto em julgamento.

Interessado no julgamento da causa em favor de qualquer das partes: as hipóteses de impedimento e suspeição têm por fito, *em perspectiva genérica*, evitar que interesses alimentados por juízes, sejam quais forem, acarretem julgamentos parciais. *Interessado* é quem vislumbra algo de útil ou vantajoso no resultado da atividade jurisdicional, utilidade ou vantagem divisada para si ou outrem. O beneficiado poderá ser a parte, um dos advogados ou mesmo um terceiro, tenha ou não proximidade com o juiz. Pense-se, para exemplificar, no juiz que julga em favor de um amigo íntimo, ou decide de modo proveitoso a fulano (com quem nunca manteve contato) com o propósito de prejudicar sicrano (CPC/2015, art. 145, I). Já no que diz respeito às possibilidades extraíveis do que dispõe o inciso IV do art. 145 do CPC/2015, são elas inúmeras, até porque é imprecisa a construção gramatical *"juiz interessado no julgamento"*. A abertura normativa admite que sejam consideradas as idiossincrasias que o contexto do caso concreto pode revelar, em acertado reforço à tutela da garantia da imparcialidade judicial. O anedotário forense, a título de ilustração, dá notícia de um litígio entre a Igreja e um repórter, que a ela teceu comentários desairosos. No dia da audiência, ingressando as partes na sala designada, o juiz – conhecido por sua devoção religiosa – recebeu o bispo *com um beijo na mão*. De olhos arregalados, o repórter aceitou sem pestanejar a orientação do seu advogado e, de pronto, entabulou acordo para evitar a derrota que se avizinhava. Situações que merecem atenção: i) é suspeito o magistrado que figura como parte em demanda idêntica àquela cujo julgamento lhe incumbe realizar – há, porém, entendimento em sentido diverso: STJ, REsp 1.340.594, rel. Min. Mauro Campbell Marques, julgamento: 17.12.2013, disponível em: www.stj.jus.br; ii) no âmbito recursal, basta um dos magistrados, integrantes da câmara ou turma, alimentar interesse na causa para que se configure a dúvida quanto a imparcialidade do julgamento. Pouco importa, enfim, seja ele o relator – a questão, contudo, acarreta divergências entre os estudiosos e julgadores; iii) problema seríssimo compreende *ações coletivas* ou *civis públicas* nas quais o(s) próprio(s) magistrado(s) – juízes de base, desembargadores e ministros – responsável(is) pelo julgamento se beneficiará(rão) do julgamento de procedência (*v.g.*: questão atinente a dano ambiental). Segundo o ordenamento jurídico, compete ao Supremo Tribunal Federal processar e julgar originariamente as ações em que todos os membros da magistratura sejam direta ou indiretamente interessados, e também aquelas em que mais da metade dos membros do tribunal de origem estejam impedidos ou sejam direta ou indiretamente interessados (CF/1988, art. 102, I, "n"). É solução prática, mas que, infelizmente, não resolve a questão em sua inteireza e complexidade.

Colegiado integrado por juiz parcial: é nulo acórdão cuja elaboração contou com um ou mais magistrado(s) parcial(is), pouco importando que o(s) voto(s) que proferiu(ram) tenha(m) sido irrelevante(s) para o resultado do julgamento. Como já decidido: i) "as razões que comprometem, ou, pelo menos, colocam em risco a imparcialidade do juiz, são as de impedimento e suspeição"; ii) "declarada expressa e anteriormente a suspeição de um determinado desembargador, não pode este participar do julgamento (...)", sendo que "o voto de apenas um magistrado que, de alguma forma, está vinculado à causa ou tenha nela algum interesse particular, macula todo o julgamento, ensejando a sua nulidade e a prolação de outro, em respeito ao princípio da imparcialidade do juiz, basilar ao exercício da cidadania e da justiça" (STJ, RMS 11.260/SE, rel. Min. Jorge Scartezzini, 5ª Turma, julgamento: 26.09.2000, disponível em: www.stj.jus.br).

Decisão proferida por juiz parcial substituída em grau recursal: permanece a mácula em decisão proferida por juiz parcial mesmo que depois seja ela substituída por acórdão oriundo de julgamento do recurso no tribunal. Pior ainda é quando o tribunal, negando o provimento pretendido, mantém incólume a decisão atacada. Não há, afinal de contas, como avaliar até que ponto a decisão proferida pelo juiz parcial influenciou o posicionamento do órgão *ad quem* (WAMBIER, Teresa Arruda Alvim *et al. Primeiros Comentários ao Novo Código de Processo Civil*. São Paulo: Revista dos Tribunais, 2015. p. 279-280).

Hipóteses em que não se admite arguir a suspeição: a lei expressamente veda a arguição de suspeição em duas hipóteses. Em primeiro lugar, quando houver sido provocada por quem a alega (CPC/2015, art. 145, §2º, I). Quis o legislador obstar que a parte, em sua estratégia de litigância, crie fato superveniente capaz de macular a imparcialidade do juiz da causa. Por último, quando a parte que suscitou a suspeição houver praticado ato que signifique "manifesta aceitação do magistrado arguido" (CPC/2015, art. 145, §2º, II). São, enfim, regras de inegável cunho prático, mas que, infelizmente, podem avalizar decisões parciais.

— Θ —

Art. 146. No prazo de 15 (quinze) dias, a contar do conhecimento do fato, a parte alegará o impedimento ou a suspeição, em petição específica dirigida ao juiz do processo, na qual indicará o fundamento da recusa, podendo instruí-la com documentos em que se fundar a alegação e com rol de testemunhas.

§1º Se reconhecer o impedimento ou a suspeição ao receber a petição, o juiz ordenará imediatamente a remessa dos autos a seu substituto legal, caso contrário, determinará a autuação em apartado da petição e, no prazo de 15 (quinze) dias, apresentará suas razões, acompanhadas de documentos e de rol de testemunhas, se houver, ordenando a remessa do incidente ao tribunal.

§2º Distribuído o incidente, o relator deverá declarar os seus efeitos, sendo que, se o incidente for recebido:

I – sem efeito suspensivo, o processo voltará a correr;

II – com efeito suspensivo, o processo permanecerá suspenso até o julgamento do incidente.

§3º Enquanto não for declarado o efeito em que é recebido o incidente ou quando este for recebido com efeito suspensivo, a tutela de urgência será requerida ao substituto legal.

§4º Verificando que a alegação de impedimento ou de suspeição é improcedente, o tribunal rejeitá-la-á.

§5º Acolhida a alegação, tratando-se de impedimento ou de manifesta suspeição, o tribunal condenará o juiz nas custas e remeterá os autos ao seu substituto legal, podendo o juiz recorrer da decisão.

§6º Reconhecido o impedimento ou a suspeição, o tribunal fixará o momento a partir do qual o juiz não poderia ter atuado.

§7º O tribunal decretará a nulidade dos atos do juiz, se praticados quando já presente o motivo de impedimento ou de suspeição.

Correspondente:

Não há correspondência no CPC/1973.

Referências:

CF/1988, art. 5º, LIV e LV.

CPC/2015, art. 313, III;

RITJMG, art. 542, §1º.

Exceção de impedimento ou de suspeição: a *exceção* deve ser arguida, *especificamente no que diz respeito às situações em que há desconfiança de parcialidade (= impedimento ou suspeição do juiz)*, via *incidente* em separado (CPC/2015, art. 146, §1º). É evento que ocorre no curso do feito principal, mas como fato estranho à normalidade, aqui, como dito, ensejando a instauração de procedimento apartado e que seguirá seu caminho procedimental em paralelo.

Generalidades acerca do procedimento incidental: a parte arguirá o impedimento ou a suspeição no prazo de 15 (quinze) dias, contados do conhecimento do fato. Para tanto, deve utilizar-se de petição específica dirigida ao juiz do feito (= incidente procedimental), por meio da qual indicará o fundamento da recusa, podendo instruí-la com documentos que demonstrem a alegação e com rol de testemunhas (CPC/2015, art. 146, *caput*). A mera apresentação de petição arguindo impedimento ou suspeição do juiz implica suspensão *automática* da causa principal (= efeito suspensivo *ope legis*; CPC/2015, art. 146, II, §2º c/c art. 313, III), excetuado pedido de tutela de urgência já requerido ou mesmo postulado em momento ulterior (CPC/2015, art. 146, §3º). Ao juiz impedido ou suspeito incumbe o *dever* de se afastar prontamente do feito (= dever de abstenção). Se o fizer, reconhecendo a parcialidade alegada, ordenará imediatamente a remessa dos autos para o seu substituto legal (CPC/2015, art. 146, §1º, *primeira parte*). Caso contrário, determinará a autuação em apartado da petição e, no prazo de 15 (quinze) dias, suas razões devem ser apresentadas, com documentos e rol de testemunhas, se houver, ordenando, por fim, a remessa do incidente ao tribunal (CPC/2015, art. 146, §1º, *segunda parte*). Distribuído o incidente, o relator deverá declarar os seus efeitos, surgindo daí duas possibilidades (CPC/2015, art. 146, §2º, I e II). Primeiro, se o incidente for recebido *sem efeito suspensivo*, o feito principal voltará a correr. Segundo, sendo o incidente recebido *com efeito suspensivo*, o feito principal permanecerá suspenso até o seu julgamento final. Note-se, ademais, que, enquanto não declarado o efeito em que é recebido o incidente, ou quando este for recebido com efeito suspensivo, a tutela de urgência será requerida ao substituto legal (CPC/2015, art. 146, §3º). Havendo necessidade de colheita de provas orais, ter-se-á a designação de audiência de instrução, que será presidida por magistrado designado pelo relator. Por fim, atente-se para o seguinte: i) verificando que a alegação de impedimento ou de suspeição é improcedente, o tribunal rejeitá-la-á; ii) se, de modo diferente, a alegação for acolhida, tratando-se de impedimento ou de manifesta suspeição, o tribunal condenará o juiz nas custas e remeterá os autos ao seu substituto legal, devendo ainda fixar o momento a partir do qual este último não poderia ter atuado, decretando a nulidade dos atos processuais se praticados quando já presente o motivo de impedimento ou de suspeição (CPC/2015, art. 146, §§5º, 6º e a 7º); e iii) em qualquer hipótese, o derrotado pode recorrer da decisão.

Prazo de apresentação da exceção e contraditório: o prazo para a oferta da exceção de impedimento ou suspeição é de 15 (quinze) dias, contados a partir do *conhecimento do fato* (CPC/2015, art. 146, *caput*). Não arguida a exceção no prazo previsto em lei, tem incidência a preclusão (verificar comentários no item seguinte). Ao juiz, já apresentado o incidente de exceção, caso opte em não reconhecer a sua parcialidade, é assegurado direito à defesa, quando poderá arguir suas razões, acompanhadas de documentos e rol de testemunhas. Seu prazo é também de 15 (quinze) dias, contados da data em que receber a petição responsável pela instauração do incidente.

Preclusão: a oferta do incidente de suspeita da parcialidade deve ocorrer inexoravelmente no prazo de 15 (quinze) dias, contados do conhecimento do fato. Se a parte não o fizer nesse período, tem incidência a preclusão. Significa, em miúdos, que não mais será possível denunciar a parcialidade do magistrado pela via do incidente de exceção. Contudo, nada impede a parte de arguir a parcialidade do magistrado no bojo dos próprios autos, *mediante simples petição*, quer dizer, sem a utilização da exceção – afinal, a questão é de *ordem pública*. Em tal hipótese, não terá lugar a suspensão *ope legis* do feito. Importante: em razão do regime diferenciado (e inconstitucional) eleito pela lei, que distingue as hipóteses de impedimento e suspeição, há forte entendimento no sentido de que apenas as primeiras, *supostamente* dotadas de superior gravidade, podem ser suscitadas a qualquer tempo e sem o emprego do incidente de exceção.

Causa preexistente: há circunstâncias em que a causa da parcialidade é preexistente à oferta da demanda e já conhecida pela parte. Veja-se o seguinte: i) havendo interesse do autor em arguir a suspeita de parcialidade via incidente de exceção, tendo ele conhecimento da causa preexistente, deverá fazê-lo no prazo de 15 (quinze) dias contados da distribuição da petição inicial; e ii) havendo interesse do réu em arguir a suspeita de parcialidade via incidente de exceção, tendo ele conhecimento da causa preexistente, deverá fazê-lo no prazo de 15 (quinze) dias contados da citação (WAMBIER, Teresa Arruda Alvim *et al. Primeiros Comentários ao Novo Código de Processo Civil.* São Paulo: Revista dos Tribunais, 2015. p. 287).

Apresentação do rol de testemunhas: a lei é expressa ao impor que o rol de testemunhas seja apresentado juntamente com a petição específica que inaugurará o incidente de suspeita da parcialidade. É traço normativo que traz certa *especialidade* ao procedimento. Importa o seguinte: deixando a parte de apresentar o rol de testemunhas no momento previsto em lei, não mais lhe será permitido fazê-lo no futuro (= preclusão).

Efeito suspensivo *ope legis*: a mera apresentação da petição, dedicada a inaugurar a exceção de desconfiança da parcialidade do juiz, acarreta a automática suspensão da causa principal. Trata-se, portanto, de efeito suspensivo *ope legis* (CPC/2015, art. 146, II, §2º c/c art. 313, III).

Reconhecimento da parcialidade: reconhecer *de pronto* a sua parcialidade (já no recebimento da petição inicial) é *dever* de todo magistrado, o qual se liga a importantes fundamentos normativos (= devido processo legal, juiz natural, imparcialidade judicial, igualdade perante a lei, boa-fé, lealdade processual) e cuja observância confere credibilidade ao serviço jurisdicional. De todo modo, a lei franqueia ao juiz, logo após a instauração do incidente, nova oportunidade para se reconhecer impedido ou suspeito. Assim agindo, ordenará na sequência a imediata remessa dos autos ao substituto legal (CPC/2015, art. 146, §1º).

Distribuição do incidente, definição do efeito e julgamento: por óbvio que o juiz, cuja imparcialidade foi colocada em dúvida, não pode julgar a si mesmo ou decidir questão que lhe diz respeito. Daí a lei expressamente prever que, não reconhecendo o impedimento ou a suspeição arguida, deverá o magistrado determinar a autuação em apartado da petição apresentada pela parte e, no prazo de 15 (quinze) dias, ofertar suas razões, acompanhadas de documentos e com o rol de testemunhas, se houver, *ordenando a remessa do incidente ao tribunal* (CPC/2015, art. 146, §1º). O incidente será então distribuído, cumprindo ao relator declarar se mantém ou não o efeito suspensivo *ope legis* (CPC/2015, art. 146, II, §2º c/c art. 313, III). Havendo prova oral a ser colhida, pode o relator delegar a instrução a algum juiz de primeiro grau – assim se posiciona, por exemplo, o Regimento Interno do Tribunal de Justiça de Minas Gerais (RITJMG, art. 542, §1º). Colhida a prova, ou não sendo necessária a sua colheita, os autos serão remetidos ao relator, que fará sucinta exposição da espécie e os colocará em mesa para julgamento (RITJMG, art. 542, §2º). Ao fim e ao cabo, o tribunal: i) rejeitará a desconfiança de parcialidade, julgando improcedente a exceção; ou ii) declarará o juiz impedido ou suspeito, julgando procedente a exceção, sendo o juiz condenado nas custas processuais e os autos principais remetidos ao seu substituto legal.

Recursos: distribuído o incidente que coloca em dúvida a imparcialidade do juiz, deve o relator, em primeiro plano, decidir se mantém ou não o efeito suspensivo *ope legis*. O recurso cabível contra essa decisão é o agravo interno. De outra banda, proferido o acórdão acolhendo ou não a exceção, admite-se a interposição de recurso especial. Aliás, é curioso observar que a lei faz alusão unicamente à possibilidade de o juiz recorrer, mas é claro que a parte, insatisfeita com a decisão que não acolheu sua exceção, pode também manejar a competente via recursal. Afinal de contas, do contrário ter-se-ia atentado ao devido processo legal (em especial, à garantia da ampla defesa e da igualdade) (CF/1988, art. 5º, LIV e LV).

Arguição do incidente de parcialidade nos tribunais: pode surgir necessidade de se arguir a dúvida quanto a imparcialidade do magistrado em sede de tribunal. É o que se dá, a título de ilustração, quando um dos desembargadores responsáveis pelo julgamento do recurso (ou da causa de competência originária do tribunal) é inimigo da parte. Os tribunais regulam a questão em seus regimentos internos. Mas é válido advertir: os modelos trazidos pelos regimentos internos não devem discrepar das linhas gerais traçadas pelo art. 146 (ASSIS, Araken. *Processo Civil Brasileiro*. Parte geral: institutos fundamentais. v. II. Tomo I. São Paulo: Revista dos Tribunais, 2015. p. 973). Veja-se, por exemplo, a orientação adotada pelo Tribunal de Justiça de Minas Gerais: i) o desembargador poderá dar-se por suspeito, se afirmar motivo de foro íntimo, e deverá fazê-lo ou dar-se por impedido, se houver motivo legal de suspeição ou de impedimento; ii) se, na sessão de julgamento, o presidente do órgão julgador se der por suspeito ou impedido, competirá a presidência ao julgador mais antigo; iii) o desembargador poderá ser recusado, por qualquer das partes, como suspeito ou impedido em feito no qual atue, nos casos previstos na legislação processual civil e penal; iv) a exceção de impedimento ou de suspeição deve ser oposta em petição dirigida ao presidente do órgão julgador, assinada por procurador, com poderes especiais, fundamentada e acompanhada, se houver, de prova documental ou rol de testemunhas; v) o presidente mandará juntar a petição aos autos, que serão conclusos ao desembargador recusado; vi) reconhecendo sua parcialidade o desembargador recusado, deve determinar a juntada da petição aos autos e, sendo ele o relator, ordenar a remessa desses mesmos autos ao substituto ou para nova distribuição; vii) sendo o desembargador recusado o revisor, passará os autos ao desembargador que o seguir na ordem de antiguidade; viii) se o desembargador recusado não reconhecer a suspeição ou o impedimento, deve sustar a marcha do processo e ordenar a autuação em apartado da petição, determinando a remessa dos autos do incidente ao presidente do órgão julgador; ix) se a arguição for de manifesta improcedência, o presidente a rejeitará liminarmente; x) não sendo o caso de manifesta improcedência, o presidente mandará ouvir o arguido, que dará a sua resposta em 10 (dez) dias, podendo juntar documentos e oferecer testemunhas; xi) recebidos os autos com a manifestação do arguido, o presidente fará relatório escrito, em 15 (quinze) dias, e convocará o órgão para tomar conhecimento da preliminar de exceção; xii) se for reconhecida a relevância da arguição, processar-se-á o incidente, com intimação das partes, marcando o presidente dia e hora para inquirição de testemunhas, ou delegando poderes a desembargador para a diligência; xiii) verificando que o incidente não tem fundamento legal, o órgão competente para apreciá-lo determinará o seu arquivamento; e xiv) verificando que o incidente tem fundamento legal, o órgão competente para apreciá-lo condenará o desembargador arguido ao pagamento das custas, na forma prevista em lei (RITJMG, arts. 547 a 552).

Capacidade postulatória de juiz acusado de impedimento ou suspeição: o magistrado que tem a sua parcialidade colocada em xeque torna-se parte (= sujeito passivo) no incidente procedimental contra ele instaurado (= exceção de impedimento ou de suspeição). Ao que tudo indica, a lei confere a ele *capacidade postulatória* para o exercício de sua defesa, quer dizer, está autorizado a apresentar suas razões *sem a necessidade de um advogado* (CPC/2015, art. 146, §1º). Trata-se de uma peculiar hipótese na qual o juiz está autorizado a advogar em causa própria – conferir, entre outros: GOUVEIA FILHO, Roberto Pinheiro Campos. *A capacidade postulatória como uma situação jurídica processual simples*: ensaio em defesa de uma teoria das capacidades em direito. 2008. 192 f. Dissertação (Mestrado em Direito) – Faculdade de Direito, Universidade Católica de Pernambuco, Recife, 2008. Se antes, na vigência do CPC/1973, a capacidade postulatória do juiz limitava-se a apresentação de suas razões, a partir do CPC/2015 foi ela estendida, ou seja, a ele também é permitido, *sem se valer de um advogado*, recorrer da decisão que acolher a exceção de impedimento ou de suspeição (CPC/2015, art. 146, §5º).

Não cabimento de honorários sucumbenciais: julgado procedente o pedido formulado na exceção, o juiz cuja parcialidade foi reconhecida será condenado ao pagamento das custas. Não haverá, contudo, condenação ao pagamento de verba honorária sucumbencial (CPC/2015, art. 146, §2º).

— Θ —

Art. 147. Quando 2 (dois) ou mais juízes forem parentes, consanguíneos ou afins, em linha reta ou colateral, até o terceiro grau, inclusive, o primeiro que conhecer do processo impede que o outro nele atue, caso em que o segundo se escusará, remetendo os autos ao seu substituto legal.

Correspondente:
CPC/1973, art. 136.

Referências:
CPC/2015, art. 144; art. 145; art. 146; art. 148.

LOMAN, art. 128.

Impedimento por parentesco entre juízes: o que se lê na regra trazida pelo art. 147, CPC/2015, é hipótese de impedimento *por parentesco entre juízes*. Mais especificamente: sendo dois ou mais juízes parentes, consanguíneos ou afins, em linha reta ou colateral, até o terceiro grau, inclusive, o primeiro que conhecer do feito impede que o(s) outro(s) nele atue(m), caso em que o segundo e os demais, se houver, se escusará(ão), remetendo os autos para o seu substituto legal. Enfim, o magistrado que conhecer a causa em primeiro lugar *impede* o(s) outro(s), seu(s) parente(s), de participar(em) do julgamento. Observações: i) nada há que impeça, contudo, a instalação de outros juízos – diferentemente do regime anterior, cuja regra até então vigente (CPC/1973, art. 136) tinha aplicabilidade unicamente no âmbito dos tribunais; ii) "conhecer do processo" significa ter atuado na causa de qualquer maneira (= exercer jurisdição), ainda que apenas para praticar atos preparatórios ou de instrução; e iii) o art. 128 da LOMAN traz norma com idêntico propósito, malgrado mais restrita.

— Θ —

Art. 148. Aplicam-se os motivos de impedimento e de suspeição:

I – ao membro do Ministério Público;

II – aos auxiliares da justiça;

III – aos demais sujeitos imparciais do processo.

§1º A parte interessada deverá arguir o impedimento ou a suspeição, em petição fundamentada e devidamente instruída, na primeira oportunidade em que lhe couber falar nos autos.

§2º O juiz mandará processar o incidente em separado e sem suspensão do processo, ouvindo o arguido no prazo de 15 (quinze) dias e facultando a produção de prova, quando necessária.

§3º Nos tribunais, a arguição a que se refere o §1º será disciplinada pelo regimento interno.

§4º O disposto nos §§1º e 2º não se aplica à arguição de impedimento ou de suspeição de testemunha.

Correspondente:
CPC/1973, art. 138.

Referências:
CPC/2015, art. 144; art. 145; art. 146; art. 147; art. 149.

Regra de expansão: o art. 148 do CPC/2015 traz uma regra cuja finalidade é *expandir* as hipóteses de impedimento e suspeição também ao membro do Ministério Público, aos auxiliares da justiça e, por fim, aos demais sujeitos *imparciais* do processo. A elogiável preocupação legislativa tem por fito sobretudo a *contenção* de influências externas aos casos concretos, com potencial de atingir indivíduos outros que não o juiz, capazes de afetar a neutralidade que se espera do serviço jurisdicional. Note-se, numa leitura atenta ao dispositivo legal, que é adequado tecnicamente falar-se não só em garantia da imparcialidade *do juiz*, mas também em garantia da imparcialidade *do juízo* (= órgão judicial).

Ministério Público e imparcialidade: o ordenamento jurídico *carregou a mão* na configuração do Ministério Público, figura complexa em substância e cujas funções são bastante amplas. Confira-se as lições de Eduardo José da Fonseca Costa: i) conquanto "falte à constitucionalistica brasileira uma visão sinóptica do Ministério Público" (= penúria jurídico-dogmática), é possível, a partir de algum esforço, "entrever um invariante no confuso inventário de suas atribuições", quer dizer, "um dado funcional imutável", que define a sua substância "e para o qual a ciência jurídica ainda não despertou"; ii) o Ministério Público, em suma, "zela pelo direito objetivo (= direito objetivo material e processual), e não apenas quando funciona na qualidade de terceiro interveniente imparcial (= *custos legis*; curador da ordem jurídica), "mas também como acionante ou autor de ação" (= parte), sendo que, nesta última hipótese, "não atua para que o Estado-juiz eventualmente conceda a tutela de um direito subjetivo", e sim para que conceda a "tutela de uma instituição" – por exemplo: a tutela de "um seguimento temático do direito objetivo"; iii) é esse, portanto, o "fundamento último" do Ministério Público: "zelar pela exata observância da Constituição e das leis", "zelar pela ordem jurídica", ou seja, é ele "curador do direito objetivo"; iv) "quando o Ministério Público atua como autor exercendo função acionante [= dever-poder de acionar ante a presença dos pressupostos fáticos e jurídicos], fá-lo sempre sob a suposição metodológica interina de culpabilidade penal/civil do acusado/demandado. Jamais afirma na denúncia/petição inicial com o dedo em riste – tomado pela paixão de um advogado – a existência da ação de direito material que porventura o Estado-juiz tenha de substitutivamente realizar. Tão somente ao final da instrução o Ministério Público transita da *sub*-posição [plano da provisoriedade] para a assunção de uma posição [plano da definitividade], pedindo *in fine* a condenação/procedência ou a absolvição/improcedência"; e v) curador do direito objetivo que é, "compete-lhe ao final reconhecer se incidiu ou não a norma de direito material por ele aventada, se há ou não nos autos prova do suporte fático da ação de direito material cuja existência foi por ele suposta ao longo da instrução" (COSTA, Eduardo José da Fonseca. *Processo e garantia*. v. 1. Londrina: Editora Thoth, 2021. p. 178-196). Por fim, o legislador, ao estender a aplicação das hipóteses de suspeita de parcialidade (= impedimento e suspeição) também para o membro do Ministério Público, assim o fez de modo generalizado, quer dizer, sem especificar uma determinada ou específica função. Ou seja, os motivos de impedimento ou suspeição aplicar-se-ão inexoravelmente, pouco importando se a atuação do órgão ministerial no caso concreto ocorrer na qualidade de curador da ordem jurídica ou de parte acionante (= autor).

Auxiliares da justiça e dever de imparcialidade: a atuação do juiz seria absolutamente ineficiente, as vezes até inútil, sem o auxílio de terceiros (funcionários, servidores públicos ou cidadãos comuns investidos de *munus* público) cujas funções são as mais variadas (por exemplo: chefia e organização das secretarias; materialização dos autos num arranjo lógico de documentos; fornecimento de subsídios para a formação de seu convencimento; tradução para a linguagem corrente de manifestações de vontade que devem ser consideradas no julgamento; guarda, vigilância e administração dos bens constritos judicialmente). O art. 149 do CPC/2015 enumerou alguns dos mais importantes auxiliares da justiça (= rol exemplificativo), a saber, escrivão, chefe de secretaria, oficial de justiça, perito, depositário, administrador, intérprete, tradutor, mediador, conciliador judicial, partidor, distribuidor, contabilista e regulador de avarias. Juiz e auxiliares da justiça conferem o formato daquilo denominado *juízo* (= órgão judicial) e se empenham conjuntamente para a materialização da atividade jurisdicional. E a todos, como não poderia ser diferente, aplicam-se a disciplina legal de impedimento e suspeição (CPC/2015, arts. 144 e 145) – exemplos de auxiliares da justiça parciais: perito irmão do advogado da parte; escrivão esposo do réu; oficial de justiça primo em primeiro grau do réu; assessor judicial inimigo ou amigo íntimo da parte, etc.

Demais sujeitos imparciais: a hipótese, positivada pelo inciso III do art. 147, faz notar que o rol de auxiliares da justiça constante no art. 149, ambos do CPC/2015, é de cunho *meramente* exemplificativo. A prudência iluminou o legislador. Basta pensar, por exemplo, no *assessor judicial*, que tinha tudo para ganhar a devida visibilidade e ser incluído na lista legal de auxiliares da justiça. Não está lá, mas obviamente é auxiliar da justiça de inquestionável relevância, sem o qual o magistrado, haja vista a excessiva carga de trabalho que lhe pesa sobre os ombros, não conseguiria cumprir seu desiderato com a devida eficiência. Portanto, também eles – os assessores judiciais e demais sujeitos imparciais, delineados em leis outras e que integram o órgão judicial – sujeitam-se à disciplina legal de preservação e tutela da garantia de imparcialidade. Observação: os §§1º e 2º do art. 148 não se aplicam às testemunhas, cuja arguição de incapacidade, impedimento ou suspeição ocorrerá por meio de *contradita*, nos termos do art. 457 do Código de 2015.

Procedimento: os §§1º, 2º e 3º, do art. 148, CPC/2015, regulam o procedimento a ser adotado para se suscitar a parcialidade do membro do Ministério Público, dos auxiliares da justiça e demais sujeitos imparciais que atuam em juízo. Assim, a parte interessada deverá arguir o impedimento ou a suspeição sempre em petição fundamentada e devidamente instruída. Isso precisa ser feito na primeira oportunidade em que couber a parte interessada falar nos autos. Havendo interesse do autor em arguir a suspeita de parcialidade via incidente de exceção, e já tendo ele conhecimento de causa preexistente, deverá fazê-lo no prazo de 15 (quinze) dias, contados da distribuição da petição inicial. Tratando-se de réu, com conhecimento de causa preexistente, a exceção deverá ser arguida no prazo de 15 (quinze) dias, contados da citação. Não sendo o caso de conhecimento de causa preexistente, oferta do aludido incidente ocorrerá inexoravelmente no prazo de 15 (quinze) dias, contados do conhecimento do fato. O juiz, então, mandará processar o incidente em separado, sem suspender o feito, ouvindo o arguido no prazo de 15 (quinze) dias e facultando, se necessário, a produção de provas. Nos tribunais, por sua vez, a arguição do incidente de exceção é disciplinada pelos regimentos internos. Importante: i) não arguido no prazo previsto em lei, terá incidência a preclusão, de modo que não mais será possível denunciar a parcialidade do magistrado pela via do incidente de exceção; ii) nada impede que o faça, contudo, no bojo dos próprios autos do processo, *mediante simples petição*, quer dizer, sem a utilização do incidente – afinal, trata-se de questão de ordem pública; iii) em razão do regime diferenciado (e inconstitucional) adotado pela lei, que distingue as hipóteses de impedimento e suspeição, há forte entendimento no sentido de que apenas as primeiras, supostamente dotadas de superior gravidade, admitem arguição a qualquer tempo (= sem o emprego do incidente de exceção).

— Θ —

Capítulo III
DOS AUXILIARES DA JUSTIÇA

Art. 149. São auxiliares da Justiça, além de outros cujas atribuições sejam determinadas pelas normas de organização judiciária, o escrivão, o chefe de secretaria, o oficial de justiça, o perito, o depositário, o administrador, o intérprete, o tradutor, o mediador, o conciliador judicial, o partidor, o distribuidor, o contabilista e o regulador de avarias.

Correspondente:
CPC/1973, art. 139.

Referências:
CPC/2015, art. 139; art. 144; art. 145; art. 146; art. 147; art. 148.

Auxiliares da justiça: apesar da importância do juiz, a quem incumbe dirigir o feito em conformidade com o direito objetivo (art. 139, CPC/2015), a atuação dele seria inútil sem o auxílio de terceiros (funcionários, servidores públicos ou cidadãos comuns investidos de *munus* público) incumbidos das mais variadas funções. Entre outras, esses terceiros exercem as seguintes atividades: i) chefia e organização das secretarias; ii) materialização dos autos num arranjo lógico de documentos, inclusive a consumação mesma dos comandos judiciais; iii) fornecimento ao juiz de subsídios (= elementos de prova) para a formação de seu convencimento; iv) tradução para a linguagem corrente de manifestações de vontade às quais o juiz deve considerar; v) dever de guarda, vigilância e administração dos bens constritos judicialmente. Todos em conjunto, *juiz* e *auxiliares da justiça*, integram aquilo denominado *juízo* (= órgão judicial) e se dedicam para assegurar o funcionamento do serviço público jurisdicional, sempre em observância à Constituição Federal e às leis vigentes.

Rol exemplificativo: o art. 149 do CPC/2015 não é taxativo na enumeração dos auxiliares da justiça. Ali estão elencados os seguintes: escrivão, chefe de secretaria, oficial de justiça, perito, depositário, administrador, intérprete, tradutor, mediador, conciliador judicial, partidor, distribuidor, contabilista e regulador de avarias. A regra atual é mais completa quando comparada àquela que lhe serviu de referência (CPC/1973, art. 139) e inclui servidores que, a despeito de anteriormente não estarem alocados nesta última, encontravam-se espraiados ao longo do Código revogado (chefe de secretaria, tradutor, contabilista, partidor, distribuidor). De resto, o art. 149 também arrola auxiliares outros até então sem regulamentação no âmbito de um Código de Processo Civil (mediador, regulador de avarias).

Presunção de veracidade: haja vista a fé pública de que gozam, os atos praticados pelo escrivão, chefe de secretaria e oficial de justiça revestem-se de presunção *juris tantum* de legitimidade e veracidade (STJ, 4ª, REsp 1.002.702, rel. Min. Luis Felipe Salomão, julgado: 26.10.2010, disponível em: www.stj.jus.br).

Assessor judicial: sob a insígnia "Do Assessoramento Judicial", a versão da Câmara dos Deputados do então Projeto do novo CPC havia incluído, *entre os auxiliares da justiça*, a figura emblemática e essencial do *assessor judicial*, em acatamento a uma sugestão legislativa elaborada por Eduardo José da Fonseca Costa e o autor dessas linhas. Segundo a proposta, o juiz poderia ser assessorado diretamente por um ou mais servidores, seja na elaboração de minutas de decisões ou votos, seja na pesquisa de legislação, doutrina e jurisprudência, seja na preparação de agendas e na realização de outros serviços, estando ainda autorizado, *mediante delegação*, a proferir despachos. Entretanto, em seu retorno ao Senado Federal, a proposta legislativa foi *absurdamente* derrubada a partir da justificativa de que o papel dos assessores se cinge à emissão de "opiniões", acatáveis ou não pelo juiz. Trata-se de visão equivocada, pois os assessores não são meros "opinadores". Como bem disse Teixeira de Freitas *há mais de um século*, o advogado está para a parte assim como o assessor está para o juiz: o advogado não se limita a opinar; e o assessor também não. Enfim, trabalhando anonimamente nos muitos gabinetes dos tribunais brasileiros encontram-se os verdadeiros *executores materiais* da atividade jurisdicional. É preciso afirmar sem eufemismos: vive-se sob uma Justiça de assessores, e sem a presença deles a Justiça brasileira fecharia suas portas. E, claro, as metas do CNJ nunca seriam atingidas (COSTA, Eduardo José da Fonseca; DELFINO, Lúcio. Justiça sem rosto: persiste a situação de desdém legislativo dos assessores judiciais. *Revista Eletrônica Consultor Jurídico*, [S.l.], 12 de março de 2015. Disponível em: www.conjur.com.br. Acesso em: 21 mar. 2015). Logo, a figura do assessor judicial prossegue numa espécie de *limbo legislativo*, o que é de todo incompatível com os ditames do direito e da moralidade pública, sendo uma necessidade a sua regulamentação adequada (= funções, deveres, incompatibilidades etc.) frente a relevância e responsabilidade na qual traduzem o seu papel.

Leis de organização judiciária: a se tratar dos estados membros, e por não ser o rol do art. 149 do CPC/2015 exaustivo, permanece a possibilidade de as leis de organização judiciária (âmbito estatal) instituírem outros auxiliares da justiça, que atuarão em seus respectivos órgãos judiciais, além de lhes atribuir funções determinadas e regulamentar a sua atuação.

Motivos de impedimento e de suspeição: os motivos de impedimento e suspeição, regulados entre os arts. 144 e 148 do CPC/2015 – além de outros, já que os róis normativos não são exaustivos –, aplicam-se outrossim aos auxiliares da justiça. O procedimento legal a ser seguido é o mesmo previsto para se arguir a suspeita de parcialidade (= impedimento e suspeição) dos magistrados em geral.

— Θ —

Seção I
DO ESCRIVÃO, DO CHEFE DE SECRETARIA E DO OFICIAL DE JUSTIÇA

Art. 150. Em cada juízo haverá um ou mais ofícios de justiça, cujas atribuições serão determinadas pelas normas de organização judiciária.

Correspondente:
CPC/1973, art. 140.

Referências:
CPC/2015, art. 149; art. 151; art. 152; art. 153; art. 154; art. 155.

Ofícios de justiça: o art. 150 do CPC/2015 em nada diverge do art. 140 do CPC/1973, que lhe serviu de espelho. Havia, entretanto, um problema redacional no Projeto aprovado pelo Senado Federal, que optava pela substituição da expressão *ofício* de justiça por *oficial* de justiça. Corrigiu-se o deslize na Câmara Revisora: a expressão *ofício de justiça* foi resgatada e mantida na lei. O *juízo* representa a célula mínima de jurisdição que, no organograma do Estado, permite o exercício do serviço jurisdicional, e a cada juízo corresponde, no mínimo, um ofício de justiça, chefiado pelo escrivão ou chefe de secretaria (NERY JUNIOR, Nelson; ANDRADE NERY, Rosa Maria de. *Código de Processo Civil Comentado e legislação extravagante*. 9. ed. São Paulo: Revista dos Tribunais, 2006. p. 359). Em miúdos: os ofícios de justiça são as secretarias e ou os cartórios do juízo que, de acordo com as suas respectivas varas (ou juntas de conciliação e julgamento), cumprem os serviços do foro judicial.

Atribuição dos ofícios de justiça: competem às leis de organização judiciária dos estados membros estabelecer as atribuições dos ofícios de justiça e delinear as feições de cada qual deles (cível, família, sucessões, execuções fiscais, etc.).

Pluralidade de ofícios de justiça: reza o art. 150, CPC/2015, que a cada juízo ao menos um ofício de justiça haverá de funcionar. Nada há que impeça, contudo, a instalação de outros juízos, a serem identificados como ofícios ligados àquele primeiro juízo.

— Θ —

Art. 151. Em cada comarca, seção ou subseção judiciária haverá, no mínimo, tantos oficiais de justiça quantos sejam os juízos.

Correspondente:
CPC/1973, art. 140.

Referências:
CPC/2015, art. 149; art. 150; art. 152; art. 153; art. 154; art. 155.

Oficial de justiça: o oficial de justiça é, sobretudo, um executor judicial, o *longa manus* do magistrado, decerto o principal responsável por *materializar* os pronunciamentos judiciais, ou seja, sem ele, aquilo que até então é meramente *potência* (= comando judicial), não poderá ser convertido em *realidade*. Suas principais atribuições estão especificadas no art. 154 do CPC/2015.

Correlação entre juízos e número de oficiais de justiça: fundamentalmente, o art. 151, CPC/2015, exige que haja um número de oficiais de justiça em cada comarca, seção ou subseção judiciária que seja, no mínimo, igual ao número de órgãos jurisdicionais ali instalados.

Órgão autônomo: parece evidente que o CPC/2015, ao exigir correspondência numérica entre juízos e oficiais de justiça, não proíbe que um Estado, por meio de suas normas de organização judiciária, desvincule os oficiais de justiça dos juízos e crie um órgão autônomo destinado especificamente a sua atuação. O relatório elaborado pelo Deputado Paulo Teixeira, aliás, fez expressa alusão à experiência verificada no Rio de Janeiro, na comarca de Niterói, onde há um arranjo no qual uma só serventia atua como secretaria de varas distintas, com serventuários próprios, chefia única e procedimentos unificados. Trata-se de uma prática, em tese, benéfica sob o ponto de vista da eficiência, mormente em comarcas maiores. Basta perceber, como ilustração, que um só oficial de justiça assume condições de promover, de uma só vez, várias citações dirigidas a um mesmo réu, alusivas a processos distintos que tramitam perante juízos também distintos.

— Θ —

Art. 152. Incumbe ao escrivão ou ao chefe de secretaria:

I – redigir, na forma legal, os ofícios, os mandados, as cartas precatórias e os demais atos que pertençam ao seu ofício;

II – efetivar as ordens judiciais, realizar citações e intimações, bem como praticar todos os demais atos que lhe forem atribuídos pelas normas de organização judiciária;

III – comparecer às audiências ou, não podendo fazê-lo, designar servidor para substituí-lo;

IV – manter sob sua guarda e responsabilidade os autos, não permitindo que saiam do cartório, exceto:

a) quando tenham de seguir à conclusão do juiz;

b) com vista a procurador, à Defensoria Pública, ao Ministério Público ou à Fazenda Pública;

c) quando devam ser remetidos ao contabilista ou ao partidor;

d) quando forem remetidos a outro juízo em razão da modificação da competência;

V – fornecer certidão de qualquer ato ou termo do processo, independentemente de despacho, observadas as disposições referentes ao segredo de justiça;

VI – praticar, de ofício, os atos meramente ordinatórios.

§1º O juiz titular editará ato a fim de regulamentar a atribuição prevista no inciso VI.

§2º No impedimento do escrivão ou chefe de secretaria, o juiz convocará substituto e, não o havendo, nomeará pessoa idônea para o ato.

Correspondente:
CPC/1973, art. 140.

Referências:
CF/1988, art. 5º, XXXIV, "b" e LXXVIII; art. 93, XIV.

CPC/2015, art. 45; art. 54; art. 63, §3º; art. 107, III e §2º; art. 146, §1º; art. 147; art. 149; art. 150; art. 151; art. 153; art. 154; art. 155;

art. 189, parágrafo único; art. 203, §4º; art. 206; art. 207; art. 208; art. 209, §1º; art. 238; art. 246; art. 247; art. 249; art. 270; art. 273, I e II; art. 274; art. 651; art. 1.009, §3º; art. 1.015.

Lei 8.906/1994, art. 7º, XIII, XV e XVI.

Escrivão e chefe de secretaria: *chefe de secretaria* é o serventuário que atua na Justiça Federal; já o *escrivão* é aquele que opera na Justiça Estadual. O art. 152 do CPC/2015 referiu-se *expressamente* ao *chefe de secretaria*, mas não se trata propriamente de inovação, uma vez que a figura já era mencionada em vários artigos do Código revogado, inclusive compondo o título da própria abertura da seção que, então, regulava as funções desses servidores. O novo ordenamento processual apenas promoveu um sucinto ajuste técnico.

Atribuições do escrivão ou chefe de secretaria: o art. 152 do CPC/2015 cataloga *algumas* das atribuições do escrivão ou chefe de secretaria, em especial aquelas cuja importância se sobressai. São elas: i) redigir na forma legal os ofícios, mandados, cartas precatórias e demais atos que pertençam a seu ofício; ii) efetivar as ordens judiciais, realizar citações e intimações e praticar todos os atos que lhe forem atribuídos pelas normas de organização judiciária; iii) comparecer às audiências ou, se for o caso, designar servidor para substituí-lo; iv) manter sob sua guarda e responsabilidade os autos, não permitindo que saiam do cartório, exceto nas hipóteses previstas em lei; v) fornecer certidão de qualquer ato ou termo do processo, independentemente de despacho, observadas as disposições referentes ao segredo de justiça; e vi) praticar, de ofício, os atos meramente ordinatórios.

Rol não taxativo: as atribuições indicadas no art. 152 do CPC/2015 não são exaustivas, o que fica claro quando o legislador, no próprio dispositivo, acrescenta que, além de redigir os ofícios, mandados e cartas precatórias, cumpre ao escrivão (e ao chefe de secretaria) elaborar *os demais atos que pertençam a seu ofício*. O citado dispositivo legal acrescenta, ademais, que é papel do escrivão (ou chefe de secretaria) *praticar todos os atos que lhe forem atribuídos pelas normas de organização judiciária*.

Guarda dos autos e prática eletrônica de atos processuais: a redação do inciso IV do art. 152 do CPC/2015 é quase idêntica àquela do art. 141 do Código revogado, excetuadas umas poucas inovações. É importante notar, num primeiro momento, que a regra tende a tornar-se dia a dia anacrônica, sobretudo porque o "processo eletrônico" ganhou corpo em praticamente todo o país. Enfim, trata-se de dispositivo pensado para tempos de antanho, quando a prática eletrônica de atos processuais era algo, no máximo, objeto das conjecturas de poucos aventurados. Em outros termos: o disposto no inciso IV tem por alvo as comarcas, seções ou subseções nas quais ainda se trabalha com autos físicos, porquanto só estes podem ser *guardados* (conservados, zelados, vigiados, preservados) e também *retirados* do cartório (ou da secretaria) por quem quer que seja. Onde vige o "processo eletrônico", a regra perde muito de sua função, pois o acesso aos autos é realizado via internet, em *site* próprio, sempre que se desejar.

Não esgotamento das hipóteses de saída dos autos do cartório: tratando-se de autos físicos, o inciso IV do art. 152, CPC/2015, estabelece que devem permanecer no cartório, sob a guarda e responsabilidade do escrivão (ou chefe de secretaria), salvo as hipóteses ali descritas. Entretanto, é evidente que as hipóteses indicadas nas alíneas que se seguem ao inciso IV não são exaustivas, nada impedindo que outras leis, ou mesmo o CPC/2015 em dispositivos esparsos, especifiquem circunstâncias distintas admitindo a retirada dos autos em cartório – como, aliás, explicita o art. 107, III, *segunda parte,* do CPC/2015.

Hipóteses previstas legalmente: o dispositivo em análise prevê hipóteses nas quais a saída dos autos físicos do cartório é admitida. Confira-se: i) sempre que os autos do processo tenham que seguir para a conclusão do juiz, quer para exame preliminar da petição inicial, quer para verificar a necessidade de providências preliminares, quer ainda para examinar documentos, despachar ou decidir; ii) estando com vista a procurador, à Defensoria Pública, ao Ministério Público ou à Fazenda Pública, desde que se trate de prazo não comum. Se for comum, só em conjunto ou mediante prévio ajuste, por petição, é que os autos poderão ser retirados

(CPC/2015, art. 107, §2º), o que também se aplica quando no feito esteja atuando Ministério Público, Defensoria Pública e ou Fazenda Pública; iii) quando devam os autos ser remetidos ao contabilista para realização de cálculos; iv) quando devam os autos ser remetidos ao partidor para o fim de organizar o esboço da partilha (CPC/2015, art. 651); e v) no caso de transferência para outro juízo, em razão da modificação da competência (CPC/2015, arts. 54 e segs.), novidade redacional advinda com o propósito de adequar a lei àquilo que já ocorre na praxe forense.

Redação e realização de atos: é papel do escrivão (ou chefe de secretaria) redigir em forma legal os ofícios (prestam-se à comunicação entre autoridades e, por isso, obedecem a formalidades relacionadas principalmente aos termos reservados ao tratamento protocolar), os mandados (veiculam as ordens do juiz essenciais à eficiência de alguns eventos previstos no procedimento), as cartas (destinam-se à realização de determinados atos que, conquanto essenciais, não podem ser realizados no juízo, em face da ausência de competência para concretizá-los ou mesmo diante da impossibilidade do exercício da jurisdição) e os demais atos que pertençam a seu mister (exemplos: termos e certidões). A preocupação do legislador é salutar: afinal de contas, determinados atos exigem redação que respeite um modelo composto de formalidades indispensáveis à sua própria validade e eficiência, seja para proporcionar aos destinatários informações essenciais que possibilitem uma reação (por exemplo, o mandado de citação que deve ser composto de informações hábeis para viabilizar a resposta do demandado), seja ainda para garantir cumprimento de suas finalidades (como é o caso das cartas precatórias destinadas a outro juízo) (MENEZES VIGLIAR, José Marcelo. [Comentários ao art. 141]. *In*: MARCATO, Antonio Carlos (Coord.). *Código de Processo Civil Interpretado*. São Paulo: Editora Atlas, 2004. p. 389-390). De resto, é papel do escrivão (ou chefe de secretaria) executar as ordens judiciais, promover citações e intimações, além de praticar todos os atos que lhe forem atribuídos pelas normas de organização judiciária. Tanto os atos que cumprem ao escrivão (ou chefe de secretaria) redigir, como aqueles que devem ser por ele praticados, não se esgotam no texto do art. 152 em análise, de modo que o rol apresentado é meramente exemplificativo – exemplos: autuação da petição inicial (CPC/2015, art. 206); numeração e rubrica das folhas dos autos (CPC/2015, art. 207); dever de datar e rubricar mediante notas os termos de juntada, vista, conclusão e outros semelhantes (CPC/2015, art. 208); certificações de ocorrência, sempre que as pessoas que intervierem nos autos não puderem, ou não quiserem, assinar os atos e os termos do processo, seja qual motivo for (CPC/2015, art. 207); assinatura de atos processuais praticados na presença do juiz em processos, total ou parcialmente, documentados em autos eletrônicos (CPC/2015, art. 209, §1º).

Citações: o escrivão ou chefe de secretaria raramente promove citações, mas inicia o procedimento de convocação do réu, executado ou interessado (CPC/2015, art. 238). Incumbe ao oficial de justiça o papel de realizar os atos citatórios em ações de interdição, quando o citando for incapaz ou pessoa de direito público, ou residir em local não atendido pela entrega domiciliar de correspondências, quando o autor justificadamente a requerer de outra forma (CPC/2015, art. 247) e, por fim, se a citação pelo correio se frustrar (CPC/2015, art. 249). De todo modo, a regra geral, como deixa evidente o art. 247 do CPC/2015, é a de que a citação seja realizada pelo correio, até porque assim se ganha em agilidade (CPC/2015, art. 246, I), dispensando-se, em tal hipótese, o oficial de justiça. Há, de resto, outras espécies de citação nas quais o escrivão (ou chefe de secretaria) atua sem necessidade da intermediação de um oficial de justiça: i) por edital (CPC/2015, art. 246, IV); ii) por meio eletrônico (CPC/2015, art. 246, V); iii) quando o próprio citado comparece em cartório (CPC/2015, art. 246, III).

Intimações: no que diz respeito às intimações, considerar-se-ão cumpridas pela publicação dos atos no órgão oficial, realizadas, sempre que possível, por meio eletrônico (CPC/2015, art. 270) e, de regra, dirigidas aos advogados. Nas localidades em que não houver publicação em órgão oficial (intimação pela imprensa), caberá ao escrivão (ou chefe de secretaria) intimar pessoalmente de todos os atos do processo os advogados das partes, isso se tiverem domicílio na sede do juízo, ou por carta registrada, com aviso de recebimento, quando forem domiciliados fora do juízo (CPC/2015, art. 273, I e II).

Também a intimação poderá ser feita diretamente pelo escrivão (ou chefe de secretaria) quando presentes em cartório as partes, seus representantes legais ou mesmo os advogados (CPC/2015, art. 274), que deverão apor seu "ciente". O escrivão (ou chefe de secretaria) deverá certificar as razões da recusa, se for o caso.

Prática oficiosa de atos meramente ordinatórios: a Lei 8.952/1994 inseriu o §4º ao art. 162 do CPC/1973 deixando em evidência que os *atos meramente ordinatórios*, como a juntada e a vista obrigatória, independem de despacho e devem ser praticados de ofício pelo servidor e revistos pelo juiz. Adveio posteriormente a Emenda Constitucional 45/2004 e estabeleceu que os servidores receberão delegação para a prática de atos de administração e atos de mero expediente, sem caráter decisório (art. 93, XIV, da CF/1988). Agora, o CPC/2015, além de manter a redação do Código revogado, traz previsão expressa que atribui ao escrivão (ou chefe de secretaria) a prática *ex officio* de atos meramente ordinatórios, cumprindo ao juiz titular a regulamentação dessa atribuição (CPC/2015, art. 203, §4º). Se eventualmente estiver impedido o escrivão (ou chefe de secretaria), o juiz convocará substituto e, não o havendo, nomeará pessoa idônea para a realização do ato (art. 152, VI, §§1º e 2º). Atos meramente ordinatórios são aqueles que independem de despacho, tendo importância seja na regularização da tramitação dos processos (exemplos: juntada de documentos ou peças processuais; troca de capa de autuação; renumeração de folhas), seja ainda em assegurar a marcha dos autos (exemplos: intimação de uma parte para manifestar-se sobre a certidão de um oficial de justiça; vista obrigatória; expedição de mandado de intimação para a parte executada, pessoalmente, comparecer em cartório e assinar o termo de nomeação de bem à penhora; expedição de mandado de avaliação). A regra, em suma, relaciona-se aos ideais de simplificação e desburocratização, ambos em sintonia com a garantia constitucional da duração razoável (CF/1988, art. 5º, LXXVIII).

Comparecimento às audiências: incumbe ao escrivão ou chefe de secretaria comparecer às audiências ou, se não puder fazê-lo, designar servidor para substituí-lo (= escrivão *ad hoc*), de preferência um que tenha habilidades como datilógrafo, ainda hoje o meio mais comum de registro dos atos realizados nessa fase procedimental (CPC/2015, art. 152, III). O dispositivo atual é mais adequado por não exigir, como fazia o CPC/1973, que o substituto seja escrevente *juramentado* – aquele que presta compromisso do cargo –, dispondo ser suficiente a designação de um *servidor*. Era curioso o CPC/1973 exigir *escrevente juramentado* para substituir o escrivão em audiências (art. 141, III) e, já no artigo subsequente (art. 142), consentir a substituição de escrivão, quando impedido para a execução de um ato, por *qualquer* pessoa, desde que idônea. Enfim, o escrivão estava autorizado a designar apenas escrevente juramentado para substituí-lo em audiência, salvo quando impedido, ocasião em que seria substituído, para esse ato ou outro, por pessoa idônea, fosse ela quem fosse. Em audiências, a função do escrivão (ou chefe de secretaria) é documentar os fatos ocorridos em audiência, como, por exemplo, lavrar o termo e reproduzir depoimentos pessoais e de testemunhas.

Fornecimento de certidões: é dever do escrivão (ou chefe de secretaria), e ato privativo seu, fornecer certidão de qualquer ato ou termo do processo, independentemente de despacho, observadas as disposições referentes ao segredo de justiça (CF/1988, art. 5º, XXXIV, "b"). Por meio das certidões, o escrivão, *que detém fé pública*, certifica determinado ato ou termo nos autos do processo que se encontram sob sua guarda. É atribuição, em regra, exclusiva do escrivão (ou chefe de secretaria), salvo se estiver impedido, ocasião em que seu substituto poderá fazê-lo (art. 152, §2º). São três as hipóteses: i) tratando-se de feito que não corre em segredo de justiça, incumbe ao escrivão ou chefe de secretaria emitir de pronto a certidão requerida pelas partes, por procuradores ou pelos terceiros; ii) se o feito correr em segredo de justiça, apenas às partes e aos seus procuradores cabem o direito de obtenção imediata das certidões solicitadas, dispensada, também em tal caso, prévia deliberação do juiz; e iii) tem o terceiro direito de obter certidões em feitos que correm em segredo de justiça, desde que provado seu interesse jurídico, mas cujo objeto esteja restrito ao dispositivo da sentença, bem como de inventário e partilha resultante de divórcio ou separação (CPC/2015, art. 189, parágrafo único).

Recusa de fornecimento das certidões: em caso de negativa por parte do escrivão (ou chefe de secretaria) em fornecer as certidões, restará ao interessado dirigir-se ao juiz da causa, trazendo as razões pelas quais formulou pedido de algo cujo fornecimento, em regra, independe de deliberação judicial. Deferido o pedido, o escrivão (ou chefe de secretaria) será exortado a fazer o que antes recusou. Em havendo indeferimento judicial, contudo, a decisão comportará ataque via mandado de segurança, pois hoje, no CPC/2015, o agravo de instrumento é manejável apenas em hipóteses taxativas, antevistas textualmente pela lei processual (CPC/2015, art. 1.015).

— Θ —

Art. 153. O escrivão ou o chefe de secretaria atenderá, preferencialmente, à ordem cronológica de recebimento para publicação e efetivação dos pronunciamentos judiciais.

§1º A lista de processos recebidos deverá ser disponibilizada, de forma permanente, para consulta pública.

§2º Estão excluídos da regra do *caput*:

I – os atos urgentes, assim reconhecidos pelo juiz no pronunciamento judicial a ser efetivado;

II – as preferências legais.

§3º Após elaboração de lista própria, respeitar-se-ão a ordem cronológica de recebimento entre os atos urgentes e as preferências legais.

§4º A parte que se considerar preterida na ordem cronológica poderá reclamar, nos próprios autos, ao juiz do processo, que requisitará informações ao servidor, a serem prestadas no prazo de 2 (dois) dias.

§5º Constatada a preterição, o juiz determinará o imediato cumprimento do ato e a instauração de processo administrativo disciplinar contra o servidor.

Correspondente:
Não há correspondência no CPC/1973.

Referências:
CF/1988, art. 133.

CPC/2015, art. 4º; art. 12; art. 609.

Dever de obediência à ordem cronológica de recebimento: em sua redação originária, o art. 153 do CPC/2015 estabeleceu que as *publicações* e *efetivações* dos pronunciamentos judiciais *devem* respeitar a ordem cronológica de recebimento. Com isso, pretendeu-se, num diálogo com o art. 12 do CPC/2015, elaborar espécie de *arranjo formal* capaz de organizar a burocracia interna dos cartórios judiciais e talvez, por pouco que seja, promover um caminho hábil para o combate ao represamento de causas. E se almejava chegar a esse desiderato sem que impessoalidade e isonomia fossem desrespeitadas, apostando-se no acaso e não numa possível escolha arbitrária originada pelos serventuários, estes que acabam tendo algum poder de decisão sobre aquilo que merece ou não agilidade, seja por desejo próprio, seja ainda porque estimulados a fazê-lo por qualquer um que opere nos autos, em especial advogados, membros do Ministério Público e defensores públicos.

Advogado diligente em risco: mesmo que eivado de boas intenções, não percebeu o legislador a gravidade das implicações que o art. 153 do CPC/2015, em sua redação originária, poderia acarretar no dia a dia do foro. Basta pensar que uma das atividades mais comuns, e de longa data integrada à tradição brasileira, praticada pelos advogados em diligência, preocupados com os interesses de seus constituintes, é cobrar a atuação dos servidores responsáveis pelo cumprimento de atos processuais. Por exemplo: a publicação de despachos ou decisões; a prática de citações ou intimações pessoais; a lavratura e expedição de alvarás; a lavratura e assinatura de termos; o aperfeiçoamento da penhora e a designação de hasta pública; a conclusão de processos estagnados nos escaninhos; a manifestação sobre proposta de honorários periciais em que o advogado, no próprio balcão da secretaria, lança seu "de acordo"; a remessa dos autos ao representante do Ministério Público; a audiência junto ao relator perante os tribunais para que o processo seja colocado em pauta. O art. 153 era uma regra, portanto, avessa à atuação do advogado diligente, que, com o seu trabalho zeloso e atento, coopera e faz com que a marcha procedimental permaneça viva, isto é, aquele profissional que, ao perceber que um feito sob seu patrocínio se encontra na vala comum, sujeito à inércia indefinida, usa do *corpo a corpo* para garantir que a prestação jurisdicional se dê em tempo satisfatório. Corria-se risco real de o CPC/2015 arruinar esse ganho em rendimento, cuja conquista se deve também ao advogado, atento ao trâmite de seus processos e preocupado em cumprir, da forma mais expedita possível, seu mandato e atender aos interesses daquele que o contratou. O problema, porém, foi superado por uma alteração legislativa promovida pela Lei 13.256/2016 que quebrou o excessivo rigor contido na redação originária do art. 153 (ver último item).

Anacronismos: havia incompatibilidade entre a redação originária do art. 153 e a própria principiologia que confere alicerce ao CPC/2015. É suficiente afirmar que ali, em seu corpo normativo, fazendo eco à Constituição Federal, lê-se um artigo estabelecendo que as partes têm o direito de obter em prazo razoável a solução integral do processo, incluída naturalmente a atividade satisfativa (CPC/2015, art. 4º). Embora desnecessário, o dispositivo é bem-vindo por realçar o comando constitucional. Importa aqui, entretanto, o antagonismo entre *garantia fundamental à duração razoável* e *dever de obediência à ordem cronológica de recebimento para publicação e efetivação dos pronunciamentos judiciais*. Ora, o art. 153 desdenhava o papel do próprio advogado e a sua condição de agente indispensável à administração da justiça (CF/1988, art. 133), minava sua liberdade de *performance* em prol de um arranjo matematizado que relegava ao nada a inteligência dos escrivães (e chefes de secretaria) em controlar e administrar o próprio meio no qual exercem seu ofício. Diante do dever de respeito à ordem cronológica de recebimento, não é difícil perceber que o advogado se encontrava impedido de quebrar a burocracia interna dos cartórios judiciais e, por meio de sua peleja habitual, provocar e conservar a marcha processual dos feitos que patrocina. Enfim, o dispositivo legal, em sua redação originária, tinha plenas condições de anular um fenômeno que, observado de ponto privilegiado, é assaz benéfico – afinal, são milhares de advogados operando e cujos esforços reunidos alavancam uma *força invisível* perfeitamente ajustada à garantia fundamental da duração razoável. Ademais, o art. 153 privilegiava o litigante que não tem interesse em um Judiciário ágil, além do que sustentava a comodidade que, vez ou outra, distingue a atuação de alguns servidores – afinal de contas, afora os casos nos quais a intimação ocorresse automaticamente por meio da retirada dos autos em carga, sempre que cobrados pelos advogados, os escrivães (ou chefes de secretaria), *por dever funcional*, teriam que se apegar ao respeito à ordem contida em lista. Mas como já anotado nos comentários precedentes, a obrigatoriedade de respeito à ordem cronológica de recebimento felizmente naufragou.

Alguns problemas: ter-se-iam muitas as intempéries diretamente relacionadas à técnica de publicação e efetivação por ordem de recebimento *se permanecesse íntegra a antiga redação do art. 153,* caput, *do CPC/2015.* Pontuem-se algumas delas: i) já se disse que esse dispositivo teve por motor a intenção de sistematização, quer dizer, pretendeu-se promover um diálogo entre ele e o citado art. 12 do CPC/2015. Contudo, falhou o legislador porque o rol de exceções, previsto no parágrafo 2º do art. 153, ao que tudo indica taxativo, não trouxe hipóteses que ali necessariamente deveriam figurar. Dois exemplos: i.1) não estão entre as exceções as cartas precatórias, o que leva a crer que deverão elas ser inseridas na lista geral e comum à totalidade dos casos. Imaginem-se, então, cartas precatórias, cujo propósito se volta à oitiva de uma única testemunha, ou mesmo à citação de alguém. Ficarão a depender da ordem contida em lista para cumprimento e, enquanto isso, os autos principais permanecerão aprisionados no juízo deprecante; i.2) reza o art. 609 que o processo de inventário e de partilha deve ser instaurado dentro de dois meses, a contar da abertura da sucessão, ultimando-se nos doze meses subsequentes, podendo o juiz prorrogar esses prazos, de ofício ou a requerimento da parte. Nada há no rol do §2º do art. 153 sobre os inventários. Não são, de regra, urgentes e tampouco incluem-se nas preferências legais. Significará isso que muito raramente um inventário será cumprido dentro de doze meses, já que, por imposição legal, as publicações e efetivações das decisões proferidas nos autos obrigatoriamente dependem da ordem contida na lista. Quis-se, portanto, sistematizar, mas o que se conseguiu foi criar embaraços ao ordenamento processual projetado; ii) a ordem cronológica dos pronunciamentos judiciais, recebidos na secretaria, é registrada em duas listas. A primeira destina-se à generalidade dos casos, ao passo que a outra está reservada às exceções (= atos urgentes e preferências legais). Ocorre que esta é uma racionalidade estranha às funções desempenhadas pelas serventias judiciais. Não há sentido em se estabelecer uma ordem legal para o cumprimento de decisões urgentes. Noutras palavras, decisões urgentes, a envolver com frequência questões alusivas à própria saúde ou à vida das pessoas, exigem cumprimento imediato e ao mesmo tempo, sejam quantas forem e pouco importando a energia despendida para tanto. *A lógica da vida é diversa da matemática que se pensou para a elaboração do art. 153 do CPC/2015*; iii) prevê o inciso I do art. 153 que os atos urgentes, *assim reconhecidos pelo juiz no pronunciamento judicial a ser efetivado*, não se sujeitarão à ordem prevista no *caput*, mas à segunda ordem, esta a envolver exatamente atos urgentes e preferências legais, como já mencionado no item anterior. Interpretado ao pé da letra, atribui-se ao juiz poder (discricionário) para que defina, segundo seu próprio talante, quais de seus pronunciamentos são ou não urgentes. E, por consequência, é ele, o juiz, quem decidirá o destino a ser dado a seus despachos e decisões – uns serão alocados na *lista de ouro*, ao passo que os demais inseridos na ordem comum. Trocando em miúdos: desrespeito à democracia por uma prática judicial *solipsista* autorizada nas dobras da lei. De mais a mais, não é difícil imaginar a quantidade de pedidos que seriam – repita-se: se tivesse sido mantida a redação originária do art. 153 – dirigidos aos juízes para que considerassem e decidissem como "urgente" a publicação e efetivação de muitos pronunciamentos judiciais. Sem contar a gama de mandados de segurança que acabariam impetrados, tendo por alvo, precisamente, o ataque às decisões sem o rótulo "urgente". O excessivo rigor do art. 153, porém, foi quebrado em face de recente alteração promovida pela Lei 13.256/2016, o que minimizará ou até evitará os problemas aqui apontados.

Publicações e efetivações em ordem cronológica: segundo o art. 153 em sua redação original (hoje alterada pela Lei 13.256/2016), era dever do escrivão ou chefe de secretaria *obedecer* à ordem cronológica de recebimento para *publicação* e *efetivação* dos pronunciamentos judiciais. Isto significava que o CPC/2015 apostou em um sistema lógico-matemático para organizar a burocracia das secretarias judiciais. Salvo as exceções, todo o resto a envolver publicações e a própria realização dos pronunciamentos judiciais nos autos de processos sob a guarda de um cartório judicial (despachos, decisões, sentenças, acórdãos) dependeria objetivamente do acaso: as publicações e execuções dos referidos pronunciamentos judiciais dar-se-iam a partir do recebimento de cada um deles, cuja ordem seria catalogada em lista disponibilizada, de forma permanente, para consulta. Mas o excessivo rigor do art. 153 foi felizmente quebrado em face de alteração promovida pela Lei 13.256/2016.

Exceções à ordem cronológica e as duas listas de processos recebidos: a lei estabeleceu exceções à regra geral prevista no art. 153

do CPC/2015. São as seguintes: i) os atos urgentes, assim reconhecidos pelo juiz no pronunciamento judicial a ser efetivado; ii) as preferências legais (CPC/2015, art. 153, §2º) Serão, pois, duas as listas. Uma primeira cuja função é catalogar, segundo a ordem cronológica de recebimento, os pronunciamentos legais para publicação e efetivação. E a derradeira, própria para as exceções insculpidas pelo art. 153, na qual serão inseridos, também em ordem cronológica de recebimento, os atos urgentes e as preferências legais. Acontece que, frente a alteração promovida no *caput* do art. 153 pela Lei 13.256/2016, deixou de ser obrigatória a técnica da ordem cronológica de recebimento para publicação e efetivação dos pronunciamentos judiciais.

Desrespeito à ordem cronológica: alguém (parte, terceiro, advogado e outros) eventualmente preterido na ordem cronológica pode, se assim o quiser, reclamar nos próprios autos ao juiz da causa, que requisitará informações ao servidor, as quais deverão ser prestadas em prazo não superior a 2 (dois) dias. Verificada a preterição, determinará o juiz o imediato cumprimento do ato e a instauração do processo administrativo disciplinar contra o servidor.

Alteração legislativa: antes de sua entrada em vigor, o CPC/2015 sofreu alterações pontuais pela Lei 13.256/2016. Um dos alvos foi justamente o art. 153, *caput*. Se antes o texto legal previa um *dever* de respeito à ordem cronológica de recebimento, agora o que há é apenas *orientação sugestiva* para que o escrivão (ou o chefe de secretaria) cumpra à ordem cronológica de recebimento para publicação e efetivação dos pronunciamentos judiciais. Daí o papel da palavra "preferencialmente", incorporada à redação do dispositivo. Também o art. 12 sofreu mudança em idêntico sentido. Acertou o legislador, pois eliminou, num só lance, muitos dos problemas apontados nos itens precedentes. De qualquer sorte, permanece a obrigatoriedade das listas de processos recebidos, bem assim o dever de disponibilizá-las para consulta pública, algo positivo na medida em que o advogado diligente terá um mecanismo a mais para fiscalizar e cobrar a publicação e efetivação de pronunciamentos judiciais em feitos nos quais atua profissionalmente.

— Θ —

Art. 154. Incumbe ao oficial de justiça:

I – fazer pessoalmente citações, prisões, penhoras, arrestos e demais diligências próprias do seu ofício, sempre que possível na presença de 2 (duas) testemunhas, certificando no mandado o ocorrido, com menção ao lugar, ao dia e à hora;

II – executar as ordens do juiz a que estiver subordinado;

III – entregar o mandado em cartório após seu cumprimento;

IV – auxiliar o juiz na manutenção da ordem;

V – efetuar avaliações, quando for o caso;

VI – certificar, em mandado, proposta de autocomposição apresentada por qualquer das partes, na ocasião de realização de ato de comunicação que lhe couber.

Parágrafo único. Certificada a proposta de autocomposição prevista no inciso VI, o juiz ordenará a intimação da parte contrária para manifestar-se, no prazo de 5 (cinco) dias, sem prejuízo do andamento regular do processo, entendendo-se o silêncio como recusa.

Correspondente:
CPC/1973, art. 143.

Referências:
CPC/2015, art. 139, V; art. 231, II; art. 165; art. 166; art. 167; art. 168; art. 169; art. 170; art. 171; art. 172; art. 173; art. 174; art. 175; art. 231, II; art. 886, parágrafo único.

Atribuições do oficial de justiça: o oficial de justiça é, sobretudo, um executor judicial, o *longa manus* do magistrado, decerto o principal responsável por *materializar* os pronunciamentos judiciais, ou seja, sem ele, aquilo que até então é meramente *potência* (= comando judicial), não poderá ser convertido em *realidade*. Suas atribuições comuns, e também as mais importantes, estão descritas no art. 154 do CPC/2015, porém não se limitam a elas, uma vez que, subordinado que é ao juiz, está o oficial de justiça obrigado, como aponta o inciso II do mesmo dispositivo legal, a executar as ordens dele emanadas, as quais não raramente extrapolam o rol previsto na lei processual. Além de compelido a cumprir determinações judiciais, é seu dever realizar atos de comunicação e constrição (citações, intimações, prisões, penhoras), entregar mandados cumpridos em cartório, auxiliar na manutenção da ordem sempre que assim lhe for exigido, efetuar avaliações e certificar propostas de autocomposição apresentadas por quaisquer das partes quando do cumprimento de seu ofício, além de outras atribuições decorrentes das leis de organização judiciária.

Atos de comunicação: o CPC/2015, a exemplo do Código revogado, faz alusão expressa apenas às citações como ato de comunicação que compete ao oficial de justiça. Entretanto, é também seu papel, sempre que lhe for determinado, cumprir os atos de mera ciência, a exemplo das intimações e das notificações. Não houve aí um deslize, pois o legislador foi claro ao estabelecer que cabe ao oficial de justiça "fazer (...) *as demais* diligências do seu ofício" – ou seja, rol legal de atribuições é meramente exemplificativo.

Poder de certificação: o oficial de justiça detém poder de certificação, restrito às suas próprias atribuições. Possui fé pública e aquilo por ele certificado gera presunção de veracidade, prevalecendo até prova em contrário. Sempre que atuar, deve registrar necessariamente a tarefa desempenhada (ou não desempenhada), as ocorrências experimentadas, o lugar, o dia e a hora, além das testemunhas que eventualmente presenciaram a realização do ato.

Certificar proposta de autocomposição: a autocomposição está inserida no rol de responsabilidades do juiz, incumbindo-lhe empreender esforços para realizá-la, de preferência com auxílio de conciliadores e mediadores judiciais (CPC/2015, art. 139, V; art. 165 e segs.). É algo, como se vê, mais abrangente e, por isso, distinto de tão só tentar, a qualquer tempo, conciliar as partes, como aludia o CPC/1973. O que importa aqui é a novidade trazida pelo dispositivo legal: a tarefa atribuída ao oficial de certificar, em mandado, propostas de autocomposição eventualmente apresentadas por qualquer das partes. A despeito de o dispositivo se referir apenas aos atos de comunicação, nada impede que o oficial de justiça certifique as propostas de autocomposição que lhe forem apresentadas também quando realizar atos de mera ciência (intimação e notificação). De resto, o art. 154, VI, dispõe sobre um dever, não do oficial de justiça, *mas do juiz*, a quem cumpre, verificada a certificação que sinaliza a possibilidade de autocomposição, determinar a intimação da contraparte para manifestar-se em 5 (cinco) dias. O silêncio será entendido como recusa.

Manutenção da ordem: no Código revogado, uma das atribuições do oficial de justiça era estar presente às audiências e coadjuvar o juiz na manutenção da ordem. Houve alteração nesse particular, pois o CPC/2015 restringe a atribuir ao oficial de justiça o auxílio do juiz na manutenção da ordem, nada mencionando sobre a *necessidade* de estar e permanecer em audiências (art. 154, IV). Assim se deu porque o dispositivo anterior não vingou na prática. Eram raras as vezes nas quais oficiais de justiça dispunham de tempo para coadjuvar o juiz na manutenção da ordem em audiências. De toda forma, caso o exija expressamente o juiz, deve ao oficial de justiça fazer-se presente aonde for e auxiliá-lo naquilo que se fizer necessário (= cumprimento de ordens de polícia, pregões, etc.), algo apropriado numa relação de mando e subordinação (art. 154, II).

Entrega dos mandados em cartório: é dever do oficial entregar o mandado cumprido em cartório, pois depende disso a documentação e o registro nos autos da diligência efetuada, bem assim a tomada de ciência pelo juiz e pelas partes (e de terceiros) do ato realizado e ocorrências experimentadas. Não se pode desprezar, de outro lado, que os prazos se iniciam, quando a citação ou a intimação for por oficial de justiça, a partir da data de juntada aos autos do mandado cumprido, o que também justifica a indispensabilidade da sua entrega em cartório (art. 231, II). De resto, também é dever dele a entrega em cartório dos mandados que, por qualquer razão, não puderam ser cumpridos.

Prazo para entrega do mandado em cartório: quanto ao prazo, enquanto uns advogam que o oficial de justiça possui 48 (quarenta e oito) horas para entregar o mandado cuja diligência se completou, outros defendem que deve fazê-lo logo depois de cumprido. Seja qual for a interpretação adotada – e aqui parece não haver divergência –, a contagem do prazo ocorrerá a partir do momento em que ele tiver ciência do pronunciamento judicial que determinou a expedição e cumprimento do mandado.

Realização de avaliações: com a Lei 11.382/2006, o oficial de justiça ganhou a atribuição de realizar avaliações sempre que a diligência não depender de conhecimentos especializados. O CPC/2015 mantém o regime anterior e prescreve que a avaliação será feita pelo oficial de justiça, salvo quando forem necessários conhecimentos especializados e o valor da execução o comportar, caso em que o juiz nomeará avaliador, fixando prazo, não superior a 10 (dez) dias, para entrega do laudo (art. 886, parágrafo único).

— Θ —

Art. 155. O escrivão, o chefe de secretaria e o oficial de justiça são responsáveis, civil e regressivamente, quando:

I – sem justo motivo, se recusarem a cumprir no prazo os atos impostos pela lei ou pelo juiz a que estão subordinados;

II – praticarem ato nulo com dolo ou culpa.

Correspondente:
CPC/1973, 144.

Referências:
CF/1988, art. 5º, LIV; art. 37, §6º.
CPC/2015, art. 233; art. 515, VI.
CP, art. 91, I.

Responsabilidade civil: o art. 155, CPC/2015, é daqueles cuja natureza se relaciona ao direito material, malgrado inserido no bojo de uma lei de procedimentos. Seu propósito é regulamentar a responsabilidade civil de servidores da justiça quando, agindo ou omitindo, causarem prejuízos. Como é sabido, a responsabilidade civil corresponde ao dever que alguém adquire de reparar prejuízo decorrente da violação de outro dever jurídico, quer dizer, representa um *dever jurídico sucessivo* que surge para recompor o dano oriundo da violação de *dever jurídico originário* (CAVALIERI FILHO, Sérgio. *Programa de responsabilidade civil.* 3. ed. São Paulo: Malheiros, 2002, p. 22). Nessa definição inserem-se as duas feições que fundamentam o instituto hodiernamente: quer com base na *culpa,* quer com base no *risco,* a verdade é que, configurada a responsabilidade civil do agente, terá havido a transgressão de um *dever jurídico*. A culpa e o risco são fundamentos que, conforme aquilo previsto em lei, um ou outro será levado em consideração pelo julgador no momento da decisão. Sendo a culpa indispensável, o juiz estará obrigado a examinar a sua configuração antes de julgar procedente o pedido; aplicando-se a teoria do risco, o magistrado desprezará a culpa, julgando procedente o pedido independentemente de sua ocorrência, desde que os demais pressupostos exigidos pela lei estejam presentes.

Requisitos da responsabilidade civil: são três os requisitos necessários à configuração da responsabilidade civil. Seguem: i) conduta, comissiva ou omissiva, violadora de dever jurídico primário (com ou sem culpa, em conformidade com o exigido pela lei); ii) dano; iii) nexo de causalidade entre os dois primeiros.

Responsabilidade regressiva – inconstitucionalidade: a lei veda, *de modo expresso*, a responsabilização civil *direta* do escrivão, chefe de secretaria e oficial de justiça, admitindo-a só *regressivamente* (CPC/2015, art. 155, *caput*). É o que a doutrina chama de regra de *blindagem* ou *escudo*. A orientação legal, portanto, é no sentido de que a indenização, num primeiro momento, deve ser pleiteada *apenas* contra o ente público ao qual o agente responsável pelo dano encontrar-se vinculado (estado, Distrito Federal ou União). Em caso de procedência, o ente público deve, na sequência, acionar judicialmente o magistrado (= ação judicial específica) e requerer ressarcimento da importância monetária que foi condenado a pagar. Conquanto bastante polêmica a questão, a razão está com quem advoga a inconstitucionalidade da regra. O art. 37, §6º, CF/1988, confere à vítima do dano uma espécie de *garantia adicional*, a ela cabendo *com exclusividade* decidir se ajuizará a ação contra o Estado, contra este e o agente público causador do dano, ou se tão-só e diretamente contra o último (WAMBIER, Teresa Arruda Alvim *et al. Primeiros Comentários ao Novo Código de Processo Civil.* São Paulo: Revista dos Tribunais, 2015. p. 272).

Efeito civil de condenações penais: é *título executivo judicial* a sentença penal condenatória, já transitada em julgado, proferida contra agente público em função de ilícito penal praticado no exercício da função jurisdicional (CPC/2015, art. 515, VI). Nada exclui o efeito civil da sentença penal condenatória, a qual torna certa a obrigação de reparar o dano (CP, art. 91, I), hipótese em que se terá, na sequência, ação *direta* promovida pela parte (ASSIS, Araken. *Processo Civil Brasileiro.* Parte geral: institutos fundamentais. v. II. Tomo I. São Paulo: Revista dos Tribunais, 2015. p. 959). Tem-se aqui, portanto, outra exceção à regra (inconstitucional) que autoriza a responsabilização civil apenas *regressivamente* (CPC/2015, art. 155, *caput*), de modo que é desimportante, na hipótese em análise, se a vítima promoveu ou não ação contra o ente público ao qual o agente público se encontra vinculado e já se tenha decisão condenatória transitada em julgado.

Omissão e ação: o inciso I do art. 155, CPC/2015, trata dos casos em que o servidor (escrivão, chefe de secretaria ou oficial de justiça) se recuse a cumprir, no prazo, atos impostos pela lei ou pelo juiz. Regula, portanto, circunstâncias em que sua *omissão* desencadeou o prejuízo. Lado outro, o inciso II do mesmo dispositivo legal refere-se aos danos gerados pela *ação* do servidor que praticar ato nulo mediante dolo ou culpa. Portanto, fica claro que a responsabilidade civil aqui delineada é cabível também na hipótese de omissão, *desde que inexistente justo motivo*.

Recusa de cumprimento: o escrivão, chefe de secretaria e oficial de justiça são *obrigados* a cumprir os pronunciamentos do juiz ao qual se subordinam. Quer isso significar que configura conduta omissiva, violadora de dever jurídico, a omissão do servidor em cumprir, no prazo legal, os atos que lhe são impostos pela lei ou pelo juiz. Entretanto, inciso I do art. 155, CPC/2015, ressalva o *justo motivo*, de maneira que a sua comprovação isenta o servidor da responsabilidade, restando afastada a culpabilidade. É de se frisar, porém, que o servidor não tem discricionariedade para decidir qual ato deve cumprir. Servidor que é, está subordinado a um juiz, e mesmo objetivamente ao que reza a lei, e por isso deve limitar-se a cumprir sua função. Se eventualmente for constrangido a praticar ato por determinação judicial que, no futuro, se mostrar ilegal, não será ele – o escrivão, chefe de secretaria ou oficial de justiça – quem responderá pelos danos causados, mas o juiz, autor intelectual da ordem proferida.

Impontualidade: segundo se lê no inciso I do art. 155 do CPC/2015, o escrivão, chefe de secretaria e oficial de justiça são responsáveis regressivamente e respondem pelos prejuízos sofridos pelo Estado se recusarem a cumprir, *no prazo legal*, os atos impostos pela lei ou pelo juiz. Tem-se aí evidenciado que, mesmo cumprido o ato, *se o for para além do prazo estabelecido em lei*, surgindo prejuízos, o servidor poderá vir a ser condenado a indenizar, salvo se demonstrado justo motivo. A mora, portanto, traduz-se em ilícito, isto é, denota conduta omissiva violadora de dever jurídico que, somado a outros pressupostos exigidos, enseja responsabilização civil do servidor.

Prática de ato nulo: praticado o ato nulo (= conduta comissiva violadora de dever jurídico) pelo escrivão, chefe de secretaria ou oficial de justiça, presente a culpabilidade (dolo ou culpa), disso decorrendo prejuízos, está o Estado autorizado, mediante ação de regresso, a buscar o ressarcimento de valores monetários que tenha sido obrigado a indenizar às partes ou aos terceiros.

Responsabilidade penal e administrativa: a responsabilidade civil de agentes e servidores públicos independe da sua responsabilidade penal e ou administrativa, e vice-versa. Se, contudo, a infração praticada configurar-se ilícito penal, eles podem também responder criminalmente. Cumpre ao juiz, de outro lado, verificar se o serventuário excedeu, sem motivo legítimo, os prazos estabelecidos na legislação, determinando, se caso for, a instauração do competente processo administrativo (CPC/2015, art. 233). Por óbvio que o devido processo legal é exigência inexorável nas hipóteses de responsabilidade civil, administrativa ou criminal (CF/1988, art. 5º, LIV).

— Θ —

Seção II
DO PERITO

Art. 156. O juiz será assistido por perito quando a prova do fato depender de conhecimento técnico ou científico.

§1º Os peritos serão nomeados entre os profissionais legalmente habilitados e os órgãos técnicos ou científicos devidamente inscritos em cadastro mantido pelo tribunal ao qual o juiz está vinculado.

§2º Para formação do cadastro, os tribunais devem realizar consulta pública, por meio de divulgação na rede mundial de computadores ou em jornais de grande circulação, além de consulta direta a universidades, a conselhos de classe, ao Ministério Público, à Defensoria Pública e à Ordem dos Advogados do Brasil, para a indicação de profissionais ou de órgãos técnicos interessados.

§3º Os tribunais realizarão avaliações e reavaliações periódicas para manutenção do cadastro, considerando a formação profissional, a atualização do conhecimento e a experiência dos peritos interessados.

§4º Para verificação de eventual impedimento ou motivo de suspeição, nos termos dos arts. 148 e 467 , o órgão técnico ou científico nomeado para realização da perícia informará ao juiz os nomes e os dados de qualificação dos profissionais que participarão da atividade.

§5º Na localidade onde não houver inscrito no cadastro disponibilizado pelo tribunal, a nomeação do perito é de livre escolha pelo juiz e deverá recair sobre profissional ou órgão técnico ou científico comprovadamente detentor do conhecimento necessário à realização da perícia.

Correspondente:

CPC/1973, art. 145.

Referências:

CF/1988, art. 5º, LIV e LV.

CPC/2015, art. 148; art. 465; art. 468, I.

Resolução 233/2016 do CNJ.

Perito: o perito é *auxiliar da justiça*, "sem vínculo permanente com o Estado" (= auxiliar eventual), que "participa da controvérsia por nomeação *ad hoc* do magistrado" (WAMBIER, Teresa Arruda Alvim *et al. Primeiros Comentários ao Novo Código de Processo Civil.* São Paulo: Revista dos Tribunais, 2015. p. 301) sempre que a prova do fato depender de conhecimento técnico ou científico (CPC/2015, art. 156, *caput*). É, portanto, profissional estranho à relação jurídico-processual, imparcial e com habilitação técnica e/ou científica atinente a algum ramo da atividade humana (medicina, odontologia, engenharia, química, advocacia), cujo conhecimento se mostra indispensável à elucidação dos fatos discutidos em juízo.

Função do perito: incumbe ao juiz – parafraseando Pontes de Miranda – o papel de formular o julgamento de fato e de direito para solucionar a questão (ou as questões) envolvida(s) no feito. *Julgamentos de fatos* implicam decisões sobre fatos e decisões sobre direito (ou sobre pontos de direito). *Julgamentos sobre direito* são igualmente decisões sobre fatos, pois o juiz enunciará proposições como "a lei *a* incidiu na relação *a*"; "a relação *a* formou-se sob a lei *a*, mas foi modificada sob a lei *b*"; "a lei *a* não atingiu a relação *b*"; "a relação *a* não foi atingida pela lei *b*"; "a lei do país *a* nada tem com a relação *b*"; "a lei do país *b* rege a relação *a*". Enfim, são proposições que se referem à incidência de certa(s) lei(s) no momento e lugar da relação inter-humana analisada. Haverá sempre julgamento(s) sobre direito(s) e julgamento(s) sobre fato(s): "incidiu ou não incidiu". Naquilo que importa aqui: o julgamento sobre fatos amiúde exigirá mais do que a simples inspeção, ou mais do que vem para os autos do processo em função da narrativa fornecida pelas partes ou testemunhas, razão por que será indispensável lançar-se mão da perícia – na dicção legal: o juiz será assistido por perito quando a prova do fato depender de conhecimento técnico ou científico (CPC/2015, art. 156, *caput*). O perito, em dadas situações, a partir da análise dos fatos, limita-se a comunicar ao juízo aquilo que a sua especialidade lhe permitiu concluir, "de modo que o julgador se habilite a deduzir as consequências necessárias ao pronunciamento da sentença"; vezes outras, no entanto, "a função do perito vai mais longe", quer dizer, ele aplica princípios e ou enunciados particulares, ou simples receitas da sua técnica, "a julgamentos de fato já estabelecidos, conforme a narração das partes, o depoimento das testemunhas e outros meios probatórios, ou apenas supostos, para que, no caso de serem aceitos pelo juiz como verdadeiros, já esteja preparado o trabalho pericial sobre eles". Não raro, o perito recebe o encargo, *haja vista a estrita especialidade dos conhecimentos que o trabalho exige*, de fixar um determinado fato e comunicar o resultado obtido nos autos, atuando "quase em substituição completa do juiz" – por exemplo: diagnóstico médico; laudo do engenheiro sobre desabamento de muralha em grande açude ou a causa de fendas na parede de um edifício; laudo do químico sobre a composição química de certo veneno; exames de livros e outros documentos; elaboração de cálculos. A perícia não se limita à inspeção ocular, isto é, abrange "todos os sentidos, inclusive o muscular, e vai muito além, porquanto inclui todos os meios conhecidos de pesquisa científica ou técnica". Seja como for, "o perito auxilia o juiz na investigação dos fatos ou na apreciação deles", sem, contudo, julgar (= sentido processual), e "sem que qualquer dos seus enunciados obtenha o caráter de definitividade", que só as decisões judiciais podem adquirir (= não adstrição do juiz ao laudo pericial). Tecnicamente falando, a perícia "é o exame com operação de ordem técnica, que leve a conclusões sobre o estado de pessoa ou de coisa, ou o valor da coisa, em consequência de algum ato ou fato". Ela se materializa no laudo pericial, conjunto de enunciados que o perito elabora, ou mesmo um só enunciado, apresentado em forma de parecer ou declaração escrita (PONTES DE MIRANDA, Francisco Cavalcanti. *Comentários ao Código de Processo Civil*. Tomo II. Rio de Janeiro: Forense, 1974. p. 423-424).

Profissionais legalmente habilitados e órgãos técnicos ou científicos: a lei estabelece que os peritos serão nomeados entre os profissionais legalmente habilitados e órgãos técnicos ou científicos devidamente inscritos em cadastro mantido pelo tribunal (CPC/2015, art. 156, §1º). É habilitado para o exercício da atividade pericial aquele que se *especializou* no estudo de determinada área de conhecimento. Por isso o juiz deve nomear perito *especializado* no objeto da perícia (CPC/2015, art. 465, *caput*), podendo substitui-lo quando restar demonstrado que lhe falta expertise técnica ou científica (CPC/2015, art. 468, I). Lado outro, também se admite perícia realizada por *órgãos* técnicos ou científicos, a exemplo de fundações conveniadas com o tribunal. Malgrado existir autorização para a elaboração de perícias por pessoas jurídicas, é evidente que o laudo deverá identificar os profissionais (= pessoas físicas) responsáveis pelo trabalho. Não à toa, aliás, o §4º do art. 156 do CPC/2015 estabelece que, para a verificação de eventual impedimento ou motivo de suspeição, o órgão técnico ou científico nomeado para a realização da perícia informará ao juiz os nomes e dados de qualificação dos profissionais responsáveis pela atividade.

Pressuposto para a perícia: o juiz só deferirá a realização de perícia "quando a prova do fato depender de conhecimento técnico ou científico" (CPC/2015, art. 156, *caput*). De resto, a prova pericial se mostrará de todo impertinente.

Juiz com conhecimento técnico ou científico: é imperativo o deferimento do pedido de prova pericial sempre que a apuração dos fatos controvertidos depender de habilitação técnica e ou científica. Não tem qualquer relevância se o próprio magistrado possui formação na área de conhecimento atinente ao material fático em debate, pois se exige que a tal prova seja produzida a partir de procedimento que observe contraditório e ampla defesa, em igualdade de condições ante a lei, com imparcialidade e até, se assim desejarem as partes, mediante formulação de quesitos e atuação de assistentes técnicos – nesse sentido: STJ, AgRg no AREsp 184.563, 2ª Turma, rel. Min. Humberto Martins, julgamento: 16.08.2012, disponível em: www.stj.jus.br. Por isso é que o fato de o juiz, por exemplo, deter conhecimentos sobre o mercado imobiliário não lhe autoriza a indeferir prova pericial destinada a avaliação de um específico imóvel – não se pode confundir esse conhecimento pessoal do juiz com as máximas de experiência, sendo indispensável a produção probatória devidamente balizada segundo as garantias que conferem substância ao devido processo legal – nesse sentido: STJ, REsp 1786046, 3ª Turma, rel. Min. Moura Ribeiro, julgamento: 09.05.2023, disponível em: www.stj.jus.br.

Cadastro de peritos: os peritos serão nomeados pelo Estado-juiz entre profissionais legalmente habilitados e órgãos técnicos ou científicos, os quais precisam estar inscritos em cadastro mantido pelo tribunal. Para a formação do cadastro, os tribunais devem realizar consulta pública, por meio de divulgação na rede mundial de computadores ou, ainda, em jornais de grande circulação, além de consulta direta à universidades, aos conselhos de classe, ao Ministério Público, à Defensoria Pública e à Ordem dos Advogados do Brasil para a indicação de profissionais ou de órgãos técnicos interessados. Os magistrados encontram-se vinculados a tal cadastro, salvo se na localidade não houver inscritos, quando então a nomeação será de livre escolha pelo juiz, recaindo sobre profissional ou órgão técnico ou científico comprovadamente detentor do conhecimento necessário à realização da perícia (CPC/2015, art. 156, §§1º a 5º). Importante: a Resolução 233/2016 do CNJ dispões acerca da criação desses cadastros.

Verificação de possível parcialidade do perito: aplicam-se os motivos de impedimento e de suspeição também ao perito (CPC/2015, art. 148, II). Quando o nomeado para a realização da perícia for algum órgão técnico ou científico, a lei lhe impõe, a fim de possibilitar seja verificado eventual suspeita de parcialidade, que informe ao órgão judiciário os nomes e dados de qualificação dos profissionais que participarão da atividade.

— Θ —

Art. 157. O perito tem o dever de cumprir o ofício no prazo que lhe designar o juiz, empregando toda sua diligência, podendo escusar-se do encargo alegando motivo legítimo.

§1º A escusa será apresentada no prazo de 15 (quinze) dias, contado da intimação, da suspeição ou do impedimento supervenientes, sob pena de renúncia ao direito a alegá-la.

§2º Será organizada lista de peritos na vara ou na secretaria, com disponibilização dos documentos exigidos para habilitação à consulta de interessados, para que a nomeação seja distribuída de modo equitativo, observadas a capacidade técnica e a área de conhecimento.

Correspondente:
CPC/1973, art. 146.

Referências:
CF/1988, art. 5º, LIV e LV.

CPC/2015, art. 148; art. 157; art. 158; art. 473.

Deveres do perito: ao assumir a função, o perito atrai para si *deveres*. Por exemplo: i) dever de cumprir o ofício no prazo que lhe designar o juiz, sendo diligente na realização dos atos necessários ou úteis ao exame e conclusões da perícia (CPC/2015, art. 157, *caput*); iii) dever de abstenção em caso de suspeição ou impedimento (CPC/2015, art. 148, II); ii) dever de compromisso com a verdade (CPC/2015, art. 158); iii) dever de imprimir ao seu trabalho análise técnica ou científica (CPC/2015, art. 473, II); iv) dever de fundamentação (CPC/2015, art. 473, I, III e IV e §1º) e v) dever de indenizar por danos decorrentes de informações inverídicas prestadas (CPC/2015, art. 158).

Escusa do perito: a lei admite que o perito se escuse do encargo, desde que alegue *motivo legítimo* – por exemplo: parcialidade, ausência de formação técnica ou científica em relação ao objeto da perícia, doença ou luto. Diferentemente do que se dá com os juízes, não basta, *para o perito nomeado se ver livre do encargo,* arguir motivo de foro íntimo (PONTES DE MIRANDA, Francisco Cavalcanti. *Comentários ao Código de Processo Civil.* Tomo II. Rio de Janeiro: Forense, 1974. p. 429). A escusa, devidamente justificada, deve ser apresentada no prazo de 15 (quinze) dias, contado da intimação, da suspeição ou do impedimento superveniente, sob pena de renúncia ao direito de alegá-la. Importante: i) não há sentido lógico-jurídico em se admitir julgamentos com base em prova elaborada por perito que atuou em favor de tal ou qual litigante; ii) por isso, ainda que seja vedado ao perito escusar-se depois de superado o prazo legal, as partes têm o direito de arguir a suspeita de parcialidade, e até o próprio juiz deve suscitá-la *ex officio*, por se tratar de questão de ordem pública da mais alta relevância.

Lista de peritos e distribuição equitativa: como novidade, o CPC/2015 impõe às varas e secretarias que organizem lista de peritos, com disponibilização dos documentos exigidos para habilitação à consulta de interessados. Pretendeu o legislador, com a medida, distribuir de modo equitativo as nomeações (= isonomia), sempre em observação à capacidade técnica e à área de conhecimento dos peritos.

— Θ —

Art. 158. O perito que, por dolo ou culpa, prestar informações inverídicas responderá pelos prejuízos que causar à parte e ficará inabilitado para atuar em outras perícias no prazo de 2 (dois) a 5 (cinco) anos, independentemente das demais sanções previstas em lei, devendo o juiz comunicar o fato ao respectivo órgão de classe para adoção das medidas que entender cabíveis.

Correspondente:
CPC/1973, art. 147.

Referências:
CF/1988, art. 5º, LIV e LV.

CPC/2015, art. 148; art. 157; art. 158; art. 473.

Dever de veracidade: ao assumir a função, o perito atrai para si uma gama de deveres, incluído o de sempre prestar informações verídicas (= dever de veracidade). Logo, tem a incumbência de conduzir o seu trabalho em conformidade com a ciência e melhor técnica.

Responsabilidade civil do perito: o perito que, por dolo ou culpa (culpa *lato sensu*), prestar informações inverídicas, responderá pelos prejuízos que eventualmente causar à parte. Observações: i) não basta, para se concluir que as informações são inverídicas, a mera divergência de opiniões ou pareceres (PONTES MIRANDA, Francisco Cavalcanti. *Comentários ao Código de Processo Civil.* Tomo II. Rio de Janeiro: Forense, 1973. p. 430); e ii) a responsabilidade (civil, penal, administrativa) do perito deve ser apurada em respeito ao devido processo legal.

Outras sanções: além de responder civilmente pelos danos que causar à parte, o perito que faltar com a verdade ficará inabilitado para atuar em outras perícias, entre 2 (dois) e 5 (cinco) anos, sujeitando-se às demais sanções previstas em lei. Ao julgador incumbe comunicar o fato ao respectivo órgão de classe para adoção das medidas cabíveis.

— Θ —

Seção III

DO DEPOSITÁRIO E DO ADMINISTRADOR

Art. 159. A guarda e a conservação de bens penhorados, arrestados, sequestrados ou arrecadados serão confiadas a depositário ou a administrador, não dispondo a lei de outro modo.

Correspondente:
CPC/1973, art. 148.

Referências:
CF/1988, art. 5º, LIV e LV.

CPC/2015, art. 160; art. 161; art. 840, III; art. 862, *caput* e §1º; art. 866, §2º, art. 868, *caput*; e art. 869, *caput*.

Súmula Vinculante (STF) nº 25. É ilícita a prisão civil de depositário infiel, qualquer que seja a modalidade de depósito.

Distinção – depositário e administrador: os arts. 159 a 161 do CPC/2015 regulam a atuação de dois auxiliares da justiça cuja função é a guarda e conservação de bens que se encontram sob o cuidado do juízo (penhora, arresto, sequestro, etc.), exigindo por isso especial atenção para que não sofram danos ou mesmo pereçam. Apesar de o dispositivo em comento não distinguir depositário e administrador, há entre eles diferenças. São elas: i) ao depositário, de regra, incumbe a guarda e a conservação do bem que lhe é confiado pelo juiz; e ii) o administrador, por sua vez, tem *um ônus a mais*, quer dizer, é também seu papel fazer a gestão dos bens que lhe são confiados, buscando meios idôneos para evitar a sua desvalorização (MENEZES VIGLIAR, José Marcelo. [Comentários ao art. 141]. *In*: MARCATO, Antonio Carlos (Coord.). *Código de Processo Civil Interpretado*. São Paulo: Editora Atlas, 2004, p. 400).

Administrador-depositário: o CPC/2015 trouxe a figura do *administrador-depositário*, ao que tudo indica sob o pretexto de que há circunstâncias em que as atribuições de ambos os auxiliares da justiça, administrador e depositário, se misturam (por exemplo: CPC/2015, art. 862, *caput* e §1º; art. 866, §2º, art. 868, *caput*; e art. 869, *caput*).

A razão, todavia, está com Ravi Peixoto: i) as funções exercidas por esta "nova figura" são idênticas às do administrador tradicional – afinal, o administrador é um auxiliar da justiça mais *completo*, cujas atribuições envolvem também o depósito); ii) o legislador do CPC/1973, em alguns de seus artigos, mencionou o depositário quando deveria ter feito referência ao administrador (CPC/1973, art. 677; art. 862, §1º; art. 678, parágrafo único; art. 866, *caput*; e art. 655-A, §3º), o que impeliu doutrinadores a tentarem explicar o deslize legislativo, surgindo dessa empreitada a ideia de "depósito-administração" para abarcar funções que tipicamente não se inserem no contexto de atuação dos depositários (PEIXOTO, Ravi. *In*: CÂMARA, Alexandre Freitas (Coord.). *Comentários ao Código de Processo Civil*. São Paulo: Editora Atlas, 2016. No prelo). Portanto, o deslize legislativo insuflou a criatividade da doutrina que, ao contrário de se apegar a uma explicação óbvia e fundada na realidade, optou por elaborar figura anômala e desnecessária, que em essência corresponde ao próprio administrador.

Auxiliares eventuais do juízo: administrador e depositário são auxiliares *eventuais*. É que nem sempre são necessários, podendo a lei dispor de forma diversa, como faz, por exemplo, ao autorizar o próprio executado, mediante caução idônea, a ter em seu poder imóveis rurais, direitos aquisitivos sobre imóveis rurais, máquinas, utensílios e instrumentos necessários ou úteis à atividade agrícola (CPC/2015, art. 840, III).

Ação de depósito e depositário infiel: é tranquilo o entendimento de que o reclamo dirigido contra o depositário dispensa a ação de depósito. Sua formulação deve ocorrer nos próprios autos, desde que respeitado o devido processo legal. Tanto assim que o CPC/2015, diferentemente da legislação anterior, sequer regula uma ação de depósito. E vale lembrar: a lei, adaptando-se à atual posição do Supremo Tribunal Federal, não mais autoriza a prisão do depositário infiel (Súmula Vinculante nº 25).

— Θ —

Art. 160. Por seu trabalho o depositário ou o administrador perceberá remuneração que o juiz fixará levando em conta a situação dos bens, ao tempo do serviço e às dificuldades de sua execução.

Parágrafo único. O juiz poderá nomear um ou mais prepostos por indicação do depositário ou do administrador.

Correspondente:
CPC/1973, art. 149.

Referências:
CF/1988, art. 5º, LIV e LV.

CPC/2015, art. 161; art. 840, III; art. 862, *caput* e §1º; art. 866, §2º, art. 868, *caput*; e art. 869, *caput*.

Remuneração: afora um ou outro ajuste na redação, nada há que afaste o art. 160 do CPC/2015 daquele que lhe serviu de modelo. Já havia críticas doutrinárias ao dispositivo legal, não porque o auxiliar do juízo não deva receber alguma contraprestação pecuniária pela atividade que desenvolve, mas pelo fato de que tal previsão é mais apropriada em leis que disponham sobre as despesas processuais em sentido estrito, os denominados regimentos de custas (DALL'AGNOL, Antônio. *Comentários ao Código de Processo Civil*. v. 2. Coordenação: Ovídio A. Baptista da Silva. São Paulo: Revista dos Tribunais, 2000. p. 205-206). De toda sorte, cumpre ao juiz fixar a remuneração desses auxiliares (= depositário e administrador), desde que o encargo não tenha recaído sob os ombros do próprio executado ou demandado. Essa fixação deve ter por norte os seguintes critérios objetivos: i) situação dos bens envolvidos; ii) tempo do serviço; e iii) dificuldades da tarefa. Por fim, eventuais despesas decorrentes do encargo serão reembolsadas ao auxiliar do juízo.

Auxiliares do auxiliar da justiça: dispõe o art. 160, parágrafo único, CPC/2015, que o juiz está autorizado a nomear um ou mais prepostos por indicação do depositário ou administrador. São, então, *auxiliares* *do depositário e do administrador* – e não propriamente auxiliares do juízo –, devem ser nomeados *se a circunstância em particular o exigir* e desde que haja solicitação nesse sentido ao órgão judicial. Detalhes: i) a responsabilidade pelas atribuições dos prepostos é exclusivamente do depositário (ou administrador); e ii) no que se refere à remuneração do preposto, prevalece o entendimento de que seu pagamento deve ser efetuado pelo depositário ou administrador.

— Θ —

Art. 161. O depositário ou o administrador responde pelos prejuízos que, por dolo ou culpa, causar à parte, perdendo a remuneração que lhe foi arbitrada, mas tem o direito a haver o que legitimamente despendeu no exercício do encargo.

Parágrafo único. O depositário infiel responde civilmente pelos prejuízos causados, sem prejuízo de sua responsabilidade penal e da imposição de sanção por ato atentatório à dignidade da justiça.

Correspondente:
CPC/1973, art. 150.

Referências:
CF/1988, art. 5º, LIV e LV.
CPC/2015, art. 160; art. 840, III; art. 862, *caput* e §1º; art. 866, §2º; art. 868, *caput*; e art. 869, *caput*.

Responsabilidade civil: o art. 161 do CPC/2015 é daqueles cuja natureza se relaciona ao direito material, malgrado inserido no bojo de uma lei de procedimentos. Seu propósito é regulamentar a responsabilidade civil de determinados servidores da justiça quando, agindo ou omitindo-se, causem prejuízos. Como é sabido, a responsabilidade civil corresponde ao dever que alguém adquire de reparar prejuízo decorrente da violação de outro dever jurídico, quer dizer, representa *dever jurídico sucessivo* que surge para recompor dano oriundo da violação de *dever jurídico originário* (CAVALIERI FILHO, Sérgio. *Programa de responsabilidade civil*. 3. ed. São Paulo: Malheiros, 2002. p. 22). Nessa definição inserem-se as duas feições que fundamentam o instituto hodiernamente: seja com base na *culpa*, seja com base no *risco*, a verdade é que, configurada a responsabilidade civil do agente, terá havido a transgressão de um *dever jurídico*. A culpa e o risco são fundamentos que, conforme aquilo previsto em lei, um ou outro será levado em consideração pelo julgador no momento da decisão. Sendo a culpa indispensável, o juiz estará obrigado a examinar a sua configuração antes de julgar procedente o pedido; aplicando-se a teoria do risco, o magistrado desprezará a culpa, julgando procedente o pedido independentemente de sua ocorrência, desde que os demais pressupostos exigidos pela lei estejam presentes.

Requisitos da responsabilidade civil: são três os requisitos necessários à configuração da responsabilidade civil. Seguem: i) conduta, comissiva ou omissiva, violadora de dever jurídico primário (com ou sem culpa, em conformidade com o exigido pela lei); ii) dano; iii) nexo de causalidade entre os dois primeiros.

Responsabilidade civil do depositário e administrador: não há alterações substanciais entre CPC/1973 e CPC/2015. Permanece, pois, o entendimento de que depositário e administrador respondem por dolo ou culpa, afastada por isso a responsabilidade objetiva. Enfim, a demonstração da culpabilidade *lato sensu* é indispensável, a ser feita em feito próprio, no qual os demais requisitos devem ser igualmente comprovados, e cuja finalidade, na perspectiva do autor, é a obtenção de tutela jurisdicional condenatória.

Perda da remuneração arbitrada: a lei mantém a sanção de perda da remuneração arbitrada em favor do depositário ou administrador que culposamente causar prejuízos à parte. O que se verifica são duas circunstâncias diversas, ambas presentes no mesmo texto normativo: de um lado, o regramento da responsabilidade civil do depositário e administrador que, culposamente, causarem prejuízo à parte e, de outro, a imposição de uma sanção (= perda da remuneração) endereçada a esses auxiliares do juízo. Há, entretanto, ressalva na segunda parte do *caput* do art. 161. Ou seja, não obstante a perda total daquilo que lhes foi entregue a título de remuneração, os auxiliares do juízo estão autorizados a haver o que legitimamente despenderam no exercício do encargo (por exemplo: custos com a guarda ou conservação de bem; adiantamento de dinheiro que se mostrou imperativo).

Depositário infiel: como novidade, reza o dispositivo, em seu parágrafo único, que o depositário infiel, além de responder civilmente pelos prejuízos causados, sujeita-se à responsabilidade penal e imposição de sanção por ato atentatório à dignidade da justiça.

— Θ —

Seção IV
DO INTÉRPRETE E DO TRADUTOR

Art. 162. O juiz nomeará intérprete ou tradutor quando necessário para:

I – traduzir documento redigido em língua estrangeira;

II – verter para o português as declarações das partes e das testemunhas que não conhecerem o idioma nacional;

III – realizar a interpretação simultânea dos depoimentos das partes e testemunhas com deficiência auditiva que se comuniquem por meio da Língua Brasileira de Sinais, ou equivalente, quando assim for solicitado.

Correspondente:
CPC/1973, art. 151.

Referências:
CF/1988, art. 5º, LIV e LV.

CPC/2015, art. 162, I; art. 190, parágrafo único.

Linguagem: a linguagem, como não poderia ser diferente, desempenha papel essencial também no âmbito procedimental-jurisdicional, pois é manejada e empregada com vistas a comunicação e interação de todos os que ali operam. Isso é nada mais que óbvio na medida em que litígios revelam aspectos ou recortes da vida de indivíduos, seus conflitos ou parcela deles, cuja explicitação e assimilação só é possível linguisticamente. Vezes por outras, o desenvolvimento da atividade jurisdicional exige a presença de intérpretes e ou tradutores, quer porque partes e testemunhas não têm afinidade com o idioma nacional ou possuem alguma deficiência física, quer em razão de documentos redigidos em língua estrangeira apresentados nos autos e que acarretam dúvidas objetivas, quer por fim em função da mera necessidade de traduzir documentos. Em tais circunstâncias, a figura desses auxiliares da justiça é relevantíssima, pouco importando ter ou não o juiz domínio da linguagem em questão. Assim é por duas razões básicas: i) respeito ao devido processo legal (CF/1988, art. 5º, LIV e LV), a exigir que os eventos registrados no feito sejam compreendidos por todos sem exceção, em prol da intersubjetividade decorrente do exercício do contraditório e da ampla defesa; e ii) não se pode desdenhar a inter-relação entre pensamento e linguagem – algo complexo e objeto de estudos capitaneados por neurocientistas, psicólogos e filósofos – porque a estrutura da língua falada por alguém influencia a maneira com a qual ela percebe o universo. Por uma razão e outra, as quais em verdade se mesclam, a participação do intérprete e do tradutor é inexorável em dadas ocasiões; afinal de contas, é por intermédio deles que pensamentos, registros orais e documentais serão transpostos para os autos de maneira a serem perfeitamente compreendidos pelas partes e por seus advogados, pelo representante do Ministério Público, pelo juiz e por seus auxiliares.

Indispensabilidade do intérprete e do tradutor: pouco importa que o magistrado domine os meandros da linguagem daquele que fala nos autos ou mesmo que consiga compreender os signos que permeiam e dão conteúdo a um documento estrangeiro. As razões são aquelas já apontadas no item precedente. E nisso o CPC/2015 foi perfeito ao alterar a redação do art. 151 do CPC/1973, segundo a qual o juiz está autorizado a nomear intérprete toda vez que *reputar* necessário. Não interessa, a bem da verdade, se o juiz *reputa* necessária ou não a figura do intérprete ou do tradutor: a presença desses auxiliares da justiça se mostrará indispensável sempre que configurada uma das hipóteses exigidas em lei, até para que seja assegurado o debate em sentido dinâmico (= contraditório e ampla defesa), característica de um procedimento jurisdicional formatado segundo as garantias do devido processo legal. Daí o acerto do CPC/2015, que não mais deixa a critério do juiz (= eliminação da discricionariedade judicial) o poder de decidir quando a figura do intérprete (ou a figura do tradutor) é ou não necessária.

Intérprete e tradutor: o CPC/2015 fez a opção de acrescentar a figura do *tradutor* entre os auxiliares do juízo. O relatório, oriundo da Câmara dos Deputados, fez referência à lição de Athos Gusmão

Carneiro, esclarecendo que documento em língua estrangeira deve ser *traduzido* para o português e não propriamente interpretado – um escrito em mandarim, hebraico, árabe ou finlandês precisa ser *traduzido* para o vernáculo, jamais interpretado. Em outros termos: o tradutor é apenas um especialista na tradução de documentos redigidos em língua estrangeira, ao passo que o intérprete tem por função esclarecer dúvidas oriundas da comparação entre as versões (original e traduzida) do documento juntadas aos autos.

Problemas interpretativos: a justificativa para a inclusão do tradutor, como auxiliar do juízo ao lado do intérprete, foi a de que um documento em língua estrangeira não deve ser interpretado e sim *traduzido*. A despeito de sensata a linha de raciocínio, a atual redação legal implica alguns problemas. Em primeiro lugar, documentos redigidos em língua estrangeira somente podem ser juntados aos autos quando acompanhados da versão para a língua portuguesa, tramitada por via diplomática ou pela autoridade central, ou firmada por tradutor juramentado (CPC/2015, art. 190, parágrafo único). Daí por que a doutrina sempre sublinhou que as dúvidas objetivas não decorrem do documento em si, mas da confrontação entre as duas versões apresentadas, a estrangeira e a traduzida. É exatamente aí que tem lugar o intérprete, e não o tradutor, cumprindo ao juiz, caso a caso, avaliar as circunstâncias e verificar se a presença desse auxiliar da justiça é mesmo justificada. Aqui, o primeiro problema: o inciso I do art. 162, CPC/2015, traz redação diversa em relação ao dispositivo que lhe serviu de modelo. O CPC/1973 prescreve (art. 151, I) que o juiz nomeará intérprete para "analisar documento de entendimento duvidoso, redigido em língua estrangeira", o que levou doutrina e jurisprudência à construção teórica acima indicada. Já a redação do CPC/2015 refere-se não mais ao intérprete e sim ao tradutor, que será nomeado para o fim de "traduzir documento redigido em língua estrangeira". De qualquer forma, mesmo silente o CPC/2015, nada muda com relação ao entendimento já sedimentado; afinal, em sua essência, é função do intérprete justamente resolver dúvidas e problemas de caráter objetivo e não verter para o português declarações e documentos apresentados em língua estrangeira. O segundo problema é atinente a uma *antinomia normativa* (aparente): de um lado, o art. 190, parágrafo único, confere validade aos documentos apresentados aos autos em língua estrangeira somente quando acompanhados da versão devidamente traduzida; de outro, há previsão legal admitindo a tradução de documentos redigidos em língua diversa da nacional (art. 162, I). A resposta exegética para superar esse nó normativo está em diferenciar duas hipóteses: i) quando a parte apresenta aos autos documento estrangeiro; e ii) quando o documento estrangeiro é juntado aos autos por circunstância decorrente da atividade jurisdicional. No primeiro caso, *por exigência legal*, deverá a parte fazer acompanhar a versão traduzida do documento estrangeiro cuja juntada postulou nos autos. Eventuais dúvidas (objetivas) surgidas da confrontação entre essas duas versões exigirá o trabalho de um intérprete, e não o de um tradutor – o intérprete, portanto, sempre trabalha tendo por base uma tradução já realizada e apresentada aos autos. Se, entretanto, aos autos é juntado documento de origem estrangeira *como resultado da própria atividade jurisdicional*, a figura do tradutor se fará indispensável.

Rol não exaustivo: o CPC/2015 arrola *três* hipóteses nas quais intérprete e tradutor são imprescindíveis. Todavia, não se pode ambicionar que se cuide de rol taxativo. Afinal, o progresso tem exibido novas formas de linguagem, como, por exemplo, a da computação, circunstância que sugere não ser adequado entender que o legislador tenha conseguido esgotar as possibilidades no elenco legal (DALL'AGNOL, Antônio. *Comentários ao Código de Processo Civil.* v. 2. Coordenação: Ovídio A. Baptista da Silva. São Paulo: Revista dos Tribunais, 2000. p. 210).

Verter para o português declaração das partes e de testemunhas – a figura do *tradutor-intérprete*: é dever do juiz nomear auxiliar sempre que a parte ou a testemunha não souber comunicar-se no idioma corrente. E não bastará a nomeação de tradutor *ou* intérprete, senão de um terceiro que tenha plenas condições de exercer a atribuição de ambos, ou seja, um *tradutor-intérprete*. E se isso não for possível, nada impede a nomeação de dois auxiliares: tradutor *e* intérprete. Afinal, em audiência não é suficiente a tradução dos depoimentos narrados aos que ali se fizerem presentes, tampouco basta verter para o estrangeiro as perguntas direcionadas ao depoente estrangeiro; é função do(s) auxiliar(es) da justiça extirpar as dúvidas surgidas e fazer com que o registro das narrativas corresponda precisamente àquilo que pensou e afirmou o depoente estrangeiro.

Deficiência auditiva: se a parte, ou alguma testemunha, possuir *deficiência auditiva*, a figura de um *tradutor-intérprete* – ou mesmo a nomeação de dois auxiliares (tradutor *e* intérprete) – é imperiosa não apenas para a tradução da Língua Brasileira de Sinais para o português e vice-versa, mas ainda com a finalidade de solucionar as dúvidas que eventualmente surgirem em decorrência das narrativas apresentadas pelo surdo-mudo. Seu trabalho seguirá uma via de mão dupla: traduzirá tanto as perguntas formuladas ao deficiente como as respostas elaboradas por ele, além de resolver as dúvidas alimentadas por quaisquer dos personagens que figurem na audiência (juiz, partes, representante do Ministério Público, testemunhas). Há entendimento no sentido de que, sabendo o surdo-mudo expressar-se por escrito, assim deverá ser tomado seu depoimento (DALL'AGNOL, Antônio. *Comentários ao Código de Processo Civil*. v. 2. Coordenação: Ovídio A. Baptista da Silva. São Paulo: Revista dos Tribunais, 2000. p. 211).

— Θ —

Art. 163. Não pode ser intérprete ou tradutor quem:

I – não tiver a livre administração de seus bens;

II – for arrolado como testemunha ou atuar como perito no processo;

III – estiver inabilitado para o exercício da profissão por sentença penal condenatória, enquanto durarem seus efeitos.

Correspondente:
CPC/1973, art. 152.

Referências:
CF/1988, art. 5º, LIV, LV e XXXVII.

CPC/2015, art. 162, I; art. 190, parágrafo único.

CC/2002, art. 3º e 4º.

CP, art. 47, I e II.

Proibições para ser intérprete: afora a inclusão do tradutor, não há na lei em vigor alteração substancial em comparação com CPC/1973. O art. 163 do CPC/2015 somente elenca hipóteses em que é vetada a participação de pessoa na qualidade de intérprete ou de tradutor.

Livre administração dos bens: o inciso I do art. 163, CPC/2015, dialoga com o direito material e estabelece que apenas os que estiverem na livre administração de seus bens podem exercer atividade de intérprete ou tradutor. Não basta, por conseguinte, que se tenha qualificações especiais, pois só aqueles que possuem capacidade de direitos e deveres na ordem cível podem atuar na condição de auxiliares do juízo. Um dos propósitos da regra é assegurar que não atuem no feito auxiliares sem condições de serem responsabilizados civilmente por eventual dano que causarem às partes. Daí por que – e evidentemente – estão excluídos da lista os absolutamente incapazes (art. 3º do CC/2002) e os relativamente incapazes (art. 4º do CC/2002), visto que não têm a livre administração de seus bens.

Por fim, estão proibidos de atuar como intérprete ou tradutor aquele cujos bens encontram-se indisponíveis por determinação judicial.

Testemunha ou perito: nem as testemunhas e tampouco os peritos (e nem, obviamente, as partes, os representantes do Ministério Público e os juízes) podem assumir a qualidade de tradutor ou intérprete. Para ir ao ponto, o que pretendeu o legislador (CPC/2015, art. 163, II) é garantir o exercício de uma atividade objetiva e imparcial por aquele que funciona como auxiliar da justiça.

Inabilitado para o exercício da profissão: não está autorizado a atuar como intérprete ou tradutor quem estiver impedido, *por sentença penal condenatória*, de exercer cargo, função ou atividade pública (art. 47, I, do CP), ou proibido de desempenhar profissão, atividade ou ofício que dependam de habilitação especial, licença ou autorização do poder público (art. 47, II, do CP). A inabilitação perdurará até cumprimento final da pena estabelecida e está vinculada à própria profissão, atividade ou função que levou a pessoa a sofrer a pena acessória, afastada a possibilidade de que alguém seja impedido de atuar como auxiliar da justiça quando a sua condenação em nada relacionar-se com as atribuições do intérprete e do tradutor.

— Θ —

Art. 164. O intérprete ou tradutor, oficial ou não, é obrigado a desempenhar seu ofício, aplicando-se-lhe o disposto nos art. 157 e 158.

Correspondente:
CPC/1973, art. 153.

Referências:
CF/1988, art. 5º, LIV, LV e XXXVII.

CPC/2015, art. 157; art. 158; art. 159.

Obrigatoriedade de desempenhar seu ofício: seja oficial ou não, intérprete e tradutor têm o dever de desempenhar com zelo e responsabilidade as atribuições que lhe foram designadas. Por isso, podem escusar-se apenas alegando e provando *motivo legítimo*, nos termos do art. 157 do CPC/2015.

Intérprete e tradutor oficial: o art. 164 do CPC/2015 é claro ao autorizar o juiz a valer-se, na ausência de intérprete ou tradutor oficial, de outro profissional com habilidades adequadas para o exercício da função. Contudo, a disciplina jurídica do auxiliar da justiça é sempre a mesma, quer seja ele intérprete (ou tradutor) oficial ou não.

Prejuízos causados e dever de veracidade: respondem intérprete e tradutor quando, *por dolo ou culpa*, causarem prejuízo às partes em decorrência de informações inverídicas prestadas. Querendo, caberá ao prejudicado, *mediante ação própria*, postular em juízo a responsabilização civil pelos danos materiais suportados.

Inabilitação: detectada a falta, *mesmo que a parte não tenha sofrido prejuízo*, o auxiliar ficará inabilitado para atuar na mesma função pelo prazo de 2 (dois) a 5 (cinco) anos, independentemente das demais sanções previstas em lei, devendo o juiz da causa comunicar o fato ao respectivo órgão de classe para adoção das medidas que entender cabíveis (CPC/2015, art. 159). Por certo, a averiguação dos requisitos que ensejam a sanção de inabilitação deve ser apurada em respeito estrito ao devido processo legal (CF/1988, art. 5º, LIV). Não deve o juiz, portanto, contentar-se com a mera suspeita, sendo seu dever zelar pela observância do contraditório e da ampla defesa para, só então, decidir sobre a incidência ou não da sanção. Aplicada a pena de inabilitação, está o auxiliar do juízo legitimado a questionar a decisão, se for o caso, até via mandado de segurança (Superior Tribunal de Justiça, Terceira Turma, REsp n. 166.976/SP, Relator Ministro Eduardo Ribeiro, julgado em 06.06.2000, DJe 28.08.2000).

— Θ —

Seção V
Dos Conciliadores e Mediadores Judiciais

Art. 165. Os tribunais criarão centros judiciários de solução consensual de conflitos, responsáveis pela realização de sessões e audiências de conciliação e mediação e pelo desenvolvimento de programas destinados a auxiliar, orientar e estimular a autocomposição.

§1º A composição e a organização dos centros serão definidas pelo respectivo tribunal, observadas as normas do Conselho Nacional de Justiça.

§2º O conciliador, que atuará preferencialmente nos casos em que não houver vínculo anterior entre as partes, poderá sugerir soluções para o litígio, sendo vedada a utilização de qualquer tipo de constrangimento ou intimidação para que as partes conciliem.

§3º O mediador, que atuará preferencialmente nos casos em que houver vínculo anterior entre as partes, auxiliará aos interessados a compreender as questões e os interesses em conflito, de modo que eles possam, pelo restabelecimento da comunicação, identificar, por si próprios, soluções consensuais que gerem benefícios mútuos.

Correspondente:

Não há correspondência no CPC/1973.

Referências:

CF/1988, art. 5º, XXXV.

CPC/2015, art. 3º, §§2º e 3º; art. 4º; art. 154, IV; art. 166; art. 167; art. 168; art. 169; art. 170; art. 171; art. 172; art. 173; art. 174; art. 175; art. 331; art. 334.

Lei nº 13.140/2015, art. 3º; art. 27.

Resolução nº 125 (CNJ), art. 6º, III.

Promoção da solução consensual de conflitos: os §§2º e 3º do art. 3º, CPC/2015, *exortam* a solução consensual de conflitos. De um lado, são comandos legais que impõem ao Estado o dever de adotar políticas públicas com tal finalidade; de outro, admoestam juízes, advogados, defensores públicos e membros do Ministério Público ao manejo das técnicas de conciliação e mediação, mesmo se já em curso o procedimento judicial. *Quis o legislador sobrelevar a importância do manejo de meios autocompositivos para a resolução de crises de interesse.* O art. 3º e dispositivos legais afins materializam parcialmente um trabalho de *reengenharia cultural e social* dedicado a estimular no Brasil a "Cultura da Paz". Isto é, busca-se difundir a crença de que não apenas o Judiciário está apto à realização da função *pacificadora*, porquanto há outros métodos disponíveis, às vezes até mais adequados e eficientes que a própria atividade jurisdicional, a depender das particularidades do caso concreto e dos envolvidos no conflito.

Resolução nº 125, de 29 de novembro de 2010, do CNJ: por meio da Resolução nº 125/2010, o CNJ instituiu a *Política Pública de Tratamento Adequado dos Conflitos de Interesses*, incumbindo os órgãos judiciários de oferecerem mecanismos de solução de controvérsias, em especial os chamados meios consensuais, como a mediação e a conciliação, bem assim de prestarem atendimento e orientação ao cidadão. Com o desígnio de implementar a Política Nacional e em atenção à boa qualidade dos serviços e à disseminação da cultura de pacificação social, devem ser observados: i) a centralização das estruturas judiciárias; ii) formação e treinamento adequados de servidores, conciliadores e mediadores; iii) o acompanhamento estatístico específico. Caberá, de outro lado, ao CNJ: i) auxiliar os tribunais na organização desses serviços voltados ao tratamento adequado dos conflitos de interesses, estando autorizadas parcerias com entidades públicas e privadas; ii) organizar programa com o objetivo de promover ações de incentivo à autocomposição de litígios e à pacificação social por meio da conciliação e da mediação; iii) desenvolver conteúdo programático mínimo e ações voltadas à capacitação em métodos consensuais de solução de conflitos para magistrados da Justiça Estadual e da Justiça Federal, servidores, mediadores, conciliadores e demais facilitadores da solução consensual de controvérsias, ressalvada a competência da

Escola Nacional de Formação e Aperfeiçoamento de Magistrados (ENFAM); iv) providenciar as atividades relacionadas à conciliação, mediação e outros métodos consensuais de solução de conflitos que sejam considerados nas promoções e remoções de magistrados pelo critério do merecimento; v) regulamentar, em código de ética, a atuação dos conciliadores, mediadores e demais facilitadores da solução consensual de controvérsias; vi) buscar a cooperação dos órgãos públicos competentes e das instituições públicas e privadas da área de ensino para a criação de disciplinas que propiciem o surgimento da cultura da solução pacífica dos conflitos, bem como que, nas Escolas de Magistratura, haja módulo voltado aos métodos consensuais de solução de conflitos no curso de iniciação funcional e no curso de aperfeiçoamento; vii) estabelecer interlocução com a Ordem dos Advogados do Brasil, defensorias públicas, procuradorias e Ministério Público, estimulando sua participação nos centros judiciários de solução de conflitos e cidadania e valorizando a atuação na prevenção dos litígios; viii) realizar gestão junto às empresas, públicas e privadas, bem como junto às agências reguladoras de serviços públicos, a fim de implementar práticas autocompositivas e desenvolver acompanhamento estatístico com a instituição de banco de dados para visualização de resultados, conferindo selo de qualidade; ix) atuar junto aos entes públicos e grandes litigantes de modo a estimular a autocomposição. A mencionada resolução, de resto, impõe aos tribunais: i) a criação de núcleos permanentes de métodos consensuais de solução de conflitos; ii) a criação de centros judiciários de solução de conflitos e cidadania para tender aos juízos, juizados ou varas com competência nas áreas cível, fazendária, previdenciária, de família ou dos juizados especiais cíveis, criminais e fazendários; iii) a realização de cursos de capacitação para mediadores e conciliadores; e iv) a criação e manutenção de banco de dados sobre as atividades de cada centro, com as informações constantes do Portal da Conciliação (cujas funcionalidades envolvem a publicação das diretrizes da capacitação de conciliadores e mediadores e de seu código de ética; a elaboração de relatório gerencial do programa detalhado por unidade judicial e por centro; o compartilhamento de boas práticas, projetos, ações, artigos pesquisas e outros estudos; a criação de um fórum permanente de discussão, facultada a participação da sociedade civil; a divulgação de notícias relacionadas ao tema; e a apresentação de relatórios de atividades da "Semana da Conciliação").

Relevância atribuída pelo CPC/2015 à conciliação e à mediação: o CPC/2015 sobreleva a importância da mediação e conciliação, tanto assim que, não bastasse toda uma seção destinada à sua tratativa (arts. 165 e 175), os conciliadores e mediadores foram alçados à categoria de *auxiliares do juízo*. Mencionem-se algumas prescrições legais: i) os tribunais deverão criar centros judiciários de solução consensual de conflitos, onde se realizarão sessões e audiências de conciliação e mediação, além de se desenvolverem programas destinados a auxiliar, orientar e estimular a autocomposição; ii) será absolutamente sigiloso tudo o que se discutir nesses centros de conciliação, na presença de conciliadores e/ou mediadores (estratégia de blindagem do juiz contra enviesamentos ou tomadas antecipadas de posição capazes de comprometer a sua imparcialidade na hipótese de insucesso da autocomposição); iii) o oficial de justiça agora terá que certificar, em mandado, proposta de autocomposição eventualmente apresentada por qualquer das partes, na ocasião da realização do ato de comunicação que lhe couber (art. 154, VI); iv) em complemento ao item anterior, certificada a proposta de conciliação levada aos autos pelo oficial de justiça, o juiz ordenará a intimação da contraparte para se manifestar, em prazo não superior a cinco dias, sem prejuízo do andamento regular do processo, entendendo-se seu silêncio como recusa; v) o réu não mais será citado para se defender, e sim para comparecer em uma audiência de autocomposição (art. 331), que somente não será realizada se ambas as partes manifestarem desinteresse na conciliação ou, ainda, se o caso envolver direito indisponível; vi) o não comparecimento a essa audiência indicada no item precedente implicará ato atentatório à dignidade da justiça, sancionado com multa de até dois por cento da vantagem pretendida ou do valor da causa revertida em favor da União ou do estado. Enfim, o CPC/2015 recepcionou os anseios do CNJ (ver item anterior) de estimular a "Cultura da Paz", assegurando em seu texto proeminência aos mecanismos de solução consensual de conflitos.

Centros judiciários de solução consensual de conflitos: é incumbência dos tribunais a criação de *centros judiciários de solução consensual* *de conflitos*, responsáveis pela realização de sessões e audiências de conciliação e mediação e pelo desenvolvimento de programas destinados a auxiliar, orientar e estimular a autocomposição (CPC/2015, art. 165, *caput*). Os tribunais também deverão definir a composição e organização desses centros, observadas as normas do Conselho Nacional de Justiça (CPC/2015, art. 165, §1º).

Conciliador e mediador: a lei buscou traçar distinções entre os conciliadores e mediadores. O conciliador atuará *preferencialmente* nos casos em que não houver vínculo anterior entre as partes (por exemplo: ações de responsabilidade civil por ilícito extracontratual), podendo sugerir soluções para o litígio, sendo-lhe vedado, contudo, a utilização de artifícios destinados a constranger ou intimidar as partes a se conciliarem (CPC/2015, art. 165, §2º). De outro lado, o mediador deve atuar *preferencialmente* nos casos em que houver vínculo anterior entre as partes (por exemplo: ações envolvendo direito de família), auxiliando-as na compreensão das questões e dos interesses em conflito, de modo que possam, pelo restabelecimento da comunicação, identificar por si mesmas soluções consensuais que gerem benefícios mútuos (CPC/2015, art. 165, §3º). O papel do mediador tende a exigir mais esforço, paciência e técnica, pois os conflitos demandam superior dificuldade de solução uma vez que as partes estão emocionalmente envolvidas. Ainda sobre a mediação, conferir detalhes na Lei 13.140/2015.

Panconciliacionismo: o legislador situou, no hipocentro do CPC/2015, espécie de exortação à solução consensual de conflitos, com destaque às técnicas de conciliação e mediação. *Não se pode deixar de lado a prudência, contudo*. É que, a depender da orientação ideológica adotada – e, infelizmente, ideologias também influenciam juízes e servidores –, o uso dessas técnicas pode se corromper e servir como *meio de distribuição de renda* (= *visão socialista da jurisdição*) e até para *implementar o aumento na produtividade dos julgadores*, "baixar pilhas" em prol do atendimento de metas estatísticas (= *visão gerencialista da jurisdição*) – lembre-se, aliás, que a eficiência conciliatória já se tornou *critério objetivo* de remoção e promoção de juízes por merecimento (Resolução do CNJ nº 125, de 29 de novembro de 2010, art. 6º, III). Ninguém está autorizado, enfim, a sobrepor práticas autocompositivas à própria atividade de julgar, como se o valor das primeiras obnubilasse a garantia fundamental de todo cidadão a uma resposta adequada do Judiciário acerca de lesões ou ameaças a direito (CF/88, art. 5º, XXXV c/c CPC/2015, art. 4º) – não à toa, o art. 165, §2º, CPC/2015, proíbe a utilização pelos conciliadores de técnicas destinadas a constranger ou intimidar as partes a se conciliarem. Do contrário, ter-se-á, na prática, uma relativização inconstitucional do serviço jurisdicional a dar vazão ao pernicioso fenômeno – tão bem nominado por Eduardo José da Fonseca Costa – do *panconciliacionismo*.

— Θ —

Art. 166. A conciliação e a mediação são informadas pelos princípios da independência, da imparcialidade, da autonomia da vontade, da confidencialidade, da oralidade, da informalidade e da decisão informada.

§1º A confidencialidade estende-se a todas as informações produzidas no curso do procedimento, cujo teor não poderá ser utilizado para fim diverso daquele previsto por expressa deliberação das partes.

§2º Em razão do dever de sigilo, inerente às suas funções, o conciliador e o mediador, assim como os membros de suas equipes, não poderão divulgar ou depor acerca de fatos ou elementos oriundos da conciliação ou da mediação.

§3º Admite-se a aplicação de técnicas negociais, com o objetivo de proporcionar ambiente favorável à autocomposição.

§4º A mediação e a conciliação serão regidas conforme a livre autonomia dos interessados, inclusive no que diz respeito à definição das regras procedimentais.

Correspondente:

Não há correspondência no CPC/1973.

Referências:

CF/1988, art. 5º, XXXV.

CPC/2015, art. 3º, §§2º e 3º; art. 4º; art. 154, IV; art. 165; art. 167; art. 168; art. 169; art. 170; art. 171; art. 172; art. 173; art. 174; art. 175; art. 331; art. 334.

Lei nº 13.140/2015, art. 3º; art. 27.

Resolução nº 125 (CNJ), art. 1º (Anexo III); art. 6º, III.

Princípios informadores: dita a lei que conciliação e mediação têm por bússola alguns princípios. São eles: *independência* (= não se admitem influências externas no trabalho executado por mediadores e conciliadores), *imparcialidade* (= exige-se dos mediadores e conciliadores desinteresse em relação ao objeto litigioso e às partes), *autonomia da vontade* (= os litigantes têm o direito de não realizarem a autocomposição, não podendo ser constrangidos a agir de modo contrário à sua vontade), *confidencialidade* (= informações e fatos apresentados e discutidos em conciliações ou mediações submetem-se à sigilo), *oralidade* (= o fomento ao diálogo é o caminho do qual se utilizarão preferencialmente os conciliadores e mediadores), *informalidade* (= o trabalho dos conciliadores e mediadores se dá informalmente, em provocação a um diálogo desarmado entre as partes) e *decisão informada* (= dever de manter o jurisdicionado plenamente informado quanto aos seus direitos e ao contexto fático no qual está inserido) (CPC/2015, art. 166). O CNJ, além disso, trouxe outros princípios (Resolução nº 125 do CNJ, art. 1º do Anexo III).

Confidencialidade: a confidencialidade abarca tudo aquilo surgido ao longo das tentativas de autocomposição, informações cujo conteúdo não pode ser utilizado para fim diverso daquele previsto por expressa deliberação das partes (CPC/2015, art. 166, §1º). Mais que isso, pois o dever de sigilo, inerente às funções do conciliador, do mediador e dos membros de suas equipes, impede-os de divulgar ou depor acerca de fatos ou elementos oriundos da conciliação ou mediação (CPC/2015, art. 166, §2º). A *ratio* das normas é mais que evidente: quer-se, de um lado, incentivar os litigantes a expor os fatos abertamente e com a segurança de que a sua intimidade será resguardada; de outro, se a autocomposição não lograr êxito, os litigantes têm assegurada a proteção de sua posição no litígio – afinal de contas, eventual contato do magistrado com os fatos discutidos em audiências de solução consensual de conflitos pode implicar em quebra da imparcialidade judicial.

Técnicas negociais: conciliadores e mediadores podem manejar técnicas negociais para proporcionar um ambiente favorável à autocomposição (CPC/2015, art. 166, §3º).

Regras procedimentais: no que diz respeito à definição das regras procedimentais, a lei elucida que mediação e conciliação serão regidas em atenção à livre autonomia dos interessados (CPC/2015, art. 166, §4º).

— Θ —

Art. 167. Os conciliadores, os mediadores e as câmaras privadas de conciliação e mediação serão inscritos em cadastro nacional e em cadastro de tribunal de justiça ou de tribunal regional federal, que manterá registro de profissionais habilitados, com indicação de sua área profissional.

§1º Preenchendo o requisito da capacitação mínima, por meio de curso realizado por entidade credenciada, conforme parâmetro curricular definido pelo Conselho Nacional de Justiça em conjunto com o Ministério da Justiça, o conciliador ou o mediador, com o respectivo certificado, poderá requerer sua inscrição no cadastro nacional e no cadastro de tribunal de justiça ou de tribunal regional federal.

§2º Efetivado o registro, que poderá ser precedido de concurso público, o tribunal remeterá ao diretor do foro da comarca, seção ou subseção judiciária onde atuará o conciliador ou o mediador os dados necessários para que seu nome passe a constar da respectiva lista, a ser observada na distribuição alternada e aleatória, respeitado o princípio da igualdade dentro da mesma área de atuação profissional.

§3º Do credenciamento das câmaras e do cadastro de conciliadores e mediadores constarão todos os dados relevantes para a sua atuação, tais como o número de processos de que participou, o sucesso ou insucesso da atividade, a matéria sobre a qual versou a controvérsia, bem como outros dados que o tribunal julgar relevantes.

§4º Os dados colhidos na forma do §3º serão classificados sistematicamente pelo tribunal, que os publicará, ao menos anualmente, para conhecimento da população e para fins estatísticos e de avaliação da conciliação, da mediação, das câmaras privadas de conciliação e de mediação, dos conciliadores e dos mediadores.

§5º Os conciliadores e mediadores judiciais cadastrados na forma do *caput*, se advogados, estarão impedidos de exercer a advocacia nos juízos em que desempenhem suas funções.

§6º O tribunal poderá optar pela criação de quadro próprio de conciliadores e mediadores, a ser preenchido por concurso público de provas e títulos, observadas as disposições deste Capítulo.

Correspondente:

Não há correspondência no CPC/1973.

Referências:

CF/1988, art. 5º, XXXV.

CPC/2015, art. 3º, §§2º e 3º; art. 4º; art. 154, IV; art. 165; art. 166; art. 168; art. 169; art. 170; art. 171; art. 172; art. 173; art. 174; art. 175; art. 331; art. 334.

Lei nº 13.140/2015, art. 3º; art. 27.

Resolução nº 125 (CNJ), art. 1º (Anexo III); art. 6º, III.

Inscrição em cadastros: conciliadores, mediadores e câmaras privadas de conciliação e mediação serão inscritos em *cadastro nacional* e em *cadastro de tribunal de justiça* ou *de tribunal regional federal,* mantendo-se o registro de profissionais habilitados, com indicação de sua área profissional (CPC/2015, art. 167, *caput*).

Requisito para inscrição: se preencher requisito de capacitação mínima, via curso realizado por entidade credenciada, segundo parâmetro curricular definido pelo Conselho Nacional de Justiça em conjunto com o Ministério da Justiça, poderá o conciliador ou o mediador, com o respectivo certificado, requerer sua inscrição no cadastro nacional e no cadastro de tribunal de justiça ou de tribunal regional federal (CPC/2015, art. 167, §1º).

Efetivação do registro e envio de dados para a lista: efetivado o registro, que poderá ser precedido de concurso público (CPC/2015, art. 167, §6º), o tribunal remeterá ao diretor do foro da comarca, seção ou subseção judiciária onde atuará o conciliador ou o mediador os dados necessários para que seu nome passe a constar da respectiva lista (CPC/2015, art. 167, §2º, *primeira parte*). Esses "dados necessários" são aqueles relevantes para a atuação das câmaras, dos conciliadores e dos mediadores, a exemplo do número de feitos de que participou, o sucesso ou insucesso da atividade, as matérias sobre as quais versaram as controvérsias, além de outros que o tribunal julgar necessários (CPC/2015, art. 167, §3º). Mais: os dados serão classificados sistematicamente pelo tribunal, que os publicará, ao menos anualmente, para conhecimento da população e para fins estatísticos e de avaliação da conciliação, da mediação, das câmaras privadas de conciliação e de mediação, dos conciliadores e dos mediadores (CPC/2015, art. 167, §4º).

Concurso público: o tribunal pode optar pela criação de quadro próprio de conciliadores e mediadores, a ser preenchido por concurso público de provas e títulos, observadas as disposições legais (CPC/2015, art. 167, §6º).

Distribuição: a lista a qual se refere a lei (CPC/2015, art. 167, §2º, *primeira parte*) deverá ser observada na distribuição alternada e aleatória para os conciliadores e mediadores, respeitada a igualdade dentro da mesma área de atuação profissional (CPC/2015, art. 167, §2º, *segunda parte*).

Advogados: se o conciliador ou mediador, cadastrado na forma do art. 167 do CPC/2015, tratar-se de advogado, estará ele *impedido* de exercer a advocacia nos juízos em que desempenhar a respectiva função (CPC/2015, art. 167, §5º).

— Θ —

Art. 168. As partes podem escolher, de comum acordo, o conciliador, o mediador ou a câmara privada de conciliação e de mediação.

§1º O conciliador ou mediador escolhido pelas partes poderá ou não estar cadastrado no tribunal.

§2º Inexistindo acordo quanto à escolha do mediador ou conciliador, haverá distribuição entre aqueles cadastrados no registro do tribunal, observada a respectiva formação.

§3º Sempre que recomendável, haverá a designação de mais de um mediador ou conciliador.

Correspondente:

Não há correspondência no CPC/1973.

Referências:

CF/1988, art. 5º, XXXV.

CPC/2015, art. 3º, §§2º e 3º; art. 4º; art. 154, IV; art. 165; art. 166; art. 167; art. 169; art. 170; art. 171; art. 172; art. 173; art. 174; art. 175; art. 331; art. 334.

Lei nº 13.140/2015, art. 3º; art. 27.

Resolução nº 125 (CNJ), art. 1º (Anexo III); art. 6º, III.

Escolha pelas partes ou distribuição: nada impede que as partes, *de comum acordo*, escolham o conciliador, o mediador ou a câmara privada de conciliação e de mediação (CPC/2015, art. 168, *caput*). Aliás, podem fazê-lo sem considerar o cadastro do tribunal, quer dizer, o conciliador ou o mediador sequer precisa estar cadastrado no tribunal (CPC/2015, art. 168, §1º) – veja-se o que reza a ordem jurídica especificamente em relação aos mediadores: poderá funcionar como mediador extrajudicial qualquer pessoa capaz que tenha a confiança das partes e seja capacitada para fazer mediação, independentemente de integrar qualquer tipo de conselho, entidade de classe ou associação, ou nele inscrever-se" (Lei 13.140/2015, art. 9º). Portanto, só haverá distribuição do feito àqueles profissionais cadastrados no registro do tribunal, sempre observada a respectiva formação, *se inexistir acordo quanto à escolha do conciliador ou mediador* (CPC/2015, art. 168, §2º). Por fim, haverá a designação de mais de um mediador ou conciliador sempre que recomendável (CPC/2015, art. 168, §3º).

— Θ —

Art. 169. Ressalvada a hipótese do art. 167, §6º, o conciliador e o mediador receberão pelo seu trabalho remuneração prevista em tabela fixada pelo tribunal, conforme parâmetros estabelecidos pelo Conselho Nacional de Justiça.

§1º A mediação e a conciliação podem ser realizadas como trabalho voluntário, observada a legislação pertinente e a regulamentação do tribunal.

§2º Os tribunais determinarão o percentual de audiências não remuneradas que deverão ser suportadas pelas câmaras privadas de conciliação e mediação, com o fim de atender aos processos em que deferida gratuidade da justiça, como contrapartida de seu credenciamento.

Correspondente:

Não há correspondência no CPC/1973.

Referências:

CF/1988, art. 5º, XXXV.

CPC/2015, art. 3º, §§2º e 3º; art. 4º; art. 154, IV; art. 165; art. 166; art. 167; art. 168; art. 170; art. 171; art. 172; art. 173; art. 174; art. 175; art. 331; art. 334.

Lei nº 13.140/2015, art. 3º; art. 27.

Lei nº 9.608/1998, art. 1º; art. 2º; art. 3º.

Resolução nº 125 (CNJ), art. 1º (Anexo III); art. 6º, III.

Remuneração: conciliador e mediador serão remunerados por seu trabalho em conformidade com tabela fixada pelo tribunal, sempre respeitados os parâmetros estabelecidos pelo CNJ. A regra, todavia, não tem aplicação em circunstâncias nas quais o tribunal optou pela criação de *quadro próprio de conciliadores e mediadores*, cujo preenchimento se dá mediante concurso de provas e títulos (CPC/2015, art. 169, *caput*).

Trabalho voluntário: nada há que impeça – a lei até incentiva – a realização de mediações e conciliações como *trabalho voluntário*, bastando que se observe a legislação pertinente e a regulamentação do tribunal (CPC/2015, art. 169, §1º). Seguem o teor dos dispositivos legais que tratam do *serviço voluntário*: i) considera-se serviço voluntário a atividade não remunerada prestada por pessoa física a entidade pública de qualquer natureza ou a instituição privada de fins não lucrativos que tenha objetivos cívicos, culturais, educacionais, científicos, recreativos ou de assistência à pessoa; ii) o serviço voluntário não gera vínculo empregatício, tampouco obrigação de natureza trabalhista, previdenciária ou afim; iii) o serviço voluntário será exercido mediante a celebração de termo de adesão entre a entidade, pública ou privada, e o prestador do serviço, dele devendo constar o objeto e as condições de seu exercício; iv) o prestador de serviço poderá ser ressarcido pelas despesas que comprovadamente realizar no desempenho das atividades voluntárias; v) as despesas a serem ressarcidas deverão estar expressamente autorizadas pela entidade a que for prestado o serviço voluntário (Lei 9.608/1998, arts. 1º, 2º, 3º).

Audiências não remuneradas: incumbem aos tribunais determinar o percentual de audiências não remuneradas a serem suportadas pelas câmaras privadas de conciliação e mediação, com o fim de atender aos feitos em que vige a gratuidade da justiça. Trata-se, em suma, de uma contrapartida do credenciamento dessas câmaras privadas pelos tribunais (CPC/2015, art. 169, §2º).

— Θ —

Art. 170. No caso de impedimento, o conciliador ou mediador o comunicará imediatamente, de preferência por meio eletrônico, e devolverá os autos ao juiz do processo ou ao coordenador do centro judiciário de solução de conflitos, devendo este realizar nova distribuição.

Parágrafo único. Se a causa de impedimento for apurada quando já iniciado o procedimento, a atividade será interrompida, lavrando-se ata com relatório do ocorrido e solicitação de distribuição para novo conciliador ou mediador.

Correspondente:
Não há correspondência no CPC/1973.

Referências:
CF/1988, art. 5º, XXXV.

CPC/2015, art. 3º, §§2º e 3º; art. 4º; art. 144; art. 145; art. 148, III, §§1º, 2º e 3º; art. 154, IV; art. 165; art. 166; art. 167; art. 168; art. 170; art. 171; art. 172; art. 173; art. 174; art. 175; art. 331; art. 334.

Lei nº 13.140/2015, art. 3º; art. 5º; art. 27.

Resolução nº 125 (CNJ), art. 1º (Anexo III); art. 6º, III.

Impedimento e suspeição: aplicam-se aos conciliadores e mediadores, *auxiliares da justiça que são,* os motivos de impedimento e de suspeição previstos no Código de Processo Civil (CPC/2015, art. 148, III; Lei 13.140/2015, art. 5º). Nada mais adequado: a lei tem por fito a *contenção de influências externas* aos casos concretos, com potencial para atingir indivíduos outros (= auxiliares da justiça) além do próprio juiz, em atenção à dignidade do serviço jurisdicional. Daí por que é correto falar não só em garantia da imparcialidade *do juiz,* e sim, mais amplamente, em garantia da imparcialidade *do órgão judiciário.* Observações: i) a lei regula o procedimento para a parte interessada arguir impedimento ou suspeição de conciliadores ou mediadores (e de outros auxiliares da justiça) (CPC/2015, art. 148, §§1º, 2º e 3º); ii) o CPC/2015, *talvez em apego à distinção normativa que* *adota entre impedimento e suspeição*, prescreve que o conciliador (ou mediador) deve comunicar imediatamente (de preferência por meio eletrônico) a sua condição de *impedido* e, na sequência, devolver os autos ao juiz do feito (ou ao coordenador do centro judiciário de solução de conflitos) para que este realize uma nova distribuição (CPC/2015, art. 170, *caput*); iii) é falsa, incoerente e inconstitucional a *régua de gravidade* utilizada pelo legislador para segregar hipóteses de impedimento e suspeição, até porque ambas revelam um único e indistinguível mal: a suspeita de parcialidade do juiz *(ou a suspeita de parcialidade dos auxiliares da justiça)*; iv) só por isso não é aceitável (= vício de inconstitucionalidade) que o legislador impeça o conciliador (ou o mediador) de igualmente comunicar a sua condição de *suspeito* ao juiz (ou ao coordenador do centro judiciário), afastando-se imediatamente do caso; v) se a *causa de impedimento* (e acrescente-se, em vista do que se afirmou no item anterior, se a *causa de suspeição*) for apurada quando já iniciado o procedimento, a atividade deverá ser interrompida, lavrando-se a ata com relatório do ocorrido e solicitação de (re)distribuição para novo conciliador ou mediador; e vi) o rol normativo que indica hipóteses de possível parcialidade (impedimento e suspeição; CPC/2015, arts. 144 e 145) deve ser encarado, para o fim de assegurar a sua constitucionalidade, como meramente *exemplificativo*.

— Θ —

Art. 171. No caso de impossibilidade temporária do exercício da função, o conciliador ou mediador informará o fato ao centro, preferencialmente por meio eletrônico, para que, durante o período em que perdurar a impossibilidade, não haja novas distribuições.

Correspondente:
Não há correspondência no CPC/1973.

Referências:
CF/1988, art. 5º, XXXV.

CPC/2015, art. 3º, §§2º e 3º; art. 4º; art. 154, IV; art. 165; art. 166; art. 167; art. 169; art. 170; art. 171; art. 172; art. 173; art. 174; art. 175; art. 331; art. 334.

Lei nº 13.140/2015, art. 3º; art. 27.

Resolução nº 125 (CNJ), art. 1º (Anexo III); art. 6º, III.

Impossibilidade temporária para o exercício da função: se por algum motivo o conciliador ou mediador estiver impossibilitado temporariamente de exercer sua função, deve informar o fato ao centro judiciário de solução de conflitos (ou ao diretor do foro e mesmo ao próprio juiz, a depender do caso), de preferência por meio eletrônico. É medida de *natureza administrativa* cujo objetivo é evitar a distribuição de trabalho para o profissional.

— Θ —

Art. 172. O conciliador e o mediador ficam impedidos, pelo prazo de 1 (um) ano, contado do término da última audiência em que atuaram, de assessorar, representar ou patrocinar qualquer das partes.

Correspondente:

Não há correspondência no CPC/1973.

Referências:

CF/1988, art. 5º, XXXV.

CPC/2015, art. 3º, §§2º e 3º; art. 4º; art. 154, IV; art. 165; art. 166; art. 167; art. 169; art. 170; art. 171; art. 172; art. 173; art. 174; art. 175; art. 331; art. 334.

Lei nº 13.140/2015, art. 3º; art. 27.

Resolução nº 125 (CNJ), art. 1º (Anexo III); art. 6º, III.

Abstinência legal: a lei impõe ao conciliador ou mediador proibição para assessorar, representar ou patrocinar qualquer das partes. A norma talvez tenha por finalidade assegurar o profissionalismo que se espera desses auxiliares da justiça, bem assim proteger a própria esfera jurídico-psíquica dos litigantes, que podem se encontrar em situação de fragilidade. Observações: i) a vedação (de assessoramento, representação ou patrocínio) tem duração de 1 (um) ano, contado do término da última audiência em que atuou o conciliador ou mediador; e ii) a regra não se aplica unicamente em relação à controvérsia posta em juízo, prestando-se a evitar captação irregular de clientela por conciliadores ou mediadores mal-intencionados (EAOAB, art. 34, IV; CEDOAB, art. 7º) – há, contudo, entendimento em contrário.

— ϴ —

Art. 173. Será excluído do cadastro de conciliadores e mediadores aquele que:

I – agir com dolo ou culpa na condução da conciliação ou da mediação sob sua responsabilidade ou violar qualquer dos deveres decorrentes do art. 166, §§1º e 2º;

II – atuar em procedimento de mediação ou conciliação, apesar de impedido ou suspeito.

§1º Os casos previstos neste artigo serão apurados em processo administrativo.

§2º O juiz do processo ou o juiz coordenador do centro de conciliação e mediação, se houver, verificando atuação inadequada do mediador ou conciliador, poderá afastá-lo de suas atividades por até 180 (cento e oitenta) dias, por decisão fundamentada, informando o fato imediatamente ao tribunal para instauração do respectivo processo administrativo.

Correspondente:

Não há correspondência no CPC/1973.

Referências:

CF/1988, art. 5º, XXXV.

CPC/2015, art. 3º, §§2º e 3º; art. 4º; art. 154, IV; art. 165; art. 166; art. 167; art. 169; art. 170; art. 171; art. 172; art. 173; art. 174; art. 175; art. 331; art. 334.

Lei nº 13.140/2015, art. 3º; art. 27.

Resolução nº 125 (CNJ), art. 1º (Anexo III); art. 6º, III.

Exclusão de cadastros: a lei traz regra que *sanciona* conciliadores e mediadores com a exclusão deles dos cadastros mencionados no art. 167 do CPC/2015. Duas são as hipóteses: i) agir com dolo ou culpa na condução do trabalho sob sua responsabilidade ou violar qualquer dos deveres decorrentes do art. 166, §§1º e 2º do CPC/2015; e ii) atuar em procedimento de mediação ou conciliação, apesar de impedido ou suspeito (CPC/2015, art. 173, I e II). Verificando a inadequada atuação por parte do mediador ou conciliador, deve o juiz do feito, e mesmo o juiz coordenador do centro de conciliação e mediação, afastá-lo de suas atividades por até 180 (cento e oitenta) dias, por decisão fundamentada, informando o fato imediatamente ao tribunal para instauração do respectivo procedimento administrativo (CPC/2015, art. 173, §2º) – afinal, qualquer sanção deverá necessariamente ser apurada mediante procedimento administrativo, com respeito ao devido processo legal (CPC/2015, art. 173, §1º).

— Θ —

Art. 174. A União, os Estados, o Distrito Federal e os Municípios criarão câmaras de mediação e conciliação, com atribuições relacionadas à solução consensual de conflitos no âmbito administrativo, tais como:

I – dirimir conflitos envolvendo órgãos e entidades da administração pública;

II – avaliar a admissibilidade dos pedidos de resolução de conflitos, por meio de conciliação, no âmbito da administração pública;

III – promover, quando couber, a celebração de termo de ajustamento de conduta.

Correspondente:
Não há correspondência no CPC/1973.

Referências:
CF/1988, art. 5º, XXXV.

CPC/2015, art. 3º, §§2º e 3º; art. 4º; art. 154, IV; art. 165; art. 166; art. 167; art. 169; art. 170; art. 171; art. 172; art. 173; art. 174; art. 175; art. 331; art. 334.

Lei nº 13.140/2015, art. 3º; art. 27.

Resolução nº 125 (CNJ), art. 1º (Anexo III); art. 6º, III.

Câmaras administrativas: lei impõe à União, aos estados e aos municípios a criação de câmaras de mediação e conciliação, com atribuições relacionadas à solução consensual de conflitos envolvendo a Administração Pública. Vai além e, a partir de um rol exemplificativo, aponta 3 (três) possíveis atribuições: i) dirimir conflitos envolvendo órgãos e entidades da administração pública; ii) avaliar a admissibilidade dos pedidos de resolução de conflitos, por meio de conciliação na esfera da administração pública; e iii) promover, quando couber, a celebração de termo de ajustamento de conduta (CPC/2015, art. 174, I, II e III). Nada mais adequado, até porque os entes estatais comprovadamente estão desde sempre entre os maiores litigantes do país.

— Θ —

Art. 175. As disposições desta Seção não excluem outras formas de conciliação e mediação extrajudiciais vinculadas a órgãos institucionais ou realizadas por intermédio de profissionais independentes, que poderão ser regulamentadas por lei específica.

Parágrafo único. Os dispositivos desta Seção aplicam-se, no que couber, às câmaras privadas de conciliação e mediação.

Correspondente:

Não há correspondência no CPC/1973.

Referências:

CF/88, art. 5º, XXXV.

CPC/2015, art. 3º, §§2º e 3º; art. 4º; art. 154, IV; art. 165; art. 166; art. 167; art. 169; art. 170; art. 171; art. 172; art. 173; art. 174; art. 175; art. 331; art. 334.

Lei nº 13.140/2015, art. 3º; art. 27.

Resolução nº 125 (CNJ), art. 1º (Anexo III); art. 6º, III.

Regras não excludentes: o legislador, por cautela, deixou claro que as disposições contidas na Seção "Dos Conciliadores e Mediadores Judiciais" do CPC/2015 não excluem outras formas de conciliação e mediação extrajudiciais vinculadas a órgãos institucionais ou realizadas por intermédio de profissionais independentes, as quais podem ser regulamentadas por lei específica.

Regras aplicáveis às câmaras privadas: a lei vincula as câmaras privadas de conciliação e mediação, naquilo que couber, às regras constantes da seção "Dos Conciliadores e Mediadores Judiciais" do CPC/2015.

— Θ —

Título V
DO MINISTÉRIO PÚBLICO

Art. 176. O Ministério Público atuará na defesa da ordem jurídica, do regime democrático e dos interesses e direitos sociais e individuais indisponíveis.

Correspondente:
Não há correspondência no CPC/1973.

Referências:
CF/1988, art. 95, parágrafo único, V; art. 127, caput, §1º, §5º, I, "a", "b" e "c" e II, "a", "b", "c", "d", "e" e "f"; art. 129, I a IX.

CPC/2015, art. 148, I; art. 177; art. 178; art. 179; art. 180; art. 181.

Lei Complementar 75/1993, art. 18, I, "a"; art. 239.

Lei 8.625/1993, art. 41, XI.

CPP, art. 112.

CPPM, art. 54; art. 57; art. 59.

Ministério Público: é o Ministério Público instituição permanente, essencial à função jurisdicional do Estado, incumbindo-lhe a defesa da ordem jurídica, do regime democrático e dos interesses sociais e individuais indisponíveis (CF/1988, art. 127, *caput*). Trata-se de órgão público que exerce funções tidas por essenciais à Justiça, não estando vinculado a qualquer dos poderes do Estado (WAMBIER, Teresa Arruda Alvim *et al. Primeiros Comentários ao Novo Código de Processo Civil.* São Paulo: Revista dos Tribunais, 2015. p. 325). Tem por princípios institucionais a *unidade, indivisibilidade* e *independência funcional* (CF/1988, art. 127, §1º), e seus membros possuem as garantias de *vitaliciedade* (após dois anos de exercício, não podem perder o cargo senão por sentença judicial transitada em julgado), *inamovibilidade* (salvo por motivo de interesse público, mediante decisão do órgão colegiado competente do Ministério Público, pelo voto da maioria absoluta de seus membros, assegurada a ampla defesa) e *irredutibilidade de subsídio* (CF/1988, art. 127, §5º, I, "a", "b" e "c"). É vedado ao membro do Ministério Público: i) receber, a qualquer título e sob qualquer pretexto, honorários, percentagens ou custas processuais; ii) exercer a advocacia; iii) exercer a advocacia no juízo ou tribunal do qual se afastou, antes de decorridos três anos do afastamento do cargo por aposentadoria ou exoneração; iv) participar de sociedade comercial, na forma da lei; v) exercer, ainda que em disponibilidade, qualquer outra função pública, salvo uma de magistério; vi) exercer atividade político-partidária; v) receber, a qualquer título ou pretexto, auxílios ou contribuições de pessoas físicas, entidades públicas ou privadas, ressalvadas as exceções prevista em lei (CF/1988, art. 95, parágrafo único, V c/c art. 127, §5º, II, "a", "b", "c", "d", "e" e "f"). Por fim, o Ministério Público desdobra-se em *Ministério Público da União* – que se subdivide em Ministério Público Federal, Ministério Público do Trabalho, Ministério Público Militar e Ministério Público do Distrito Federal e Territórios –, regulado pela Lei Complementar 75/1993, e *Ministério Público dos Estados*, cuja regência ocorre pela Lei 8.625/1993.

Funções *primordial, múltiplas* e *complementares* do Ministério Público: a Constituição atribuiu ao Ministério Público uma variedade de funções. São elas: i) defender a ordem jurídica, o regime democrático e os interesses sociais e individuais indisponíveis (CF/1988, art. 127, *caput*); ii) promover, privativamente, a ação penal pública, na forma da lei; iii) zelar pelo efetivo respeito dos Poderes Públicos e dos serviços de relevância pública aos direitos assegurados pela ordem constitucional, promovendo as medidas necessárias a sua garantia; iv) promover inquérito civil e ação civil pública, para a proteção do patrimônio público e social, do meio ambiente e de outros interesses difusos e coletivos; v) promover ação de inconstitucionalidade ou representação para fins de intervenção da União e dos estados, nos casos constitucionalmente previstos; vi) defender na seara judicial os direitos e interesses das populações indígenas; vii) expedir notificações nos procedimentos administrativos de sua competência, requisitando informações e documentos para instruí-los, na forma da lei complementar respectiva; viii) exercer o controle externo da atividade policial, na forma da lei complementar mencionada no artigo anterior; ix) requisitar diligências investigatórias e a instauração de inquérito policial, indicados os fundamentos jurídicos de suas manifestações processuais; e x) exercer outras funções que lhe forem conferidas, desde que compatíveis com sua finalidade, sendo-lhe vedada a representação judicial e a consultoria jurídica de entidades públicas (CF/1988, art. 129, I a IX). Em lição magistral, Eduardo José da Fonseca Costa categoriza, a partir desse emaranhado múltiplo e até desordenado, três ordens (ou espécies) de atribuições, a saber: "a atribuição una primordial [unidade]", "as atribuições múltiplas derivadas [multiplicidade]" e "as atribuições complementares [complementaridade]". A primeira delas, "fundamento último do Ministério Público", "dado funcional imutável" que define a sua substância ou essência, é a de "zelar pelo direito objetivo" (= "zelador da exata observância da Constituição e das leis", "zelador da ordem jurídica", "curador do direito objetivo"). Logo, o Ministério Público "zela pelo direito objetivo" (= direito objetivo material e processual), e não apenas quando funciona na qualidade de terceiro interveniente imparcial (= *custos legis*; curador da ordem jurídica), mas igualmente nas situações em que atua como "acionante ou autor de ação" (= parte) – o Ministério Público, enfim, não persegue a tutela de um direito subjetivo, e sim trabalha para que o Estado-juiz conceda a "tutela de uma instituição" (por exemplo: a tutela de "um seguimento temático do direito objetivo") (COSTA, Eduardo José da Fonseca. *Processo e garantia.* v. 1. Londrina: Editora Thoth, 2021. p. 178-196).

Imparcialidade ministerial: o órgão ministerial deve atuar no exercício de suas atribuições com *imparcialidade*. Exige-se dele *esforço* para se manter imparcial, quer funcione como *pré-acionante* (por exemplo: instaurando e presidindo inquérito civil), quer como *acionante* (= parte), quer ainda como *fiscal da ordem jurídica*. Como mostra Eduardo José da Fonseca Costa: "Imparcialidade é atributo exigível dos exercícios tanto jurisdicional quanto ministerial [LC 75/1993, art. 239; CPC, art. 148, I; CPP, art. 112; CPPM, artigos 57 a 59]. Contudo, aí, o esforço ministerial é muito maior (obs.: note-se que imparcialidade não é 'virtude' nem 'condição moral', mas resultado – sequer pleno – de um esforço técnico de autocontenção) (...). Afinal de contas, nem sempre o MP é *custos legis* e, portanto, terceiro ao conflito. Como sujeito acionante, é inevitável que o promotor se enviese. E frequentemente isso ocorre. Por isso, não se pode exigir do promotor o mesmo grau de imparcialidade-neutralidade do juiz. Ainda assim, para se interromper ou diminuir essa contaminação psíquico-cognitiva, recomenda-se, por exemplo, que o promotor pré-acionante não seja o promotor acionante, que entre eles haja uma divisão funcional de tarefas. Em todo caso, é importante que o promotor aja sempre com um padrão mais elevado que um litigante civil (cf. Comissão de Veneza, *European standards as regards the independence of the judicial system: part II –the prosecution service*, item V.14: '*The prosecutor (...) must act to a higher standard than a litigant in a civil matter*'). Daí por que não lhe compete uma condenação *à tout prix*. Em nome da tutela de bens jurídicos, instituições ou setores temáticos do direito objetivo, o MP pode: a) como *custos legis*, atuar contra os fundamentos aduzidos pelas partes ou contra as resoluções do juiz; b) como acionante penal, pedir a absolvição do próprio réu contra quem ofereceu denúncia e recorrer em favor dele (*cf.* CPPM, art. 54, parágrafo único: 'A função de órgão de acusação não impede o Ministério Público de opinar pela absolvição do acusado, quando entender que, para aquêle efeito, existem fundadas razões de fato ou de direito'); c) como acionante civil, pedir o julgamento de improcedência da própria demanda que propôs e recorrer em favor do demandado. Nisso reside a grandeza do MP, a qual lhe é fundamento para 'sentar-se no mesmo plano e imediatamente à direita dos juízes singulares ou presidentes dos órgãos judiciários perante os quais oficiem' [LC 75/1993, art. 18, I, a. Em sentido similar: Lei 8.625/1993, art. 41, XI]" (COSTA, Eduardo José da Fonseca. *Processo e garantia*. v. 1. Londrina: Editora Thoth, 2021. p. 190).

— Θ —

Art. 177. O Ministério Público exercerá o direito de ação em conformidade com suas atribuições constitucionais.

Correspondente:
CPC/1973, art. 81.

Referências:
CF/1988, art. 95, parágrafo único, V; art. 127, caput, §1º, §5º, I, "a", "b" e "c" e II, "a", "b", "c", "d", "e" e "f"; art. 129, I a IX; art. 144, §1º, I e IV, e §4º.

CPC/2015, art. 148, I; art. 176; art. 178; art. 179; art. 180; art. 181.

Lei Complementar 75/1993, art. 6º, VII; art. 7º, I; art. 18, I, "a"; art. 38, I e II; art. 84, II; art. 117, I; art. 150, I e II; art. 239.

Lei 8.625/1993, art. 25, IV; art. 26, I e IV; art. 41, XI.

CPP, art. 112.

CPPM, art. 54; art. 57; art. 59.

Atribuições: comumente se lê em doutrina que o Ministério Público opera na qualidade de *parte* ou de *fiscal da ordem jurídica*. É acertado, contudo, ir além, sempre em apego ao direito positivo, quer dizer, conclui-se – na lição de Eduardo José da Fonseca Costa – que o Ministério Público atua como i) "fiscal da ordem jurídica", ii) "acionante civil" e iii) "acionante penal". Mais ainda: na condição de iv) "pré-acionante civil", pode "instaurar procedimentos para a averiguação de fato determinado, ouvindo testemunhas, realizando inspeções, promovendo diligências investigatórias, solicitando perícias e expedindo notificações a entidades públicas ou privadas para a requisição de certidões, informações e documentos". O seu propósito aqui é colher "elementos para a expedição de recomendações, a celebração de termos de ajustamento de conduta ou o ajuizamento de ação extrapenal [CF/1988, art. 129, III e VI; LC 75/1993, artigos 6º, VII, 7º, I, 38, I, 84, II, 150, I; Lei 8.625/1993, artigos 25, IV, e 26, I]". Enfim, tem o Ministério Público a possibilidade de "dispor de um procedimento inquisitivo e informal, que viabilize o desempenho *pré-* ou *extra*-jurisdicional de suas funções" como "substituto processual [*rectius*: pré-processual]", "controlador externo da atividade policial", "curador civil de bens jurídicos em geral" e "'defensor do povo'" [= curador civil dos bens jurídicos atinentes especificamente à 'boa administração pública']". Não só isso: funciona também como v) "pré-acionante penal", estando autorizado "requisitar diligências investigatórias e a instauração de inquérito policial, indicados os fundamentos jurídicos de suas manifestações processuais [CF/1988, art. 129, VIII; LC 75/1993, artigos 7º, II, 38, II, 117, I, 150, II; Lei 8.625/1993, art. 26, IV]". É-lhe vedado, porém, "por falta de amparo expressos na Constituição e na lei procedimental penal", "presidir investigação criminal" – é lembrar que "a apuração de infrações penais é atribuição exclusiva das polícias federal [CF/1988, art. 144, §1º, I e IV] e civil [CF/1988, art. 144, §4º]" (COSTA, Eduardo José da Fonseca. *Processo e garantia.* v. 1. Londrina: Editora Thoth, 2021. p. 178-196).

Direito de ação: o Ministério Público exercerá *direito de ação* em conformidade com as suas atribuições constitucionais (CPC/2015, art. 177). Se porventura não dispuser de informações suficientes, é-lhe autorizado "instaurar procedimentos para a averiguação de fato determinado, ouvindo testemunhas, realizando inspeções, promovendo diligências investigatórias, solicitando perícias e expedindo notificações a entidades públicas ou privadas para a requisição de certidões, informações e documentos [CF/1988, art. 129, III e VI; LC 75/1993, artigos 6º, VII, 7º, I, 38, I, 84, II, 150, I; Lei 8.625/1993, artigos 25, IV, e 26, I]" (COSTA, Eduardo José da Fonseca. *Processo e garantia.* v. 1. Londrina: Editora Thoth, 2021. p. 178-196). Vale a nota: a legitimidade do Ministério Público para as ações civis previstas no art. 129 da Constituição não impede que terceiros, *dotados de legitimidade concorrente,* assumam eles próprios a iniciativa de promover demandas com fundamento nas mesmas hipóteses (CF/1988, art. 129, §1º).

— Θ —

Art. 178. O Ministério Público será intimado para, no prazo de 30 (trinta) dias, intervir como fiscal da ordem jurídica nas hipóteses previstas em lei ou na Constituição Federal e nos processos que envolvam:

I – interesse público ou social;

II – interesse de incapaz;

III – litígios coletivos pela posse de terra rural ou urbana.

Parágrafo único. A participação da Fazenda Pública não configura, por si só, hipótese de intervenção do Ministério Público.

Correspondente:
CPC/1973, art. 82.

Referências:
CF/1988, art. 95, parágrafo único, V; art. 127, *caput*, §1º, §5º, I, "a", "b" e "c" e II, "a", "b", "c", "d", "e" e "f"; art. 129, I a IX; art. 144, §1º, I e IV, e §4º.

CPC/2015, art. 148, I; art. 176; art. 177; art. 179; art. 180; art. 181.

ECA, art. 201, III.

Lei Complementar 75/1993, art. 1º; art. 5º, I e III; art. 6º, VII; art. 7º, I; art. 9º; art. 10; art. 18, I, "a"; art. 37; art. 38, I e II; art. 84, II; art. 117, I; art. 150, I e II; art. 239.

Lei 8.625/1993, art. 1º; art. 25, IV; art. 26, I e IV; art. 41, XI.

Lei 8.560/1992, art. 2º, §4º.

CLT, art. 793.

CPP, art. 112.

CPPM, art. 54; art. 57; art. 59.

Fiscal da ordem jurídica (1): a atribuição *primordial* do Ministério Público é mais facilmente identificável quando opera como *fiscal da ordem jurídica* (= *custos legis*). Afinal, o órgão ministerial, chamado a atuar em tal condição, o faz com o propósito específico de *zelar com imparcialidade pelo direito objetivo*. Não está ali, no âmbito procedimental-jurisdicional, preocupado em assegurar direitos subjetivos. É *terceiro* em relação ao conflito, assumindo o papel de unicamente garantir uma tutela de direito fundada na adequada aplicação do ordenamento jurídico. Esmiuçando e complementando: i) em todo e qualquer caso – como *pré-acionante* penal ou civil, *acionante* (= parte) ou *custos legis* – prepondera (= atribuição primordial) a função do Ministério Público de "zeladoria de bens jurídicos, instituições ou fatias temáticas do ordenamento jurídico do Estado" (COSTA, Eduardo José da Fonseca. *Processo e garantia.* v. 1. Londrina: Editora Thoth, 2021. p. 196); ii) essa *atribuição primordial* é inerente à essência mesma do Ministério Público, conquanto mais evidente nas hipóteses em que funciona como *custos legis;* iii) incumbe ao legislador "a escolha das excepcionalidades que justificam a intervenção oficial do Ministério Público", jamais "ao próprio promotor, ao Procurador-Geral, ao CNMP ou a quem quer que seja" – trata-se de "escolha *ope legis*, não *ope voluntatis custodis legis*" (COSTA, Eduardo José da Fonseca. *Processo e garantia.* v. 1. Londrina: Editora Thoth, 2021. p. 180); iv) em sua atuação como *custos legis*, o Ministério Público terá vista dos autos depois das partes, sendo intimado de todos os atos processuais, além do que está autorizado a produzir provas, requerer medidas processuais pertinentes e recorrer (CPC/2015, art. 179, I e II); v) não é dado ao Ministério Público esquivar-se do seu *dever* funcional (= custos legis), salvo se negar vigência à lei "mediante as ressalvas, devidamente fundamentadas, de inconstitucionalidade, caducidade, revogação, não recepção (revogação de lei pré-constitucional por incompatibilidade com a nova Constituição), interpretação conforme a Constituição, nulidade parcial sem redução do texto ou invocação de norma jurídica implícita pré-excludente de aplicação da lei" – enfim, "não há independência funcional contra texto legal expresso" (COSTA, Eduardo José da Fonseca. *Processo e garantia.* v. 1. Londrina: Editora Thoth, 2021. p. 181).

Fiscal da ordem jurídica (2): o membro do Ministério Público será intimado para, no prazo de 30 (trinta) dias, intervir como fiscal da ordem jurídica nas hipóteses previstas em lei ou na Constituição e, igualmente, nas causas que envolvam *interesse público e social, interesse de incapaz* e *litígios coletivos pela posse de terra rural ou urbana* (CPC/2015, art. 178, I, II e III). São hipóteses já abarcadas (especificamente ou de modo genérico) na própria Constituição, em seus arts. 127 e 129. Sobressai, em todas elas, a *atribuição primordial*: ao Ministério Público incumbe, *em primeiro plano*, garantir uma adequada aplicação da ordem jurídica (= direito objetivo). Significa, por exemplo, que o Ministério Público não está autorizado a defender interesse de incapaz simplesmente por se tratar de pessoa hipossuficiente, a ponto de assumir uma posição que cabe com exclusividade ao advogado atuante no feito. Assim, se o interesse subjetivo do incapaz estiver em desarmonia com o direito objetivo, deve o órgão ministerial opinar em desfavor do primeiro.

Atribuições complementares: a ordem constitucional prevê algumas hipóteses de atuação do Ministério Público que destoam da sua função primordial, ou seja, "nada dizem com a curatela de bens jurídicos, instituições ou fatias temáticas do direito objetivo". Eduardo José da Fonseca Costa elenca as *funções complementares* do Ministério Público: "α) *a defesa de interesses sociais* [CF/1988, art. 127, *caput*; LC 75/1993, artigos 1º e 5º, I; Lei 8.625/1993, art. 1º] (ex.: ajuizamento de reclamação trabalhista em favor de menor de 18 anos sem representante legal – CLT, art. 793; ajuizamento de ação para a tutela de interesses individuais homogêneos, ainda que disponíveis, de alto relevo social); β) *a defesa de interesses individuais indisponíveis* [CF/1988, art. 127, *caput*; LC 75/1993, artigos 1º e 5º, I, e 6º, VII, "c" e "d"; Lei 8.625/1993, artigos 1º e 25, IV, "a"] (ex.: ajuizamento de ação de alimentos internacionais – Decreto Legislativo 10/1958; Decreto 58.826/1965; Lei 5.478/1968, art. 26; ajuizamento de ação de alimentos em favor de criança ou adolescente – ECA, art. 201, III; ajuizamento de ação de investigação de paternidade – Lei 8.560/1992, art. 2º, §4º); γ) *a defesa judicial dos direitos e interesses das populações indígenas* [CF/1988, art. 129, V; LC 75/1993, artigos 6º, VII, "c", e XI, 5º, III, "e", 37, II]; δ) *o controle externo da atividade policial* [CF/1988, art. 129, VII; LC 75/1993, artigos 9º, 10, 38, IV, 117, II, e 150, IV]. Em (α), (β) e (γ), o MP atua como substituto processual [*rectius*: pré-processual, pois ainda não há processo quando do ajuizamento] em ações voltadas à tutela de direitos subjetivos; em (δ), como auditor externo operacional. Trata-se de atribuições válidas *ex vi constitutionis*, não *ex vi essentiæ suæ*. Destoam da linha mestra que justifica a existência do MP; entretanto, espessam o inventário das missões ministeriais, visto que a CF/1988 assim impõe" (COSTA, Eduardo José da Fonseca. *Processo e garantia*. v. 1. Londrina: Editora Thoth, 2021. p. 184-185).

Participação da Fazenda Pública e intervenção ministerial: a participação da Fazenda Pública no feito não configura, por si só, hipótese de intervenção do Ministério Público como fiscal da ordem jurídica.

— Θ —

Art. 179. Nos casos de intervenção como fiscal da ordem jurídica, o Ministério Público:

I – terá vista dos autos depois das partes, sendo intimado de todos os atos do processo;

II – poderá produzir provas, requerer as medidas processuais pertinentes e recorrer.

Correspondente:
CPC/1973, art. 83.

Referências:
CF/1988, art. 95, parágrafo único, V; art. 127, *caput*, §1º, §5º, I, "a", "b" e "c" e II, "a", "b", "c", "d", "e" e "f"; art. 129, I a IX; art. 144, §1º, I e IV, e §4º.

CPC/2015, art. 148, I; art. 176; art. 177; art/ 178; art. 180; art. 181; art. 279.

ECA, art. 201, III.

Lei Complementar 75/1993, art. 1º; art. 5º, I e III; art. 6º, VII; art. 7º, I; art. 9º; art. 10; art. 18, I, "a"; art. 37; art. 38, I e II; art. 84, II; art. 117, I; art. 150, I e II; art. 239.

Lei 8.625/1993, art. 1º; art. 25, IV; art. 26, I e IV; art. 41, XI.

Lei 8.560/1992, art. 2º, §4º.

CLT, art. 793.

CPP, art. 112.

CPPM, art. 54; art. 57; art. 59.

Procedimento – Ministério público como fiscal da ordem jurídica: em sua atuação na qualidade de *fiscal da ordem jurídica*, o Ministério Público tem por papel *zelar (com imparcialidade) pelo direito objetivo*. Não lhe interessa qual é especificamente o direito subjetivo em debate, e sim esforçar-se para que a tutela jurisdicional seja proferida em sintonia com a ordem jurídica. Há, por óbvio, normas procedimentais que regulamentam a participação do órgão ministerial, a cuja observação o julgador necessita estar atento. Para o exercício da função de *zeladoria*, o Ministério Público terá vista dos autos depois das partes, sendo intimado de todos os atos processuais (CPC/2015, art. 179, I). *Intimado sempre depois das partes*, pois só assim, *após ler e examinar o resultado oriundo do contraditório travado entre os litigantes*, é que terá condições de opinar (= apresentar parecer) com chances de acerto. Observações: i) a lei prevê a decretação de nulidade quando o membro do Ministério Público *não* for intimado para acompanhar o feito em que deva intervir (CPC/2015, art. 279); e ii) o membro do Ministério Público está autorizado *a produzir provas* e *requerer medidas processuais pertinentes* e *interpor recursos* – não está ali, afinal de contas, como figura decorativa, ou *convidado de pedra* (CPC/2015, art. 179, II).

— Θ —

Art. 180. O Ministério Público gozará de prazo em dobro para manifestar-se nos autos, que terá início a partir de sua intimação pessoal, nos termos do art. 183, §1º.

§1º Findo o prazo para manifestação do Ministério Público sem o oferecimento de parecer, o juiz requisitará os autos e dará andamento ao processo.

§2º Não se aplica o benefício da contagem em dobro quando a lei estabelecer, de forma expressa, prazo próprio para o Ministério Público.

Correspondente:

CPC/1973, art. 188.

Referências:

CF/1988, art. 95, parágrafo único, V; art. 127, *caput*, §1º, §5º, I, "a", "b" e "c" e II, "a", "b", "c", "d", "e" e "f"; art. 129, I a IX; art. 144, §1º, I e IV, e §4º.

CPC/2015, art. 77, §6º; art. 148, I; art. 176; art. 177; art. 179; art. 181; art. 183; art. 279.

ECA, art. 201, III.

Lei 12.016/2009, art. 12.

Lei Complementar 75/1993, art. 1º; art. 5º, I e III; art. 6º, VII; art. 7º, I; art. 9º; art. 10; art. 18, I, "a"; art. 37; art. 38, I e II; art. 84, II; art. 117, I; art. 150, I e II; art. 239.

Lei 8.625/1993, art. 1º; art. 25, IV; art. 26, I e IV; art. 41, XI; art. 43, IV e VI.

Lei 8.560/1992, art. 2º, §4º.

CLT, art. 793.

CPP, art. 112.

CPPM, art. 54; art. 57; art. 59.

Contagem em dobro: o Ministério Público goza da benesse do *prazo em dobro* para manifestar-se nos autos. Isso vale para toda e qualquer hipótese – por exemplo: oferecer parecer, requerer produção de provas, intentar recursos –, salvo se a lei estabelecer, de forma expressa, prazo próprio para o Ministério Público (CPC/2015, art. 180, §2º) e em relação aos "prazos para propor ação rescisória, impetrar mandado de segurança ou opor impugnação ou embargos à execução ou de terceiro (se é que existem casos em que o Ministério Público é legitimado a opô-los), porque eles não são endoprocessuais, e só a estes tal regra se refere" (DINAMARCO, Cândido Rangel. *Instituições de Direito Processual Civil.* v. II. 7. ed. Malheiros: São Paulo: 2017. p. 433). Era mais pujante o benefício já que o Código revogado referia-se a prazo *em dobro* para o Ministério Público recorrer e *em quádruplo* para contestar (CPC/1973, art. 188). Importante: embora seja outra a opinião dos tribunais, há corrente doutrinária que advoga acertadamente a inconstitucionalidade da regra por afronta à isonomia e à duração razoável.

Intimação pessoal: o Ministério Público goza de prazo em dobro para manifestar-se nos autos, cujo início ocorre a partir da sua *intimação pessoal* (CPC/2015, art. 180, *caput*). A intimação pessoal, consoante reza a lei, far-se-á por carga, remessa ou meio eletrônico (CPC/2015, art. 183, §1º).

Omissão do órgão ministerial: a invalidade será decretada quando o membro do Ministério Público não for intimado a acompanhar feito no qual deva intervir, em atenção ao previsto pelo art. 279 do CPC/2015. Diferentemente é a situação em que, pessoalmente intimado, o órgão ministerial, findo o prazo para manifestação, não oferece parecer. A solução normativa pendeu para a valorização da garantia fundamental à duração razoável: o juiz requisitará os autos e dará andamento ao feito, sendo infrutífera eventual e futura arguição de invalidade. Nesse rumo, a lição de Eduardo José da Fonseca Costa: "(...) é preciso cautela na interpretação do parágrafo único do artigo 12 da Lei 12.016/2009 e do §1º do art. 180 do CPC, que prescrevem o andamento processual sem o parecer do MP caso transcorrido *in albis* o prazo que lhe fora fixado. Não se concretiza aí a independência funcional do MP (que (...) não o isenta de imposições legais inequívocas), mas a duração razoável do processo (...). Prefere-se a continuidade processual ao desfecho – talvez demorado – da recalcitrância ministerial. Aliás, a experiência mostra o acerto da solução, pois o aguardo do impasse prejudica o demandante e, muitas vezes, indispõe entre si o Poder Judiciário e o Ministério Público. Ainda assim, nada impede a responsabilização funcional do promotor por afronta ao art. 43, IV e VI, da Lei 8.625/1993, devendo o juiz oficiar à respectiva corregedoria mediante aplicação analógica do art. 77, §6º, do CPC (...). Interpretação diversa faria do *custos legis* um extravagante instituto de 'beija-mão': o juiz obrigado a dar vista, o promotor desobrigado a honrar a vista dada" (COSTA, Eduardo José da Fonseca. *Processo e garantia.* v. 1. Londrina: Editora Thoth, 2021. p. 182).

— Θ —

Art. 181. O membro do Ministério Público será civil e regressivamente responsável quando agir com dolo ou fraude no exercício de suas funções.

Correspondente:
CPC/1973, art. 85.

Referências:
CF/1988, art. 37, §6º; art. 95, parágrafo único, V; art. 127, *caput*, §1º, §5º, I, "a", "b" e "c" e II, "a", "b", "c", "d", "e" e "f"; art. 129, I a IX; art. 144, §1º, I e IV, e §4º.

CPC/2015, art. 143; art. 148, I; art. 176; art. 177; art. 178; art. 179; art. 279.

ECA, art. 201, III.

Lei Complementar 75/1993, art. 1º; art. 5º, I e III; art. 6º, VII; art. 7º, I; art. 9º; art. 10; art. 18, I, "a"; art. 37; art. 38, I e II; art. 84, II; art. 117, I; art. 150, I e II; art. 239.

Lei 8.625/1993, art. 1º; art. 25, IV; art. 26, I e IV; art. 41, XI.

Lei 8.560/1992, art. 2º, §4º.

CLT, art. 793.

CPP, art. 112.

CPPM, art. 54; art. 57; art. 59.

Responsabilidade civil do órgão ministerial: a atuação do Ministério Público frequentemente implica prejuízos às partes, aos investigados e até a terceiros. Não há como ser diferente. O problema, no entanto, são as anomalias e disfuncionalidades, *o erro doloso no comportamento funcional*, ou seja, a impostura que transmuta o exercício da autoridade do órgão ministerial em puro autoritarismo.

Em tais circunstâncias, a ordem jurídica abre possibilidade para a responsabilização civil do membro do Ministério Público (além das responsabilidades penal e disciplinar) pelos danos oriundos de atos e ou omissões ilícitos.

Proceder com dolo ou fraude: a independência jurídica do membro do Ministério Público não afasta a configuração do seu dever de indenizar sempre que proceder com dolo ou fraude no exercício de suas funções. Afirme-se o seguinte: i) não basta o erro grosseiro ou a culpa, tampouco a culpa grave, uma vez que, sem a materialização do dolo (= elemento anímico), faltará o preenchimento do suporte fático indispensável à responsabilização civil dos promotores de justiça – nesse sentido: STJ, REsp 1.435.582, 3ª Turma, rel. Min. Nancy Andrighi, julgamento: 10.06.2014, disponível em: www.stj.jus.br; e ii) também a fraude, que decorre de comportamento comissivo ou omissivo, tem por mola propulsora o dolo; e iii) age com dolo quem efetivamente pratica uma ação (= atuação, atividade, diligência) porque assim quis e desejou, bem como a autoridade ministerial que escolhe não atuar (= omissão, inércia, inação) da maneira que deveria quando a lei lhe impunha um comportamento positivo.

Excepcionalidade: a independência funcional dos membros do Ministério Público lhes assegura que seu mister seja exercido sem receio de retaliações ou perseguições de qualquer natureza. Daí por que a eventual responsabilidade civil deles não se ancora na mera incidência de erro de fato ou de direito, sequer bastando a conduta culposa. Exige-se, *como expressamente impõe a lei*, a prova do agir com dolo ou fraude no exercício de suas funções (CPC/2015, art. 181).

Responsabilidade regressiva: a lei veda, *de modo expresso*, a responsabilização civil *direta* do membro do Ministério Público, admitindo-a só *regressivamente* (CPC/2015, art. 143, *caput*). Tem-se, aí, regra de *blindagem* ou *escudo*. A orientação legal, portanto, é no sentido de que a indenização, num primeiro momento, deve ser pleiteada *apenas* contra o ente público ao qual o profissional responsável dolosamente pelo dano encontrar-se vinculado (estados, Distrito Federal ou União). Se procedente o pedido indenizatório, ao ente público incumbirá, na sequência, acionar judicialmente o membro do Ministério Público para dele requerer o ressarcimento daquilo que se viu obrigado a despender. A questão é polêmica, mas a razão está com quem defende a inconstitucionalidade da regra. Indo ao ponto: o art. 37, §6º, CF/1988, confere à vítima do dano espécie de *garantia adicional*, a ela cabendo, *com exclusividade*, decidir se promoverá a ação contra o Estado, contra este e o agente público causador do dano, ou se tão-só, e diretamente, contra o último (WAMBIER, Teresa Arruda Alvim *et al. Primeiros Comentários ao Novo Código de Processo Civil*. São Paulo: Revista dos Tribunais, 2015. p. 272).

— Θ —

Título VI
DA ADVOCACIA PÚBLICA

Art. 182. Incumbe à Advocacia Pública, na forma da lei, defender e promover os interesses públicos da União, dos Estados, do Distrito Federal e dos Municípios, por meio da representação judicial, em todos os âmbitos federativos, das pessoas jurídicas de direito público que integram a administração direta e indireta.

Correspondente:

Sem correspondência no CPC/1973.

Referências:

CF/1988, art. 131; art. 132.

CPC/2015, art. 75, I, III, IV e §4º; art. 183; art. 184.

Lei Complementar nº 73/1993, art. 2º e §1º e §2º.

Advocacia Pública: entre as intituladas *Funções Essenciais à Justiça* tem-se a Advocacia Pública (CF/1988, arts. 131 e 132). Trata-se de instituição cuja finalidade é promover os interesses públicos da União, dos estados, do Distrito Federal e dos municípios, por meio da representação judicial, da consultoria e do assessoramento jurídico, em todos os âmbitos federativos, das pessoas jurídicas de direito público que integram a administração direta e indireta (CPC/2015, art. 182). Detalhamentos: i) cumpre à Advocacia-Geral da União, diretamente ou mediante órgão vinculado, a *presentação* da União, judicial e extrajudicialmente, cabendo-lhe, nos termos da Lei Complementar que dispõe sobre a sua organização e funcionamento, as atividades de consultoria e assessoramento jurídico do Poder Executivo (CF/1988, art. 131, *caput* c/c CPC/2015, art. 75, I); ii) a Advocacia-Geral da União tem por chefe o Advogado-Geral da União, de livre nomeação pelo Presidente da República dentre cidadãos maiores de trinta e cinco anos, de notável saber jurídico e reputação ilibada (CF/1988, art. 131, §1º); iii) a Advocacia-Geral da União compreende *órgãos de direção superior* (Advogado-Geral da União, Procuradoria-Geral da União, Conselho Superior da Advocacia-Geral da União e Corregedoria-Geral da Advocacia da União), *órgãos de execução* (Procuradorias Regionais da União, Procuradorias da Fazenda Nacional, Procuradorias da União, Procuradorias da Fazenda Nacional nos Estados e no Distrito Federal, Procuradorias Seccionais, Consultoria da União, Consultorias Jurídicas dos Ministérios, Consultoria da Secretaria-Geral e das demais Secretarias da Presidência da República e do Estado-Maior das Forças Armadas) e *órgão de assistência direta e imediata ao Advogado-Geral da União* (Gabinete do Advogado-Geral da União) (Lei Complementar nº 73/1993, art. 2º e §1º); iv) são membros da Advocacia-Geral da União o Advogado-Geral da União, o Procurador-Geral da União, o Procurador-Geral da Fazenda Nacional, o Consultor-Geral da União, o Corregedor-Geral da Advocacia da União, os Secretários-Gerais de Contencioso e de Consultoria, os Procuradores Regionais, os Consultores da União, Corregedores-Auxiliares, Procuradores-Chefe, Consultores Jurídicos, os Procuradores Seccionais, os Advogados da União, Procuradores da Fazenda Nacional e Assistentes Jurídicos (Lei Complementar nº 73/1993, art. 2º e §2º); v) especificamente na execução de dívida ativa de natureza tributária, a *presentação* da União incumbe à Procuradoria-Geral da Fazenda Nacional (CF/1988, art. 131, §3º); vi) os estados e o Distrito Federal são *presentados* por seus procuradores, admitindo a lei que ajustem compromisso recíproco para a prática de atos processuais por seus procuradores em favor de outro entre federado, mediante convênio firmado pelas respectivas procuradorias (CPC/2015, art. 75, II e §4º) – sobre a inconstitucionalidade desse dispositivo, conferir: DELFINO, Lúcio. *Código de Processo Civil Comentado.* v. 2. Belo Horizonte: Fórum, 2021. p. 71; vii) os Procuradores dos estados e do Distrito Federal, organizados em carreira, na qual o ingresso dependerá de concurso público de provas e títulos, com a participação da Ordem dos Advogados do Brasil em todas as suas fases, exercerão a *presentação* judicial e a consultoria jurídica das respectivas unidades federadas (CF/1988, art. 132); viii) a *presentação* dos municípios incumbe aos seus respectivos procuradores ou, na falta desse cargo na lei orgânica municipal, pelos prefeitos (CPC/2015, art. 75, III); ix) as autarquias e fundações de direito público serão *presentadas* por quem a lei do ente federado designar (CPC/2015, art. 75, IV); x) o ingresso nas classes iniciais das carreiras da Advocacia Pública far-se-á via concurso público de provas e títulos (CF/1988, art. 131, §2º); xi) é desnecessária a juntada de procuração quando o ente público está *presentado* em juízo, pois os poderes são delegados a partir da nomeação dos procuradores – nesse sentido: STJ, AgRg no AREsp nº 100.391, 2ª Turma, rel. Min. Mauro Campbell Marques, julgamento: 20.03.2012, disponível em: www.stj.jus.br.

— Θ —

Art. 183. A União, os Estados, o Distrito Federal, os Municípios e suas respectivas autarquias e fundações de direito público gozarão de prazo em dobro para todas as suas manifestações processuais, cuja contagem terá início a partir da intimação pessoal.

§1º A intimação pessoal far-se-á por carga, remessa ou meio eletrônico.

§2º Não se aplica o benefício da contagem em dobro quando a lei estabelecer, de forma expressa, prazo próprio para o ente público.

Correspondente:
CPC/1973, art. 188.

Referências:
CF/1988, art. 5º, LXXVIII

CPC/2015, 182; art. 184.

LOAGU, art. 38.

Lei 9028/1995, art. 6º.

Privilégio do prazo em dobro: a União, os estados, o Distrito Federal, os municípios e suas respectivas autarquias e fundações de direito público dispõem do *benefício* do prazo em dobro para todas as suas manifestações processuais. A contagem do prazo ocorre a partir da *intimação pessoal* do respectivo ente público. Tem-se aqui dispositivo legal (CPC/2015, art. 183) que, salvo melhor juízo, atenta contra a garantia fundamental de isonomia (CF/1988, art. 5º, LXXVIII) – em semelhante sentido: MEDINA, José Miguel Garcia. *Novo Código de Processo Civil Comentado.* 3. ed. São Paulo: Revista dos Tribunais, 2015. p. 297. Apontamentos: i) já se decidiu pela "inaplicabilidade, aos estados estrangeiros, das prerrogativas processuais reconhecidas às pessoas jurídicas de direito público interno (STF, MC em Rcl 10920, rel. Min. Celso de Mello, julgamento: 01.09.2011, disponível em: www.stf.jus.br); ii) é prevalecente o entendimento de que o benefício do prazo em dobro não se aplica às empresas públicas

(STJ, AgRg REsp 1266098, 2ª Turma, rel. Min. Eliana Calmon, julgamento: 23.10.2012, disponível em: www.stj.jus.br); iii) segundo se lê na jurisprudência, a OAB ostenta status de autarquia e, por isso, faz jus a prazo em dobro em duas manifestações (STJ, EDcl no REsp 963.520, 1ª Turma, rel. Min. Luiz Fux, julgamento: 03.06.2008, disponível em: www.stj.jus.br).

Exceção à benesse do prazo em dobro: havendo expressa previsão legal de prazo próprio para tal ou qual ente público, não se aplicará o benefício da contagem em dobro (CPC/2015, art. 183, §2º).

Benesse da intimação pessoal: a União, os estados, o Distrito Federal, os municípios e suas respectivas autarquias e fundações gozam de prazo em dobro para todas as suas manifestações em juízo, sendo que a contagem terá início a partir da intimação pessoal (CPC/2015, art. 183, *caput*; LOAGU, art. 38; Lei 9028/1995, art. 6º). Essa intimação pessoal far-se-á por carga, remessa ou meio eletrônico (CPC/2015, art. 183, §1º).

— Θ —

Art. 184. O membro da Advocacia Pública será civil e regressivamente responsável quando agir com dolo ou fraude no exercício de suas funções.

Correspondente:

Sem correspondência no CPC/11973.

Referências:

CF/1988, art. 37, §6º.

CPC/2015, art. 182; art. 183.

Responsabilidade civil: a atuação de membro da Advocacia Pública implica por vezes prejuízos a uma das partes, aos investigados e até terceiros. Não há como ser diferente. O problema, no entanto, são as anomalias e disfuncionalidades, o erro doloso na conduta. Em tal circunstância, a ordem jurídica abre margem para a responsabilização civil (além das responsabilidades penal e disciplinar) do profissional pelos danos decorrentes de atos e ou omissões ilícitos.

Proceder com dolo ou fraude: a independência jurídica do membro da Advocacia Pública não afasta a configuração do seu dever de indenizar sempre que proceder com dolo ou fraude no exercício de suas funções. Afirme-se o seguinte: i) não basta o erro grosseiro ou a culpa, tampouco a culpa grave, uma vez que, sem a materialização do dolo (= elemento anímico), faltará o preenchimento do suporte fático indispensável à responsabilidade civil dos promotores de justiça – nesse sentido: STJ, REsp 1.435.582, 3ª Turma, rel. Min. Nancy Andrighi, julgamento: 10.06.2014, disponível em: www.stj.jus.br; e ii) também a fraude, que decorre de comportamento comissivo ou omissivo, tem por mola propulsora o dolo; e iii) age com dolo o profissional que efetivamente pratica uma ação (= atuação, atividade, diligência) porque assim quis e desejou, bem como aquele que escolheu, por livre vontade, não atuar da maneira que deveria, quer dizer, decidiu-se pela omissão (= inércia, inação) quando a lei lhe impunha um comportamento positivo.

Excepcionalidade: a independência da Advocacia Pública assegura aos advogados públicos o exercício profissional com liberdade, sem receio de retaliações ou perseguições de qualquer natureza. Daí por que eventual responsabilidade civil desses profissionais não está ancorada na mera incidência de erro de fato ou de direito, sequer bastando a conduta culposa. Exige-se, *como expressamente impõe a lei*, o comportamento doloso no exercício de suas funções.

Responsabilidade regressiva: a lei veda a responsabilização civil *direta* do membro da Advocacia Pública, admitindo-a apenas *regressivamente* (CPC/2015, art. 184). Tem-se, nisso, regra de *blindagem* ou *escudo*. A orientação legal, portanto, é no sentido de que a indenização, num primeiro momento, deve ser pleiteada *tão-somente* contra o ente público ao qual o advogado público responsável dolosamente pelo dano encontrar-se vinculado (estado, Distrito Federal ou União). Em caso de procedência, ao ente público incumbirá acionar o profissional responsável para postular o devido ressarcimento daquilo que despendeu. Trata-se de questão polêmica, mas a razão está com quem defende a inconstitucionalidade da regra. O art. 37, §6º, da CF/1988 confere à vítima do dano uma espécie de *garantia adicional*, ou seja, a ela cabe escolher se promoverá a ação contra o ente público, se contra este e o agente público responsável pela causação do dano, ou ainda se só, e diretamente, contra o último.

— Θ —

Título VII
DA DEFENSORIA PÚBLICA

Art. 185. A Defensoria Pública exercerá a orientação jurídica, a promoção dos direitos humanos e a defesa dos direitos individuais e coletivos dos necessitados, em todos os graus, de forma integral e gratuita.

Correspondente:
Sem correspondência no CPC/1973.

Referências:
CF/1988, art. 5º, LXXIV; art. 99, §2º; art. 134, *caput*, §§1º, 2º, 3º e 4º.

CPC/2015, art. 72, parágrafo único; art. 186; art. 187.

LC 80/1994, LC 80/1994, art. 3º, I, II, III e IV; art. 4º, XVI.

Defensoria Pública – regulamentação, princípios institucionais e objetivos: a Lei Complementar 80/1994, em respeito ao disposto na ordem constitucional (CF/1988, art. 134, §1º), organizou a Defensoria Pública da União, do Distrito Federal e dos Territórios e prescreveu normas gerais para o seu arranjo nos estados, em cargos de carreira, providos, na classe inicial, mediante concurso público de provas e títulos, assegurada a seus integrantes a garantia da inamovibilidade, vedado o exercício da advocacia fora das atribuições institucionais. Seus princípios institucionais são a *unidade*, *indivisibilidade* e *independência funcional* (CF/1988, art. 134, §4º), tendo por objetivos a *primazia da dignidade da pessoa humana e redução das desigualdades sociais*, *afirmação do Estado Democrático de Direito*, *prevalência e efetividade dos direitos humanos* e *garantia dos princípios constitucionais da ampla defesa e do contraditório* (LC 80/1994, art. 3º, I, II, III e IV). De resto, às Defensorias Públicas (da União, do Distrito Federal e estaduais) são asseguradas autonomia funcional e administrativa e a iniciativa de sua proposta orçamentária dentro dos limites estabelecidos na lei de diretrizes orçamentárias e subordinação ao disposto no art. 99, §2º, da Constituição (CF/1988, art. 134, §§2º e 3º).

Defensoria Pública – funções: a Defensoria Pública é instituição permanente, essencial à função jurisdicional. Sua incumbência, *fundamentalmente,* é a orientação jurídica, promoção dos direitos humanos e defesa, em todos os graus, judicial e extrajudicial, dos direitos individuais e coletivos, de forma integral e gratuita, aos necessitados, na forma do inciso LXXIV do art. 5º da Constituição (CF/1988, art. 134, *caput* c/c CPC/2015, art. 185). De maneira mais abrangente, são funções institucionais da Defensoria Pública, dentre outras: i) prestar orientação jurídica e exercer a defesa dos necessitados, em todos os graus; ii) promover, prioritariamente, a solução extrajudicial dos litígios, visando à composição entre as pessoas em conflito de interesses, por meio de mediação, conciliação, arbitragem e demais técnicas de composição e administração de conflitos; iii) promover a difusão e a conscientização dos direitos humanos, da cidadania e do ordenamento jurídico; iv) prestar atendimento interdisciplinar, por meio de órgãos ou de servidores de suas Carreiras de apoio para o exercício de suas atribuições; v) exercer, mediante o recebimento dos autos com vista, a ampla defesa e o contraditório em favor de pessoas naturais e jurídicas, em processos administrativos e judiciais, perante todos os órgãos e em todas as instâncias, ordinárias ou extraordinárias, utilizando todas as medidas capazes de propiciar a adequada e efetiva defesa de seus interesses; vi) representar aos sistemas internacionais de proteção dos direitos humanos, postulando perante seus órgãos; vii) promover ação civil pública e todas as espécies de ações capazes de propiciar a adequada tutela dos direitos difusos, coletivos ou individuais homogêneos quando o resultado da demanda puder beneficiar grupo de pessoas hipossuficientes; viii) exercer a defesa dos direitos e interesses individuais, difusos, coletivos e individuais homogêneos e dos direitos do consumidor, na forma do inciso LXXIV do art. 5º da Constituição Federal; ix) impetrar *habeas corpus*, mandado de injunção, *habeas data* e mandado de segurança ou qualquer outra ação em defesa das funções institucionais e prerrogativas de seus órgãos de execução; x) promover a mais ampla defesa dos direitos fundamentais dos necessitados, abrangendo seus direitos individuais, coletivos, sociais, econômicos, culturais e ambientais, sendo admissíveis todas as espécies de ações capazes de propiciar sua adequada e efetiva tutela; xi) exercer a defesa dos interesses individuais e coletivos da criança e do adolescente, do idoso, da pessoa portadora de necessidades especiais, da mulher vítima de violência doméstica e familiar e de outros grupos sociais vulneráveis que mereçam proteção especial do Estado; xii) acompanhar inquérito policial, inclusive com a comunicação imediata da prisão em flagrante pela autoridade policial, quando o preso não constituir advogado; xiii) patrocinar ação penal privada e a subsidiária da pública; xiv) exercer a curadoria especial nos casos previstos em lei; xv) atuar nos estabelecimentos policiais, penitenciários e de internação de adolescentes, visando a assegurar às pessoas, sob quaisquer circunstâncias, o exercício pleno de seus direitos e garantias fundamentais; xvi) atuar na preservação e reparação dos direitos de pessoas vítimas de tortura, abusos sexuais, discriminação ou qualquer outra forma de opressão ou violência, propiciando o acompanhamento e o atendimento interdisciplinar das vítimas; xvii) atuar nos Juizados Especiais; xviii) participar, quando tiver assento, dos conselhos federais, estaduais e municipais afetos às funções institucionais da Defensoria Pública, respeitadas as atribuições de seus ramos; xviii) executar e receber as verbas sucumbenciais decorrentes de sua atuação, inclusive quando devidas por quaisquer entes públicos, destinando-as a fundos geridos pela Defensoria Pública e destinados, exclusivamente, ao aparelhamento da Defensoria Pública e à capacitação profissional de seus membros e servidores; e xix) convocar audiências públicas para discutir matérias relacionadas às suas funções institucionais (LC 80/1994, art. 4º).

Capacidade processual e postulatória: a exemplo do Ministério Público, a Defensoria Pública não tem personalidade jurídica, mas é *sujeito de direito*. Por possuir *capacidade processual* e *postulatória*, atua no âmbito judicial em favor dos vulneráveis, conforme o previsto na Constituição e Lei Complementar nº 80/1994. E além de estar autorizada a promover ações civis públicas (= legitimidade extraordinária), pode ir a juízo na defesa de suas funções institucionais (= legitimidade ordinária).

Defensoria Pública e exercício da curatela especial: a curatela especial será exercida pela Defensoria Pública (CPC/2015, art. 72, parágrafo único). Não há nisso qualquer inovação: a Lei Complementar nº 80/1994 já estabelecia, *como função institucional da Defensoria Pública*, o exercício da curadoria especial nos casos previstos pela ordem jurídica (LC nº 80/1994, art. 4º, XVI). É conveniente que tal atribuição pertença mesmo à Defensoria Pública, instituição independente, hoje bem estruturada em muitas cidades, com seus quadros preenchidos por profissionais tecnicamente preparados. Há quem, no entanto, questione a constitucionalidade de regras que impõem à Defensoria Pública o exercício da curatela especial, sobretudo em atenção à sua vocação constitucional para a tutela dos *economicamente* necessitados. Veja-se, a respeito disso, o que dispõe a Carta Magna: "A Defensoria Pública é instituição permanente, essencial à função jurisdicional do Estado, incumbindo-lhe, como expressão e instrumento do regime democrático, *fundamentalmente*, a orientação jurídica, a promoção dos direitos humanos e a defesa, em todos os graus, judicial e extrajudicial, dos direitos individuais e coletivos, de forma integral e gratuita, aos necessitados, na forma do inciso LXXIV do art. 5º desta Constituição Federal" (CF/1988, art. 134). O advérbio *fundamentalmente*, que se faz presente no dispositivo citado, resolve de modo satisfatório o problema. Afinal de contas, a regra constitucional apenas dita a *atribuição fundamental* da Defensoria Pública, sem excluir, porém, a possibilidade de o ordenamento jurídico também lhe impingir *atribuições não fundamentais*. Não à toa, aliás, a doutrina refere-se às funções *típicas* e *atípicas*, na primeira hipótese, pressupondo sempre a hipossuficiência *econômica*, enquanto, na derradeira, o que vai importar é a hipossuficiência *jurídica*. Sobre a relevância da Defensoria Pública: ALVES, Cleber Francisco; PIMENTA, Marilia Gonçalves. *Acesso à justiça em preto e branco*: retratos institucionais da Defensoria Pública. Rio de Janeiro: Lumen Juris, 2004; BEGA, Carolina Brambila. *Curadoria especial* – Tutela da vulnerabilidade processual: análise da efetividade dessa atuação. 2012. 405 f. Tese (Doutorado em Direito Processual) – Faculdade de Direito, Universidade de São Paulo, São Paulo, 2012; OLIVEIRA, Patrícia Elias Cozzolino de. *A legitimidade exclusiva da defensoria pública na prestação de assistência gratuita*. 2016. 250 f. Tese (Doutorado em Direito Processual Civil) –

Faculdade de Direito, Pontifícia Universidade Católica de São Paulo, São Paulo, 2016; ESTEVES, Diogo; SILVA, Franklyn Roger Alves. A curadoria especial no novo Código de Processo Civil. *In*: SOUSA, José Augusto Garcia de (Coord.). *Defensoria Pública.* Salvador: JusPodivm, 2015. p. 129-163; ESTEVES, Diogo; SILVA, Franklyn Roger Alves. *Princípios institucionais da Defensoria Pública.* Rio de Janeiro: Forense, 2014; GALLIEZ, Paulo César Ribeiro. *Princípios institucionais da Defensoria Pública.* 2. ed. Rio de Janeiro: Lumen Juris, 2007; KETTERMANN, Patrícia. *Defensoria Pública.* São Paulo: Estúdio Editores, 2015; LIMA, Frederico Rodrigues Viana de. *Defensoria Pública.* 2. ed. Salvador: JusPodivm, 2011; MORAES, Sílvio Roberto Mello. *Princípios institucionais da Defensoria Pública*: Lei complementar 80, de 12.1.1994 anotada. São Paulo: Revista dos Tribunais, 1995; ROCHA, Amélia Soares da. *Defensoria Pública*: fundamentos, organização e funcionamento. São Paulo: Atlas, 2013. Sugere-se a leitura dos comentários ao art. 72: DELFINO, Lúcio. *Código de Processo Civil Comentado.* v. 2. Belo Horizonte: Fórum, 2021. p. 43-54.

— Θ —

Art. 186. A Defensoria Pública gozará de prazo em dobro para todas as suas manifestações processuais.

§1º O prazo tem início com a intimação pessoal do defensor público, nos termos do art. 183, §1º.

§2º A requerimento da Defensoria Pública, o juiz determinará a intimação pessoal da parte patrocinada quando o ato processual depender de providência ou informação que somente por ela possa ser realizada ou prestada.

§3º O disposto no *caput* aplica-se aos escritórios de prática jurídica das faculdades de Direito reconhecidas na forma da lei e às entidades que prestam assistência jurídica gratuita em razão de convênios firmados com a Defensoria Pública.

§4º Não se aplica o benefício da contagem em dobro quando a lei estabelecer, de forma expressa, prazo próprio para a Defensoria Pública.

Correspondente:

Sem correspondência no CPC/1973.

Referências:

CF/1988, art. 5º, LXXIV; art. 99, §2º; art. 134, *caput*, §§1º, 2º, 3º e 4º.

CPC/2015, art. 72, parágrafo único; art. 183, §1º; art. 187.

LC 80/1994, art. 4º, XVI, art. 44, I, art. 89; art. 128.

Prazo em dobro: a Defensoria Pública dispõe da benesse do prazo em dobro para todas as suas manifestações processuais, em qualquer causa ou grau de jurisdição (LC 80/1994, arts. 44, I, 89 e 128). Tal benefício, vale lembrar, aplica-se igualmente aos escritórios de prática jurídica das faculdades de direito reconhecidas na forma da lei e às entidades que prestam assistência jurídica gratuita em razão de convênios firmados com a Defensoria Pública (CPC/2015, art. 186, §2º).

Exceção ao prazo em dobro: havendo expressa previsão legal de prazo próprio para tal ou qual manifestação procedimental a ser realizada pelo defensor público, não se aplicará o benefício da contagem em dobro (CPC/2015, art. 186, §4º).

Intimação pessoal: o início da contagem de prazo para as manifestações em juízo a serem feitas pela Defensoria Pública dar-se-á a partir da sua intimação pessoal, que poderá ocorrer por *carga, remessa* ou *meio eletrônico* (CPC/2015, art. 183, §1º). Entende o Superior Tribunal de Justiça que "a intimação pessoal deve ser realizada a fim de resguardar os direitos das pessoas tidas por juridicamente necessitadas" (STJ, AGRG NO RESP 1395638, 4ª Turma, rel. Min. Marco Buzzi, julgamento: 19.11.2013, disponível em: www.stj.jus.br).

Nulidade e preclusão: já se decidiu ser prerrogativa do defensor público a intimação pessoal de todos os atos do processo, constituindo nulidade a sua inobservância por cerceamento do direito de defesa. Não obstante, a irregularidade deve ser arguida na primeira oportunidade, sob pena de preclusão (STJ, AgRg no REsp 800549, 6ª Turma, rel. Min Assusete Magalhães, julgamento: 06.02.2014, disponível em: www.stj.jus.br).

— Θ —

Art. 187. O membro da Defensoria Pública será civil e regressivamente responsável quando agir com dolo ou fraude no exercício de suas funções.

Correspondente:
Sem correspondência no CPC/1973.

Referências:
CF/1988, art. 37, §6º.

CPC/2015, art. 72, parágrafo único; art. 183, §1º; art. 186.

Responsabilidade civil: a atuação do defensor público implica por vezes prejuízos a uma das partes, aos investigados e até terceiros. Não há como ser diferente. O problema, no entanto, são as anomalias e disfuncionalidades, ou melhor, o erro doloso na conduta. Em tal circunstância, a ordem jurídica abre margem para a sua responsabilização civil (além das responsabilidades penal e disciplinar) pelos danos decorrentes de omissões e ou atos ilícitos.

Proceder com dolo ou fraude: a independência jurídica do membro da Defensoria Pública não afasta a configuração do seu dever de indenizar sempre que proceder com dolo ou fraude no exercício de suas funções. Afirme-se o seguinte: i) não basta o erro grosseiro ou a culpa, tampouco a culpa grave, uma vez que, sem a materialização do dolo (= elemento anímico), faltará o preenchimento do suporte fático indispensável à responsabilidade civil dos promotores de justiça; e ii) também a fraude, que decorre de comportamento comissivo ou omissivo, tem por mola propulsora o dolo; e iii) age com dolo o profissional que efetivamente pratica uma ação (= atuação, atividade, diligência) porque assim quis e desejou, bem como aquele que escolheu, por livre vontade, não atuar da maneira que deveria, quer dizer, decidiu-se pela omissão (= inércia, inação) quando a lei lhe impunha um comportamento positivo.

Excepcionalidade: a independência dos defensores públicos lhes assegura o exercício profissional com liberdade, sem receio de retaliações ou perseguições de qualquer natureza. Daí por que a eventual responsabilidade civil do defensor público não está ancorada na mera incidência de erro de fato ou de direito, sequer bastando a conduta culposa. Exige-se, *como expressamente impõe a lei*, o comportamento doloso no exercício de suas funções.

Responsabilidade regressiva: a lei veda a responsabilização civil *direta* do membro da Defensoria Pública, admitindo-a apenas *regressivamente* (CPC/2015, art. 184). Tem-se, aí, regra de *blindagem* ou *escudo*. A orientação legal, portanto, é no sentido de que a indenização, num primeiro momento, deve ser pleiteada *tão-somente* contra o ente público ao qual o defensor público responsável dolosamente pelo dano encontrar-se vinculado (estado, Distrito Federal ou União). Em caso de procedência, ao ente público incumbirá acionar o profissional a fim de postular o devido ressarcimento daquilo que despendeu. Trata-se de questão polêmica, mas a razão está com quem defende a inconstitucionalidade da regra. O art. 37, §6º, da CF/1988, confere à vítima do dano uma espécie de *garantia adicional*, de modo que poderá escolher se promoverá ação contra o ente público, se contra este e o agente público responsável pela causação do dano, ou ainda se apenas, e diretamente, contra o último.

REFERÊNCIAS

ABADE, Denise Neves. *Direitos fundamentais na cooperação jurídica internacional*. São Paulo: Saraiva, 2013.

ABBOUD, Georges; CARNIO, Henrique Garbellini; OLIVEIRA, Rafael Tomaz de. *Introdução à teoria e à filosofia do direito*. 3. ed. São Paulo: Revista dos Tribunais, 2015.

ABBUD, André de Albuquerque Cavalcanti. *Homologação de sentenças arbitrais estrangeiras*. São Paulo: Atlas, 2008.

ADOLINA, Italo. *Cooperazione Internazionale in Matéria Giudiziaria*. Catania: Libreria Editrice Torre, 1996.

AGUIAR, Julio Cesar de. Novos paradigmas da cooperação jurídica internacional e o conceito contemporâneo de soberania. *Revista do Direito Público*, v. 12, n. 2, p. 77-103, ago. 2017.

ALBERTON, Genacéia da Silva. *Assistência litisconsorcial*. São Paulo: Revista dos Tribunais, 1994.

ALMEIDA JUNIOR, João Mendes de. *Direito Judiciário Brasileiro*. 2. ed. Rio de Janeiro: Typographia Baptista de Souza, 1918.

ALMEIDA SILVA, Tagore Trajano de. Capacidade de ser parte dos animais não-humanos: repensando os institutos da substituição e representação processual. *Revista Brasileira de Direito Animal – RBDA*, Salvador, v. 4, n. 05, p. 323-352, jan./dez. 2009.

ALVARO DE OLIVEIRA, Carlos Alberto. *Alienação da coisa litigiosa*. 2. ed. Rio de Janeiro: Forense, 1986.

ALVES, Cleber Francisco; PIMENTA, Marilia Gonçalves. *Acesso à justiça em preto e branco*: retratos institucionais da Defensoria Pública. Rio de Janeiro: Lumen Juris, 2004.

ALVIM, Arruda. *Manual de Direito Processual Civil*: Teoria Geral do Processo e Processo de Conhecimento. 17. ed. São Paulo: Revista dos Tribunais, 2017.

ALVIM, Arruda; BIANCHI PRATES, Márcia Maria. *Denunciação da lide* – Repertório de jurisprudência e doutrina. São Paulo: Revista dos Tribunais, 1988.

AMAZONAS, José Antonio de Almeida. *Assistência*. São Paulo: Empreza Graphica da Revista dos Tribunais, 1936.

ANCHIETA, Natacha. Dimensão político-constitucional do processo. *Empório do Direito*, 04 nov. 2019. Disponível em: www.emporiododireito.com.br. Acesso em: 17 dez. 2019.

ANCHIETA, Natascha. Contraditório em "sentido forte": uma forma de compensação das posturas judiciais instrumentalistas? *Empório do Direito*, 23 set. 2019. Disponível em: www.emporiododireito.com.br. Acesso em: 20 dez. 2019.

ANDRADE, Francisco Rabelo Dourado de. *Tutela de evidência, teoria da cognição e processualidade democrática*. Belo Horizonte: Fórum, 2017.

ANDRADE, Valentino Aparecido de. *Litigância de má-fé*. São Paulo: Dialética, 2004.

ANGELO, Tiago. Custas ao perdedor derrubam novas ações trabalhistas em 32%. *Consultor Jurídico*, 06 jan. 2020. Disponível em: www.conjur.com.br. Acesso em: 07 jul. 2020.

ARAUJO, Nadia de. *Cooperação Jurídica Internacional no Superior Tribunal de Justiça*: Comentários à Resolução nº 09/2005. Rio de Janeiro: Renovar, 2010.

ARAUJO CINTRA, Antonio Carlos de. *Do chamamento à autoria:* denunciação da lide. São Paulo: Revista dos Tribunais, 1973.

ARAÚJO CINTRA, Antonio Carlos de; GRINOVER, Ada Pelegrini; DINAMARCO, Cândido. *Teoria Geral do Processo*. 26. ed. São Paulo: Malheiros Editores, 2010.

ARAÚJO FILHO, Luiz Paulo da Silva. *Assistência e intervenção da União*. Rio de Janeiro: Forense, 2006.

ARISTÓTELES. *Ética a Nicômaco*. São Paulo: Nova Cultural, 1996.

ARMELIN, Donaldo. *A legitimidade para agir no direito processual civil brasileiro*. São Paulo: Revista dos Tribunais, 1979.

ARMELIN, Donaldo. Tutela jurisdicional diferenciada. *Revista de Processo – RePro*, São Paulo: Revista dos Tribunais, n. 65, p. 45-55, 1992.

ARMELIN, Donaldo. Alterações da jurisprudência e seus reflexos nas situações já consolidadas sob o império da orientação superada. *Revista Brasileira de Direito Processual – RBDPro*, Belo Horizonte, ano 18, n. 70, p. 31-48, abr./jun. 2010.

ARMELIN, Donaldo. A ação direta da vítima contra a seguradora de responsabilidade civil: fundamentos e regime das exceções. *In:* III FÓRUM DE DIREITO DO SEGURO "JOSÉ SOLLERO FILHO", 2003, São Paulo. *Anais [...]*. São Paulo: IBDS, 2003. p. 168-188.

ARMELIN, Donaldo. Alterações da jurisprudência e seus reflexos nas situações já consolidadas sob o império da orientação superada. *In*: DELFINO, Lúcio; ROSSI, Fernando; MOURÃO, Luiz Eduardo Ribeiro; CHIOVITTI, Ana Paula (Coords.). *Tendências do moderno processo civil brasileiro*. Aspectos individuais e coletivos das tutelas preventivas e ressarcitórias. Estudos em homenagem ao jurista Ronaldo Cunha Campos. Belo Horizonte: Fórum, 2008. p. 183-202.

AROCA, Juan Montero. *La intervención adhesiva simple*: contribución al estudio de la pluralidade de partes em el proceso civil. Barcelona: Editorial Hispano Europea, 1972.

AROCA, Juan Montero. *Proceso Civil e Ideología*: Un prefacio, una sentencia, dos cartas y quince ensayos. *In*: AROCA, Juan Montero (Coord.). *Sobre el mito autoritário de la "buena fe procesal"*. Valencia: Tirant lo Blanch, 2006. p. 283-356.

AROCA, Juan Montero Aroca. *La Prueba en el Proceso Civil*. 7. ed. Pamplona: Editorial Aranzadi, 2011.

AROCA, Juan Montero. Prueba y verdade en el proceso civil – Un intento de aclaración de la base ideológica de determinadas posiciones pretendidamente técnica. *In*: SOARES, Carlos Henrique *et al.* (Coord.). *Proceso Democrático y Garantismo Procesal*. Belo Horizonte: Arraes Editores, 2015. p. 207-226.

AROCA, Juan Montero. Los modelos procesales civiles en el inicio del siglo XXI: entre el garantismo y el totalitarismo. *Revista Brasileira de Direito Processual – RBDPro*, Belo Horizonte, ano 25, n. 100, p. 191-211, out./dez. 2017.

ARRUDA ALVIM. *Manual de Direito Processual Civil*. Teoria Geral do Processo e Processo do Conhecimento. 17. ed. São Paulo: Revista dos Tribunais, 2017.

ARRUDA ALVIM, Eduardo; KRUGER THAMAY, Rennan Faria; GRANADO, Daniel Willian. *Processo constitucional*. São Paulo: Revista dos Tribunais, 2014.

ASCARELLI, Tullio. *O contrato plurilateral*. Problemas das sociedades anônimas e direito comparado. São Paulo: Saraiva, 1945.

ASSIS, Araken. *Processo civil brasileiro*. Parte geral: fundamentos e distribuição de conflitos. v. I. São Paulo: Revista dos Tribunais, 2015.

ASSIS, Araken. *Processo Civil Brasileiro*. Parte geral: institutos fundamentais. v. II. Tomo I. São Paulo: Revista dos Tribunais, 2015.

ASSIS, Araken. *Processo Civil Brasileiro*. Parte Geral: institutos fundamentais. v. II. Tomo II. São Paulo: Revista dos Tribunais, 2015.

ASSIS, Araken. *Manual da Execução*. 18. ed. São Paulo: Revista dos Tribunais, 2016.

ASSIS, Araken. Cabimento e adequação dos meios executórios "atípicos". *Coleção Grandes Temas do Novo CPC*. v. 11. Coordenadores: Eduardo Talamini e Marcos Youji Minami. Salvador: JusPodivm, 2018. p. 111-134.

ASSIS, Carlos Augusto de. Técnicas aceleratórias e devido processo legal. *Revista Brasileira de Direito Processual – RBDPro*, Belo Horizonte, ano 24, n. 95, p. 77-93, jul./set. 2016.

ATAÍDE JÚNIOR, Jaldemiro Rodrigues de. Legalidade, incidência, motivação e controle racional das decisões judiciais. *Revista Brasileira de Direito Processual – RBDPro*, Belo Horizonte, ano 24, n. 93, p. 95-128, jan./mar. 2016.

BALEEIRO NETO, Diógenes; DIAS, Paulo Fernando Cardoso. O novo Código de Processo Civil e a competência para o processamento da execução civil. *Revista Jurídica da Advocacia-Geral do Estado de Minas Gerais*, n. 1, jan./dez. 2015, p. 69-74.

BARACHO, José Alfredo de Oliveira. *Direito Processual Constitucional*: Aspectos contemporâneos. Belo Horizonte: Fórum, 2008.

BARBI, Celso Agrícola. *Comentários ao Código de Processo Civil*. v. I. Rio de Janeiro: Forense, 1981.

BARCELLOS PEGINI, Adriana Regina. Reflexões acerca do processo como garantia das garantias. *Empório do Direito*, 14 out. 2019. Disponível em: www.emporiododireito.com.br. Acesso em: 17 dez. 2019.

BARROS MONTEIRO, Ralfho Waldo de. *Comentários ao Novo Código Civil*. Rio de Janeiro: Forense, 2010.

BATISTA, Lia Carolina. *Assistência no processo civil brasileiro*. 2012. 25 f. Dissertação (Mestrado em Direito Processual Civil) – Faculdade de Direito, Universidade de São Paulo, São Paulo, 2012.

BATISTA DA SILVA, Ovídio A. *Comentários ao Código de Processo Civil*. v. 1. São Paulo: Revista dos Tribunais, 2000.

BEGA, Carolina Brambila. *Curadoria especial* – Tutela da vulnerabilidade processual: análise da efetividade dessa atuação. 2012. 405 f. Tese (Doutorado em Direito Processual) – Faculdade de Direito, Universidade de São Paulo, São Paulo, 2012.

BERLIN, Isaiah. *Quatro ensaios sobre a liberdade*. Tradução de Wamberto Hudson Ferreira. Brasília: Editora Universidade de Brasília, 1981.

BISSOLI DO BEM, Camila de Castro Barbosa; CAMPISTA, Fábio Farias; HILL, Flávia Pereira. A duração razoável do processo e os parâmetros jurisprudenciais dos tribunais internacionais de direitos humanos. *Revista Brasileira de Direito Processual – RBDPro*, Belo Horizonte, ano 25, n. 99, p. 111-143, jul./set. 2017.

BORGES MOTTA, Francisco José; OLIVEIRA, Rafael Tomaz de. *Comentários ao Código de Processo Civil*. 2. ed. Organizadores: Lenio Luiz Streck, Dierle Nunes, Leonardo Carneiro da Cunha. São Paulo: Saraiva, 2017. p. 67-71.

BRUM, Guilherme Valle. A valoração da prova como ato político: notas sobre a (pretendida) sobrevivência do chamado "princípio do livre convencimento motivado" no Direito brasileiro. *Revista Brasileira de Direito Processual – RBDPro*, Belo Horizonte, ano 25, n. 100, p. 153-168, out./dez. 2017.

BUENO, Cassio Scarpinella. *Amicus Curiae no Processo Civil brasileiro*. Um terceiro enigmático. São Paulo: Saraiva, 2006.

BUENO, Cassio Scarpinella. *Partes e terceiros no processo civil brasileiro*. 2. ed. São Paulo: Saraiva, 2006.

BUENO, Cassio Scarpinella. *A nova lei do mandado de segurança*: comentários sistemáticos à Lei 12.016/2009. São Paulo: Saraiva, 2009.

BUENO, Cassio Scarpinella (Coord.). *Comentários ao Código de Processo Civil* – v. 1 (arts. 1º a 317). São Paulo: Saraiva, 2017.

BUENO, Cassio Scarpinella. *Curso Sistematizado de Direito Processual*: Teoria Geral do Direito Processual Civil. v. 1. 9. ed. São Paulo: Saraiva, 2018.

BUSSADA, Wilson. *Denunciação da lide (jurisprudência)*. São Paulo: Jurídica Brasileira, 1994.

BUZAID, Alfredo. *A ação declaratória no direito brasileiro*. 2. ed. São Paulo: Saraiva, 1986.

CABRAL, Antonio do Passo. Despolarização do processo e "zonas de interesse": sobre a migração entre polos da demanda. *Revista da SJRJ*, Rio de Janeiro, n. 26, p. 19-55, 2009.

CABRAL, Antonio Passos. *Breves Comentários ao Novo Código de Processo Civil*. Coordenadores: Teresa Arruda Alvim Wambier, Fredie Didier Jr., Eduardo Talamini e Bruno Dantas. São Paulo: Revista dos Tribunais, 2015.

CAHALI, Yussef Said. *Honorários advocatícios*. 4. ed. São Paulo: Revista dos Tribunais, 2011.

CALVINHO, Gustavo. *El proceso con derechos humanos*: Método de debate y garantia frente al poder. Bogotá: Editorial Universidad del Rosario, 2011.

CÂMARA, Alexandre Freitas. *Lições de Direito Processual Civil*. v. 1. 16. ed. Rio de Janeiro: Lumen Juris, 2004.

CÂMARA, Alexandre Freitas. Será o fim da categoria condição da ação? Uma resposta a Fredie Didier Junior. *Revista de Processo*, São Paulo, v. 197, p. 261-269, jul. 2011.

CÂMARA, Alexandre Freitas. *Lições de Direito Processual Civil*. v. 1. 25 ed. São Paulo: Atlas, 2014.

CÂMARA, Alexandre Freitas. O princípio da primazia da resolução do mérito e o novo Código de Processo Civil. *Revista do Tribunal Regional Federal da 3ª Região*, São Paulo, ano XXVII, n. 128, p. 19-24, jan./mar., 2016.

CÂMARA, Alexandre Freitas. *O novo processo civil brasileiro*. 3. ed. São Paulo: Atlas, 2017.

CAMPOS, Ronaldo Cunha. *Comentários ao Código de Processo Civil*. v. I. Tomo I. Rio de Janeiro: Forense, 1979.

CAMPOS, Eduardo Luiz Cavalcanti. *O princípio da eficiência no processo civil brasileiro*. São Paulo: Forense, 2018.

CANÇADO TRINDADE, Antonio Augusto. *A humanização do direito internacional*. Belo Horizonte: Del Rey, 2008.

CANTEROS, Fermín. Garantismo procesal vs activismo judicial. *Revista Brasileira de Direito Processual – RBDPro*, Belo Horizonte, ano 25, n. 99, p. 173-190, jul./set. 2017.

CANTEROS, Fermín. La doctrina de los actos propios y el pretendido "deber de coherencia" en el proceso. *Empório do Direito*, 02 dez. 2019. Disponível em: www.emporiododireito.com.br. Acesso em: 13 dez. 2019.

CAPUCIO, Camila. Dimensões da cooperação jurídica internacional: do direito à cooperação ao dever de cooperar. *Revista da Faculdade de Direito – UFPR*, Curitiba, v. 61, n. 3, p. 277-297, set./dez. 2016.

CARNEIRO, Athos Gusmão. O litisconsórcio facultativo ativo ulterior e os princípios do juiz natural e do devido processo legal. *Revista de Processo*. São Paulo, v. 96, p. 195-205, out./dez. 1999.

CARNEIRO, Athos Gusmão. *Intervenção de Terceiros*. 10. ed. São Paulo: Saraiva, 1998.

CARNEIRO, Athos Gusmão. Mandado de segurança. Assistência e amicus curiae. *Revista de Processo – RePro*, São Paulo, n. 28, n. 112, p. 213-219, out./dez., 2003.

CARNEIRO, Athos Gusmão. *Jurisdição e competência*. 14. ed. São Paulo: Saraiva, 2005.

CARNELUTTI, Francesco. *Sistema Processual Civil*. v. II. São Paulo: Classic Book Editora, 2000.

CARNELUTTI, Francesco. *A prova civil*. 4. ed. Campinas: Bookseller Editora, 2005.

CARREIRA ALVIM, J. E. Carreira. *Comentários ao novo Código de Processo Civil*. v. I. Curitiba: Juruá Editora, 2015.

CARREIRA ALVIM, J. E. *Comentários ao novo Código de Processo Civil*. v. II. Curitiba: Juruá Editora, 2015.

CARREIRA, Guilherme Sarri; GAMA E ABREU, Vinicius Caldas da. Dos poderes do juiz na execução por quantia certa: da utilização das medidas inominadas. *Coleção Grandes Temas do Novo CPC*. v. 11. Coordenadores: Eduardo Talamini e Marcos Youji Minami. Salvador: JusPodivm, 2018. p. 241-274.

CARRIDE JÚNIOR, Norberto. *Da denunciação da lide:* doutrina e jurisprudência. São Paulo: Julex Livros Ltda., 1980.

CARRILHO LOPES, Bruno Vasconcelos. *Comentários ao Código de Processo Civil* – v. II (arts. 70 a 118). Coordenação de José Roberto Ferreira Gouvêa, Luis Guilherme Aidar Bondioli, João Francisco Neves da Fonseca. São Paulo: Saraiva, 2017.

CARVALHO, Luciani Coimbra. Cooperação Jurídica Internacional e Direitos Humanos: para além da interação rumo à harmonização. *Revista Thesis Juris – RTJ*, São Paulo, v. 4, n. 3, p. 521-553, set./dez. 2015.

CARVALHO, Luciana Benassi Gomes. O "princípio" da identidade física do juiz e a garantia arquifundamental da imparcialidade. *Revista Brasileira de Direito Processual – RBDPro*, Belo Horizonte, ano 27, n. 107, p. 227-240, jul./set. 2019.

CARVALHO, Luciana Benassi Gomes. *Medidas executivas atípicas*: uma leitura constitucional a partir do debate entre publicistas e garantistas. Coordenado por Antônio Carvalho Filho, Eduardo José da Fonseca Costa. Belo Horizonte: Letramento; Casa do Direito, 2021. (Coleção Devido Processo Legal).

CARVALHO FILHO, Antônio. Precisamos falar sobre o instrumentalismo processual. *Empório do Direito*, São Paulo, 11 out, 2017. Disponível: https://emporiododireito.com.br/leitura/abdpro-2-precisamos-falar-sobre-o-instrumentalismo-processual-por-antonio-carvalho-filho. Acessado em: 10 nov. 2020.

CARVALHO FILHO, Antônio. Desmistificando o processo justo: pela reconstrução do devido processo legal. *Empório do Direito*, 12 ago. 2019. Disponível em: www.emporiododireito.com.br. Acesso em: 17 dez. 2019.

CARVALHO FILHO, Milton Paulo de. *Código Civil Comentado*. Doutrina e Jurisprudência. Coordenador: Ministro Cezar Peluso. 8. ed. São Paulo: Manole, 2014.

CARVALHO SOUSA, Lorena Ribeiro. *O dever de fundamentação das decisões no Código de Processo Civil*. Belo Horizonte: Editora D'Plácido, 2019.

CASELLA, Paulo Borba; SANCHEZ, Rodrigo Elian. *Cooperação Judiciária Internacional*. Rio de Janeiro: Renovar, 2002.

CASTRO FILHO, Sebastião de Oliveira. Do litisconsórcio na denunciação da lide. *In*: FUX, Luiz; NERY JUNIOR, Nelson; WAMBIER, Teresa Arruda (Coord.). *Processo e Constituição*. São Paulo: Revista dos Tribunais, 2006. p. 437-438.

CAVALIERI FILHO, Sérgio. *Programa de responsabilidade civil*. 2. ed. São Paulo: Malheiros, 2000.

CAVALIERI FILHO, Sérgio. *Programa de responsabilidade civil*. 3. ed. São Paulo: Malheiros, 2002.

CHIOVENDA, Giuseppe. *Instituições de Direito Processual Civil*. v. II. 3. ed. Campinas: Editora Bookseller, 2002.

CHOUKR, Fauzi Hassan. *Cooperação jurídica internacional*. Belo Horizonte: Fórum, 2014.

COELHO, Gláucia Mara Coelho. *Sistematização da assistência litisconsorcial no processo civil brasileiro:* conceituação e qualificação jurídica. 2013. 216 f. Tese (Doutorado em Direito Processual) – Faculdade de Direito, Universidade de São Paulo, São Paulo, 2013.

COSTA, Eduardo José da Fonseca. Assistência nas execuções obrigacionais. *Revista de Processo*, São Paulo, n. 134, p. 30-51, abr. 2006.

COSTA, Eduardo José da Fonseca. Los criterios de la legitimación jurisdiccional según los activismos socialista, facista y gerencial. *Revista Brasileira de Direito Processual – RBDPro*, Belo Horizonte, ano 21, n. 82, p. 205-216, abr./jun., 2013.

COSTA, Eduardo José da Fonseca. *Processo e garantia*. v. 1. Londrina: Editora Thoth, 2021.

COSTA, Eduardo José da FONSECA. A Advocacia como garantia de liberdade dos jurisdicionados. *Empório do Direito*, 09 maio 2018. Disponível em: www.emporiododireito.com.br. Acesso em: 29 jun. 2020.

COSTA, Eduardo José da Fonseca. Algumas considerações sobre as iniciativas judiciais probatórias. *Revista Brasileira de Direito Processual – RBDPro*, Belo Horizonte, v. 23, n. 90, p. 153-173, abr./jun. 2015.

COSTA, Eduardo José da Fonseca. Ciência processual, ciência procedimental e ciência jurisdicional. *Empório do Direito*, 20 nov. 2017. Disponível em: www.emporiododireito.com.br. Acesso em: 09 fev. 2020.

COSTA, Eduardo José da Fonseca. Presunção da inocência civil: algumas reflexões no contexto brasileiro. *Revista Brasileira de Direito Processual – RBDPro*, Belo Horizonte, n. 100, out./dez. 2017, p. 129-144.

COSTA, Eduardo José da Fonseca. O processo como instituição de garantia. *Revista Consultor Jurídico*, 16 nov. 2016. Disponível em: www.conjur.com.br. Acesso em: 12 dez. 2017.

COSTA, Eduardo José da Fonseca. *Levando a imparcialidade a sério*: proposta de um modelo interseccional entre direito processual, economia e psicologia. Salvador: JusPodivm, 2018.

COSTA, Eduardo José da Fonseca. Princípio não é norma (11ª parte). *Contraditor.com*. 11 maio 2022. Colunas ABDPRO. Disponível em: https://www.contraditor.com/principio-nao-e-norma-11a-parte/. Acesso em: 5 out. 2023.

COSTA, Eduardo José da Fonseca. O Poder Judiciário diante da soberania popular: o impasse entre a democracia e a aristocracia. *Revista Brasileira de Direito Processual – RBDPro*, Belo Horizonte, ano 27, n. 106, p. 351-363, abr./jun. 2019.

COSTA, Eduardo José da Fonseca. Presunção de inocência civil: algumas reflexões no contexto brasileiro. *Revista Brasileira de Direito Processual – RBDPro*, Belo Horizonte, ano 25, n. 100, p. 129-144, out./dez. 2017.

COSTA, Eduardo José da Fonseca. A igualdade processual como problema normativo. *Empório do Direito*, São Paulo, 23 maio 2018. Coluna ABDPRO. Disponível em: https://emporiododireito.com.br/leitura/abdpro-34-a-igualdade-processual-como-problema-normativo. Acesso em: 08 ago. 2020.

COSTA, Eduardo José da Fonseca. O fundamento do Ministério Público. *Revista Brasileira de Direito Processual – RBDPro*, Belo Horizonte, ano 27, n. 107, p. 323-344, jul./set. 2019.

COSTA, Eduardo José da Fonseca. Processo: garantia de liberdade [freedom] e garantia de «liberdade» [liberty]. *Empório do Direito*, 21 ago. 2018. Disponível em: https://emporiododireito.com.br/leitura/processo-garantia-de-liberdade-freedom-e-garantia-de-liberdade-liberty. Acesso em: 24 abr. 2019.

COSTA, Eduardo José da Fonseca. As garantias arquifundamentais contrajurisdicionais: não-criatividade e imparcialidade. *Empório do Direito*, 19 abr. 2018. Disponível em: www.emporiododireito.com.br. Acesso em: 27 fev. 2019.

COSTA, Eduardo José da Fonseca. A motivação escrita e a escrita da motivação. *Empório do Direito*, 13 maio 2019. Disponível em: www.emporiododireito.com.br. Acesso em: 23 dez. 2019.

COSTA, Eduardo José da Fonseca. Processo e razões de Estado. *Empório do Direito*, São Paulo, 28 out. 2019. Coluna Garantismo Processual. Disponível em: https://emporiododireito.com.br/leitura/36-processo-e-razoes-de-estado. Acesso em: 14 dez. 2019.

COSTA, Eduardo José da Fonseca. A natureza jurídica do processo. *Empório do Direito*, 22 abr. 2019. Disponível em: www.emporiododireito.com.br. Acesso em: 07 nov. 2019.

COSTA, Eduardo José da Fonseca. Garantia: dois sentidos, duas teorias. *Empório do Direito*, 23 dez. 2019. Disponível em: www.emporiododireito.com.br. Acesso em: 23 dez. 2019.

COSTA, Eduardo José da Fonseca. Instituição de Poder e Instituição de Garantia. *Empório do Direito*, 20 jan. 2020. Disponível em: www.emporiododireiro.com.br. Acesso em: 01 jul. 2020.

COSTA, Eduardo José da Fonseca; DELFINO, Lúcio. Justiça sem rosto: persiste a situação de desdém legislativo dos assessores judiciais. *Revista Eletrônica Consultor Jurídico*, [*S. l.*], 12 de março de 2015. Disponível em: www.conjur.com.br. Acesso em 21 mar. 2015.

COSTA, Moacyr Lobo da. *Assistência*. São Paulo: Saraiva, 1968.

COSTA E SILVA, Paula. *Um desafio à teoria geral do processo*. Repensando a transmissão da coisa ou direito em litígio. Ainda um contributo para o estudo da substituição processual. 2. ed. Coimbra: Coimbra Editora, 2009.

CRAMER, Ronaldo. *Comentários ao Novo Código de Processo Civil*. Organizadores: Antonio do Passo Cabral e Ronaldo Cramer. Rio de Janeiro: Forense, 2015. p. 1.398-1.406.

CUNHA, Leonardo Carneiro. A assistência no Projeto do novo CPC brasileiro. *In*: AURELLI, Arlete Inês *et al.* (Coord.). *O Direito de estar em juízo e a coisa julgada*: estudos em homenagem à Thereza Alvim. São Paulo: Revista dos Tribunais, 2014. p. 523-534.

CUNHA, Leonardo Carneiro da. *Direito Intertemporal e o Novo Código de Processo Civil*. Rio de Janeiro: Forense, 2016.

CRUZ, José Raimundo Gomes da. *Pluralidade de partes e intervenção de terceiros*. São Paulo: Revista dos Tribunais, 1991.

DAHL, Robert A. *A democracia e seus críticos*. São Paulo: Martins Fontes, 2012.

DALL'AGNOL, Antônio. *Comentários ao Código de Processo Civil*. v. 2. Coordenação: Ovídio A. Baptista da Silva. São Paulo: Revista dos Tribunais, 2000.

DALLA BARBA, Rafael Giorgio. O que a metaética tem a dizer ao direito processual brasileiro? Desafios metaéticos à doutrina do processo justo. *Empório do Direito*, 14 dez. 2020. Disponível em: www.emporiododireito.com.br. Acesso em: 18 dez. 2020.

DEHO, Eugenia Ariano. *Proceso Civil e Ideología*: Un prefacio, una sentencia, dos cartas y quince ensayos. Coordenador: Juan Montero Aroca. En los abismos de la «cultura» del processo autoritario. Valencia: Tirant lo Blanch, 2006. p. 353-374.

DELFINO, Lúcio. O processo democrático e a ilegitimidade de algumas decisões judiciais. *Páginas de Direito*, 22 nov. 2013. Disponível em: www.paginasdedireito.com.br. Acesso em: 22 dez. 2020.

DELFINO, Lúcio. Como construir uma interpretação garantista do processo jurisdicional? *Revista Brasileira de Direito Processual – RBDPro*, Belo Horizonte, ano 25, n. 98, p. 207-222, abr./jun. 2017.

DELFINO, Lúcio; LOPES, Ziel Ferreira. Streck, Fonseca Costa, Kahneman e Tversky: todos contra o ativismo judicial probatório de Michele Taruffo. *Revista de Processo – RePro*, São Paulo, n. 255, p. 141-166, maio 2016.

DELFINO, Lúcio. À guisa de posfácio: a narrativa de uma ablução ou purificação doutrinária. O fenômeno de diluição do processual pelo jurisdicional e o esquecimento do ser constitucional do processo. O desprezo ao direito fundamental à legalidade e o Brasil sendo assolado por decisões cujo critério de justiça é o subjetivismo do próprio intérprete. O resgate do processo como instituição de garantia e as possibilidades de controle de abusos e desvios judiciais. *Revista Brasileira de Direito Processual – RBDPro*, Belo Horizonte, ano 26, n. 101, p. 353-371, jan./mar. 2018.

DELFINO, Lúcio. Poder judicial versus Garantia Fundamental à Liberdade: Recurso Ordinário em Habeas Corpus n. 99.606 (Ensaio crítico acerca do mau uso das medidas executivas atípicas). *Empório do Direito*, 05 ago. 2019. Disponível em: www.emporiododireito.com.br. Acesso em: 17 dez. 2019.

DELFINO, Lúcio. Cooperação processual: inconstitucionalidades e excessos argumentativos – Trafegando na contramão da doutrina. *RBDPro*, Belo Horizonte, n. 93, p. 149-168, 2016.

DELFINO, Lúcio. O processo é um instrumento de justiça? (desvelando o projeto instrumentalista de poder). *Empório do Direito*, 2019. Disponível em: www.emporiododireito.com.br. Acesso em: 18 dez. 2020.

DELFINO, Lucio. *Código de Processo Civil Comentado*. Vol. 1. Belo Horizonte: Fórum, 2021.

DELFINO, Lucio. *Código de Processo Civil Comentado*. v. 2. Belo Horizonte: Fórum, 2021.

DELFINO, Lúcio; SOUSA, Diego Crevelin. A derrocada do enunciado sumular 326 do Superior Tribunal de Justiça. *Consultor Jurídico*, 05 set. 2016. Acesso em: 18 fev. 2021.

DELLORE, Luiz. *Teoria Geral do Processo*. Comentários ao CPC de 2015. Parte Geral. Coordenadores: Fernando da Fonseca Gajardoni, Luiz Dellore, Andre Vasconcelos Roque e Zulmar Duarte de Oliveira Jr. São Paulo: Método, 2015.

DEL NEGRI, André. *Teoria da Constituição e do Direito Constitucional*. Belo Horizonte: Fórum, 2009.

DEL PRÁ, Carlos Gustavo Rodrigues. A imutabilidade da "justiça da decisão" como fixação da causa de pedir em demanda nova: uma releitura do art. 55 do CPC e a caracterização do interesse jurídico do assistente. *Revista de Processo*, São Paulo, v. 32, n. 144, p. 275-285, fev. 2007.

DEL VECCHIO, Giorgio. *Direito, Estado e Filosofia*. Tradução de Luiz Luiggi. Rio de Janeiro: Livraria Editora Politécnica Ltda., 1952.

DIAS, José Aguiar. *Da responsabilidade civil*. 9. ed. Rio de Janeiro: Forense, 1994.

DIAS, Ronaldo Brêtas de Carvalho. *Responsabilidade do estado pela função jurisdicional*. Belo Horizonte: Del Rey, 2004.

DIAS, Ronaldo Brêtas de Carvalho. A garantia da fundamentação das decisões jurisdicionais no Estado Democrático de Direito. *Revista do Instituto dos Advogados de Minas Gerais*, Belo Horizonte: Editora Del Rey, n. 12, 2006, p. 25-44.

DIAS, Ronaldo Brêtas de Carvalho. Projeto do Novo Código de Processo Civil aprovado pelo Senado – exame técnico e constitucional. *In*: ROSSI, Fernando; RAMOS, Glauco Gumerato; GUEDES, Jefferson Carús; DELFINO, Lúcio; RIBEIRO MOURÃO, Luiz Eduardo (Orgs.). *O futuro do processo civil* – Uma análise crítica ao Projeto do novo CPC. Belo Horizonte: Fórum, 2011. p. 551-566.

DIAS, Ronaldo Brêtas de Carvalho; SOARES, Carlos Henrique. *Técnica Processual*. Belo Horizonte: Del Rey, 2015.

DIAS, Ronaldo Brêtas de Carvalho. Novo Código de Processo Civil e processo constitucional. *Revista Brasileira de Direito Processual – RBDPro*, Belo Horizonte, ano 23, n. 92, p. 225-240, out./dez. 2015.

DIAS, Ronaldo Brêtas de Carvalho. *Estudo sistemático do NCPC*. Belo Horizonte: D'Plácido, 2016.

DIAS, Ronaldo Brêtas de Carvalho. Que é cooperação processual? *Revista Brasileira de Direito Processual – RBDPro*, Belo Horizonte, ano 25, n. 98, p. 283-293, abr./jun. 2017.

DIAS, Ronaldo Brêtas de Carvalho. *Processo Constitucional e Estado Democrático de Direito*. 4. ed. Belo Horizonte: Del Rey, 2018.

DIAS, Ronaldo Brêtas de Carvalho. The constitutional process in the construction of the Law Democratic State. *Revista Brasileira de Direito Processual – RBDPro*, Belo Horizonte, ano 26, n. 103, p. 321-333, jul./set. 2018.

DIAS, Ronaldo Brêtas de Carvalho. O "indevido processo legal" no Código de Processo Civil. *Revista Brasileira de Direito Processual – RBDPro*, Belo Horizonte, ano 27, n. 106, p. 299-313, abr./jun. 2019.

DIAS, Ronaldo Brêtas de Carvalho. *Fundamentos e inovações do Código de Processo Civil*. Belo Horizonte: Editora D'Plácido, 2020.

DIDIER JR., Fredie. Ministério Público Federal e competência da Justiça Federal. *Revista de Processo – RePro*, 196. São Paulo: Revista dos Tribunais, 2011. p. 463-467.

DIDIER JR., Fredie. *Curso de Direito Processual Civil*. v. 1. 17. ed. Salvador: Editora JusPodivm, 2015.

DIDIER JR., Fredie. *Curso de Direito Processual Civil*. v. 1. 18. ed. Salvador: JusPodivm, 2016.

DIDIER JR., Fredie; OLIVEIRA, Rafael Alexandria de. *Benefício da justiça gratuita*. 6. ed. Salvador: JusPodivm, 2016.

DIETRICH, William Galle. Cultura constitucional em declínio e degradação do processo. *Empório do Direito*, 16 set. 2019. Disponível em: www.emporiododireito.com.br. Acesso em: 17 dez. 2019.

DIMOULIS, Dimitri. *Positivismo Jurídico*: Teoria da validade e da interpretação do direito. 2. ed. Porto Alegre: Livraria do Advogado, 2018.

DINAMARCO, Cândido Rangel. *Intervenção de terceiros*. São Paulo: Malheiros Editores, 1997.

DINAMARCO, Cândido Rangel. *Intervenção de terceiros*. 5. ed. São Paulo: Malheiros Editores, 2009.

DINAMARCO, Cândido Rangel. *Litisconsórcio*. 8. ed. São Paulo: Malheiros Editores, 2009.

DINAMARCO, Cândido Rangel. Desconsideração da personalidade jurídica, fraude, ônus da prova e contraditório. *In*: DINAMARCO, Cândido Rangel. *Fundamentos do processo civil moderno*. 6. ed. v. 1. São Paulo: Malheiros, 2010. p. 531-549.

DINAMARCO, Cândido Rangel. *Instituições de Direito Processual Civil*. v. II. 7. ed. São Paulo: Malheiros Editores, 2017.

DINAMARCO, Cândido Rangel. *Comentários ao Código de Processo Civil*. v. I. Coordenadores: José Roberto F. Gouvêa, Luis Guilherme A. Bondioli e João Francisco N. da Fonseca. São Paulo: Saraiva, 2018.

DINAMARCO, Cândido Rangel. *Comentários ao Código de Processo Civil* – v. I (arts. 1º a 69). Coordenação de José Roberto Ferreira Gouvêa, Luis Guilherme Aidar Bondioli, João Francisco Neves da Fonseca São Paulo: Saraiva, 2018.

DINIZ, Maria Helena. *Lei de introdução ao código civil brasileiro interpretada*. São Paulo: Saraiva, 1994.

DUARTE, Nestor. *Código Civil Comentado*: Doutrina e Jurisprudência. 8. ed. Coordenação: Ministro Cezar Peluso. São Paulo: Manole, 2014.

DUARTE, Zulmar; MORAES, Lucas de. "Presunção" de inocência civil e a revelia: necessidade de uma releitura constitucional. *In*: *Processo e Liberdade: Estudos em Homenagem a Eduardo José da Fonseca Costa*. Organização: Adriana Regina Bercellos Pegini, Daniel Brantes Ferreira, Diego Crevelin de Sousa, Evie Nogueira e Malafaia, Glauco Gumerato Ramos, Lúcio Delfino, Mateus Costa Pereira e Roberto P. Campos Gouveia Filho. Londrina: Editora Thoth, 2019. p. 851-867.

ESTELLITA, Guilherme. *Do litisconsórcio no direito brasileiro*. Rio de Janeiro: Freitas Bastos, 1955.

ESTEVES, Diogo; SILVA, Franklyn Roger Alves. *Princípios institucionais da Defensoria Pública*. Rio de Janeiro: Forense, 2014.

ESTEVES, Diogo; SILVA, Franklyn Roger Alves. A curadoria especial no novo Código de Processo Civil. *In*: SOUSA, José Augusto Garcia de (Coord.). *Defensoria Pública*. Salvador: JusPodivm, 2015. p. 129-163.

FABRÍCIO, Adroaldo Furtado. O interesse de agir como pressuposto processual. *Revista EMERJ*, Rio de Janeiro, v. 20, n. 1, p. 164-195, jan./abr. 2018.

FARIA, Bento de. *Aplicação e retroatividade da lei*. Rio de Janeiro: A. Coelho Branco Filho, 1934.

FARIA, Juliana Cordeiro de. O Código Civil de 2002 e o novo paradigma do contrato de seguro de responsabilidade civil: a viabilidade do direito de ação da vítima contra a seguradora. *In:* ALVIM, Angélica Arruda; CAMBLER, Everaldo Augusto (Coords.). *Atualidades de Direito Civil*. Curitiba: Juruá Editora, 2006. p. 135-167.

FERNANDEZ, Alex Aparecido Ramos. *Exceção de impedimento e suspeição*. Leme: Cronus, 2018.

FERNANDES, Francisco. *Dicionário de sinônimos e antônimos*. 10. ed. São Paulo: Globo, 1955.

FERRAJOLI, Luigi; MANERO, Juan Ruiz. *Dos modelos de constitucionalismo*: una conversación. Madrid: Editorial Trotta, 2012.

FIGUEIRA JÚNIOR, Joel Dias. Jurisdição de equidade e jurisdição de direito – Exegese do artigo 127 do CPC e do art. 109 do PL 166/2010. *In:* JAYME, Fernando Gonzaga; FARIA, Juliana Cordeiro de; LAUAR, Maira Terra (Coord.). *Processo civil*: novas tendências. Em homenagem ao Ministro Sálvio de Figueiredo Teixeira. Belo Horizonte: Editora Del Rey, 2011. p. 395-415.

FINKELSTEIN, Cláudio. *Comentários ao Código de Processo Civil*: Arts. 1º a 317. Coordenador: Cassio Scarpinella Bueno. São Paulo: Saraiva, 2017.

FIX-ZAMUDIO, Héctor. *Constitución y processo civil em Latinoamérica.* México: Instituto de Investigaciones Juridicas, 1974.

FLAKS, Milton. *Denunciação da lide.* Rio de Janeiro: Forense, 1984.

FREIRE, Homero. *Estudo sobre o litisconsórcio necessário ativo.* Recife: Livraria Literatura Jurídica Internacional, 1954.

FURTADO COÊLHO, Marcus Vinícius. Art. 36 do CPC – Carta rogatória. *Migalhas,* 18 jul. 2019. Disponível em: www.migalhas.com.br. Acesso em: 04 nov. 2019.

GAJARDONI, Fernando da Fonseca; DELLORE, Luiz; ROQUE, André Vasconcelos; OLIVEIRA JR., Zulmar Duarte de. *Teoria Geral do Processo.* Parte Geral. Comentários ao CPC de 2015. v. 1. 3. ed. São Paulo: Método, 2019.

GALLIEZ, Paulo César Ribeiro. *Princípios institucionais da Defensoria Pública.* 2. ed. Rio de Janeiro: Lumen Juris, 2007.

GALVÃO, Jorge Octávio. *O neoconstitucionalismo e o fim do Estado de Direito.* Tese (Doutorado em Direito) – Faculdade de Direito da USP. São Paulo, 2012.

GAMA PRAZERES, Manuel Augusto. *Dos incidentes da instância no atual Código de Processo Civil.* Braga: Livraria Cruz, 1963.

GANACIN, João Cánovas Bottazzo. *Desconsideração da personalidade jurídica no processo civil.* São Paulo: Revista dos Tribunais, 2020. [Coleção Liebman – Teresa Arruda Alvim e Eduardo Talamini (Coords.)]. *E-book.*

GARGARELLA, Roberto. *La justicia frente al gobierno.* Barcelona: Editorial Ariel, 1996.

GIDDENS, Anthony. *O mundo na era da globalização.* 6. ed. Lisboa: Editorial Presença, 2006.

GODINHO, Robson Renault. *Comentários ao Novo Código de Processo Civil.* Coordenadores: Antonio do Passo Cabral e Ronaldo Cramer. Forense: Rio de Janeiro: 2015.

GODWIN, William. *Enquiry Concerning Political Justice.* v. II. Toronto: University of Toronto Press, 1969.

GODOY, Cláudio Luiz Bueno de. *Código Civil Comentado.* Doutrina e Jurisprudência. Coordenador: Ministro Cezar Peluso. 8. ed. São Paulo: Manole, 2014.

GONÇALVES, Aroldo Plínio. *Da denunciação da lide.* 2. ed. Rio de Janeiro: Forense, 1987.

GONÇALVES FILHO, Edilson Santana. Súmula do STJ sobre honorários para Defensoria deve ser revista. *Consultor Jurídico,* 18 out. 2016. Disponível em: www.conjur.com.br. Acesso em: 28 nov. 2020.

GONÇALVES, Marcus Vinicius Rios. *Novo Curso de Direito Processual Civil.* 3. ed. v. I. São Paulo: Saraiva, 2006.

GONTIJO, Vinícius José Marques. Responsabilização no direito societário de terceiro por obrigação da sociedade. *Revista dos Tribunais,* São Paulo, v. 95, n. 854, p. 38-51, dez., 2006.

GORDILHO, Heron; ATAIDE JUNIOR, Vicente de Paula. A capacidade processual dos animais no Brasil e na América Latina. *Revista Eletrônica do Curso de Direito da UFSM,* Santa Maria, v. 15, n. 2, 2020, p. 1-19.

GOUVEIA FILHO, Roberto Pinheiro Campos. *A capacidade postulatória como uma situação jurídica processual simples*: ensaio em defesa de uma teoria das capacidades em direito. 2008. 192 f. Dissertação (Mestrado em Direito) – Faculdade de Direito, Universidade Católica de Pernambuco, Recife, 2008.

GOUVEIA FILHO, Roberto P. Campos. Uma crítica analítica à ideia de relação processual entre as partes. *Revista Brasileira de Direito Processual – RBDPro*, Belo Horizonte, ano 24, n. 93, p. 255-270, jan./mar. 2016.

GOUVEIA, Lúcio Grassi de; PEREIRA, Mateus Costa; LUNA, Rafael Alves de. (Im) possibilidade jurídica: pedido (de)mérito; estudo de caso. *Revista Brasileira de Direito Processual – RBDPro*, Belo Horizonte, ano 26, n. 102, p. 299-316, abr./jun. 2018.

GOUVEIA, Lúcio Grassi de; PEREIRA, Mateus Costa; ALVES, Pedro Spíndola Bezerra. Fundamentação adequada: da impossibilidade de projetar a sombra de nossos óculos sobre paisagens antigas e de acorrentar novas paisagens em sombras passadas. *Revista Brasileira de Direito Processual – RBDPro*, Belo Horizonte, ano 24, n. 95, p. 175-201, jul./set. 2016.

GRECO, Leonardo. A *translatio iudicci* e a reassunção do processo. *Revista de Processo – REPro*, São Paulo: Revista dos Tribunais, ano 33, n. 166, dez. 2008, p. 9-26.

GRECO, Leonardo. *Instituições de Processo Civil*: Introdução ao Direito Processual Civil. v. I. 2. ed. Rio de Janeiro: Forense, 2010.

GRECO FILHO, Vicente. *A intervenção de terceiros no processo civil*. São Paulo: Saraiva, 1973.

GRECO FILHO, Vicente. *Homologação de sentença estrangeira*. São Paulo: Saraiva, 1978.

GRECO FILHO, Vicente. *Direito processual civil brasileiro*. v. 1. 17. ed. São Paulo: Saraiva, 2003.

GRINOVER, Ada Pellegrini. O princípio do juiz natural e sua dupla garantia. *Revista de Processo – RePro*, São Paulo, n. 29, p. 11-33, 1983.

GUIMARÃES, Luiz Machado. *Estudos de Direito Processual Civil*. Rio de Janeiro: Editora Jurídica e Universitária Ltda., 1969.

GUTIER, Murillo; GUTIER, Santo. *Introdução ao direito processual civil*. Florianópolis: Trindade, 2018.

HAACK, Susan. Toda la verdad y nada mas que la verdad. *Cuadernos de Filosofia del Derecho*, Alicante: Universidad de Alicante, n. 35, 2012, p. 571-587.

HAACK, Susan. Justice, truth, and proof: not so simple, after all. *Revista Brasileira de Direito Processual - RBDPro*, Belo Horizonte, ano 25, n. 99, p. 15-41, jul./set. 2017.

HACHEM, Daniel Wunder; GUSSOLI, Felipe Klein. Animais são sujeitos de direito no ordenamento jurídico brasileiro? *Revista Brasileira de Direito Animal – RBDA*, Salvador, v. 13, n. 03, set./dez. 2017, p. 141-172.

HAYEK, Friedrich A. *Law, Legislation and Liberty*. Rules and Order. v. I. Chicago: The University of Chicago Press, 1983.

HERKENHOFF, João Baptista. *Como aplicar o direito*. 9. ed. Rio de Janeiro: Forense, 2004.

HESSE, Konrad. *Elementos de Direito Constitucional da República Federal da Alemanha*. Porto Alegre: Sergio Antonio Fabris Editor, 2003.

HILL, Flávia Pereira. Muito prazer, amicus curiae: desvendando o enigma desse terceiro interveniente. *Revista Brasileira de Direito Processual – RBDPro*, Belo Horizonte, ano 28, n. 111, p. 109-124, jul./set., 2020.

ISAIA, Cristiano Becker; SITO, Santiago Artur Berger. Hermenêutica filosófica no direito: por que é preciso compreender hermeneuticamente o processo judicial. *Revista Brasileira de Direito Processual – RBDPro*, Belo Horizonte, ano 26, n. 103, p. 87-107, jul./set. 2018.

JOBIM, Marco Félix. *As funções da eficiência no processo civil brasileiro.* São Paulo: Revista dos Tribunais, 2017.

JUSTEN FILHO, Marçal. *Desconsideração da personalidade societária no direito brasileiro.* São Paulo: Revista dos Tribunais, 1987.

KETTERMANN, Patrícia. *Defensoria Pública.* São Paulo: Estúdio Editores, 2015.

KLIPPEL, Rodrigo; BASTOS, Antonio Adonias. *Manual de Processo Civil.* Rio de Janeiro: Lumen Juris, 2011.

KOPPER, Max Guerra. *Da denunciação da lide.* Belo Horizonte: Del Rey, 1996.

LAURENTIIS, Lucas Catib de. *A proporcionalidade no Direito Constitucional.* São Paulo: Malheiros, 2017.

LEAL, André Cordeiro. *Instrumentalidade do processo em crise.* Belo Horizonte: Mandamentos, 2008.

LEAL, Rosemiro Pereira. *Teoria Geral do Processo*: Primeiros Estudos. 7. ed. Porto Alegre: Síntese, 2008.

LEAL, Rosemiro Pereira. *Teoria Geral do Processo*: Primeiros Estudos. 9. ed. Rio de Janeiro: Forense, 2010.

LEAL, Rosemiro Pereira. Fundamentos democráticos da imparcialidade judicial no direito brasileiro. *Revista Brasileira de Direito Processual – RBDPro,* Belo Horizonte, ano 24, n. 93, p. 271-274, jan./mar. 2016.

LEAL, Rosemiro Pereira. Fundamentos democráticos da imparcialidade judicial no direito brasileiro. *Revista Brasileira de Direito Processual – RBDPro,* Belo Horizonte, ano 24, n. 93, p. 271-274, jan./mar. 2016.

LEAL, Rosemiro Pereira. A questão dos precedentes e o devido processo. *Revista Brasileira de Direito Processual – RBDPro,* Belo Horizonte, ano 25, n. 98, p. 295- 313, abr./jun. 2017.

LIEBMAN, Enrico Tullio. *Estudos sobre o processo civil brasileiro.* São Paulo: Saraiva, 1947.

LIEBMAN, Enrico Tullio. *Manual de Direito Processual Civil.* v. 1. Tocantins: Intelectus, 2003.

LIEBMAN, Enrico Tullio. *Manuale di Diritto Processuale Civile.* v. 1. 3. ed. Milão: Giuffrè, 1973.

LIMA, Alcides de Mendonça. *Probidade processual e finalidade do processo.* Uberaba: Editora Vitória, 1978.

LIMA, Frederico Rodrigues Viana de. *Defensoria Pública.* 2. ed. Salvador: JusPodivm, 2011.

LIMA, Herotides da Silva. *O ministério da advocacia.* Notas de história, crítica e ética profissionais. São Paulo: Empresa Graphica e Industrial "A Palavra", 1925.

LIMA, Osmar Brina Corrêa. *Responsabilidade civil dos administradores de sociedade anônima.* Rio de Janeiro: Aide, 1989.

LINO, Marcos dos Santos. *Reflexos processuais da alienação da coisa litigiosa.* Dissertação (Mestrado em Direito) – Universidade de São Paulo. São Paulo, 2013.

LOPES DA COSTA, Alfredo de Araujo. *Da intervenção de terceiros no processo.* São Paulo: Livraria Teixeira Editores, 1930.

LOPES DA COSTA, Alfredo Araújo. *Manual Elementar de Direito Processual Civil.* Revisor e atualizador: Sálvio de Figueiredo Teixeira. 3. ed. Rio de Janeiro: Forense, 1982.

LOPES, João Batista. *Curso de Direito Processual Civil*. v. III. São Paulo: Atlas, 2008.

LUCCA, Rodrigo Ramina de. *O dever de motivação das decisões judiciais*: Estado de Direito, segurança jurídica e teoria dos precedentes. Salvador: JusPodivm, 2019.

MACHADO, A. Paupério. *Introdução ao estudo do direito*. 7. ed. Rio de Janeiro: Forense, 1986.

MARCHI LEVADA, Felipe Antônio. *Direito Intertemporal e a Proteção do Direito Adquirido*. Curitiba: Juruá Editora, 2011.

MARINONI, Luiz Guilherme. *Processo Cautelar*. São Paulo: Revista dos Tribunais, 2008.

MARINONI, Luiz Guilherme; ARENHART, Sérgio Cruz; MITIDIERO, Daniel. *Novo Curso de Processo Civil*. São Paulo: Revista dos Tribunais, 2015.

MARTINS, Leonardo. *Liberdade e Estado Constitucional*. Leitura jurídico-dogmática de uma complexa relação a partir da teoria liberal dos direitos fundamentais. São Paulo: Atlas, 2012.

MARTINS, Pedro Batista. *Comentários ao Código de Processo Civil*. v. II. Rio de Janeiro: Forense, 1941.

MARTINS VASCONCELOS, Breno Ferreira; DADONA MATTHIESEN, Maria Raphaela. A Fazenda Pública pode litigar sem riscos. *Jota*, 12 jan. 2021. Disponível em: www.jota.com.br. Acesso em: 18 fev. 2021.

MARTINS, Victor A. A. *Comentários ao Código de Processo Civil*. v. 12. São Paulo: Revista dos Tribunais, 2000.

MARTINS NETO, Braz. Ética e prerrogativas. *Revista do Advogado*, São Paulo, n. 93, p. 19-22, 2007.

MAURÍCIO, Ubiratan de Couto. *Assistência simples no direito processual civil*. São Paulo: Revista dos Tribunais, 1983.

MEDINA, José Miguel Garcia. *Direito Processual Civil Moderno*. São Paulo: Revista dos Tribunais, 2015.

MEDINA, José Miguel Garcia. *Novo Código de Processo Civil Comentado*. 3. ed. São Paulo: Revista dos Tribunais, 2015.

MEDINA, José Miguel Garcia. *Novo Código de Processo Civil Comentado*. 6. ed. São Paulo: Revista dos Tribunais, 2020.

MEDINA, Paulo Roberto de Gouvêa. *Teoria Geral do Processo*. 2. ed. Salvador: JusPodivm, 2016.

MEDINA, Paulo Roberto de Gouvêa. *Iura Notiv Curia*: A Máxima e o Mito. Salvador: JusPodivm, 2020.

MEIRELES, Edilton. Cooperação judiciária nacional. *Revista de Processo – REPro*, São Paulo: Revista dos Tribunais, n. 249, p. 59-80.

MENEES, Wagner. *Direito Internacional Privado e a Nova Cooperação Jurídica Internacional*. Belo Horizonte: Arraes Editores, 2015.

MELLO, Marco Aurélio. *Comentários ao Código de Processo Civil*. 2. ed. Coordenadores: Angélica Arruda Alvim, Araken de Assis, Eduardo Arruda Alvim e George Salomão Leite. São Paulo: Saraiva, 2017.

MELLO, Marcos Bernardes de. Achegas para uma teoria das capacidades em direito. *Revista de Direito Privado*, São Paulo, v. 1, n. 3, p. 9-34, jul./set. 2000.

MELO, Gustavo de Medeiros. Ação direta da vítima contra a seguradora no seguro de responsabilidade civil. *Revista de Processo*. São Paulo, v. 243, p. 41-58, maio/2015.

MENEZES VIGLIAR, José Marcelo. [Comentários ao art. 141]. *In*: MARCATO, Antonio Carlos (Coord.). *Código de Processo Civil Interpretado*. São Paulo: Editora Atlas, 2004.

MERCADER, Amilcar. *El terceiro en el processo*. v. 34. Abeledo-Perrot: Buenos Aires, 1960. (Monografias jurídicas).

MESQUITA, Gil Ferreira de. *Teoria geral do processo*. Uberlândia: IPEDI, 2004.

MILLAN, Encarnacion Davila. *Litisconsorcio Necesario. Concepto y tratamiento procesal*. Barcelona: Bosch Casa Editorial, 1975.

MILMAN, Fábio. *Improbidade processual*. Comportamento das partes e de seus procuradores no processo civil. Rio de Janeiro: Forense, 2007.

MILMAN, Fabio. *Comentários ao Código de Processo Civil*. Coordenadores: Angélica Arruda Alvim, Araken de Assis, Eduardo Arruda Alvim e George Salomão Leite. 2. ed. São Paulo: São Paulo, 2017.

MIRANDA, Néstor H. Gutiérrez. El momento actual del sistema acusatorio en Latinoamérica: Principales logros, perspectivas y problemas que adopta su incorporación. *Revista Brasileira de Direito Processual – RBDPro*, Belo Horizonte, ano 26, n. 102, p. 317-335, abr./jun. 2018.

MITIDIERO, Daniel. *Breves Comentários ao Novo Código de Processo Civil*. São Paulo: Revista dos Tribunais, 2015. p. 775.

MONTEIRO, André Luís; VERÇOSA, Fabiane. *Breves Comentários ao Novo Código de Processo Civil*. Organizadores: Teresa Arruda Alvim Wambier, Fredie Didier Jr., Eduardo Talamini e Bruno Dantas. São Paulo: Revista dos Tribunais, 2015. p. 121-122.

MONTES DE OLIVEIRA, Pedro González. Não se deve "nomear" a Defensoria Pública como curador especial. *Consultor Jurídico*, 15 dez. 2015. Disponível em: www.conjur.com.br. Acesso em: 24 nov. 2020.

MONTORO, André Franco. *Introdução à ciência do direito*. v. 2. 4. ed. São Paulo: Martins, 1973.

MORAES, Sílvio Roberto Mello. *Princípios institucionais da Defensoria Pública*: Lei complementar 80, de 12.1.1994 anotada. São Paulo: Revista dos Tribunais, 1995.

MOREIRA, José Carlos. Apontamentos para um estudo sistemático da legitimação extraordinária. *Revista dos Tribunais*, São Paulo, n. 404, v. 39, 1985.

MOREIRA, José Carlos Barbosa. Apontamentos para um estudo sistemático da legitimação extraordinária. *Revista dos Tribunais*, São Paulo, ano 58, v. 404, p. 9-18, jun. 1969.

MOREIRA, José Carlos Barbosa. Mandado de segurança e condenação em honorários de advogado. *Revista de Direito da Procuradoria Geral*, Rio de Janeiro, n. 23, 1970, p. 50-59.

MOREIRA, José Carlos Barbosa. *Direito processual civil (ensaio e pareceres)*. Rio de Janeiro: Borsoi, 1971.

MOREIRA, José Carlos Barbosa. Intervenção litisconsorcial voluntária. *In*: BARBOSA MOREIRA, José Carlos. *Direito Processual Civil: ensaios e pareceres*. Rio de Janeiro: Editora Borsoi, 1971. p. 27-32.

MOREIRA, José Carlos Barbosa. *Litisconsórcio unitário*. Rio de Janeiro: Forense, 1972.

MOREIRA, José Carlos Barbosa. *Estudos sobre o Novo Código de Processo Civil*. Rio de Janeiro: Liber. Juris, 1974.

MOURÃO, Luiz Eduardo Ribeiro. *Coisa julgada*. Belo Horizonte: Fórum, 2008.

MOURÃO, Luiz Eduardo Ribeiro. As quatro espécies de coisa julgada no novo CPC. *Revista Brasileira de Direito Processual – RBDPro*, Belo Horizonte, ano 26, n. 101, p. 247-266, jan./mar. 2018.

MOUZALAS, Rinaldo. *Comentários ao Código de Processo Civil*. Coordenadores: ALVIM, Angélica Arruda; ASSIS, Araken; ALVIM, Eduardo Arruda; LEITE, George Salomão. 2. ed. São Paulo: Saraiva, 2017.

MÜLLER, Friedrich. *Teoria Estruturante do Direito*. v. I. 3. ed. São Paulo: Revista dos Tribunais, 2011.

MUNIZ DE SOUZA, Antonio André. O INPI como interveniente especial nas ações de nulidade – Nova interpretação conforme a Lei da Propriedade Industrial. *Revista CEJ*, Brasília, v. 9, n. 28, p. 109-115, jan./mar. 2005.

NAVARRETE, Antonio María Lorca. El derecho procesal como sistema de garantias. *Boletin Mexicano de Derecho Comparado*, Nueva serie, año XXXVI, n. 107, p. 531-557, mayo/ago. 2003.

NEGRÃO, Theotonio; F. GOUVÊA, José Roberto; A. BONDIOLI, Luis Guilherme; N. DA FONSECA, João Francisco. *Código de Processo Civil e legislação processual em vigor*. 50 ed. São Paulo: Saraiva, 2019.

NERY JUNIOR, Nelson; ANDRADE NERY, Rosa Maria de. *Código de Processo Civil Comentado e legislação extravagante*. 9. ed. São Paulo: Revista dos Tribunais, 2006.

NERY JUNIOR, Nelson; ANDRADE NERY, Rosa Maria de. *Código de Processo Civil Comentado*. 17. ed. São Paulo: Revista dos Tribunais, 2018.

NERY JUNIOR, Nelson; ABBOUD, Georges. *Direito Constitucional Brasileiro*: Curso Completo. São Paulo: Revista dos Tribunais, 2016.

NERY JUNIOR, Nelson; ABBOUD, Georges. O CPC/2015 e o risco de uma juristocracia: a correta compreensão da função dos tribunais superiores entre o ativismo abstrato das teses e o julgamento do caso concreto. *Revista Brasileira de Direito Processual – RBDPro*, Belo Horizonte, ano 24, n. 93, p. 225-254, jan./mar. 2016.

NEVES, Daniel Amorim Assumpção. *Manual de Direito Processual Civil*. volume único. São Paulo: Método, 2009.

NEVES, Daniel Amorim Assumpção. *Manual de Direito Processual Civil*. volume único. 13. ed. Salvador: JusPodivm, 2021.

NEVES, José Roberto de Castro. *Como os advogados salvaram o mundo*. A história da advocacia e sua contribuição para a humanidade. Rio de Janeiro: Nova Fronteira, 2018.

NOVELINO, Marcelo. A influência da opinião pública no comportamento judicial dos membros do STF. *In:* SARMENTO, Daniel (Coord.). *Jurisdição constitucional e política*. São Paulo: Forense, 2015. p. 265-328..

OAKLEY, Hugo Botto. O pressuposto do processo denominado imparcialidade: requisito apenas jurídico ou também psicológico? *Ativismo judicial e Garantismo Processual*. Coordenação: Fredie Didier Jr., José Renato Nalini, Glauco Gumerato Ramos e Wilson Levy. São Paulo: JusPodivm, 2013. p. 303-312.

OLIVEIRA, Bruno Silveira. *Breves Comentários ao Novo Código de Processo Civil*. Coordenadores: Teresa Arruda Alvim Wambier, Fredie Didier Jr., Eduardo Talamini e Bruno Dantas. São Paulo: Revista dos Tribunais, 2015.

OLIVEIRA, José Lamartine Corrêa de. *A dupla crise da pessoa jurídica*. São Paulo: Saraiva, 1979.

OLIVEIRA, Patrícia Elias Cozzolino de. *A legitimidade exclusiva da defensoria pública na prestação de assistência gratuita*. 2016. 250 f. Tese (Doutorado em Direito Processual Civil) – Faculdade de Direito, Pontifícia Universidade Católica de São Paulo, São Paulo, 2016.

PACHECO, José da Silva. *O atentado no processo civil*. Rio de Janeiro: Editor Borsoi, 1958.

PALACIO, Lino Enrique. *Manual de Derecho Procesal Civil*. Tomo I. 4. ed. Buenos Aires: Abeledo Perrot, 1976.

PALADINO, Carolina de Freitas. A recepção dos tratados de direitos humanos, uma velha discussão com uma nova roupagem após a reforma do Judiciário advinda com a emenda constitucional n. 45 de 2004. *Revista Direito & Justiça*, Porto Alegre, v. 34, n. 2, p. 82-97, jul./dez. 2008.

PASSOS, José Joaquim Calmon. Em torno das condições da ação: a possibilidade jurídica do pedido. *Revista de Direito Processual Civil*, Rio de Janeiro: Saraiva, v. 4, p. 61-62, 1964.

PEIXOTO, Ravi. *In*: CÂMARA, Alexandre Freitas (Coord.). *Comentários ao Código de Processo Civil*. São Paulo: Editora Atlas, 2016. No prelo.

PEREIRA, Caio Mário. *Instituições de direito civil*. Rio de Janeiro: Forense, 1974.

PEREIRA, Hélio do Valle. *Manual de Direito Processual Civil*: Processo de Conhecimento. 2. ed. Campinas: Conceito Editorial, 2008.

PEREIRA, Luciano Meneguetti. A cooperação jurídica internacional no Novo Código de Processo Civil. *Revista CEJ*, Brasília, ano XIX, n. 67, p. 18-34, set./dez. 2015.

PEREIRA, Mateus Costa. *A teoria geral do Processo e seu tripé fundamental*: racionalismo, pensamento sistemático e conceitualismo. Florianópolis: Tirant lo Blanch, 2018.

PEREIRA, Mateus Costa. Processo e ideologia (em sentido amplo e estrito): um novo horizonte à compreensão do fenômeno processual. *Revista Brasileira de Direito Processual – RBDPro*, Belo Horizonte, ano 26, n. 103, p. 283-296, jul./set. 2018.

PEREIRA, Mateus Costa. Da Teoria "Geral" à Teoria "Unitária" do Processo (bases): um diálogo com Eduardo Costa, Igor Raatz e Natascha Anchieta; uma resposta a Fredie Didier Jr. *Revista Brasileira de Direito Processual – RBDPro*, Belo Horizonte, ano 27, n. 105, p. 219-238, jan./mar. 2019.

PEREIRA, Mateus Costa. Sobre o mito autoritário do livre convencimento motivado: em defesa da intersubjetividade na valoração da prova pelo homo sapiens-demens. *Revista Brasileira de Direito Processual – RBDPro*, Belo Horizonte, ano 25, n. 100, p. 229-251, out./dez. 2017.

PEREIRA, Mateus Costa. A paridade de armas sob a óptica do garantismo processual. *Revista Brasileira de Direito Processual – RBDPro*, Belo Horizonte, ano 25, n. 98, p. 247-265, abr./jun. 2017.

PEREIRA, Mateus Costa. Processualidade, jurisdicionalidade e procedimentalidade (I): algumas reflexões sobre as origens da ciência processual e do paradigma instrumentalista. *Empório do Direito*, 11 mar. 2019. Disponível em: www.emporiododireito.com.br. Acesso em: 17 dez. 2019.

PEREIRA, Mateus Costa. Processualidade, jurisdicionalidade e procedimentalidade (II): a cooperação como "garantia" avessa ao processo. *Empório do Direito*, 07 out. 2019. Disponível em: www.emporiododireito.com.br. Acesso em: 17 dez. 2019.

PINHEIRO CARNEIRO, Paulo Cezar. *Acesso à justiça*: Juizados Especiais cíveis e ação civil pública. 2. ed. Rio de Janeiro: Forense, 2000.

PINTO, Júnior Alexandre Moreira. *A causa petendi e o contraditório*. São Paulo: Revista dos Tribunais, 2007.

PIOVESAN, Flávia. *Direitos humanos e justiça internacional*. São Paulo: Saraiva, 2010.

PIZZOL, Patrícia Miranda. *Comentários ao Código de Processo Civil*: Arts. 1º a 317 – Parte Geral. Coordenador: Cassio Scarpinella Bueno. São Paulo: Saraiva, 2017.

PIZZOL, Patrícia Miranda. Legitimidade extraordinária e sua abrangência. *Revista do Instituto de Pesquisa e Estudos*, Bauru: Instituição Toledo de Ensinos, p. 157-214, abr./jul. 1999.

PONTES DE MIRANDA, Francisco Cavalcanti. *Comentários ao Código de Processo Civil*. v. I. Rio de Janeiro: Forense, 1947.

PONTES DE MIRANDA, Francisco Cavalcanti. *Comentários ao Código de Processo Civil*. v. I. Tomo I. Rio de Janeiro: Forense, 1974.

PONTES DE MIRANDA, Francisco Cavalcanti. *Comentários ao Código de Processo Civil*. v. I. Tomo II. Rio de Janeiro: Forense, 1974.

PONTES DE MIRANDA, Francisco Cavalcanti. *Tratado das Ações*. Tomo 1. Atualizado por Vilson Rodrigues Alves. São Paulo: Bookseller, 1998.

PORCHAT, Reynaldo. *Da retroactividade das leis civis*. São Paulo: Duprat & Comp, 1909.

PORTANOVA, Rui. *Princípios do Processo Civil*. 6. ed. Porto Alegre: Livraria do Advogado, 2005.

PRATA, Edson. Assistência no processo civil. *Revista Brasileira de Direito Processual*, Rio de Janeiro, v. 37, p. 55-65, 1975.

PRATA, Edson. *Jurisdição voluntária*. São Paulo: Livraria e Editora Universitária de Direito Ltda., 1979.

PRATA, Edson. Jurisdição. *Revista Brasileira de Direito Processual*, Rio de Janeiro: Forense, n. 27, 1981, p. 39-71.

PRATA, Edson. Equidade. *Revista Brasileira de Direito Processual*, 51. Rio de Janeiro: Forense, 1986. p. 35-46.

RAATZ, Igor. A resistência instrumentalista e o surgimento da doutrina brasileira do garantismo processual: uma breve análise em dois atos. *Empório do Direito*, 02 set. 2019. Disponível em: www.emporiododireito.com.br. Acesso em: 17 dez. 2019.

RAATZ, Igor. *Tutelas provisórias no Processo Civil brasileiro*. Porto Alegre: Livraria do Advogado, 2018.

RAATZ, Igor. O processo como direito fundamental. *Empório do Direito*, 21 out. 2019. Disponível em: www.emporiododireito.com.br. Acesso em: 25 jan. 2020.

RAATZ, Igor. O juiz defensor da moral, o juiz defensor da verdade e o juiz defensor da lei: instrumentalismo, cooperativismo e garantismo processual. *Empório do Direito*, 01 abr. 2019. Disponível em: www.emporiododireito.com.br. Acesso em: 17 dez. 2019.

RAATZ, Igor. Processo, liberdade e direitos fundamentais. *Revista de Processo – RePro*, São Paulo: Revista dos Tribunais, n. 288, 2019, p. 21-52.

RAATZ, Igor. Revisitando a "colaboração processual": uma autocrítica tardia, porém necessária. *Revista do Processo – RePro*, São Paulo: Revista dos Tribunais, n. 309, 2020, p. 41-71.

RAATZ, Igor. Devedor é proibido de sair de casa nos finais de semana; fake news? *Consultor Jurídico*, [*S. l.*], 06 jul. 2019. Disponível: www.conjur.com.br. Acesso em: 11 jul. 2019.

RAMOS, André de Carvalho. Cooperação jurídica internacional e o diálogo das fontes no direito internacional privado contemporâneo. *Revista de la Secretaría del Tribunal Permanente de Revisión*, Paraguay, ano 5, n. 10, p. 56-72, out. 2017.

RAMOS, Glauco Gumerato. Garantismo processual em debate. *Empório do Direito*, 25 fev. 2019. Disponível em: www.emporiododireito.com.br. Acesso em: 17 dez. 2019.

RAMOS, Glauco Gumerato. Repensando la pureba de oficio. *Proceso Democrático y Garantismo Procesal*. Coordenadores: Carlos Henrique Soares, Glauco Gumerato Ramos, Guido Aguila Grados, Móunica Bustamante Rúa, Ronaldo Brêtas de Cavalho Dias. Belo Horizonte: Arraes Editores, 2015. p. 181-197.

RAMOS, Glauco Gumerato. O deslegitimante ativismo judicial do juiz constitucional. *Revista Brasileira de Direito Processual – RBDPro*, Belo Horizonte, ano 25, n. 100, p. 145-152, out./dez. 2017.

RAMOS, Glauco Gumerato. Carta de Jundiaí: pela compreensão e concretização do garantismo processual. *Revista Brasileira de Direito Processual – RBDPro*, Belo Horizonte, ano 25, n. 100, p. 309-314, out./dez. 2017.

REDENTI, Enrico. *Derecho Procesal Civil*. Tomo I. Ediciones Juridicas Europa-America: Buenos Aires, 1957.

REDONDO, Bruno Garcia; OLIVEIRA, Guilherme Peres de; CRAMER, Ronaldo. *Mandado de segurança*: comentários à Lei 12.016/2009. São Paulo: Método, 2009.

ROCHA, Amélia Soares da. *Defensoria Pública*: fundamentos, organização e funcionamento. São Paulo: Atlas, 2013.

ROCHA, Jorge Bheron; SILVA, Bruno Campos; SOUSA, Diego Crevelin de. Medidas indutivas inominadas: o cuidado com o fato Shylokiano do art. 139, IV, CPC. *Empório do Direito*. São Paulo, 26 set. 2016. Disponível: https://emporiododireito.com.br/leitura/medidas-indutivas-inominadas-o-cuidado-com-o-fator-shylokiano-do-art-139-iv-cpc. Acesso em: 03 jul. 2019.

ROCHA, Marcelo Hugo da; JOBIM, Marco Félix. As escolas de Processo Civil e a influência das editoras jurídicas. *Revista Brasileira de Direito Processual – RBDPro*, Belo Horizonte, ano 24, n. 94, p. 159-183, abr./jun. 2016.

RODRIGUES, Daniel Colnago. *Intervenção de terceiros*. São Paulo: Revista dos Tribunais, 2017.

RODRIGUES, Daniel Colnago. *Intervenção de terceiros*. 2. ed. São Paulo: Revista dos Tribunais, 2021.

RODRIGUES, Sílvio. *Direito Civil*: Parte Geral. v. 1. 32. ed. São Paulo: Saraiva, 2002.

ROSSI, Júlio Cesar. O garantismo estrutural. *Empório do Direito*, 27 maio 2019. Disponível em: www.emporiododireito.com.br. Acesso em: 17 dez. 2019.

SAADI, Ricardo Andrade. *Cartilha Cooperação Jurídica Internacional em Matéria Cível*. Brasília: Secretaria Nacional de Justiça, 2014.

SACCONI, Luiz Antonio. *Grande Dicionário Sacconi da língua portuguesa*. Comentado, crítico e enciclopédico. São Paulo: Editora Nova Geração, 2010.

SALLES, Carlos Alberto. *Comentários ao Código de Processo Civil*. Coordenador: Cassio Scarpinella Bueno. v. 1. São Paulo: Saraiva, 2017.

SANCHES, Sydney. *Denunciação da lide no direito processual civil brasileiro*. São Paulo: Revista dos Tribunais, 1984.

SANT'ANNA, Lara Freire Bezerra de. *Judiciário como guardião da Constituição*: democracia ou guardiania? Rio de Janeiro: Lumen Juris, 2014.

SANTOS, Moacyr Amaral. *Primeiras Linhas de Direito Processual Civil*. v. 1. 5. ed. São Paulo: Saraiva, 1977.

SANTOS, Moacyr Amaral. *Primeiras Linhas de Direito Processual Civil*. v. 2. 23. ed. São Paulo: Saraiva, 2004.

SANTOS, Ricardo Bechara. *Direito de Seguro no cotidiano*. 3. ed. Rio de Janeiro: Forense, 2000.

SANTOS, Silas Silva. *Litisconsórcio eventual, alternativo e sucessivo no processo civil brasileiro*. 2012. 413 f. Dissertação (Mestrado em Direito Processual) – Faculdade de Direito, Universidade de São Paulo, São Paulo, 2012.

SCALIA, Antonin. *O essencial de Scalia:* sobre a Constituição, os tribunais e o Estado de Direito. Campinas: Editora Educação, Direito e Alta Cultura, 2020.

SCHMITZ, Leonard Ziesemer. *Fundamentação das decisões judiciais*: A crise na construção de respostas no processo civil. São Paulo: Revista dos Tribunais, 2015.

SICA, Heitor Vitor Mendonça. Notas críticas ao sistema de pluralidade de partes no processo civil brasileiro. *Revista de Processo*. São Paulo, v. 200, p. 41-45, out. 2011.

SILVEIRA, Alípio. *Hermenêutica Jurídica:* seus princípios fundamentais no Direito brasileiro. v. 4. São Paulo: Brasiliense Coleções, 1985.

SINCHES, Luis Recasens. *Nueva filosofía de la interpretación del derecho*. México: Editorial Porrúa S.A., 1973.

SILVA, Beclaute Oliveira. Verdade como objeto do negócio jurídico processual. *Negócios processuais*. Coordenação: Antonio do Passo Cabral e Pedro Henrique Nogueira. Salvador: JusPodivm, 2015. p. 387-407.

SILVA, José Afonso da. *Comentário Contextual à Constituição*. 7. ed. São Paulo: Malheiros, 2010.

SILVA, Ovídio A. Baptista da. *Do Processo Cautelar*. Rio de Janeiro: Forense, 1996.

SILVA, Ovídio A. Baptista da. *Comentários ao Código de Processo Civil*. v. 1. São Paulo: Revista dos Tribunais, 2000.

SILVEIRA, Alípio. *Hermenêutica Jurídica*: seus princípios fundamentais no Direito brasileiro. v. 4. São Paulo: Brasiliense Coleções, 1985.

SOARES, Carlos Henrique. *O advogado e o processo constitucional*. Belo Horizonte: Editora Decálogo, 2004.

SOARES, André Mattos. *Direito Intertemporal e o Novo Processo Civil*: Atualidades e Polêmicas. 2. ed. Curitiba: Juruá Editora, 2015.

SOARES, Carlos Henrique. *O advogado e o processo constitucional*. Belo Horizonte: Decágolo Editora, 2004.

SOBRINHO, Elicio de Cresci. *Dever de veracidade das partes no processo civil*. Porto Alegre: Sergio Antonio Fabris Editor, 1988.

SOUSA, Diego Crevelin de; DELFINO, Lúcio. As associações de magistrados e o veto do NCPC no tocante ao contraditório e ao dever de fundamentação – O que está em jogo? *Empório do Direito*, 11 mar. 2015. Disponível em: www.emporiododireito.com.br. Acesso em: 23 dez. 2019.

SOUSA, Diego Crevelin de; DELFINO, Lúcio. Levando a imparcialidade a sério: o (mau) exemplo da Súmula n. 252 do Supremo Tribunal Federal (e do art. 971, parágrafo único, do Código de Processo Civil). *Revista Brasileira de Direito Processual – RBDPro*, Belo Horizonte, ano 26, n. 101, p. 49-69, jan./mar. 2018.

SOUSA, Diego Crevelin de. Interrogatório livre: o ornitorrinco (?) – inconstitucional (!) do processo civil brasileiro. *Revista Brasileira de Direito Processual – RBDPro*, Belo Horizonte, ano 25, n. 100, p. 58-112, out./dez. 2017.

SOUSA, Diego Crevelin. *Impartialidade*: a divisão funcional de trabalho entre partes e juiz a partir do contraditório. Belo Horizonte: Grupo Editorial Letramento, 2020.

SOUSA, Diego Crevelin de. *O contraditório como critério para a definição das suas funções processuais*: a divisão funcional de trabalho entre partes e juiz. Dissertação (Mestrado em Direito) – Universidade Federal do Espírito Santo. Vitória, 2020.

SOUZA, Gelson Amaro. Litigância de má-fé e o direito de defesa. *Revista Bonijuris*, n. 550, p. 5-11, 2009.

SOUSA, Diego Crevelin. Distinção entre impedimento e suspeição? *Empório do Direito*, 29 jul. 2019. Coluna Garantismo Processual. Disponível em: https://emporiododireito.com.br/leitura/23-distincao-entre-impedimento-e-suspeicao. Acesso em: 12 dez. 2019.

SOUSA, Diego Crevelin de. O caráter mítico da cooperação processual. *Empório do Direito*, 06 dez. 2017. Disponível em: www.emporiododireito.com.br. Acesso em: 17 dez. 2019.

SOUSA, Diego Crevelin de. Do dever de auxílio do juiz com as partes ao dever de auxílio do juiz com o processo: um giro de 360º. *Empório do Direito*, 17 jun. 2019. Disponível em: www.emporiododireito.com.br. Acesso em: 17 dez. 2019.

SOUSA, Diego Crevelin de; ROSSI, Júlio Cesar; DIETRICH, William Galle. Afinal, o que se deve compreender a respeito da discricionariedade judicial e do garantismo processual? *Empório do Direito*, 19 ago. 2019. Disponível em: www.emporiododireito.com.br. Acesso em: 12 jan. 2020.

SOUZA, Gelson Amaro de. *Coisa julgada*: teoria geral e temas específicos. Curitiba: CRV, 2016.

STOCO, Rui. *Abuso do Direito e Má-fé Processual*. São Paulo: Revista dos Tribunais, 2002.

STRECK, Lenio Luiz. *Jurisdição constitucional e decisão judicial*. 3. ed. São Paulo: Revista dos Tribunais, 2013.

STRECK, Lenio Luiz. *Verdade e Consenso*. 5. ed. São Paulo: Saraiva, 2014.

STRECK, Lenio Luiz; DELFINO, Lúcio. Novo CPC e STJ corrigem anomalia de canhões apontados contra sócios. *Revista Consultor Jurídico,* [*S. l.*], 12 abr. 2015. Disponível em: https://www.conjur.com.br/2015-abr-12/cpc-stj-corrigem-anomalia-canhoes-apontados-socios. Acesso em: 5 out. 2023.

STRECK, Lenio Luiz; DELFINO, Lúcio; DALLA BARBA, Rafael Giorgio; LOPES, Ziel. O "bom litigante": riscos da moralização do processo pelo dever de cooperação do novo CPC. *RBDPro,* Belo Horizonte: Fórum, n. 90, 2015.

STRECK, Lenio Luiz; DELFINO, Lúcio. Arbitramento de honorários sucumbenciais em casos de improcedência. *Consultor Jurídico,* 10 out. 2016. Disponível em: www.conjur.com.br. Acesso em: 17 fev. 2021.

STRECK, Lenio Luiz; DELFINO, Lúcio; SOUSA, Diego Crevelin de. Tutela provisória e contraditório: uma evidente inconstitucionalidade. *Consultor Jurídico,* 15 maio 2017. Disponível em: www.conjur.com.br. Acesso em: 29 abr. 2019.

STRECK, Lenio Luiz; DELFINO, Lúcio; LOPES, Ziel Ferreira. Ainda sobre o livre convencimento: resistência dos tribunais ao novo CPC. *In*: ALVIM, Teresa Arruda; CIANCI, Mirna; DELFINO, Lúcio (Orgs.). *Novo CPC aplicado*: visto por processualistas. São Paulo: Revista dos Tribunais, 2017. p. 193-212.

SOWELL, Thomas. *Conflito de visões:* origens ideológicas das lutas políticas. São Paulo: É Realizações, 2011.

TALAMINI, Eduardo. *Coisa julgada e sua revisão.* São Paulo: Revista dos Tribunais, 2005.

THEODORO JÚNIOR, Humberto. *Curso de Direito Processual Civil*: Teoria Geral do Direito Processual Civil e Processo de Conhecimento. v. I. 47. ed. Rio de Janeiro: Forense, 2007.

THEODORO JÚNIOR, Humberto. O seguro de responsabilidade civil. Disciplina material e processual. *Revista de Direito Privado.* São Paulo, v. 46, p. 299-321, 2011.

THEODORO JÚNIOR, Humberto. *Curso de Direito Processual Civil.* v. I. 56. ed. Rio de Janeiro: Forense, 2015.

THEODORO JÚNIOR, Humberto; NUNES, Dierle; FRANCO BAHIA, Alexandre; PEDRON, Flávio Quinaud. *Novo CPC*: Fundamentos e Sistematização. 2. ed. Rio de Janeiro: Forense, 2015.

THIBAU, Vinícius Lott. *Garantismo e Processualidade Democrática.* Belo Horizonte: Editora D'Plácido, 2018.

TUCCI, José Roberto. Alienação do direito litigioso num recente precedente do STJ. *Consultor Jurídico,* 26 maio 2020. Disponível em: www.conjur.com.br. Acesso em: 01 fev. 2021.

TUPINAMBÁ, Carolina. Novas tendências de participação processual – O amicus curiae no anteprojeto do novo CPC. *In*: FUX, Luiz (Coord.). *O novo processo civil brasileiro.* Direito em expectativa: reflexões acerca do projeto do novo Código de Processo Civil. Rio de Janeiro: Forense, 2011. p. 105-141.

UMIKER-SEBEOK, J. *Sherlock Holmes y Charles S. Peirce*. El método de la investigación. Barcelona: Paidós, 1987.

VALLADÃO NOGUEIRA, Luiz Fernando. *Recursos e procedimentos nos tribunais.* 6. ed. Belo Horizonte: D'Plácido, 2020.

VALLADÃO NOGUEIRA, Luiz Fernando. *Recurso especial no CPC. Doutrina, prática e jurisprudência.* 5. ed. Belo Horizonte: Del Rey, 2019.

VALLE, Christino Almeida do. *Da assistência e o novo Código de Processo Civil.* Rio de Janeiro: Americana, 1974.

VELLOSO, Adolfo Alvarado. *Garantismo Processual versus Prueba judicial oficiosa.* Rosário: Editorial Juris, 2006.

VELLOSO, Adolfo Alvarado. *Sistema Procesal.* Garantía de la Libertad. Tomo I. Buenos Aires: Rubinzal-Culzoni Editores, 2009.

VELLOSO, Adolfo Alvarado. *El garantismo procesal.* Rosário: Editorial Juris, 2010.

VELLOSO, Adolfo Alvarado. Proceso y verdad. *Revista Brasileira de Direito Processual – RBDPro,* Belo Horizonte, ano 26, n. 103, p. 17-42, jul./set. 2018.

VELLOSO, Adolfo Alvarado. O garantismo processual. *In*: FREIRE, Alexandre; DELFINO, Lúcio; OLIVEIRA, Pedro Miranda de; RIBEIRO, Sérgio Luiz de Almeida (Coords.). *Processo Civil nas tradições brasileira e iberoamericana.* Tradução de Glauco Gumerato Ramos. Florianópolis: Editora Conceito, 2014. p. 18-30.

VIANA, Salomão. *Breves Comentários ao Novo Código de Processo Civil.* Organizadores: Teresa Arruda Alvim Wambier, Fredie Didier Jr., Eduardo Talamini e Bruno Dantas. São Paulo: Revista dos Tribunais, 2015.

VOLPE CAMARGO, Luiz Henrique. *Breves Comentários ao Novo Código de Processo Civil.* Coordenadores: Teresa Arruda Alvim Wambier, Fredie Didier Jr., Eduardo Talamini e Bruno Dantas. São Paulo: Revista dos Tribunais, 2015.

WALDRON, Jeremy. *A dignidade da legislação.* São Paulo: Martins Fontes, 2003.

WAMBIER, Teresa Arruda Alvim. *Aspectos polêmicos e atuais sobre os terceiros no processo civil e assuntos afins.* São Paulo: Revista dos Tribunais, 2004.

WAMBIER, Teresa Arruda Alvim *et al. Primeiros Comentários ao Novo Código de Processo Civil.* São Paulo: Revista dos Tribunais, 2015.

WAMBIER, Luiz Rodrigues; TALAMINI, Eduardo. *Curso Avançado de Processo Civil:* Teoria Geral do Processo. v. 1. 16 ed. São Paulo: Revista dos Tribunais, 2016.

WAMBIER, Luiz Rodrigues; TALAMINI, Eduardo. *Curso Avançado de Processo Civil:* Cognição Jurisdicional, Processo Comum de Conhecimento e Tutela Provisória. v. 2. 16. ed. São Paulo: Revista dos Tribunais, 2016.

WAMBIER, Luiz Rodrigues; TALAMINI, Eduardo. *Curso Avançado de Processo Civil:* Execução. v. 3. 16. ed. São Paulo: Revista dos Tribunais, 2017.

WAMBIER, Luiz Rodrigues. Controvérsias sobre o Código de Processo Civil, após o primeiro ano de sua vigência. *Revista Brasileira de Direito Processual – RBDPro,* Belo Horizonte, ano 26, n. 101, p. 267-282, jan./mar. 2018.

WAMBIER, Luiz Rodrigues; RAMOS, Newton. Ainda a polêmica sobre as medidas executivas atípicas previstas no CPC. *Revista Consultor Jurídico,* [*S. l.*], 30 maio 2019. Disponível em: https://www.conjur.com.br/2019-mai-30/opiniao-ainda-polemica-medidas-executivas-atipicas . Acesso em: 12 jul. 2019.

WARAT, Luiz Alberto. *Introdução geral ao direito.* v. I. Porto Alegre: Sergio Antonio Fabris Editor, 1994.

WARDE JR., Walfrido Jorge. *Responsabilidade dos sócios* – A crise da limitação e a teoria da desconsideração da personalidade jurídica. Belo Horizonte: Del Rey, 2007.

YARSHELL, Flávio Luiz. Brevíssimas reflexões sobe a aplicação subsidiária do CPC 2015 ao processo dos Juizados Especiais Federais. *Revista Novos Estudos Jurídicos*, Governador Valadares: UNIVALE, v. 15, 2010, p. 65-69.

YARSHELL, Flávio Luiz. Comentários aos arts. 133 a 137. *In:* CABRAL, Antonio do Passo; CRAMER, Ronaldo (Coords.). *Comentários ao Novo Código de Processo Civil*. 2. ed. Rio de Janeiro: Forense, 2016. p. 229-242.

ZAVASCKI, Teori Albino. Sentenças declaratórias, sentenças condenatórias e eficácia dos julgados. *Revista de Processo – RePro*, São Paulo, n. 109, jan./mar. 2003, p. 45-56.

ZAVASCKI, Teori Albino. Ação civil pública: competência para a causa e repartição de atribuições entre os órgãos do Ministério Público. *Páginas de Direito*, 07 abr. 2004. Disponível em: www.paginasdedireito.com.br. Acesso em: 18 jul. 2020.

ZULMAR, Duarte. A difícil conciliação entre o Novo CPC e a Lei de Mediação. *Jota*. [*S. l.*], 17 ago. 2015. Coluna Novo CPC. Disponível em: https://www.jota.info/opiniao-e-analise/artigos/a-dificil-conciliacao-entre-o-novo-cpc-e-a-lei-de-mediacao-17082015. Acesso em: 12 ago. 2019.

Esta obra foi composta em fonte Palatino Linotype, corpo 10,5
e impressa em papel Pólen Bold 70g (miolo) e
Supremo 250g (capa) pela Gráfica Star7.